Für meinen Vater

wen sonst – denn die Zeiten, da Vater und Sohn gemeinsam
auf eine mythische Weltreise gehen, durch Feuer-
und Wasserproben hindurch, sind normalerweise lange vorbei.

Und für Julian, der hoffentlich irgendwann
eine ähnliche Erfahrung machen wird.

Dank

▼

an Richard Wistrach und Jasmin Emrani, die sich mit unendlicher Geduld auf eine Zusammenarbeit eingelassen haben, die ebenso ungewöhnlich gut war, wie es die Buchgestaltung ist; Norbert Jochmann, der mit seiner Gelassenheit, Hilfsbereitschaft und Neugier viele Dinge erst ermöglicht hat. Es wären noch einige andere zu nennen, insbesondere aber Sabine Bayer, Tom B. Collier, John Diemer, Michael Friederici, Rob Harris, Helen Gregory, Rand Holston, Barbara Huber, Andreas Koseck, Susanne Liebelt, Boo Motjuoadi, Jenniver Teves, Christian Streil, Colin Wilson – und vor allem meine liebe Freundin B.!

Impressum

Originalausgabe
Veröffentlicht im (A4P) Michael Friederici SchriftGut-Verlag
Hamburg 12/05
© 2005 SchriftGut Verlag, Hamburg

Fotos: Daniel Petersen
2 Fotos (S. 237 und S. 255):
Barbara Huber mit freundlicher Genehmigung

Lektorat: Elmar Basse (Christians Verlag), Jutta Buchwald
Coverfoto: Daniel Petersen
Artdirector: Richard Wistrach
Cover: Richard Wistrach
Herstellung und technische
Schlussredaktion: Jasmin Emrani
Druck und Bindung: Steinmeier, Nördlingen
Alle Rechte vorbehalten
Printed in Germany • ISBN 3-938230-99-1

▶ **Live aus:** »TROJA«

Embedded im Troianischen Krieg

Inhalt

Dramatis Personae	14
Über den Autor	16
Vorspiel im Himmel	18
Prolog	20
Präludium	22
London	32
Malta	53
Cabo San Lucas	148
Postludium	225
Epilog	228
Nachspiel im Himmel	230

Dramatis Personae

Wolfgang Petersen	Regisseur
Barbara Huber	Persönliche Assistentin des Regisseurs (später Associate Producer)
Diana Rathbun	Producer
Colin Wilson	Line Producer
Rob Harris	Unit Publicist
Nigel Phelps	Production Designer
Kevin Phipps	Supervising Art Director
Julian Ashby	Art Director
Aldo Signoretti	Key Hair Stylist
Joss Williams	Special Effects Supervisor
Daniel Parker	Chief Prosthetics („Special Make-up")
Simon Atherton	Special Props (Spezialrequisite)
Gerry Gavigan	Erster Regieassistent (AD)
Paul Taylor	Zweiter Regieassistent
Ben Burt	1. Dritter Regieassistent
Emma Stokes	2. Dritte Regieassistentin
Pierre Ellul	3. Dritter Regieassistent
Anna Worley	Script Supervisor
Natalie Lovatt	Script Continuity Assistant

Roger Pratt	Kamera
Peter Taylor	Operator „A" Kamera
Trevor Coop	Operator „B" Kamera (später „A")
Alf Tramontin	Steadicam Operator
Chuck Finch	Gaffer
Tony Dawe	Production Sound Mixer
Jaya Bishop	Boom Operator
Paul Schwartz	1. Zweiter Boom Operator
Christian Bourne	2. Zweiter Boom Operator
Nick Davis	Visual Effects Supervisor
Alex Bicknell	Visual Effects Producer
Rudi Holzapfel	Compositing Supervisor
Simon Crane	Second Unit Regisseur & Stunt Coordinator
Wade Eastwood	Assistant Stunt Coordinator
Andrew Jack	Dialogue Coach
Roisin Carty	Dialogue Coach
Stephen Lee	Video Operator
Rory Fry	Assistant Video Operator
Peter Honess	Schnitt
Nicky Gregory	Unit Nurse (Set-Ärztin)

Über den Autor

Daniel Petersen ist gebürtiger 68er. Er studierte Film in New York sowie Philosophie und Filmwissenschaft in Hamburg und Lüneburg. Nebenher vertrieb er sich die Zeit als Drehbuchlektor, Übersetzer, Drehbuchautor, Filmkritiker, Filmemacher und überhaupt Autor. Selbstredend weitgehend erfolglos. Noch nie hat er so wenig gearbeitet und so viel verdient wie bei „Troja". Er lebt in Hamburg und auf dem Saturn.

Vorspiel im Himmel

Herbst 2002 ein Anruf. Bei „Troja" gebe es den Posten des zweiten persönlichen Assistenten des Regisseurs, was immer das bedeutet. Ob ich das machen wolle. Viereinhalb Monate in London, Malta und Mexiko. Einiges länger als jemals zuvor irgendwo anders. – „Well, I'm gonna miss my dog."

Prolog: Sonntag, 13. April 2003

Barmbek-Süd.
Der Eilbekkanal dümpelt in erwachender Frühlingsruhe, die ersten Angler ziehen ihre Jacken aus, beim Griechen sitzen schon Leute draußen. Bunte Ostereier aus Plastik hängen an noch nackten Ästen.
Wie Kris Kelvin kurz vor dem Abflug nach Solaris spaziere ich ein letztes Mal durch heimatliches Grün, bevor ich für Monate als Berichterstatter in den Krieg ziehe.
Zur selben Zeit bereits wird anderswo eine Stadt erobert und geplündert, im fernen Freiburg erzielt der FC St. Pauli im Abstiegskampf der zweiten Liga ein Eigentor und verschießt einen Elfer. Bewegte Zeiten. Doch hier am Kanal ist das Weltgeschehen noch weit, das Leben fließt im Takt von geschichtslosen Wesen wie Anglern und Enten.
Irgendwo bellt ein Hund.

Präludium

Montag. London. Das Flugzeug landet eine Viertelstunde zu früh. Der Flight Attendant entschuldigt sich höflich und bedauert, dass den Passagieren deswegen leider keine Entschädigung gezahlt werden könne. Auch mein Gepäck kommt so früh wie nie. Mein Name auf einem Schild. Billy, Wolfgangs freundlicher Fahrer, holt mich ab.

Shepperton Studios. Billy zeigt den Weg nach Troia. Die Gemächer von Hektor und Paris sind bereits fertig. Unverkennbar kretisch-minoische Formen: dicke, nach unten sich verjüngende Säulen, helle Erdfarben, dazu mykenisierende Tonfigürchen. Sehr schön. Production Designer Nigel Phelps und sein Art Department waren mindestens so kreativ wie Arthur Evans, als der sich einst die Inneneinrichtung des minoischen Palastes von Knossos ausdachte. Vom Balkon hat man einen atemberaubenden panoramischen Blick auf die troische Ebene und die dahinter in der Sonne blinkende Ägäis. Das Wetter ist so klar und strahlend, dass man meint, mit ausgestrecktem Arm den Horizont berühren zu können. Nun, hier geht das.

Weiter hinten in Hektors Wohnung grummelt es, Menschen brechen auf, Probeaufnahmen sind eben vorbei. Wolfgang ist auch da. Zur Begrüßung verpasst er mir in alter Familientradition einen saftigen Kinnhaken. Die ruppige Bronzezeit hinterlässt ihre Spuren. Anschließend bekomme ich eine große Führung durch die Gemächer der genannten Herren, durch Priamos' sowie Agamemnons riesige Thronsäle – eine Woche vor Drehstart durchaus noch im Bau –, vorbei an tausend aufgehängten Storyboards, bunten Computerbildern Troias in der Abendsonne oder selbstgemalten Lederkarten des ägäischen Raums mit kryptischer Beschriftung bis zu ausgefeilten, gar modelleisenbahnrealistischen Miniaturen der ca. 3200 Jahre alten Tempel, Paläste und ganzen Stadtanlagen, die Armeen fleißiger Handwerker hier im Studio und vor Ort auf Malta bzw. in Mexiko bauen. Hoffen wir, dass sie eine angemessene Entlohnung bekommen und sich nicht so hintergangen fühlen wie Apollo und Poseidon, die ersten Erbauer Troias. Auch ein kleiner langer Strand steht hier, an dem die winzigen Achaier in ihren wohlgerundeten Schiffen anlanden und kampieren. Auf einem Felsen darüber steht ein Tempelchen. Einer der Streitwagen am Strand zieht einen putzigen Fallschirmflieger hinter sich her, auf dessen aufgebauschtem Fallschirm der Union Jack prangt. Ups. Den könne man aber hinterher per Digitalbearbeitung aus dem Bild entfernen, kein Problem. Toll.

*

Andrew Jack kommt mit Assistentin Roisin Carty im Büro vorbei. Er ist Dialogue Coach und Fachmann für R.P., Received Pronunciation, vulgo Standardenglisch, der alle Schauspieler groß und klein, d.h. das babylonische Sprachengewirr von Amerikanern, Australiern, Iren, Schotten, Sheffieldern oder Kanadiern auf einen gemeinsamen Nenner trimmt. Selbst den waschechten Engländern soll er beibringen, dass sie ihr Englisch nicht so überbritisch auswringen als hätten sie Essig getrunken. -- In Deutschland ginge das schneller, dort schickte man alle Schauspieler nach Hannover, und erst wer sich sprachlich völlig unauffällig zwischen den Einheimischen bewegte, dürfte wieder weg.

Bei einer Kostümproblembesprechung lerne ich ein neues englisches Wort, dignity. Früher im Englisch-Leistungskurs – nicht lange nach dem troianischen Krieg –

hieß das nur „Würde", so ungefähr. Heute hat es zusätzlich die unterschiedlichsten Bedeutungen angenommen wie etwa „Glocken", „Ohren", „Freundeskreis" oder auch „Holz vor der Hütte". Immer wieder faszinierend, lebendigen Sprachen bei der Arbeit an ihrer Semantik zuzusehen.

*

Überhaupt besteht die Arbeit eines Regisseurs in der späten Vorproduktionsphase eigentlich darin, zehnminütige Audienzen (in Einzelfällen auch Hausbesuche) zu gewähren und aller Leute Arbeit zu begutachten bzw. ihre dringenden Fragen zu beantworten. Der Storyboard Artist zeigt neue Storyboards, die Choreographin will wissen, wie die Gelagetänzerinnen tanzen sollen, der Production Designer zeigt Fotos verschiedener Malteser Buchten zur Auswahl sowie auf durchsichtigem Papier gezeichnete mykenische Paläste, die nahtlos auf die Landschaft passen. Im Kino laufen Probeaufnahmen von Brian Cox, der in vollem Ornat vom Stuhl aufsteht, zum Feuer, zum Balkon und dann wieder zurück geht. Casting muss wissen, wer den dritten Soldaten von hinten spielen soll. Den lieben langen Tag. Glücklich, wer dann noch abends vor der Speisekarte entscheiden kann.

*

Hausbesuch beim Stunt Coordinator (und gleichzeitig Second-Unit-Regisseur) Simon Crane, dessen junge Helfer einen einstudierten Übungskampf zwischen Achilles und Patroklos aufführen. Mit Holzschwertern, alles ganz realistisch. Wo jetzt noch die riesigen Schaumstoffquader wanken, werden später, on location in Malta, die echten Säulen stehen. Der Kampf ist schnell und hitzig choreographiert, sodass kaum die nötigen Dialogfetzen dazwischenpassen – und manchmal noch nicht mal die Schwerter selbst: bis ganz realistisches Blut am Ohr vorbei den Hals hinunterfließt. Und erst mit nachdrücklicher Aufforderung lässt sich der kriegsversehrte Dave, Brad Pitts Stunt Double, von bronzezeitlicher Tapferkeit erfüllt, zum Gang auf die Krankenstation bewegen – doch nicht ohne sich vorher zu entschuldigen.

*

Daniel Parker, ein sehr lustiger und fröhlicher Mensch, kommt extra rüber und geleitet uns zurück zu seiner Abteilung, wo klar wird, warum er so fröhlich ist: Daniel ist Chef des „Make-up Effects & Prosthetics Dept.", d.h. sein Job ist, körperliche Verunstaltungen und Abnormitäten so naturgetreu wie möglich nachzubilden. Eine Wand hängt voll mit Fotos ärgster Verletzungen, blutig aufgeplatzter Gesichter, abgerissener Gliedmaßen. Tolle Arbeit, anerkenne ich, der Mann versteht sein Geschäft. „Alles echt", freut er sich. – Ich kenne Menschen, die in dem Zimmer stehenden Fußes umklappen würden, doch er präsentiert vergnügt den Anlass des Besuchs: ein lebensgroßes Knetmodell von Hektors Oberkörper, aufgebahrt, nachdem Achilles ihn mit seinem Streitwagen von Troia bis zum Lager der Griechen durch den Dreck geschleift hat. Penibel wurden tausend kleine klaffende Risse und Schründe in Arme, Hände und Gesicht des armen Mannes geritzt. „Zur Aufbahrung werden sie die losen Hautlappen, hier und hier, wieder so auf die Arme gelegt haben." Natürlich. „Oder wäre es besser mit übereinandergelegten Händen?" Neben dem Waschbecken liegen übereinandergelegte Hände. Ja, das wäre vielleicht besser. --

*

Besuch beim Set Decorator Peter Young, der uns durch eine exquisite Ausstellung von Gebrauchsgegenständen des ausgehenden zweiten vorchristlichen Jahrtausends führt. Auch wenn die Präsentation der Exponate etwas gerammelt und gestapelt wirkt, erstaunen uns die Bandbreite und der relativ gute Zustand der Sammlung: bronzene Dreifüße, Ledergürtel, Ledertäschchen, Lederhocker, Ledersessel, Votivfigürchen, Libationsgefäße, gar ein Exemplar des von Homer beschriebenen Depas Amphikypellon, eines doppelhenkligen Bechers. Daneben Tonbecher, Tontöpfe, Essbesteck, güldene Teller, Schalen verschiedener Größe, einige hüfthohe bronzene Statuen klassisch griechischer Herkunft, etwa eine Miniatur der berühmten Poseidonstatue im Athener Nationalmuseum. Die werden auf dem Weg in eine andere Abteilung hier kurz abgestellt sein. Jedenfalls folgen noch edle Holzschränke mit gut erhaltener Bemalung, Öllampen und große massive Öllampenhalter, Tierfiguren aus Ton und Holz, z.T. sogar in verschiedenen Phasen der Bearbeitung, Tontäfelchen mit Keilschrift, goldblinkende münzenähnliche Plättchen, zuletzt eine ganze Batterie von verschiedensten, mehr als mannsgroßen königlichen Zeptern, jeweils drei zusammengestellt und mit einem Namen versehen: „Agamemnon", „Nestor", „Priamos" etc. Im Vorbeigehen nur wird jeweils eines für seinen Adressaten ausgesucht – der Atem hautnah erlebter Geschichte verhindert jedwede tiefere Ablenkung.

In der Nebenhalle dann die große Ernüchterung. In diesem großen Werkraum wuseln zehn, zwanzig Arbeitende mit Mundschutz, die in standardisierter Handarbeit diese vermeintlich kostbaren Relikte herstellen, eins nach dem anderen – ganze Werkreihen eines Exemplars, wie z.B. diese Statuette einer barbusigen Frau mit Schlangen, die aus dem Museum von Heraklion bekannt vorkommt. Und auf den Tischen liegen aufgeschlagene Kataloge der kulturhistorischen Museen der Welt. In solchen Manufakturen also entstehen all diese garantiert echten, über 3000 Jahre alten und soeben erst ausgegrabenen Tonfiguren oder Bronzedolche, die einem auf Basaren rund ums Mittelmeer – „Come, just looking, I make you special price my friend!" – zu Fantasiepreisen aufgedrängt werden. --

Ich mache einen Ausflug zu den Elstree Studios, wo einst *Star Wars* entstanden ist, muss aber feststellen, dass weit und breit kein Stückchen Todesstern die Zeiten überdauert hat. Schade. Dafür wird hier *Big Brother* gedreht, bald gehts wieder los. Doch ist das nicht der Grund meines Hierseins, vielmehr will ich Waffenmeister Simon Atherton besuchen, den Chef der Abteilung für Spezialrequisiten. Auf dem Weg hinüber muss ich wieder über mich selbst schmunzeln, hatte ich doch ganz vergessen, dass der Todesstern am Ende von den Rebellen gesprengt wurde.

Simon ist äußerst nett und freundlich und sieht anders aus, als man sich einen Mann vorstellen würde, der von Waffenausstellung zu Waffenausstellung wortwörtlich durch die Weltgeschichte reist und das Bestaunte zu Hause nachbaut. Seine Haarlänge liegt deutlich über einem Millimeter, und er trägt keine alte Hundemarke aus Vietnam um den Hals. Viel später erzählt er, Waffen seien seine große Leidenschaft, doch habe er absolut kein Bedürfnis, sie gegen irgendwen zu benutzen. So sei für ihn einzig übriggeblieben, sich in einem Kontext mit ihnen zu beschäftigen, in dem auch das Blut nur künstlich ist. Stolz führt er mich herum und erzählt, dass er in seiner Waffenfabrik für etwa 3 000 Griechen und Troianer Schwerter, Speere, Streitäxte und Schilde herstellen musste, zum Teil aus Metall, damit sie was hermachen, zum Teil aus Plastik, damit man sie tragen kann bzw. später die Anzahl der im Kampf gefallenen Statisten nicht unnötig in die Höhe schießt. Mit einem der Schwerter in der Hand denke ich, dass die Leute früher kräftiger gewesen sein müssen.

Auch die Designs für Griechen und Troianer hat er deutlich voneinander geschieden, nicht zuletzt um zu vermeiden, dass die Kriegsparteien sich, wie jüngst anderswo geschehen, vor allem untereinander dezimieren. Im Rahmen dieser Grundformen – Griechen rund, Troianer eckig – hat Simon zusätzlich für jedes kämpfende Völkchen, Myrmidonen, Ithaker, Thessalier, Mykener, Spartaner und wer sonst noch alles unterwegs war, ein eigenes Design von Schwert, Schild und Speerspitze entworfen, das in jedem einzelnen Stück gleich sorgfältig ausgeführt ist; ganz abgesehen natürlich von den persönlichen Schwertern, Dolchen oder Schilden für Hauptfiguren wie Achilles, Agamemnon, Hektor, Odysseus usw. – Ist diese Art der Detailverliebtheit nicht vielleicht ein bisschen, hm, zu viel der Liebesmüh'? Simon gibt zu, dass er sich von der titanischen Aufgabe, sich die komplette Ausrüstung zweier bronzezeitlicher Armeen auszudenken, schon etwas hat forttragen lassen. Und doch könne es riskant sein, ausschließlich die paar Kämpfer im Vordergrund mit deutlich erkennbaren Waffen auszustatten und die hinteren mit nur grobgeschnitzten Attrappen. Bei *Braveheart* zum Beispiel, den er ebenso mit Streitäxten ausgestattet hat wie z.B. *Black Hawk Down* mit Schnellfeuergewehren, verirrte der Mann mit der Steadicam sich einmal unvermutet in die hinteren Schlachtreihen, mitten hinein in die B-Qualität schottischer Waffenbaukunst. So etwas darf nicht wieder vorkommen, jetzt kriegen alle die gleiche Preisklasse an Waffen, und nur wenn diese vielleicht im Fortgang des Getümmels etwas abgewetzt, eingekerbt oder sonstwie mitgenommen aussehen, werden sie den hinteren Kämpfern in die Hand gedrückt.

Ein Problem sei nebenbei gewesen, dass er beim Entwurf der Gerätschaften durchaus darauf achten musste, ob die Dinger im Gebrauch überhaupt etwas taugen. Einige Schildformen auf griechischen Vasen zum Beispiel, so Simon, seien nicht wirklich zum Kämpfen geeignet, eher zum Ausführen und Angeben. Speziell der Schild des Achilles, dessen Bilderreichtum in der Ilias so ausführlich besungen ist, sei wohl höchstens ein ausdrücklich ästhetisches Konstrukt gewesen, mit dem niemand tödliche Schläge hätte vernünftig abwehren können. Allein das Gewicht der Bilder, geschlagen aus Gold, Silber, Stahl und Zinn (18. Gesang, Vers 474–608), hätte es seinem Träger zur Hauptaufgabe gemacht, den Schild überhaupt vom Boden aufzuheben. Die jetzige Version ist also gehörig abgespeckt und formal gereinigt. Nur auf ein kleines Band mit Bildchen um die Mitte mochte er nicht verzichten, weils so schön ist. Simons Bildchenreihe indes, als Insidergag, zeigt Episoden aus dem troianischen Krieg und eröffnet damit eine hübsche Kaskade aus Selbstreflexion und Vorsehung, wenn Achilles mit einem Schild in die Schlacht zieht, auf dem deren ganze Geschichte bereits als Prophezeiung verewigt ist. Oben im Büro zeigt er mir einen fertigen, aber ausrangierten Achillesschild. Bob Ringwood, der Kostümdesigner, habe gesagt, nein nein, der passe farblich nicht zum Kostüm. Schade, denn eigentlich finde er ihn schöner.

Es ist langsam Mittagspause geworden. Nach dem Essen setzen Simon und ich uns noch in die der Kantine angeschlossene Bar und trinken frischgezapftes Bier. Britannien, du hast es besser! Um mich einzustimmen, erzählt Simon ein paar Gruselgeschichten von Malta, wohin wir in gut zwei Wochen umziehen werden. Darauf freue ich mich eigentlich sehr, denn ich bin da noch nie gewesen, und wofür macht man Filme, wenn nicht um auf anderer Leute Kosten dorthin zu kommen, wo man noch nie gewesen ist, aber Simon verzieht das Gesicht. Zuletzt wegen *Gladiator* war er genötigt, mehrere Monate dort zu verbringen. Furchtbar. Die Malteser schössen auf alles was sich bewegt und sprengten außerdem alles in die Luft, was sie kriegen können. Ständig ballern sie irgendwelche selbstgebastelten Feuerwerke ab, wobei ihnen öfter die Hände mitwegfliegen. Gern bauen sie kleine Gestelle aus Steinen, streuen Vogelfutter drauf, setzen sich ein paar Meter weiter mit dem Gewehr hin und warten. Wenn Vögel kommen, ballern sie drauflos, und zwar mit fingerdicker Munition, dass von den armen Tieren außer einem Knall und drei Federn nichts übrigbleibt. So zumindest erzählt Simon. In den Shepperton Studios habe die Bar übrigens schon länger zugemacht. Aber obwohl er oft hin- und herfahren muss, wolle er mit seinem Laden lieber in Elstree bleiben. Es sei schöner hier. Ich kann den Mann verstehen.

Auf der Rückfahrt erzählt Billy, dass die Elstree Studios früher viel größer waren, da reichten sie noch weiter als der Supermarkt, ganz bis runter zur Tankstelle. Irgendwie hatten sie dann einen neuen Besitzer, der sich tatenlos auf seinen Grund setzte, um bald darauf den größeren Teil plattzumachen und einen Supermarkt draufzustellen. Soviel zum Thema, wo die Trümmer des Todessterns geblieben sind. Wahrscheinlich untergepflügt in das Betonfundament eines Supermarktes. Noch nicht mal Darth Vader hätte man ein derart prosaisches Ende gewünscht.

Ein weiterer Ausflug führt in die Kostümmanufaktur Bob Ringwoods, die außerhalb der Studios, im wirklichen London, fast ein ganzes Gebäude belegt. Bob selbst hat wichtige Fachgespräche, kann sich einer Zurredestellung wegen des abgelehnten Achillesschildes gerade noch entziehen. „Wardrobe Mistress" Sally gibt mir freundlicherweise eine Grand Tour der Anlage, darin x-tausend bunte handgenähte Roben, Mäntel, Kleider, Leibchen, Gürtel, Schmuckensembles, Hüte und Helme, durch Färberei und Trocknerei und Näherei und was weiß ich hindurch, kreuz und quer durchs Haus, verlassene Gänge entlang, Treppen rauf und Treppen runter. Nach einer halben Stunde würde ich nicht mehr rausfinden, erinnere aber wenigstens den kleinen Unterschied: Griechen rot, Troia blau. Am Ende der Clou: Irgendwo hinten unten, über den Hof, betreten wir einen verqualmten Kellerraum, wo wie bei den Nibelungen verhutzelte, in einer außerweltlichen Zunge schnatternde Zwerge umherwuseln und Rüstungen zimmern. Allen voran Achilles' schimmernde Wehr, stolz und unnahbar in der Gewölbemitte aufgestellt, zu überstrahlen alles rundherum.
Nun, um genau zu sein, stand ich in einer lichten Garage, die Anwesenden waren keinesfalls verknurpelt, sondern wohlgebaut und ihre Sprache nicht etwa unverständlich sondern italienisch. Doch spielt einem in solchem Umfelde die mythologische Imagination manch seltsamen Streich.

*

Screen Tests. Nach Agamemnon auch Hektor, Andromache, Paris, Helena usw. – alle müssen ran und z.T. in wechselnder Gewandung vom Stuhl aufstehen, zum Feuer, zum Balkon und dann wieder zurück gehen, um zu prüfen, wie sie in voller kostümierter Pracht so aussehen. Die Kostümierung selber war eine Art Aufeinanderzugehen: Bob Ringwood schneiderte, und die Leute mussten reinwachsen. Einige sogar hatten sich einem ausgewachsenen Body Sculpturing zu unterziehen: Muskeln machen, abnehmen, zunehmen; allerdings anders als man denkt: Abnehmen sollten Männer, zunehmen Frauen.
 -- Aldo Signoretti, der römische Hair Designer, kann die Aufregung nicht verstehen. Er könne Locken auch nicht leiden, aber das habe man damals so getragen. Wolfgangs Einwand, dass die Abbildung von Locken auf griechischen Vasen möglicherweise darauf zurückzuführen sei, dass man Haare so erkennbarer malen konnte, geht unter. Nach den folgenden Tests sind alle sich einig, dass Aldo der Beste seines Fachs ist, solange man seinen Lockenstab versteckt. Laut wird über die Einsetzung einer präventiven „Curl Patrol", einer Lockenwacht, nachgedacht.

*

Zwischen den Tests, während die Darsteller zum Umziehen bzw. Entlocken geschickt werden, gehts ins Computerlabor, Pre-visualizations kucken. Mehrere Computeranlagen und Bildschirme, mehr als normalerweise in einen kleinen Raum passen würden, stehen in einem kleinen Raum, mit Platz für drei Stühle dazwischen – ein Paradies für Liebhaber kalter Pizza und verschütteten Kaffees. Pre-viz', das sind kurze computeranimierte Filmchen, in denen größere Szenen ohne Dialog vorweg gestaltet sind – laufende Storyboards, an denen man sich den Film schon einmal ansehen kann. Stolz zeigt der Chef Nick Davis die neue Version der D-Day-Sequenz, der Landung der griechischen Schiffe am Strand von Troia. Tolle Hubschrauberaufnahmen, noch ohne Hubschrauber. Hitchcock wird das Bonmot nachgesagt, sein Film sei schon fertig, er müsse nur noch gedreht werden. Well, we're getting there.

*

Am Donnerstag werde ich in Wolfgangs Büro gerufen, ich solle jemanden kennen lernen. Wenn man wie ich in die Situation geworfen wurde, öfter in den hier beschriebenen Kreisen zu verkehren, bleibt einem nichts übrig als sich irgendwann dagegen zu immunisieren, groß etwas dabei zu finden, plötzlich neben Peter O'Toole auf dem Sofa zu sitzen und über Rugby und Fußball zu parlieren. Wie ich höre, behaupten Rugbyfreunde doch tatsächlich, Fußball sei etwas für Weicheier. Da passiere einem ja nicht viel. Mag sein, dass das für Leute gilt, deren Team an schlechten Tagen gerade mal aus der Champions League fliegt, doch Anhänger von Vereinen, die egal in welcher Liga grundsätzlich gegen den Abstieg spielen, sind mindestens so abgehärtet wie die Recken der Apollonischen Garde. Als ich mich eben entrüsten will, ist Ostern. -- Auf der Nachhausefahrt setze ich mich beleidigt dafür ein, dass er sofort umbesetzt werde, muss aber die Grenzen meines Einflusses erfahren. Per SMS lerne ich passenderweise, dass der FC St. Pauli mit einem Unentschieden trotz Heimüberlegenheit einen weiteren Schritt in Richtung Regionalliga gemacht hat. Wer so leidgeprüft ist, kann kein Weichei sein, sonst wäre er längst Bayernfan.

*

Ostern. Vom Eise befreit sind Strom und Bäche. Meine liebe Freundin B. ist eingeflogen gekommen, und es winken frühlingshafte Osterspaziergänge zwischen letztem Tag der Vorproduktion und erstem Drehtag durch Hyde Park und Kensington Gardens. Die ganze Zeit schon kommen Wolfgang situationsbedingt Fragmente jener Zeilen in den Sinn, die Grönemeyer im *Boot* zitiert: Einmal vor dem Unerbittlichen stehen/ Wo keine Mutter mehr sich nach einem umdreht/ Und nur noch Einsamkeit herrscht/ Grausam und groß! Oder irgendwie so. Weder Wolfgang noch Barbara, seine erste persönliche Assistentin, kriegen den Text zusammen, noch wissen sie, wer das abgelassen hat, deklamieren aber aus voller Brust. Irgendein Kitschdichter des Dritten Reiches müsse es gewesen sein. Ein Spaziergang führt an der Achillesstatue in einer Ecke des Hyde Park vorbei, just als der, bei gerecktem

Schwert und Schild, auch vor dem Unerbittlichen steht. Brad Pitt allerdings, um vorschnelle Erwartungen zu zerstreuen, wird auf dem Schlachtfeld deutlich mehr anhaben als ein Feigenblättchen. Auf dem Weg zum Studio, wie als Aufmunterung, fahren wir jeden Tag an einer Achillesstatue vorbei; und ein paar Ecken weiter an einer Statue des Antarktisforschers Ernest Shackleton, über dessen Reise ans Ende des Unerbittlichen Wolfgang seit Jahren einen Film vorbereitet, der bisher an den Kosten gescheitert ist. Wir deuten das einfach mal als gutes Omen.

*

-- Tonnenweise alte Bauten, Requisiten und Kostüme, die niemand vorher gesehen hat. Die Rede kommt auf einen namhaften Regisseur, dem offensichtlich *Phone Booth* angeboten wurde, ein Thriller, dessen dramatisches Zentrum ist, fast ausschließlich in einer Telefonzelle zu spielen. Er soll reagiert haben, ganz okay, but how do we get this thing out of a phone booth? Das könnte helfen. *Troja?* Ganz okay, but how do we get this thing out of the Bronze Age? – Irgendwann zwischen Spaziergang und einem späten Pint Guinness dämmert Wolfgang, was noch keinem inklusive ihm aufgefallen ist, dass nämlich auf Seite xy der jüngsten Drehbuchversion Andromache Hektor anfleht, morgen nicht in den Krieg zu ziehen, obwohl offiziell nur Paris und Menelaos sich duellieren und damit eigentlich den Konflikt entscheiden sowie beenden sollen. Hm. So etwas passiert, wenn Dialogstellen gestrichen werden, ohne auf die folgenden Seiten zu achten. Eine rasche Klärung wäre nicht unwichtig, denn die Szene soll gleich am ersten Drehtag in Angriff genommen werden. Das ist übermorgen. Anruf bei David Benioff, dem Drehbuchautor. Wohlgemerkt in L.A., wo er, um vier Uhr nachts, gerade todmüde ins Bett fallen wollte. Doch er muss nachsitzen und schnell noch ein paar Zeilen schreiben, die das dramaturgische Schlagloch ausbügeln. Eine Stunde später, David wird sich mit letzter Kraft zu seinem Faxgerät geschleppt haben, kommt die Lösung, besser als je zuvor: Andromache rechnet Hektor vor, dass nicht 50000 Griechen aufmarschiert seien, nur um seinen Bruder kämpfen zu sehen. Unklarheit beseitigt. Und nebenbei Andromaches Charakter ein Stück mehr Selbständigkeit und Realitätssinn verliehen. Recht hat sie: Wer lässt schon groß aufmarschieren, nur um zu erfahren, dass jemand keine Massenvernichtungswaffen besitzt? Die bisher ergebnislosen wochenendlichen Überlegungen Wolfgangs, irgendwo im Dialog die Vokabeln „Achse des Bösen" oder wenigstens „Kräfte des Bösen" unterzubringen, haben aus heiterem Himmel wenigstens kleine Früchte getragen. Und das keine Minute zu früh.

*

Ostermontag. Letzter Tag vor dem Unerbittlichen. B. ist abgeflogen, ich will noch einmal ins Kino. Um die Ecke läuft *Nirgendwo in Afrika*, den ich jetzt, wo er sogar einen Oscar gewonnen hat, endlich mal sehen müsste. Fast kann ich mich dazu durchringen, kucke dann doch lieber den weiter weg laufenden neuen *Solaris*, den ich bisher verpasst habe. Sehr schön übrigens. Nicht unbedingt ein Beispiel der alten Regel, dass Neuverfilmungen stets besser sind als ihre Vorgänger, doch sehr schön und sehr merkwürdig, gerade heute, da ich meine liebe Freundin zum Flugzeug verabschiedete. Vernunftgemäß, doch gegen seine Neigung, schießt Chris Kelvin das lebendige Abbild seiner Frau in den Weltraum, nur um bald darauf ein weiteres Exemplar ihrer selbst zu begrüßen. Usw. So wie man niemals in denselben Fluss steigt, sieht man niemals denselben Film.

London: Höhlenmenschen

INT. Hektors Wohnung, Palast von Troia, „J" Stage, Shepperton

Endlich. Dienstag, der 22. April, erster Drehtag. Der Wecker piept, ich öffne träge die Augen. Es ist 10 Uhr 30. In Kabul. Hier in London ist es sechs. Die Fahrt zum Studio dauert, und Crew Call, zu Deutsch Werkssirene, ist um 7:30, Frühstück schon abgerechnet. Wolfgang aufgeregt, Barbara und ich müde. Fahrer Billy scheint keinen Schlaf zu brauchen. Er wohnt eine Stunde außerhalb, und spätabends kuckt er noch ManU in der Champions League.

Während ich den ersten Kaffee trinke und durch die Kulissen schlafwandle, haben irgendwelche Heinzelmännchen schon längst Hektors Zimmer fertiggeräumt und grob eingeleuchtet. Wohl die Hauselfen von *Harry Potter III*, der offenbar derzeit in der Nähe gedreht wird, denn es wurden auf dem Gelände herumgeisternde Hexen gesichtet. Dauern tut es dann doch noch bis neun, mit dem Aufbau der Kameraschienen oder der genauen Plazierung all der Ständer mit schwarzen Platten zur Abdunkelung und weißen Transparenten, die von hinten angestrahlt werden, um diffuseres Licht zu werfen. In der Zwischenzeit überprüfe ich, was es zum Frühstück gibt und hole mir ernüchtert noch einen Kaffee. Normalerweise finde ich englisches Frühstück mit Eiern, Schinken und diesen Würstchen sehr lecker, oder auch Black Pudding, gebratene Blutwurstscheiben, doch um kurz nach acht Uhr morgens bedankt sich mein Magen höflich aber bestimmt. Speziell wenn nebenan die Leute sich zwei tropfende Würste in ein dickes aufgeschnittenes Brötchen legen, Soße drübergießen und das Frühstück nennen.

In der ersten Einstellung sitzt Hektor mit Söhnchen Skamandrios im Arm auf dem Bett, Andromache geht durch den Raum zu ihnen hinüber und streichelt den kleinen, kurz bevor die Glocken aufgeregt die Ankunft der griechischen Schiffe vermelden – oder die Gongs, noch ist nicht klar, ob es Glocken überhaupt schon gab. Ein multipel schwenkbarer Kamerakran kauert wie ein kleiner Dinosaurier in dem Zimmer und fährt langsam neben ihr her. Nach der ersten Klappe laufe ich raus und rufe, wie aufgetragen, Wolfgangs Frau Maria zu Hause in LA an. Erst jetzt glaube sie, dass der Film wirklich gemacht wird; wenn man so viele Projekte lange entstehen und schließlich in Reichweite verpuffen gesehen hat, wird man vorsichtig.

Dasselbe wird aus näheren Blickwinkeln wiederholt, einmal groß (bzw. nah) auf Hektor, einmal nah auf Andromache, eine zweite Kamera bleibt groß auf dem Baby. Die zweite Kamera erweist sich als sehr praktisch; solange die Beleuchtung auch für gleichzeitige Nah- oder Großaufnahmen passt, spart man einiges an Zeit und Ausdauer der Schauspieler. Im fertigen Film wird man es höchstens kurz in einer Montagesequenz sehen, doch es beruhigt, nicht gleich mit zentralen Kloppern anzufangen. Jeder braucht Zeit um sich einzuschwingen. – Im Anschluss steht Hektor hastig auf und stürzt in Richtung Kamera auf den Balkon. Zuerst sieht es so aus, als würde er das Baby fallenlassen, doch wenn man genauer hinsieht, legt er es Andromache noch in den Arm.

Zwischendurch macht immer wieder das Baby Terz, was den Fortgang der Arbeit nicht beschleunigt. Dann wird es ausgetauscht; wie die meisten Babys und Kleinkinder wird Skamandrios von Zwillingen gespielt, nicht etwa um Ersatz zu haben, falls Hektor es wirklich fallen ließe oder es wie geschehen zu krähen anfängt, sondern hauptsächlich wegen der flexibilisierungsgeschützten Begrenzung zusammenhängender Arbeitszeit von Kleinkindern auf 20 Minuten. Klingt verführerisch.

Später folgt jene Szene mit Hektor und Andromache auf dem Bett, die Stunden zuvor in Nachtarbeit veredelt wurde. Wieder schiebt sich der sogenannte Louma-Kran langsam an die beiden heran, Kamera B hat beide mit langer Brennweite halbnah im Bild, danach Schuss/Gegenschuss. Eric und Saffron – Schauspieler werden am Set übrigens durchweg mit Vornamen benannt, auch wenn sie über siebzig sind, Ehrenoscars besitzen und man sie zweimal entfernt von hinten gesehen hat – sagen ihre frisch hereingereichten neuen Zeilen, als hätten sie nie etwas anderes gedacht.

Gegen 19:28 ist Feierabend, pünktlich zwei Minuten früher als geplant. Zufriedenheit. Wir gehen hoch in Wolfgangs „Büro" hinten an der Studiohalle, bzw. sein kleines Zweizimmer-Appartement, das für diese Zeit unser Wohnraum ist, und essen zu Abend; es gibt aufgewärmtes Mittagessen. Die Fahrt in die Stadt ist lang, und mit vollem Bauch schläft man nicht gern. Zu diesem Zweck haben wir über Ostern noch ausgiebig in einem Weinladen eingekauft.

Gleich am nächsten Morgen setzt Hektor da an, wo er gestern anhalten musste, weil Scheinwerfer im Weg standen: Er will zu Paris, entdeckt auf dem Weg eine dunkle Kapuzengestalt im Flur, die flugs verschwindet. Hektor hechtet hinterher, ergreift aber nur Helenas Double; Diane Krüger, die echte Helena, die morgen erst dran ist, muss dafür nicht extra aufstehen. Nur zur Information – die Schauspieler, die gleich morgens drehen, werden gern mal so zwischen halb sechs und sechs abgeholt. Ich, der ich meine Arbeit glücklicherweise ohne Make-up leisten kann, drehe mich da im Bett nochmal um, und das will momentan etwas heißen.

In den Umbaupausen, wenn man gewöhnlich am langen Cateringtisch steht und als Zeitvertreib unablässig Sachen in sich hineinstopft – nach zehn Uhr schmecken

Würstchen und Black Pudding auch wieder –, ergeben sich zum Teil ergebnisreiche Gespräche. So steht einmal Andrew neben mir, jener Sprachaufpasser, und wir kommen darauf, dass er und Roisin sich freuen, wieder mal bei einem so kleinen und unkomplizierten Film zu arbeiten. Sie waren nämlich eineinhalb Jahre täglich beim *Herrn der Ringe* zugange und lehrten z.B. die Hobbits einen lustigen, von aller Zivilisation unberührten ländlichen Kunstdialekt sprechen, basierend auf der Region Gloucestershire – ein Detail, das die Gloucestershirer vielleicht nicht gern hören, aber im Film passt es. Und natürlich lehrten sie Elbisch, Tolkiens selbsterfundene Kunstsprache, Viggo Mortensen z.B. war sehr eifrig dabei, lernte ganze Sätze überher und ... – Elbisch? Selbstverständlich zwinge ich ihn, mir einige Brocken beizubringen, obwohl er sich windet und meint, Roisin erinnere es viel besser als er. Kurz und gut, ein elbisches Bier bestellen kann ich nicht, aber Guten Tag sagen: Mae govannen (Bedeutung: „wohl getroffen" sowie Transkription nach dem Sprachführer „Elbisch" von Helmut W. Pesch, Aussprache „ma-e govàn-nen" nach Andrew). Wenn mir irgendwann im Leben ein Elb begegnen sollte, bin ich vorbereitet.

Inzwischen steht Hektor vor der Wiege am Bett und starrt auf seine schlafenden Liebsten. Gerade hat er Achilles' geliebten Cousin Patroklos getötet und erwartet nun die Rache des besten aller Krieger. Entschlossen, Achilles erhobenen Hauptes entgegenzutreten, blickt Hektor rüber zum Feuer, das unheilvoll flackert wie ein Flackerscheinwerfer mit oranger Folie davor. Und nochmal. Und nochmal. Es wird besser und intensiver, aber irgendetwas stimmt noch nicht, so entschlossen Eric auch kuckt. Vielleicht denkt Hektor ja auch etwas ganz anderes. Vielleicht hat Hektor einfach Schiss davor, mit der sicheren Niederlage gegen Achilles seine Familie alleine zurückzulassen. Im nächsten Take horcht Eric in Hektor hinein, und heraus kommen im Feuerschein leicht glänzende Augen sowie die leise Ahnung eines Schluchzens. Die Damen umher zerfließen. Und fertig, „Done – check the gate!": als Aufforderung, das Magazin abzunehmen und das Kamerainnere auf eventuell bildstörende Fussel zu überprüfen sowie als Signal, dass die „Szene im Kasten" ist, wie übrigens niemand beim Film es ausdrückt, zumindest nicht nach jeder geschafften Einstellung.

Exkurs: Was ist eine Schnapsklappe?
Zur groben Orientierung: Das zu Filmende wird eingeteilt in Szenen, Einstellungen und Klappen. Links auf der (physischen) Klappe – die übrigens immer noch geschlagen wird, um gleichzeitig in Bild und Ton einen deutlich erkennbaren Punkt zu bekommen, beides zu synchronisieren, obwohl mittlerweile technisch avanciertere Möglichkeiten der Synchronisierung von Bild und Ton existieren –, also links steht die Nummer der Szene (scene), die ihrer chronologischen Nummer im Drehbuch gemäß hin- und herspringt. Jede Szene wird, je nach Komplexität und Länge, in Einstellungen (slates) unterteilt, d.h. in Abschnitte mit jeweils veränderter Kameraposition (bzw. -en), deren – kontinuierlich bis zum letzten Tag ansteigende – Nummer in der Mitte steht. Rechts steht die Anzahl der Klappen (takes), d.h. der vom einzelnen Zuklappen

eingeleiteten Anläufe, eine Einstellung hinzukriegen. Sie fängt bei jeder Einstellung neu an zu zählen und ist, wie viele leidgeprüfte Filmarbeitende bestätigen werden, leider nach oben offen. – Zusätzlich wird uns das Set-up unterkommen, das bei einer Spontanumfrage die wenigsten definieren konnten. Nur Anna, die, hm, Script Supervisorin, erklärte, ein Set-up sei jeweils ein einzelner spezifischer Aufbau mit Kameraposition, Objektivjustierung, Filtern etc., der glücklicherweise nicht öffentlich gezählt wird, um keine heillose Verwirrung zu stiften. Beim Drehen mit nur einer Kamera dürften also Slate und Set-up sich decken, bei mehreren Kameras die Anzahl der Set-ups bei selber Slatenummer steigen. Wobei ein Wechsel der Bildgröße z.B. beides ändert, ein Wechsel des Filters dagegen oder der Schärfentiefe wäre nur ein anderes Set-up. Glaube ich. Umgangssprachlich nähert sich die Bedeutung von Set-up sowieso gefährlich dem der Slate, mehr oder weniger den kompletten physischen Aufbau für eine Einstellung zusammenfassend. Was es ja irgendwo ist, wobei … und erschwerend kommt hinzu, dass die Klappe, das physische Ding, auch noch auf Englisch slate heißt, aber in der Zählung etwas anderes meint. Verwirrt? Keine Angst. In Fragen der Terminologie werde ich mich an die gute alte wissenschaftliche Praxis halten: Sie wissen schon was ich meine. – Ist ja alles gut und schön, aber wann gibts Schnaps? Den gibt es jedes Mal, wenn Einstellung und Klappe eine Reihe gleicher Ziffern aufweisen, etwa Szene xy, Einstellung 333, Klappe 3. Leider nicht hier am Set. Alkoholverbot.

CONT. Hektors Wohnung

Nebenan, in Hektors Flur vor den Monitoren, wo alle die letzten Takes nochmal sehen, herrscht Zufriedenheit (die hohen Regiestühle mit Namen drauf gibt es allerdings wirklich, ebenso die gesellschaftliche Ächtung, wenn ein Niederer unerlaubt auf dem Sitz eines Ranghöheren erwischt wird). Und niemand verliert Zeit, das Fell des Bären an sich zu reißen; Wolfgang strahlt Eric an, dass es eben spezielle Regiekunst erfordere, aus schlechtem Schauspiel am Ende gute Reaktionen herauszuholen, während Eric allen Umstehenden seinen Trick verrät: mit steigender Anzahl der Takes sich immer mehr gegen die Regieanweisungen abzuschotten. Wenigstens sind alle sich einig. --

Am Nachmittag wird gedreht, wie Hektor in aller Herrgottsfrühe und schweren Herzens seine Rüstung anlegt, noch einen Blick auf seine schlafende Familie wirft und dann losgeht, um Achilles' Rachsucht über sich ergehen zu lassen. Wieder werden, in einer solchen mit Angst, Entschlossenheit und Fatalismus aufgeladenen Szene, gerade vermeintlich einfache Einstellungen bis zu zwölfmal wiederholt, bis das richtige Verhältnis von Ausdruck, Bewegung und Kamerafahrt gefunden ist. Als unschätzbaren Service für die Filmstudenten dieser Welt müsste sich eigentlich mal jemand die Mühe machen, alle überhaupt belichteten Takes eines Films auf ca. zehn DVDs zu brennen und der vergleichenden Forschung zugänglich zu machen; was man im Kino zu sehen bekommt, ist nur die Spitze des Eisbergs. Das Anlegen der Rüstung zieht sich hin, immer wieder, immer neue Teile, immer neue Einstellungen. Auf der Balkonbrüstung liegt Vogelfutter ausgestreut. Aha. Wohl noch von gestern, als Hektor rausstürmte und zwei vielsagende weiße Tauben auf der Mauer saßen. Gut, dass noch keine Malteser am Set sind. Innen steht Hektor schließlich in voller Montur, nimmt seinen Schild, wirft den Blick zum Bett und geht seiner Bestimmung entgegen. Mehrmals, aber irgendwas fehlt noch, eine, nun ja, Pointe, irgendein Abschluss. Saffron schlägt vor, dass sie, gerade als er raus ist, verstört aufwachen könnte und desillusioniert wieder zurücksinken, gleichsam geweckt vom kühlen Hauch des Schicksals. Ja, das ist gut. Done, check the gate.

Zum Abendessen eine kleine Hiobsbotschaft: Wir haben die Babys nicht mehr. Die Mutter hat die Notbremse gezogen, weil die Kleinen sich so unwohl gefühlt und noch den ganzen Tag weitergeschrien hätten, und dann die ganze Arie mit Malta und Mexiko, nein, tue ihnen leid, nichts zu machen. Kleine Panik. Das heißt: Neue Zwillinge müssten her, und Nachdreh winkt, solange die neuen nicht genau so aussehen wie die ersten. Naja, schauen wir mal. Unser tägliches Abschlusspint im Pub, einem der 128 „Red Lions" in Großbritannien, rückt die Verhältnisse wieder gerade.

INT. Paris' Schlafzimmer, Palast von Troia, „J" Stage, Shepperton
Donnerstag. Neue Schauspieler, neues Glück. Helena prophezeit Paris, dass die Spartaner sie holen kommen würden, Paris schlägt blauäugig vor, dass sie doch weglaufen könnten und sich von erlegtem Wild ernähren. Helena ist gerührt. Eine lange und intensive Szene, die den ganzen Tag in Anspruch nehmen wird. Morgens also steht Helena am Balkon und starrt in die Ferne, während im Hintergrund Paris hin und her wie Onkel Dagobert einen Graben in den Boden läuft. Die erste Kamera ist auf Paris gerichtet und fährt seitlich mit ihm auf Helena, die zweite Kamera bleibt groß auf Helenas Antlitz. Da, plötzlich, fährt langsam ein roter Laserpunkt über Helenas Hals und Stirn. Ein spartanischer Attentäter!, schießt es mir durch den noch müden Kopf, Menelaos will die Sache schnell und diskret erledigen! Als ich gerade zum Sprung Anlauf nehme, um die schönste Frau der archaischen Welt aus der Schusslinie des Scharfschützen zu stürzen, werde ich eben noch rechtzeitig von Trevor und Graham, den beiden B-Kameraleuten, festgehalten. Das sei nur ein Entfernungsmesser! So etwas kenne ich noch nicht und frage prompt, wie denn das gehen soll und warum die dann überhaupt noch mit dem altmodischen Maßband hantieren. Wie auch immer, es funktioniert, und man kann zwischen den internationalen Längenmaßen hin- und herschalten. Genauso neu sind mir diese schokoladentafelgroßen LCD-Bildschirme, die an Gelenkärmchen oben aus den Kameras wachsen und auf denen der Bildausschnitt läuft. Bis vor kurzem musste der Regisseur sich noch entscheiden, ob er während des Takes live die Schauspieler beobachtet und hinterher stets zu den Monitoren rennt, um die Einstellung nochmal in der Kadrierung zu sehen, oder ob er gleich vor den Monitoren sitzen bleibt und sein „Action" von nebenan in die Kulisse ruft. Jetzt kann er nah an der Szene sein und gleichzeitig den Bildausschnitt überprüfen. In der Praxis allerdings steht der Regisseur meist neben der Kamera, kuckt auf Schauspieler und Bildschirm und rennt

hinterher zu den Monitoren, ums nochmal in Ruhe zu sehen. Naja, trotzdem sind die Dinger praktisch. Obwohl sie die filmpublizistische Ikonographie weiter verarmen lassen: Nachdem es keine Fotos von Regisseuren mehr gibt, auf denen sie den Filmstreifen vor eine Lampe halten, weil fast alle – wie es heißt bis auf Spielberg – am Computer schneiden, werden auch die Bilder verschwinden, auf denen der Regisseur selber durch die Kamera sieht.

Zu Beginn des ersten Takes werde ich unvermittelt aus dem morgendlichen Dämmer gerissen: Orlando Bloom stößt vor so ziemlich jedem Take einen knappen Urschrei aus, irgendwo zwischen husten und bellen. Das soll die Stimmbänder lösen und im Brustkorb Volumen bilden oder so. Unmittelbar versinke ich wieder im Eigenen, denn vor vielen Jahren erscholl aus dem Zimmer meiner Mitbewohnerin, einer Schauspielschülerin, regelmäßig ein ganzer Urwald. Egal. Im Lauf des Tages ergibt es sich, dass ich Orlando kennenlerne, der ja, was mir plötzlich einfällt, in einem früheren Leben Legolas war, der junge Elb aus dem *Herrn der Ringe*. Ha! Übermütig begrüße ich ihn auf Elbisch, ernte aber Verwirrung. Mein menschlicher Akzent ist wohl noch zu harsch. Nach Erläuterung ist er jedoch sichtlich erfreut, dass auch mal ein Mensch sich die Mühe macht, wenigstens ein paar Floskeln seiner komplizierten Sprache zu lernen, statt immer nur umgekehrt. Die folgende Konversation allerdings findet in Menschlich statt. Und Welträtsel löse ich auch gerne: Seit Urzeiten zerbrechen sich die Gelehrten, Historiker, Philologen und Literaturwissenschaftler die Köpfe, wo Helena denn nun ursprünglich herstammte wenn nicht aus Sparta, in dessen Dynastie sie nur einheiratete. Nach einem kurzen Besuch bei Diane am Cateringtisch kann ich nun mit einer Enthüllung aufwarten und die Fachwelt verblüffen: weder aus Phönizien noch Ägypten, sondern aus einem Dorf namens Harsum. Bei Hildesheim. In Niedersachsen. In Hildesheim war ich auch schon, die haben einen schönen Rathausplatz.

Am nächsten Morgen wird die Szene gedreht, die eigentlich für gestern geplant war, aber nur noch eingeleuchtet werden konnte: Paris und Helena liegen auf dem Bett, und Helena näht die Wunde, die Menelaos ihm geschlagen hatte. Paris ist am Boden zerstört und hält sich für den größten Loser auf Erden, Helena ermahnt ihn, dass es mutig sei, sich überhaupt einem solchen Duell zu stellen. Dazu braucht Paris eine blutige Wunde aus Gelatine auf dem Oberschenkel, mit Faden drin, der die Haut auch schön mit hochzieht. Ungewollt zucke ich bei den Stichen genauso zusammen wie Paris. Daniel Parker betrachtet zufrieden sein Werk. „Wie eklig!" sage ich. „Oh, danke schön", strahlt er, „sowas hört man gern." Er benutze nur die alten bewährten Hausmittel wie Gelatine; zumindest jetzt noch, später für Mexiko würde das nicht reichen und einfach in der Hitze schmelzen. Das sähe lustig aus. Das ganze neue Zeug aber, Silikon und sowas, würde schon in Malta schmelzen. Ein weiteres Rätsel moderner Technik bietet die zweite Kamera, für Helenas Close-up: Sie wirkt um einiges weniger bepackt als Kamera A. Ist das etwa eine Digitalkamera? frage ich Graham, den Focus Puller. – Nein, 35mm, wieso? – Ich sehe dort gar kein Magazin. –

Das sei ja auch noch gar nicht drauf. – Ah, ja! Ich versuche ein wichtiges Gesicht aufzusetzen und ziehe mich möglichst unerkannt zurück.

An den beiden Monitoren wird das Ergebnis begutachtet. Wolfgang wendet sich zu Orlando: „Hm, gar nicht schlecht. Für einen Elben." Alle hätten ihn schon gefragt, warum er diesen verdammten Elben statt eines Menschen engagiert habe, aber Orlando habe sie jetzt doch überzeugt. Glücklicherweise habe er das Posh seiner elbischen Heimat nicht angenommen. „Posh"?! Andrew steht neben mir und ich klage, dass ich nur Posh Spice kenne. Nein, die sei nun gar nicht Posh. Das nämlich sei eine Art Reichen- oder Adligendialekt des Englischen, die sich nur in ihren Kreisen bewegen und daher überall gleich sprechen, ohne von lokalen Sprechweisen berührt zu werden. Wenn man es hört kennt man es, es ist diese Art und Weise, Wort- bzw. Satzendungen, auch in Fragesätzen, abfällig nach unten zu ziehen. Die Herkunft des Ausdrucks liege in der Kolonialzeit, als nur Reiche es sich leisten konnten, ihre Kabinen in den Schiffen nach Indien selber auszusuchen, während der Hinfahrt nämlich auf der Backbordseite und auf der Rückfahrt auf Steuerbord, um nicht die jeweilige Sonnenseite abzubekommen. Und „port out – starboard home" kürzt sich ab zu p.o.s.h. Da sage noch jemand, beim Film lerne man nichts.

Am Abend schon ist diese Halle abgedreht, morgen gehts anderswohin. Aber was ist mit den zwei Szenen, die noch auf dem Call Sheet stehen, der Dispo, i.e. die tägliche Auflistung des zu drehenden Pensums? Müsste das heute nicht bis zehn oder so gehen? Och nö, sie hätten alles was sie brauchen. Der Rest seien nur zwei kurze Einstellungen und nicht so dringend, das könne nächste Woche Second Unit machen. Das ist das zweite Team, das immer parallel zur First bzw. Main Unit unterwegs ist, Inserts, Landschaftsaufnahmen, Massenszenen, Actionszenen etc. zu drehen, all die Teile ohne Dialog oder großartige Schauspielerführung. Auf jeden Fall praktisch, so eine Second Unit. Werde ich mir für zu Hause auch mal zulegen.

INT. Priamos' Audienzhalle, Palast von Troia, „C" Stage, Shepperton

Samstag. Samstag? Man macht schon was mit! Jedenfalls ist es der erste Drehtag im eindrucksvollen troianischen Thronsaal und in der neuen Halle. Ein großer Zeus wacht grimmig über den riesigen Saal, der dann doch noch fertig geworden ist, nachdem wie schon in Hektors Zimmer ein paar Leute am Morgen noch Stellen ausbesserten. Erhabene Statuen der Götter, deren einer an seinem Dreizack so schwer zu tragen hat, dass dieser zusätzlich an dünnen Nylonfäden von der Decke hängt, säumen ein langes glänzendes Wasserbecken mit daran aufgereihten Steinsitzen für Priamos' Edelmänner und Hohepriester; über Nacht ist eins jener roten Deckchen auf den Sitzen geklaut worden und wurde in Windeseile neugestrickt. Die ganze Szenerie mit ihren dicken Säulen und ernsten Gesichtern wirkt steinern und ewig und erdenschwer, selbst wenn die Statuen offenbar nicht den Segen der Götter besitzen, jedenfalls kleben Warnungen in ihren Kniekehlen, wg. Zerbrechlichkeit sie nicht groß anzustoßen. --

Am Cateringtisch fabriziere ich eben einen Kaffee, als vor mir die Sonne aufgeht und Frühling wird – die Freude währt nur wenige Sekunden, bis klar wird, dass die Studiotüren geschlossen sind und nur die Sonnenscheinwerfer für den Thronsaal angeschaltet wurden; draußen bleibt es gräulich und kühl. Fürderhin halte ich mich lieber im Saal selber auf, durch Lücken in der Decke sieht man Sonne und strahlend blauen Himmel. Und nicht nur das, bis ganz zuletzt haben fleißige Tempeldiener dem Göttervater goldene Gaben verschiedenster Herkunft geweiht, Sphingen, geflügelte Löwen oder bärtige Stierköpfe. Allerdings wirkt das Zusammentreffen vornehmlich minoischer Elemente, wie z.B. die Oktopusbemalung auf Riesenvasen oder die rötliche Architektur im ganzen, mit hethitischen Einflüssen, wie die geflügelte Sonnenscheibe unter Zeus' Füßen oder die göttliche Huldigungsprozession an deren Seite, weniger wie ein Zeugnis wahllosen Stilmischmaschs, in dem alles zusammengeworfen ist, was die Bilderbücher der Archaik hergaben, sondern mag eher einen merkwürdigen historisch-dramatischen Zusammenhang darstellen; bis hin zu jenem Tongefäß direkt zwischen Zeus' Füßen, dessen runder Körper minoisch aussieht, die langgezogene Tülle dagegen zentralanatolisch, und damit beide Himmelsrichtungen in sich vereint. Troia nämlich gehörte in jener Epoche zum Einflussbereich des hethitischen Reiches, die Minoer jedoch hätten meines laienhaften Wissens keinen nennenswerten Kontakt zum Troia bzw. Kleinasien der angenommenen Zeit des troianischen Krieges gehabt haben können, weil sie da schon länger Mykener waren. Wozu diese lange Vorlesung? Weil es bedeuten würde, dass das Produktionsdesign durch hethitische Formen einen Bezug auf die wirkliche Historie herstellte, während die minoischen Anklänge eine eigenständige, rein ästhetische Brücke von Troianern zu den – dem Vernehmen nach unschuldig-friedliebenden – Minoern schlügen, deren Insel ebenfalls ca. zwei Jahrhunderte früher von den kriegerischen Mykenern überrannt wurde. Priamos' Thronsaal, und nicht nur der, mag als ein Versuch gesehen werden, über die Versammlung von Symbolen unterschiedlichster Herkunft die weitgehend leere Tafel, die Troia für uns ist, mit realen sowie rein inhaltlichen Verwandtschaften zu füllen. Wenn man schon nichts von den Troianern weiß, kann man sie wenigstens symbolisch mit kultureller Substanz aufladen, selbst wenn sie nur geliehen ist – was dann am prägnantesten ist, wenn die geliehenen Formen auf mimetischem, nicht auf historischem Wege nach Troia gelangt sind. Das schönste Beispiel aber solch anachronistischen Augenzwinkerns ist die keilschriftliche Inschrift über Zeus' Kopf, die, ähnlich wie Achilles' Schild, ausgerechnet eine homerische Hymne zitiert. Schade nur, dass solche kleinen Feinheiten im Film nicht unbedingt zu sehen sein werden; umso besser, wenn man vorher darin herumwandern kann. Als ich schließlich aus dem Studio trete, ist auch draußen strahlendes Wetter. Da sage noch einer, mit dem Filmmachen könne man in der Welt nichts bewirken!

Und was man sich halt so durch den Kopf gehen lässt, wenn die Aufbauarbeiten andauern. Eine aufwendige Einstellung wird eingerichtet, Priamos und Hektor werden auf dem Balkon des Thronsaals stehen, über Stadt und Meer starren und über Paris reden, die Kamera wird, auf einen noch größeren Arri-Kran montiert, außen von der Seite hereinfahren, d.h. einen größeren Teil des Studios mit reinnehmen, um am Ende auf den beiden zu landen. Das sieht erstmal sehr interessant aus, aber ich fürchte, den Studioteil mit Cateringtisch, Scheinwerfern etc. sowie einer riesigen gemalten Berglandschaft aus einem früheren Film wird man später mit Außenaufnahmen des Palastes in Malta verdecken. Heute ist Peter O'Tooles erster Drehtag, und mit seiner blauweißen Tunika darunter sehen die Haare ganz normal aus. Stehen ihm sogar. Gegenüber auf der großen Studiotür werden bunte Klebestreifen als Blickfang angeklebt, damit die beiden nicht in völlig verschiedene Richtungen kucken. Als der Establishing Shot fertig ist, kommt Schuss/Gegenschuss, bis Priamos wieder in den Saal und damit aus dem Bild geht, um den langen Dialog nicht in der sengenden Sonne abhalten zu müssen. Da der Balkon jetzt völlig mit weißen Platten verdeckt ist, kucke ich mir die Szene auf dem Monitor an. --

Peter und Orlando müssen dieselbe Schauspieltradition studiert haben: Vor beinahe jedem Take grollt, brüllt und faucht Peter lauthals auf wie eine Mischung aus Löwe und Donnergott – und schaut auch zuweilen lustvoll so –, genauso kurz und knapp, aber umso kräftiger. Wie wird das wohl erst sein, wenn die beiden eine Szene zusammen haben? Ich erinnere mich da an eine schöne Passage aus dem Dschungelbuch, wo Balu Mogli das Bärenbrummen beibringen will. --

Weiter gehts im kühlen Inneren, Priamos schlurft durch die Halle und sucht Schutz bei den Göttern; die Kamera schwebt, wieder an dem Riesenkran, in einer kompliziert abgezirkelten Bewegung um ihn herum. Neben mir sitzt der Operator Peter an einem Fernbedienungspult und dreht wild an zwei Kurbeln, eine für links/rechts, eine für oben/unten. Schnell wird klar, warum für heute gerade mal zwei Szenen angesetzt sind, obwohl nur zwei Schauspieler am Set sind; die Logistik hat heute einiges zu tun. Naja, Wächter in fester schwerer Rüstung. Die armen Kerle stehen seit dem frühen Morgen rum und können sich nicht richtig setzen; zur Erleichterung bekommen sie je einen Fahrradsattel auf einem Dreibein hingestellt. Hinten im Studio stehen schon mehrere gepolsterte aufrechte, leicht angeschrägte Liegen bereit, mit Armlehnen. Für die Wächter, zum Reinstellen und Ausruhen.

Da freut man sich über die letzte Einstellung des Tages: Von weitem sehen wir Priamos verzweifelt vor Zeus knien. Wieder alles geschafft, obwohl mit dieser letzten Szene gar nicht mehr gerechnet wurde. Und was ist mit der zugehörigen Nahaufnahme von Priamos und dessen Point-of-View-Schuss auf Zeus? Das solle nächste Woche Second Unit machen. Ich sags ja.

-- Da geht das Absackerbier noch besser runter, und weil wir morgen ausschlafen können, schaffen wir noch ein zweites. Schließlich stehen wir jetzt nicht mehr vor dem Unerbittlichen, sondern schon bis zu den Knöcheln drin.

Am Sonntag schlafe ich endlich aus. Bis neun. Hier im Weltraum gibt es keine Schwerkraft. Nach dem Frühstück kaufen wir eine *Bunte* und spazieren durch den

Hyde Park. Auf einer Bank am Wasser lesen wir den schönen Artikel über unsere Helena, wobei die Zeitschrift mir leider meine wissenschaftliche Sensation klaut, indem sie einfach vor mir über ihren Herkunftsort publiziert. Als versöhnlichen Zug aber schreibt sie, dass Diane im Film Brad Pitt küssen wird. Nun, wie man aus einem beliebigen Exemplar von Meyers Taschenlexikon, das auf jedem Redaktionstisch stehen sollte, in Erfahrung bringen könnte, haben die beiden keine einzige Szene zusammen – aber dann wäre der Satz über deren Zusammenarbeit ja -- ... frei erfunden? Aber das tun die doch sonst nicht!

Am Montag geht es in der Halle weiter, diesmal mit der großen Versammlung für und wider einen Krieg, kurz nach Beginn der Auseinandersetzungen. Priamos sitzt auf seinem Thron, die beiden Söhne an seiner Seite, vor ihm, auf den langen Sitzreihen, die Priester, Militärs und Aristokraten, drumherum Wächter und Diener. Hinter ihm, draußen vor dem Balkon, ein schwarzer Vorhang, auf dem einige Lämpchen als Sterne befestigt sind. Niedlich. Viel los also am frühen Morgen, massenweise Statisten und Make-up-Leute, dazu ein komplizierter Schuss: Die Kamera soll an ihrem Kran über diesen reflektierenden Pool schweben, an den ganzen Männern entlang, in Richtung Thront und da man Zeus nicht mal eben so wegräumen kann, wird der Unterbau des Krans von außen seitwärts reinrollen, während sein langer Arm, mit der Kamera dran, im rechten Winkel zu dieser Fahrt übers Wasser ausschwenkt und dabei ausfährt. Klingt nach Arbeit, bis die Bewegung so eingespielt ist, dass das Bild nicht mehr hin und her schwingt. Da verschwinde ich doch kurz in meinem putzigen Büro, Sachen machen. Ich habe das bei weitem größte zugewiesen bekommen, das im Gebäude zu finden war, was mich nicht im geringsten wundert; Ehre, wem Ehre gebührt. Dort sitze ich ganz hinten am Fenster an einem nackten Tisch und einer Telefonleitung. Etwas irritierend ist allerdings, dass öfter Leute reinkommen, um hinter mir am Fernseher Kassetten mit sich präsentierenden Jungdarstellern anzusehen, und an einer langen Pinnwand Fotos von Schauspielern hängen, mit Rollennamen darunter, arrangiert zu zwei Gruppen, über denen Zettel mit „Greeks" und „Trojans" angeklebt sind. Dann sitzen andere Leute an dem langen Tisch in der Mitte und konferieren. Nachsichtig wie ich bin, dränge ich nicht auf absolute Arbeitsruhe und lasse sie alle gewähren. Hin und wieder kommt Mark von gegenüber an mein Telefon, um mal in Ruhe mit seiner Freundin zu telefonieren. Jedes Mal entschuldigt er sich herzlichst. Als würde ich das nicht auch tun.

Als ich so gegen neun ins Studio zurückkomme, schwant mir bereits Übles, und wirklich: Diese Pfaffen, Schergen und Pfeffersäcke haben sich wie die Heuschrecken über das Catering hergemacht und alle Würstchen mitsamt Black Puddings weggefressen. Barbaren. Gerade noch sehe ich einen kleinen gebeugten troianischen Priester grinsend mit der letzten Wurst in der Kulisse verschwinden. Mir bleibt monochromes Rührei, ist wenigstens noch heiß. Nicht mal einen Styroporbecher für Kaffee haben sie übrig gelassen. Dazu spielt die Szene nachts, das heißt das Studio ist dunkel, und man muss aufpassen, nicht gegen eine der so zahlreich wie unvermittelt von der Decke hängenden Eisenketten zu rennen, oder gegen den Tisch der Materialassistenten, der mit Vorliebe in der lichtfernsten Ecke aufgebaut ist, wo sie zwischendurch die Kameramagazine mit Rohfilm laden. Es ist wohl sowieso ihr Los, dass ihre schrecklich verantwortungsvolle Arbeit so lange überhaupt nicht weiter auffällt, bis etwas scheppert: sei es ein satter Materialfehler durch falsch eingelegten Film, sei es, dass man sich an ihrem Tisch den Fuß stößt.

Sicher im erhellten Saal angekommen, kann es losgehen: auf Kommando viel Gejohle und Getratsche im Saal, bis General Glaukos, laut Wolfgang Priamos' Rumsfeld, die Menge anfeuert, Troia sei stark, müsse sich wehren und könne einen Krieg durchaus gewinnen. Gegenüber erhebt sich Velior, einer der Aristokraten, und plädiert dagegen für Diplomatie, die Griechen seien viel stärker. Gerry, der Regieassistent, feuert die Menge an wie der Animateur einer Fernsehshow, und die johlt nach beiden Reden. Hm, irgendwas stimmt dabei nicht. Gerry korrigiert, jeder müsse sich entscheiden, für wen er denn nun sei, damit nicht alle für beide jubeln. Das funktioniert besser, jetzt grölen sich die Edelmänner wie im britischen Parlament über den Teich hinweg gegenseitig an. Priamos kuckt sich alles an und sagt nichts, obwohl er extra, wie sich in einer Pause zeigt, an einem Knie den Sender eines kleinen Mikrofons trägt, mit Klebeband befestigt. Tonassistent Paul sagt, dass die alle ein kleines Mikro am Kragen versteckt hätten, weil bei Großproduktionen wie dieser, wo mit mehreren Kameras bzw. unterschiedlichen Bildausschnitten gleichzeitig gedreht wird, meist kein Platz mehr sei, den Ton vernünftig zu angeln. Er kommt eben nur so nah heran, wie der totalste Bildausschnitt erlaubt. Da lobe er sich kleinere Filme mit nur einer Kamera, die aber Raum für individuelle Fertigkeiten ließen, und beklagt sich ein wenig, dass er, speziell in großen Räumen wie diesem, eigentlich nichts tun könne außer die Angel in die Luft zu halten und Raumton mit schwachem Dialog aufzunehmen, statt selber den Dialog mit der Angel zu formen; zumal die Mikros am Kragen keine Unterschiede wie Kopfbewegungen wiedergäben und ständig die Kleidung raschelt. Einmal sah ich Jaya, seine Tonkollegin, sich an Bügeln aufgehängte Kostüme ans Ohr halten und zwischen den Fingern damit rascheln. Alles klärt sich auf. Auch die Frage, warum nicht öfter mehrere Kameras benutzt werden: weil man es beim Film, dem großen Konsensmedium, offenbar niemandem gleichzeitig recht machen kann.

Und nocheinmal. Es dauert, bis die beiden aufeinander abgestimmten Kamerabewegungen und das Schauspiel zueinander passen. Zwischendurch fallen ein paar Sterne vom Himmel, macht aber nichts, sieht man sowieso nicht. Wer sich außerdem fragt, wo denn der Thron gestern war, als Priamos auf dessen Platz herumlief, der halte sich an den Allmächtigen: Das Schöne am Regisseursdasein, grinst Wolfgang, sei, dass man einfach so entscheiden könne, dass das jetzt so ist und basta. Dann steht der halt auf Rollen und die schieben den rein, wenn Sitzung ist.

Als diese große Szene fertig ist, strebe ich, wie so viele, aufs Klo, auch weils bei solchen Angelegenheiten immer wieder lustig ist, neben Priestern und klimpernden

Rüstungen an einem Urinal zu stehen. Drei weiter steht einer der Nobelmänner, mit nackten Beinen und seiner wohl aus einem Stück gewebten Toga vor dem Bauch zu einem dicken Knäuel hochgerafft, und beklagt sich: „I can't see what the fuck I'm doing here!" --

Der Umschnitt auf die Redner bzw. Zuhörer wird mit drei Kameras gefilmt, eine für die ganze Szenerie, die bei Glaukos beginnt und langsam seitlich zu Archeptolemos, dem Hohepriester, rübergleitet, die anderen zwei dicht zusammengekauert unter der ersten, die knapp über ihnen hinwegfährt; eine für das ganze Plenum, die andere, mit langer Brennweite, d.h. mit einem Teleobjektiv von den Ausmaßen einer kleinen Panzerkanone, für die Reaktionen der Umsitzenden. Ein dramatisiertes Letztes Abendmahl. Kamera C wird zwischendurch hinter dem Thron versteckt, sodass Peter O'Toole sich schon mal rüberlehnt und mit den ausladenden Schultern seines Kostüms das Bild komplett verdeckt, bis man ihn wie bei *Verstehen Sie Spaß* darauf hinweist: Da hinten ist auch eine Kamera. Huch! Peters Stand-in, der die ganze Zeit des Einleuchtens und Plazierens der Kameras auf dem Thron ausharren muss, trägt zwar weiße Perücke und blaues Hemd, aber natürlich nicht Peters Kostüm, mit dessen Ausmaßen niemand gerechnet hat.

Neben dieser Halle hat Wolfgang endlich einen Trailer hingestellt bekommen, eins dieser ewig langen Mobilheime, in denen sonst Rentner durch die Weiten des mittleren Westens gondeln. Die sind gerade beim Film dermaßen ausladend und geschmackssecht luxuriös ausgestattet, mit Küchenzeile, Esstisch, Badezimmer, Schlafzimmer, Fernsehecke und allem, dass die korrekte deutsche Übersetzung „Wohnwagen" ein schiefes Bild vermittelt: mehr amöbenförmig klein und schedderig. Nicht hier. In der Mittagspause jedenfalls klopft Peter Honess, der Schnittmeister, an Wolfgangs Wohnwagen und zeigt ihm auf Video die frischeste Version der bereits zusammengeschnittenen Szenen. Sowas geht heute ganz fix. Da länger, da kürzer, dazwischen noch ein Close-up von ihr, hatten wir nicht einen Take, wo er schneller hochkommt? Phantasie braucht man trotzdem noch, einige der Einstellungen gibt es bisher nur als Storyboard. Und fertig, mit einem Sack voll Instruktionen ist Peter wieder weg. Wenn das so weitergeht, gibt es zwei Tage nach Drehschluss den Rohschnitt.

Am Ende der Debatte steht Paris auf und verkündet, er wolle sich Menelaos im Duell stellen, Priamos weist ihn erfolglos zurecht. Es kommt wie es kommen musste: Orlando bellt, Peter brüllt. Zwar nicht regelmäßig, aber mit etwas Glück kurz hintereinander. Wenn jetzt noch meine ehemalige Mitbewohnerin da wäre, gäbs ein nettes Konzert. Nach seiner Rede rauscht Paris aus dem Saal. Im Close-up fragt Glaukos Priamos vorsichtig, ob er wohl eine Chance habe. Hektor kann ein Losprusten nur schwer unterdrücken, Priamos macht ein verkniffenes Gesicht und eine zweifelnd-abwägende Geste mit der Hand. Grandios. Leider wars nur eine Probe.

Am Ende waren so viele Set-ups geschafft wie nie zuvor, wer auch immer die zu zählen wusste, und nur zwanzig Minuten überzogen. Morgen ist eine andere Tageszeit und damit eine andere Beleuchtung, jetzt etwas zu verschieben hätte nur für noch mehr Stau gesorgt. Dafür musste Wolfgang, wie er frohlockte, das eine oder andere Mal die Peitsche rausholen, denn beim Einleuchten, mit den ganzen weißen und schwarzen Platten, den Scheinwerfern und Gittern oder Folien davor, kann man sich ganz schön verpusseln. Man könnte also zufrieden ins Bett gehen, wenn nicht, ja wenn nicht St. Pauli, wie mir ein wohlmeinender Freund gesimst hat, natürlich unverdient 2:1 in Köln verloren hätte. Es wird eng.

Am nächsten Morgen gehts genau da weiter, spätnachmittags und Tage später, als die Versammlung berät, ob die zwischenzeitliche Schwäche der Griechen für einen Gegenangriff genutzt werden sollte. Glaukos ist natürlich Feuer und Flamme, Velior gibt klein bei, nur Hektor dagegen ist zögerlich und sollte recht behalten. Die Halle ist wieder voll mit Nobelmännern, aber heute hat Helen „of Troy, hah, hah" vom Catering wohl vorgesorgt und mehr Würste gekauft. Alle sind noch müde, jedenfalls lassen die Statisten auf ihren Steinsitzen sich nur schwer zu Reaktionen auf die Redner motivieren, obwohl Wolfgang sein Bestes gibt beim Versuch sie aufzuwecken, „stellt euch einfach vor es sei zwölf und nicht neun". Nicht einfach, wenn man sich um 5:30 in der Maske einzufinden hatte. Als sich alle genügend warmgejohlt haben, gehts los: erst die Redner alleine, dann die Totale, worin Archeptolemos, oder kurz Archie, wie seine Freunde hier ihn nennen, sich erhebt, seine Empfehlung ausspricht und dabei Velior verdeckt. Das geht nicht, Archie muss mit seinem Hocker ein bisschen zur Seite rutschen. Peter derweil sitzt auf seinem Thron und sagt als Stichworte seine Zeilen. -- Schon beeindruckend, wenn Peter O'Toole den lieben langen Tag „Can we win this war" oder „Prepare the Army!" oder einfach irgendwas sagt und noch beim dreißigsten Mal dabei der ganze Raum eindickt. Später, dann mit Kostüm, tritt Hektor vor und erläutert dem Plenum seine Sicht der Dinge, wieder drei Kameras lassen nichts unbeobachtet, eine fürs große Ganze, eine für Hektor nah und eine für die Leute; auch wenn, wie Wolfgang sagt, die anderen Kameras meist nur zur Sicherheit mitliefen, er von denen aber fast nie etwas nehme, weil letzten Endes die Szene doch nur für die erste eingeleuchtet sei. Peter derweil brüllt wieder, lässt es heute aber in einem kleinen Fauchen ausgrollen. Wolfgang ist dermaßen fasziniert, dass er selber bei dem einen oder anderen Take schon mal vorweg brüllt. Eric übrigens schnaubt stattdessen wie ein Pferd.

Zwischendurch düsen wir mit einem Golfcart kurz rüber zur „J" Stage, wo besagte Second Unit in den alten Kulissen, und mit den alten Babys, ihre Inserts dreht, z.B. Hektors Point of View, kurz POV, des schlafenden Skamandrios. Da die beiden Kleinen, nach langem seligen Schlummer, pünktlich zu Beginn lautstark aufwachten, wird die Einstellung eingeschoben, worin Helena am Balkon stehend, wir erinnern uns, raus auf den Blue Screen blickt. Nachher soll da dann Meer rein. Ihren Text weiß Diane noch, obwohl man, von hinten, nur sehen muss, dass sie irgendwas sagt. Aber Wolfgang ist ihre absolute Perfektion nicht entgangen, überschwenglich lobt er ihr umwerfendes Spiel. Die Mittagspause ist kurz, es gibt heute viele Muster zu kucken, der kleine Vorführraum, ein etwas klappriger Anhänger namens Willie's Wheels, der übers Studiogelände gefahren werden kann mit seiner kleinen Leinwand und vielleicht 8x4 Sitzen, ist heute gedrängelt voll. Dass heute die Sonne wieder lacht macht das Klima darin nicht erträglicher.

Gebraucht wird jetzt Hektor von vorne, während er zum Plenum spricht. Dazu steht bereits der große Arri-Kran vor Zeus' Füßen, sein Arm wird mit der Kamera den Pool entlang einfach geradeaus aus sich hinausfahren, kurz anhalten bis Priamos aufsteht, dann bis zum Anschlag weiterfahren, bis er den Teich beinahe auf der ganzen Länge überspannt. Ich frage den Operator Peter, warum man sich gestern so eine Mühe gemacht hat, mit hin- und herrollen und austarieren und so, wenn es offensichtlich so einfach geht? Weil gestern die Kamera weiter hinten starten sollte, und da passte der Kran nicht hin. Stimmt natürlich. Bei der Probe, Eric steht vorne am Becken, wird ihm gesagt, er solle beim Umdrehen nicht zur Seite rutschen, um mit der Schulter nicht Priamos zu verdecken. Och, sagt Hektor, macht euch um den mal keinen Kopf, und stellt sich mit angewinkelten Armen breit hin. Der Vater, beleidigt, zahlt es ihm am Ende der Szene heim und missachtet seinen Rat, sich militärisch zurückzuhalten. Paul vom Ton erzählt mir derweil, dass es die offizielle Abkürzung MOS gebe, um Szenen ohne Originalton zu kennzeichnen; sie gehe zurück auf irgendeinen deutschen Regisseur in den Vierzigern, der den Ausdruck „mitout sound" kreiert haben soll. Sehr lehrreich. Umgekehrt plädiere ich inständig dafür, das Lehnwort „ausfiggern", was soviel heißt wie herausfinden, durchdenken, klarstellen und dessen Orthographie ich hiermit festlege, umgehend in den deutschen Wortschatz zu übernehmen.

Die Einstellung wird, wer hätt's gedacht, mehrmals wiederholt, um das genaue Timing von losfahren, anhalten und weiterfahren auf die Reihe zu kriegen, ob auf „Background Action", woraufhin alle im Bild zu murmeln und zu rascheln anfangen, oder erst auf „Action" etc. Wolfgang wird drängelig, „Cut, next one, right away", weil am Tag noch einiges zu schaffen ist. Oder auch weil seine Frau Maria heute ankommt. Auf jeden Fall holt er wieder die Nilpferdpeitsche raus. Und hopp, weiter. Da erlischt just vor dem nächsten Take einer dieser Feuerpfeiler, die Gasflasche in seiner Basis ist leer. Eine neue wird auf einer Sackkarre herbeigerollt. Jetzt aber.

Nach dieser halbwegs schweren Geburt folgen Großaufnahmen, eine Holzplatte wird über den Teich gelegt, darauf die Kamera. Hin und dann her, Hektor, jetzt Archie, Glaukos auch nochmal, zuletzt auf Priamos wie er davonrauscht – zwischendurch sieht Wolfgang sich auf Kassette an, was die Second Unit gedreht hat: Paris und Helena blicken übers brennende Troia. In Ordnung. – Viele Regisseure drehen gern mal 15, 20, 25 Takes und entscheiden sich für 8, 10, 12 sog. Prints – die besten Takes werden schon am Set aussortiert, damit man später nicht mehr die ganzen Gurken mitansehen (und bezahlen) muss. Wolfgang dagegen dreht im Durchschnitt so vier bis sechs Takes, mit meist zwei bis drei Prints; wenn andere gern mal über eine Million Fuß Material belichten, braucht er selten mehr als 200- bis 300 000.

Was die Produzenten schon mal erfreut. Heute aber, bei einer Szene, die tausendmal durchgespielt wurde, ist das Drehverhältnis rekordverdächtig: keine Probe, ein Take, zweiter Take, zwei Prints, check the gate, next one. Wer probt hat Angst. Eric staunt und sagt, er kenne Regisseure, die für das Pensum von gestern drei Tage gebraucht hätten, mit Pausen von anderthalb Stunden zwischen den Set-ups, und es wäre nicht so gut geworden. It takes time to mess things up. Letztendlich wird es acht, eine halbe Stunde überzogen und doch alles geschafft. Ist auch besser so, denn morgen wird das Set von griechischen Soldaten zerstört.

Am Morgen des Tags der Abrechnung geht es los mit den vorgestern nicht mehr geschafften POVs von Priamos hoch zu Zeus und von Zeus runter auf Priamos; Second Unit sei doch nicht wirklich zuständig, denn am nächsten Tag, wenn sie dazu Gelegenheit hätte, würde Zeus bereits etwas lädiert aussehen. Danach, am anderen Ende der Halle, der Schuss auf Priamos, auf dem Balkon über seine Stadt blickend, der gleichzeitig eingeleuchtet wird; während in diesem Teil der Halle der letzte Take läuft, harrt Peters Stand-in schon mal am verlassenen anderen Ende, wo nur noch Einsamkeit herrscht, auf seiner Position.

Exkurs: Bedauernswerte Berufe beim Film Teil XII – Das Stand-in

Ein Stand-in ist ein Lichtdouble, das zum Einleuchten in der Kulisse herumbugsiert wird, damit die Schauspieler länger Zeit haben, Tee zu trinken, zu quatschen oder heimlich eine zu rauchen. Sie werden nach ähnlicher Statur, gern auch Haarfarbe ausgesucht, stehen dann mit rudimentärem Kostüm und provisorischer, leicht struppiger Perücke herum. Manchmal sehr lang. Wenn es losgeht, müssen sie wieder raus und den echten Schauspielern das Feld überlassen. Da Stand-ins gerade in den USA oftmals selber Schauspieler sind, dürfte dieser Teil ihnen den einen oder anderen Seufzer entlocken.

Andere dagegen, wie eben z.B. James Linton alias Priamos, sehen das lockerer und machen es seit Jahren professionell, er seit gut 30 Jahren. Zuerst war er Statist und wurde eines Tages befördert. Im Laufe seiner Karriere doubelte er z.B. Roger Moore (seit „Der Spion, der mich liebte"), Alan Rickman, Max von Sydow, Colin Firth, James Coburn oder Sam Jones in „Flash Gordon", welcher ihm nebenbei seine erste, nun ja, Rolle bescherte: Er spielte die behandschuhte Hand am Ende, die in Großaufnahme irgendwas vom Boden aufhob, bevor, wir erinnern uns, das Wort „Ende" mit Fragezeichen erschien. Dass es zu jener Fortsetzung nicht mehr kam, habe nicht zuletzt mit daran gelegen, dass die Vorbereitungen nebst Bauten etc. mit, sagen wir, Geld unklarer Herkunft finanziert wurden.

CONT. Priamos' Thronsaal

Zügig zieht alles um. Priamos steht stocksteif auf seinem Balkon und starrt auf seine Heimat, zwei Kameras sehen zu; es läuft gerade die Montagesequenz, nachdem Hektor Patroklos getötet hat – die Ruhe vor dem letzten Akt. Eine der Kameras rasselt sehr laut, eine wattierte Jacke wird über sie und den Kameramann gestülpt; schön, dass auch bei megateuren Hyperproduktionen noch die alten

Studentenfilmtricks zur Anwendung kommen. Proben? Was denn? Action. Cut. Wolfgang ist zufrieden: „Wieder eine hervorragend gespielte und inszenierte Szene!" Danach die Einstellung, worin Priamos nachts aus seinem Saal wankt, sich auf die Brüstung stützt und seine brennende Stadt im Todeskampf erblickt. Diesmal darf sogar echtes Feuer aus Gasbrennern flackern, ein Feuerwehrmann steht sprungbereit daneben. Zur Unterstützung der Flammen steht jemand neben einem mit orangener Folie bespannten Scheinwerfer, hält seine Hand davor und wiggelt mit den Fingern. Vorher hatte Wolfgang Peter O'Toole gesagt, dies werde eine der zwei, drei wichtigsten Einstellungen seines Lebens: Mit dieser Aussage auf den Schultern ging der in die Maske und ließ sich gebührend herrichten. Jetzt fahren zwei Kameras parallel auf Priamos zu, der still und quälend lang verzweifelt. Cut. Hinter mir: „Kann ich jetzt wieder atmen?"

Nun wird der Saal langsam für die Zerstörung feingemacht, als kleinen Auftakt filmen drei Kameras einige Griechen, die hereingestürmt kommen und mit der Plünderung beginnen. Zaghaft noch, nur mit ein wenig Qualm, denn es wird ohne große Aufräumarbeiten zweimal wiederholt. --

Nach der Mittagspause helfen viele Hände mit, die Einrichtung vorweg zu verwüsten. Ruß wird verstreut, Sitze werden umgeworfen und einige der Statuen an der Basis angeschlagen, damit die später leichter umfallen, die goldenen Preziosen werden auf die plündernden Statisten verteilt. Zusätzlich sind im Raum, hinter Säulen und umgekippten Sitzen, fünf Kameras versteckt, die mit der sechsten, einer Steadicam, möglichst die ganze Arie mitbekommen, denn diese Szene zu wiederholen würde Stunden der Vorbereitung erfordern – der erste Take muss gleich sitzen, um in keine größeren Terminprobleme zu rasseln. Die Vorbereitungen dauern an, aber ich warte doch lieber hier, um den einen Moment der Wahrheit nicht zu verpassen, schließlich kann durchaus Scheiße passieren: Mein Freund O. war, als Olli Bierhoff '96 sein finales EM-Golden-Goal schoss, gerade auf dem Klo. Also beobachte ich interessiert, wie die Leute noch mehr Sitze zusammenrücken, um eine Kamera zu verbergen, im Hintergrund eine Metallleiste, aus der später Gasflammen züngeln, mit Stühlen, Kissen und Tüchern verstellen sowie ein Kissen auf die auffällig rote Leitung legen. Zuletzt schwingen sie Seile um die Köpfe der Statuen; Poseidons goldenen Dreizack hat man ihm vorsichtshalber schon mal aus der Hand geklaut, damit der nachher nicht alleine an seinen Fäden von der Decke baumelt. Griechische Soldaten bekommen ihre Positionen zugewiesen und erklärt, auf welche Ecken sie mit ihrer Streitaxt hacken sollen. Viel Gewusel um und um, aber irgendwie scheint nichts zu passieren. Über den ganzen Tag fährt Wolfgang in seinem Golfcart immer mal rüber zur „J" Stage, wo weiter Second Unit zugange ist, diesmal mit Close-ups von dem Baby, das an einem Holzlöwen nagt, und Saffron, die in Paris' Tür platzt. --

Schließlich geht auf „C" Stage doch was los, die erste Probe: Soldaten johlen, Priamos torkelt durch die marodierenden Horden, fleht sie an, sie mögen Respekt walten lassen, doch wo er hinschaut fallen Statuen um, jedenfalls wenns nachher ernst wird, und die Steadicam läuft um ihn rum und hinter ihm her. Fertig, kurzes Aufräumen, noch eine Probe, jetzt ohne Stand-in, sondern mit Peter selber. Mehrere Proben später, Priamos' Parcours sowie die freihändige Kamerabewegung sollten genau aufeinander abgestimmt sein, gehts endlich los. Jeder Umstehende zwängt sich in irgendeine dunkle Ecke, um nicht fahrlässig mit dem Fuß ins Bild zu geraten und damit seine Karriere im Geschäft abrupt zu beenden. Action. Es johlt und brüllt und kracht und zischt, ein enthemmter Hühnerhaufen rennt durcheinander, und mittenrein Priamos. Er stolpert verzweifelt umher, sieht Poseidon fallen, wankt weiter, sieht, dass die Leute bei Athene noch nicht soweit sind, dreht sich nochmal halb auf der Stelle, damit auch ihr Niedergang im Bild ist, wankt weiter, bis vor ihm Apollo oder so auf den Boden kracht. Cut. Erleichterung. Gut geworden, niemand verletzt. Bis auf zwei der Statuen, die, statt ganz umzukippen, bei den Knien abgebrochen sind; die stabilisierenden Metallrohre im Inneren reichten nur so hoch. Sieht aber hinterher besser aus, wenn zwei Beinstümpfe stehenbleiben. Es wurde ganze Arbeit geleistet; als die Horden den Saal verlassen haben, liegt er da wie das Nationalmuseum von Bagdad. Leider nur hatte niemand eine mykenische Flagge dabei, die man Zeus über den Kopf hätte ziehen können.

Weiter gehts, es ist spät geworden. Wo ist Peter? Keine Spur. Wolfgang ruft: „Awrence!!", Peters Nom de Guerre in seinem berühmten Film. Da kommt er sofort, nach vierzig Jahren noch; ist wohl wie radfahren. Priamos muss jetzt sterben, also kommt Agamemnon dazu und stößt dem Hadernden einen Speer von hinten durch die Brust. Dazu hat Andy Bunce, Mitarbeiter in Joss Williams' SFX-Abteilung, eine spezielle Vorrichtung entwickelt, eine Speerspitze aus dem Oberkörper hervortreten zu lassen, ohne dabei Peter groß zu verletzen: Dieser trägt einen festen Plastikgürtel um die Brust, wo Ober- und Unterseite der Spitze aus Stahl, nebeneinander und punktspiegelverkehrt, flach aufliegen; die Spitze ist also gleichsam wie ein Brötchen in zwei Scheiben geschnitten und mit Blut verziert. Auf Knopfdruck drehen sich die beiden Hälften blitzschnell irgendwie ineinander und stehen dann, als ganze Spitze, nach vorne weg. Sehr zu Priamos' Nachsehen, und Agamemnon schickt ihm noch einen fiesen Spruch hinterher („Niemand ist unschuldig, har har!").

So, schnell, letzte Einstellung. Gegenschuss auf den sterbenden Priamos am Boden. Schöne große Blutflecken werden Peter auf die blütenweiße Kutte gespritzt, er bittet mit brechender Stimme um Gnade für die Unschuldigen und haucht seinen letzten Atem aus, grausam und groß, als hätte er nie etwas anderes gemacht. „Dead as a doornail!" kommentiert er kurz darauf am Monitor zufrieden seine Anstrengung. Merkwürdiges Kompliment, aber man kann ihm nur zustimmen.

Es ist halb neun geworden, eine Stunde überher. Da weiß man was man geschafft hat, dafür fangen wir morgen auch eine Stunde später an. Das heißt: Ich kann bis sieben Uhr ausschlafen! Wie das klingt …

INT. Agamemnons Thronsaal, Mykene, „D" Stage, Shepperton
Neues Set neues Glück. Wer sich wundern sollte, dass man für zwei relativ kurze Szenen einen ganzen Thronsaal baut, der würde in ihm stehend eines besseren belehrt. --

Auf jeden Fall lässt dieses Ungetüm an Herrscherraum und monolithischer Masse, das vielleicht nicht inhaltlich, aber umso deutlicher ästhetisch-dramatisch nötig war, keinen Zweifel, wer hier die Dunkle Seite ist; Nigel hat in die Vollen gegriffen und mit den beiden Thronsälen zwei architektonisch-politische Pole geschaffen, die an Pointiertheit und Aussagekraft schwer zu toppen sind. Wo in Troia der König auf beinahe gleicher Höhe mit seinen Granden sitzt, quasi als Priamos inter pares, hee hee, da bleibt keinem Besucher am Hof von Mykene, dem Agamemnon eine Audienz gewährt, anderes übrig als eine Treppe zu ihm hinaufzusteigen und, selbst wenn es ein König ist, zur Begrüßung eine Stufe unter dem Großkönig stehenzubleiben. Preziosen aller Art liegen in Troia zu Füßen der Zeusstatue verteilt, in Mykene stehen sie gerammelt an den Flanken des Aufstiegs zu Agamemnons Thron. Darüber hinaus gruppiert sich Priamos mit seinen Nobelmännern zur Beratung um ein gemeinsames Zentrum, den spiegelnden Teich, der höchstens insofern einen kollektiven Fetisch darstellt, als er dieser Versammlung ihre eigene Zusammensetzung zurückwirft. In Agamemnons Saal derweil ist nichts vom Schlage einer Beratung überhaupt vorgesehen; im Schatten der grollenden mykenischen Löwen präsidiert der König hoch über einer inexistenten Volksversammlung, die, wenn es sich doch einmal füllt, desto eingezwängter zwischen den dicken Säulen wirkt, je zahlreicher sie erscheint. Priamos regiert in horizontalem Raum, Agamemnon durch vertikale Masse. – Die naheliegende Parallele der architektonischen Repräsentation zu Demokratie vs. Diktatur wiederum bekommt im Laufe der Ereignisse ihre bitter-ironische ambivalente Krönung, wenn gerade das troianische Parlament avant la lettre – über in sich reflektierte Fratzen hinweg – in seltener Einmütigkeit zu einem kriegslüsternen Furor sich aufputscht, den auf der Gegenseite der einsame Tyrann zugunsten geostrategischer Realpolitik längst hinter sich gelassen hat. Ansonsten möchte ich Lesley vom Britischen Museum heute davor bewahren, mir die farbenfrohe Herkunft von Agamemnons goldenen Gastgeschenken bzw. Raubgut auszumalen, denn einiges sieht doch sehr danach aus, als hätte dieser rücksichtslose Despot auch Zeitreisende aus der fernen Zukunft überfallen.

Heute ist es Menelaos mit seinem Gefolge, der in den Saal rauscht und Agamemnon sein Leid klagt. Zuerst ist nicht viel zu sehen, auf der einen Seite des Saaleingangs verstopfen griechische Statisten, auf der anderen der Louma-Kran den Zugang. Einmal drinnen ist es auch nicht besser, die Totale verbietet eine allzu freie Platzwahl, und überall stehen diese Elefantenfußsäulen im Weg. Ich gehe zu Joss Williams in die SFX-Werkstatt, um mir wie versprochen die Kassette mit deren ganzen Versuchen für die Schlachtszenen anzusehen. Schon mal sehr hübsch, am Anfang die Reihe von abgeschlagenen Armen: Aus Silikonhaut, einer Wachsschicht darunter und rotgetränktem Schaum als Fleisch haben sie einen ziemlich realistischen Arm gebastelt, den sie mit Hektors Schwert am Ellbogen abschlagen, mit aus dem hohlen Plastikknochen fließendem Blut; auch für Joss' Versuchsreihen wüsste ich Kandidaten, die auf der Stelle in Ohnmacht fielen. Das könne man natürlich nicht alles vorne in Großaufnahme zeigen, aber so in der zweiten oder dritten Reihe müsse das schon mal drin sein. Ein paar Arme später folgen ein aufgeschlitzter Bauch mit echten falschen hervorquellenden Gedärmen drin, danach, „You'll like this one", ein Kopf, dessen seitliches Drittel ein Schwert abhackt und rote Masse mit verschmiertem Augenball übrig lässt, sowie natürlich der Klassiker der Aufklärung: Kopf ab. Danach kommen die Versuche mit fliegenden Pfeilen, ein fröhliches Schlachtfest unter den Mitarbeitern. Da gibt es zum einen Pfeile, die über den guten alten Nylonfaden ins Ziel treffen, und solche, die, erst schlaff am Körper hängend, per Druckluft sich pfeilschnell aufstellen, gut für Bewegung, damit niemand in dem Faden hängenbleibt. Auch immer wieder gern genommen werden die Schwertspitze aus flexiblem Metall, die durch eine Plastikschiene um den Bauch nach vorne hinausstößt, und das Schwert mit einfahrbarer Spitze und darin versteckten Blutsäckchen. Mein Favorit jedoch ist der Pfeil, der, ganz konventionell an einem Nylonfaden, einem Gummikopf ins Auge dringt und hinterm Ohr wieder raus, dem Vernehmen nach soll dies das Schicksal von Agamemnons Streitwagenlenker werden. Man ist gespannt.

Zurück in der Zitadelle von Mykene hat sich etwas getan, man geht näher ran an Menelaos' Auftritt, d.h. Zuschauer können sich freier bewegen. Zuerst alle Einstellungen, die in Richtung Thron gehen, weil gerade alles dafür eingeleuchtet ist. Eine Steadicam läuft hinter dem spartanischen König her. Danach die Begrüßung durch Agamemnon und deren kleiner Dialog, worin Menelaos den großen Bruder bittet, mit ihm in den Krieg zu ziehen. Barbara und ich machen es uns vor dem Monitor bequem, der leise Dialog lässt sich sowieso besser per Kopfhörer verfolgen. Mehrere Proben folgen, weil gerade in solchen Preziosen die Feinheiten wie Timing und Modulation stimmen müssen. Und irgendetwas funktioniert – als Brian Cox in tröstenden verklausulierten Worten das Schicksal eines ganzen Königreichs besiegelt, gefrieren wir auf unseren Stühlen.

Als nächstes die ganzen Umschnitte und Gegenschüsse in Richtung Tür. Menelaos marschiert rein mit Steadicam vorweg, sein Dialog mit Agamemnon usw. -- Am Ende des Tages, als hätte jemand rückwärts gespult, die Totale der Szeneneröffnung, mit der Kamera am Arrikran hoch über unseren Köpfen und direkt vor der Nase der Löwen. Kurz vor dem Ziel, zwei Takes sind schon gedreht, entdeckt jemand auf dem Monitor, dass an einer Stelle oben in der Kulisse von irgendwo Licht durchscheint. Prompt müssen ein paar Techniker da hochklettern und schwarzen Stoff auf die Lücke tackern. Wieder endet ein Drehtag in der Verlängerung.

Der nächste Tag bringt die zweite der beiden Szenen, die überhaupt hier entstehen. Früh am Morgen habe ich noch in meiner Internetzeitung gelesen, dass die

US-amerikanische Regierung und deren Vasallen sich weigerten, wieder UN-Beobachter in den Irak zu lassen und stattdessen eigene hinschicken wollten. Welche natürlich, so werde bei der UNO geargwöhnt, problemlos Massenvernichtungswaffen finden würden, und sei es, dass sie die selber vorher da hinlegen, um ihren Kriegsgrund nicht im nachhinein zu delegitimieren. Kurze Zeit später beraten Agamemnon und Nestor über einer Landkarte den Sinn eines Angriffs auf Troia: Der mykenische König freut sich, dass ausgerechnet diese dumme Nuss an Menelaos' Seite ihm einen Anlass verschaffe, genügend Alliierte zusammenzutrommeln, um endlich das lang ersehnte geopolitische Filetstück zu überfallen; nichts eine ein Volk mehr als ein gemeinsamer Feind. Manchmal muss man glauben, bei der Auswahl der zu drehenden Szenen sei eine List des Weltgeistes im Spiel.

Die erste Einstellung ist quasi die letzte vom Vortag, ich bin noch nicht mal sicher, ob man die Kamera über Nacht nicht da oben gelassen hat. Also Totale von dem massiven Raum mit Agamemnon und Nestor klein in der Mitte, die die Szene, um reinzukommen sowie für Schnittmaterial, erstmal ganz durchspielen; „Ich schneide dann sowieso wenn ihr anfangt schlecht zu spielen", motiviert Wolfgang die beiden alten Shakespeare-Recken Brian Cox und John Shrapnel bis in die Haarspitzen. Barbara und ich sitzen vor den Monitoren ganz hinten rechts im Raum, d.h. links unten für die Kamera, deren Blickwinkel trotzdem totaler ist als alle dachten: Peter der Operator kommt rüber und sagt, Stühle, Monitoraufbau und all das müssten noch mal alle verschoben werden, er sehe uns ganz in der Ecke im Bild, zwischen der dicken Säule und dem Bildrand. Die helfenden Hände wollen gerade anpacken, als irgendeinem Wickie dankenswerterweise einfällt, Peter könne die Kamera ja auch die zwei Millimeter weiter nach rechts drehen, bis nur noch Säule im Bild ist. Das geht dann auch wirklich schneller.

Im Anschluss die Auflösung in Nahaufnahmen, was wie schnell abzuhandeln klingt, aber dann doch, wie vorgesehen, den ganzen Tag dauern wird; heute gibts keine echte Mittagspause, stattdessen soll nach bereits zehn Stunden (!) um 17:30 Schluss sein, damit die Techniker mehr Zeit für Abbau und Verpackung für Malta haben, es ist schon der letzte Drehtag in London erreicht. Daher beeilt sich Agamemnon, Nestor zu erklären, dass er das Sahnehäubchen Troia noch brauche, um sein Imperium abzurunden. Dabei lotet Brian in beinahe jeder Probe und jedem Take eine andere Seite Agamemnons aus, von ruhiger, unheilschwangerer Darlegung bis zum rumpelstilzchenhaften Engagement, während John Nestors sachliche Einwände und Überzeugungsversuche in der xten Wiederholung bis an den Rand der Hypnose steigert. -- Ach, und zwischen Takes platzt Kevin Spacey kurz herein, sagt allen die er kennt guten Tag und geht wieder. Er ist momentan an einem Londoner Theater zugange. Womit mein heutiges Kontingent an Namedropping erfüllt wäre.

Der Drehtag geht ziemlich pünktlich zuende, und abends sitzen wir ein letztes Mal im „Red Lion Pub" vor Guinness und London Pride: kurz vor Malta, kurz vor unwägbaren Außendrehs, kurz vor einem Klima, bei dem einem ab ca. Mitte Juni, laut John Mathieson, dem Kameramann von *Gladiator*, das Hirn schmelze. Und dann die fiese SMS: St. Pauli nur 2:2 zu Hause gegen Burghausen. Knietief im Unerbittlichen.

Interludium
Es war eine dunkle und stürmische Nacht auf Sonntag, den 4. Mai. Der berühmte Reiseschriftsteller weckte sich um 7:45, verabschiedete sich innig von seiner Liebsten, die für ein paar Tage eingeflogen war, und fuhr als erster von beiden zum Flughafen. Mit einem von Teammitgliedern vollbesetzten Charterflugzeug startete er in Richtung Malta, der wohl sonderbarsten Insel im Mittelmeer. Rob Harris, der Publicist, hatte einen kleinen Geigenkasten mit. Nein, das sei eine Ukulele, und er habe sie nur mit, um die Mädels zu beeindrucken; im übrigen suche er stets jemanden, der ihm das Spielen beibringt. Wenigstens Rob hatte sich vorbereitet. Im Flugzeug saß der Reiseschriftsteller, unablässig arbeitend, an seinem Laptop, übrigens ein Macintosh 14 Zoll-iBook und damit ein ganz wunderbarer Computer, und trank die zweite Dose Bier, die die Flugbegleiterin ihm ungefragt dazugegeben hatte und die ihre Wirkung tat. Mit den Ohren in seinen Computer eingeklinkt hörte er ein Stückchen aus dem Album *The Songs of Distant Earth* von Mike Oldfield, das ihm aus heimischen Space-Night-Nächten vertraut war, und fand das ganz passend. Unter ihm zogen, wie auf Solaris, Wolkenfetzen übers endlose Meer.

Die Bewohner Maltas sprechen eine semitische Sprache mit italienischen und spanischen Einsprengseln sowie sparsamem Gebrauch von Vokalen, schreiben sie aber in lateinischen Lettern, was ihnen die wohl lustigste abendländische Schrift gleich nach dem Isländischen beschert. Zusätzlich benutzen sie ein fließendes Englisch als zweite Verkehrssprache, was ihnen, die man z.T. leicht mit Nordafrikanern verwechseln könnte, auf den ersten Blick ungewöhnliche Vornamen wie Trevor, Sean oder Colin verschafft. Doch man gewöhnt sich daran, schließlich sind beide Inseln gepflastert mit Ortschaften und Sehenswürdigkeiten, deren Namen, sofern sie nicht aus einer Reihe fugenlos kombinierter Xe, Ks, durchgestrichenen Hs und Gs mit Punkten drauf bestehen, dem mediterranen Umfeld zum Trotz einer jeden gediegenen englischen Grafschaft zur Ehre gereichen würden. Selbstverständlich gibt es Pubs, die auch so heißen. Malta ist die ideale Vorbereitung für Leute, die nach Gibraltar müssen: Großbritannien mit Sonne.

Am Abend kommt Roger Pratt mit zum Essen, Wolfgang und er überdenken die Szene mit Julie Christie nächste Woche: Achilles und Mutter Thetis am Strand. Es geht darum, wie Thetis dargestellt werden soll, schließlich sei sie eine Göttin, oder eher um offen zu lassen, ob sie möglicherweise ein Höheres Wesen ist. Vor allem fehlt noch der perfekt gottgefällige Strand, die bisherige Lösung irgendwo auf Gozo findet Wolfgang nur halbgut. Dann ist die Frage, ob an ihrer Erscheinung selber herumgebastelt werden soll, möglicherweise mit digitalen Effekten, oder die Umgebung manipuliert, etwa mit eingesetzten Dunkelwolken. Auf jeden Fall soll Achilles, während er sich seiner Mutter nähert, gewissermaßen ein leicht surreales Übergangsreich betreten, sei es durch die Aura der Mutter, sei es durch eine verschobene Natur. Das Problem soll ungelöst bleiben, als der leckere maltesische Rotwein alle ist und wir gehen. -- Das Pubproblem schließlich löst sich erstaunlich schnell, gleich um die Ecke vom Restaurant wartet eine jener glitzernden mediterranen Hafenbuchten mit einer Barterrasse und zwei Pints. Das lokale Bier heißt Cisk und schmeckt ein bisschen wie italienisches.

Malta: Im Dickicht der Städte

Am nächsten Tag ist Feiertag, weil die Briten, wohlgemerkt, ihren Maifeiertag stets am ersten Montag des Monats abhalten. Da es aber für die Ausgebufften kein Ausruhen gibt, veranstalten wir einen Vorbereitungstag und fahren Sightseeing von Location zu Location. Der erste Halt ist im Norden der Insel, kurz hinter Popeye Village, dem stehengelassenen Kulissendorf aus dem *Popeye*-Film von Robert Altman, dessen Besucherzahlen nach gut zwanzig Jahren von denen des Dorfes locker und völlig zu recht überholt sein dürften. Auf einem Kliff hoch und steil über der Küste lässt Nigel Phelps eine Tempelruine bauen, worin Achilles und Patroklos jenes Schwertkampftraining ableisten werden, dessen blutige Choreographie wir in Shepperton bestaunen durften. Wohlgemerkt eine Tempelruine, bereits halb verfallen zur späten Bronzezeit und daher tendenziell gröber und klumpiger als die anderen Kulissen in ihrer Blütezeit. Ein Thron mit stilisierter Stierlehne und ein paar monolithische Pfeiler stehen dort, eine weitere tiefergelegte Plattform und eine in Jahrhunderten überwucherte, ins Nichts der mediterranen Macchia führende Rampe. All das wird zusammengehalten und gestützt von Gerüsten und Sicherungsseilen – jetzt soll das frühzeitliche Heiligtum auch noch die letzten Tage überstehen, selbst wenn der Wind bereits merklich an ihm zerrt. Währenddessen gehen munter die Arbeiten an seiner Vervollständigung weiter, neue alte Bodenplatten werden gehauen und eingesetzt, Pfeiler, die nichts mehr tragen, aufgestellt und ein nebenan liegender grauer Bunker hübsch verkleidet. Ich fühle mich an eine frühere Reise erinnert, genauer an Assos in der Westtürkei bzw. die Ruine des dortigen Athenatempels, woran die türkische Antikenverwaltung offenbar eifrig am Restaurieren war, denn im Hintergrund lagen mehrere fabrikneue Säulenbauteile aus Beton zur Aufstellung bereit. Die Aussicht aufs Meer war genauso schön. Hat Nigel bei der Konstruktion Vorbilder gehabt? Och, er habe sich ein bisschen die alten Malteser Tempel angekuckt, die ja auch ein paar tausend Jahre alt sind, aber sonst sei das alles kreativer Bullshit, „Stonehenge by the sea", freut er sich und knufft mich auf die Schulter, als hätten wir dem Lehrer eins ausgewischt. Dem ist nichts hinzuzufügen, besser hätten auch die Altanatolier sich ihre Tempel nicht ausdenken können.

Weiter gehts mit dem Boot nach Comino, dem Inselchen auf halbem Wege nach Gozo, bzw. zu dem noch kleineren Inselchen Cominotto daneben; Nigel und seine Leute haben vor ein paar Tagen einen idealen Strand für Thetis gefunden. Mit zwanzig Leuten kraxeln wir über die Felsen, an überirdisch himmelblauem Wasser zwischen den Inseln entlang, bis zu einem kleinen, wie hingelegt rund ausladenden Stückchen Strand, das auch noch, wie im Drehbuch angelegt, voll mit Muscheln liegt. Wolfgang ist schon jetzt begeistert, imaginiert bereits den Auftakt der Szene und den Panoramaschwenk an Achilles vorbei auf den Strand, Barbara soll sich schon mal da hinstellen. Die Touristen am Strand gegenüber mit ihren bunten Handtüchern müssen dann weg, vor die Sonnenschirme weiter links können wir vielleicht eins unserer Boote legen, die in Originalgröße gebaut wurden. Oder ist das „Nick work"? Nick Davis von Visual Effects wird sich freuen. Und das kleine Betonklohäuschen da drüben, wegpixeln oder verkleiden – Nick oder Nigel? Nigel: Lass man, das machen wir. Es geht weiter runter zum Strändchen. Das erweist sich als noch toller, denn es ergießt sich quasi aus einer Höhle, die einmal quer durch den Felshügel hindurchgeht und hinten mitten im Schwarzen wieder einen Spalt blauen Meeres aufscheinen lässt; und in deren Eingangsbereich bis weit hinein ins Dunkle flaches Wasser sich erstreckt, mit Felsen, Gewächsen und Muscheln. Perfekt für Thetis, die Göttin des Meeres, die aus dem Wasser emporwächst, das, durch eine unterweltliche Passage hindurch, sich aus dem unendlichen Horizont des Meeres speist. Als hätte Nigel es gebaut. Wolfgang und Roger stehen sofort davor und diskutieren Kamerapositionen; Script Supervisor Anna soll sich die Schuhe ausziehen, ins Wasser waten und mal so stehen als sei sie Julie Christie. Vielleicht können wir mit zusätzlichem Licht noch ein paar mehr Wasserreflexionen auf die Felswand projizieren? Auf jeden Fall sollen in der Panoramaaufnahme die düsteren Wolken ins Bild, um die Szenerie, der Göttin angemessen, etwas irrealer zu gestalten, weißt du, worüber wir gestern sprachen. Beim Geschäftsessen.

Weiter gehts nach Sparta, einmal über die ganze Insel in den Süden. Frank, unser herzlicher Malteser Fahrer, ist Kaiserslautern-Fan, weil dort Michael Mifsud im Sturm spielt, ein Malteser, der immer für Klose eingewechselt werde. Die maltesische erste Liga hat zwölf Vereine, dieses Jahr sei Sliema Meister geworden, und das sei ganz dramatisch, weil die in den letzten Jahren immer ganz knapp davor waren, es aber nie geschafft hätten. Liebe Leverkusener, von Sliema lernen heißt siegen lernen. Frank ist allerdings Fan von Paola Hibernians, wo er wohnt, die öfter mal, aber leider nicht diese Saison Meister wurden. Ich würde ihm gerne von den Qualen erzählen, die man mit dem FC St. Pauli so durchmacht, fürchte aber, dass es sein Interesse für den deutschen Fußball überstrapazieren würde. Interessiere ich mich etwa für die maltesische Regionalliga? Es ist zum heulen.

Sparta liegt in einem etwas ramponierten alten Flugzeughangar, der als Studiohalle dient und Helenas Schlafzimmer sowie die imposante Festhalle mit Innenhof beherbergt. Wolfgang führt alle wie eine Touristengruppe durch die Kulissen, erklärt hier und da den dramatischen sowie kinematographischen Ablauf der Szenen, damit alle im vorhinein wissen, was zu tun ist. Ein Pfeiler, mitten im Durchgang vom Saal zum Innenhof, müsse weg, der störe die Kamerafahrt. Jemand fragt, ob er den Film schon gesehen habe. In Helenas Zimmer, das bereits an den beiden folgenden Tagen dran ist, übt er schon mal das Blocking, d.h. die Positionierung und Bewegung der Schauspieler im Raum bzw. im räumlichen Verhältnis zur Kamera. Diesmal mit Roger und Colin; Colin muss Helena spielen und sich auf ihren Hocker setzen, Roger ist Paris und kommt da rein und geht zu ihr. Dann ließe sie jetzt ihr Kleid fallen, aber ist schon okay. --

Das Beste zum Schluss: Troia. Das Fort Ricasoli, auf der Landzunge direkt gegenüber von Valletta und wunderschön übers Meer blickend, wird lange schon als regelrechtes Filmstudio benutzt; soweit ich weiß, hat Orson Welles bei *Othello* damit angefangen. Der Innenbereich ist schön weit und platt, außenrum und hier und da stehen noch die alten, verfallenden Originalbauten des Forts. Mittendrin unser Palast des Priamos, neben dem ein ausdrücklich römischer Triumphbogen quer in der Gegend rumsteht, aber rechtzeitig bevor ich einen Herzinfarkt bekomme höre ich, er sei von Uli Edels Julius-Caesar-Fernsehfilm übriggeblieben, die Kulissen stünden hier immer so lange rum, bis der Platz gebraucht wird – dann müsse die neue Produktion den Abriss bezahlen. – Noch zum Drittel im Bau, aber schon recht eindeutig als weitaus ältere Monumentalbauten erkennbar sind der Königspalast und weiter hinten eine komplette troianische Straße, vom Riesentor, durch das das Pferd passen muss, entlang beiderseitiger Bebauung mit Nebenstraße hinauf zum Hauptplatz, umrahmt von säulengetragenen sowie reliefgeschmückten Repräsentationsgebäuden nebst einem riesigen Poseidontempel. Im Gänsemarsch klettern wir durchs Gestänge auf den Torbau und blicken hinunter auf die entstehende Prachtstraße, weit hinten unter einem Zeltdach sehen wir Brad Pitt gerade eifrig Schwertkampf trainieren. Es mag abgedroschen klingen, aber für jemanden, der nicht ganz zwei Jahre zuvor stundenlang über bzw. durch den Ausgrabungshügel von Troia gestiefelt ist, wirkt es nochmal extra eindrucksvoll, nicht nur sich ausmalen oder bildliche Rekonstruktionen anschauen, sondern eine manifeste, lebensgroße Imagination dessen, was dort einmal gestanden haben mag, vor sich sehen und dann noch in ihr herumwandern zu können. Selbst wenn die ganze Anlage, wie ihr Schöpfer Nigel wieder fröhlich versichert, nichts als eine Ansammlung von Bullshit sein sollte – wie sagte der große Alltagsphilosoph Elim Garak: Die Wahrheit ist eine Erfindung der Phantasielosen.

INT. Helenas Schlafzimmer, Palast von Sparta, Hal Far-Hangar, Malta
Dienstag, 6. Mai. Gleich mitten hinein mit zwei der schwierigeren Szenen: Helena nackt, bzw. halbnackt. Während des Saufgelages in Sparta huscht Helena hoch in ihr Zimmer, Paris hinterher. Sie sagt er solle besser nicht hier sein. Er kommt näher. Soll er weggehen? Ja! Doch in der Bronzezeit heißt Ja immer noch Nein, und

an dieser Stelle würde mein alter Englisch-LK-Lehrer mit hochroter Birne vorspulen und sagen, naja, das gehe dann so weiter. Zuerst aber ganz harmlos: Helena sitzt an ihrem Schminktisch, die Wand vor ihrer Nase lässt sich für den Gegenschuss herausnehmen. Nicht ganz so harmlos sind die Tonstörungen durch die riesigen blechernen Schiebetüren der Halle, die im Wind aneinanderdengeln, und die brummende Klimaanlage; das Gebäude wurde eindeutig nicht als Filmstudio errichtet. Die Klimaanlage wird ausgeschaltet, und Helfer schieben Holzkeile zwischen die Türen, die jedoch nicht alles schlucken. Dazu kommt das Brummen der Generatoren, die mangels längerer Kabel direkt neben der Halle stehen. Glückwunsch. Tony der Tonmeister meint, konstanten Lärm könne er nur bei sehr hohen oder sehr niedrigen Frequenzen rausnehmen, der Ton der Klimaanlage sei viel zu heterogen, die Generatoren dagegen, die aus einsichtigen Gründen gar nicht abgeschaltet werden könnten, seien unauffällig genug. Einzelne Pegelausschläge wie Schüsse oder Türenknallen ließen sich dagegen weitgehend rausnehmen, solange sie zwischen Dialogstückchen auftreten; wenn sie allerdings mitten im Dialog zuschlagen, ist er verloren. Also hoffen dass der Wind nachlässt, und sonst Ohren zu und durch.

-- Eine sehr behutsame und leise Szene, jedoch in feindlichem Umfeld. Wenn Tonmeister Tony nicht so ein stoisch ausgeglichener Mensch wäre, hätte er an diesem Vormittag mehrere Kopfhörer durchgebissen. Es windet wieder, die Türen dengeln, ein getuntes Dieselmotorrad oder sonstwas röhrt auf der Straße vorbei, zwischendurch knallt etwas wie ein Schuss. Simon Atherton hatte uns gewarnt. In den Pausen der Geräuschkulisse proben Diane und Orlando ihre Szene. -- Roger und die Beleuchter frickeln immer noch mit den Scheinwerfern rum, der eine muss weiter nach links, vor den ein Stück orangene Folie, da muss noch ein Ständer mit schwarzer Filzplatte, bzw. einer „flag", zum Abschatten mitten in den Raum, da schrauben welche eine Kameraplattform zusammen, von hinter mir werden schwere Kamerakoffer herangeschleppt, von der Decke baumelt eine mal eben zurechtgeschnittene Styropor-platte; rührend, mit welcher Hausmannskost solche Multihightechproduktionen manchmal auskommen.

Exkurs: Modell Spätfeudalismus
Wer mitten in eine Filmproduktion bei der Arbeit stolpert, kommt sich anfangs vor wie in einer technisierten Bienenkolonie. Ungezählte Drohnen marschieren durcheinander und wissen ohne unterscheidbare Befehle, was sie wo hinstellen, aufbauen, reinschrauben sollen. Wessen Hilfe sie wg. unterschiedlicher Aufgabenbeschreibung nicht in Anspruch nehmen können, den übersehen sie in geschäftiger Konzentration, solange er nicht im Wege steht. Wie umwölkt von Pheromonen stimmen sie sich gegenseitig auf ein Ziel ein, bewegen sich in einer inauditiven kommunikativen Blase hin, her und um sich herum, bis die Kameras stehen, das Licht stimmt, die Schiene nicht mehr wackelt.

Natürlich nicht wirklich, wie man nach einiger Zeit, aber erst dann, herausbekommt. Alles Nonverbale beruht auf einer Melange aus Routine und klarer Befehlskette; was die Häupter der verschiedenen Departments beschließen, sickert durch zu den ausführenden Rängen. Wobei deren Aufgabenbereiche so klar voneinander getrennt sind, dass mit der Zeit diese Departments sich deutlich voneinander ab- sowie in sich durchzeichnen, in Sonderfällen bis hin zu einer kuriosen, beinahe juristisch-filigranen Grenzziehung, die keine Tätigkeit ohne ausdrückliche Zuordnung lässt, so alltäglich sie aussehen mag. So gibt es das Kamera-Department, mit Roger als Spitze, darunter den Korpus der Pyramide: im noch schmalen oberen Abschnitt die Camera Operators, geordnet nach Nummer der Kamera, über die entsprechenden Focus Puller bis hinunter zur breiten Basis der Klappenschläger, Materialassistenten und Auszubildenden, welche z.B. für alle Tee bereiten und herumtragen. Dann ist da das Electricity-Department, kurz Sparks, aus unerfindlichen Gründen traditionell die, ähm, kräftigsten der Filmarbeiter. Sie sind für alles verantwortlich, was mit Strom zu tun hat, sowohl für den Betrieb der Generatoren und das Verlegen der Kabel als auch für die Beleuchtung samt Aufstellung der dazugehörigen Styroporplatten, Leinensegel etc. Der Oberbeleuchter heißt übrigens Gaffer, womit für viele ein weiteres Welträtsel gelöst sein dürfte. Bei uns heißt er zusätzlich Chuck. Die Grips, zu Deutsch Bühne, sind für jede erdenkliche Position der Kamera im Raum zuständig, sie bauen Schienen, Plattformen, Gerüste, Kräne usw., sie schieben Kamerawagen und schwingen Kranarme umher, während Peter an seinen Kurbeln die Kamera selber dreht und wendet. Ihr Chef, der Key Grip, ist Dave. Der Chef der SFX, Joss, ist nicht immer selber anwesend, seine Leute aber machen alles von Pfeile verschießen bis Feuer entzünden, von Rauch verwedeln bis Statuen ansägen. Bernie, der oberste Requisiteur bzw. Propman am Set, und seine Jungs verteilen kleine Statuen oder Tontöpfe und sammeln sie hinterher wieder ein, dazu tragen sie die Namensstühle der Stars herum und fegen bei Bedarf die Kulisse aus.

Begrifflich interessant wird es an den Berührungspunkten der Tätigkeiten: Was ist ein Stativ? Es wird von den Kameraleuten herangetragen und aufgestellt, der Kamerawagen dagegen von den Grips. Ergo: Ein Stativ ist Teil der Kamera, der Wagen nicht. Immobile bzw. Hauptbestandteile der Kulisse sind Art Department – Nigel hat einen ständigen Vertreter am Set namens Julian –, mobile Bestandteile wie Stühle oder doppelhenklige Becher sind Requisite, leere Suppenbecher oder wegzufegender Staub gar eine Art negative Requisite. Das blutige Hirn eines toten Soldaten ist Requisite, der Kanister mit verspritzbarem Blut ist Special Effects, ein Speer ist Spezialrequisite, d.h. Waffendepartment, das Blut am Speer ist Requisite, Blut im Gesicht dagegen ist Maske, Blut auf der Rüstung ist Kostüme.

Die gibt es natürlich ebenfalls, eher zünftig und weniger hierarchisch-arbeitsteilig organisierte Departments wie Make-up, Haar, Kostüme oder auch Stunts, deren Vertreter weitgehend gleichgeordnet ähnliche Arbeiten verrichten und keinen Arbeitsschritten, höchstens spezifischen Schauspielern zugeordnet sind. Wobei, trotz allem, eine gesellschaftliche Scheidung herrscht zwischen Zuständigkeiten für Schauspieler bzw. für Statisten, was in der Praxis gleichbedeutend ist mit mehr oder weniger Zeit bei Second Unit. Das Visual-Effects-Department, das im Gegensatz zu den Special Effects seine Zaubereien erst zu Hause am Computer veranstaltet, ist ähnlich organisiert, nur ohne Abteilung für Statisten: wenige Leute mit weitgehend gleichem Aufgabenbereich, die oftmals zu zweit oder zu dritt, aber mit wechselnder Besetzung auf beiden Units rumstehen und etwaige nötige visuelle Verbesserungen entwerfen, vorschlagen, beraten oder demütig auf sich laden. Zuletzt sind nicht zu vergessen die quasi selbständigen Kleinbetriebe wie Ton (Tony, Jaya und Paul, später ersetzt durch Christian), Script (Anna und Natalie), Video (Steve und Rory) oder Dialogue (Andrew, Roisin und Paula) die, gleichsam ohne Hausmacht, sich frei flottierend zwischen den größeren Betrieben bewegen. Und natürlich Rob (später mit Lizzie), als Unit Publicist, i.e. PR-Organisator, der klassische intellektuelle Einzelheinz dieses sozialen Mikrokosmos, die personifizierte Melancholie:Weder am Set noch im Produktionsbüro wirklich zu Hause, wohlgelitten doch ungern gesehen – jeder mag ihn gern, doch sobald er am Set auftaucht, wird stets befürchtet, Interviews mit besuchenden Journalisten und ähnlich lästige PR-Geschichten in der kostbaren Mittagspause angetragen zu bekommen. Das tragische Dilemma desjenigen, dessen Arbeit, wenn überhaupt, erst lange hinterher als nützlich wahrgenommen wird. Als Paradigma moderner Unbehaustheit trägt Rob, der beinahe einzige US-Amerikaner der Crew, sein Schicksal mit der Lektüre US-kritischer Bücher sowie einer gehörigen Portion Sarkasmus. Übrigens wohnt er in Ithaca, New York, und hat auch einen Hund, der auf ihn wartet.

Weiterhin gibt es die klassische Pyramide der Regieassistenten, die koordinierend und kommandierend alles am Laufen halten – Gerry an der Spitze, darunter der zweite Assistant Director Paul, darunter die dritten ADs Ben, Emma, Pierre sowie Rhys, weiterhin das Heer der lokalen Produktionsassistenten am Set, kurz PAs, die hauptsächlich rumstehen und absperren, für Ruhe sorgen oder bei Massenszenen Statisten rumschicken.

Viele Leute, viele Aufgaben, ein gemeinsames Ziel: Die von Platon bis Lenin erträumte alte Utopie der streng hierarchischen, doch harmonisch ineinandergreifenden dreigliedrigen Gruppengesellschaft ohne Interessenkonflikte, bestehend aus philosophisch verantwortlichen Lenkern, organisierenden Beamten sowie ausführenden Arbeitern, kehrt ausgerechnet beim Film zurück. Am deutlichsten in der Hierarchitektur der gesamten Crew, als auch, leicht verschwimmend, innerhalb der Departments selbst, deren Mitglieder übrigens, aller sozialen Schichtung zum Trotz, außer Dienst dazu tendieren, unter sich in ihren Sparten abzuhängen, anstatt sich ihrer Position gemäß quer durch die Departments zu solidarisieren. Langer Rede kurzer Sinn: Die nach identitätstiftenden quasi-Stämmen vertikal diversifizierte Klassengesellschaft lässt sich, gleichsam als Konzentrat, heutzutage dort am ungeniertesten studieren, wo sie niemandem wehtut.

CONT. Helenas Schlafzimmer

Oh Mann, der ist ja immer noch da, werden einige jener sperrige schwere Gegenstände durch engen Raum Tragenden seufzen, während ich sinnierend – wie in einer Zwickmühle, egal wo – unweigerlich jemandem im Weg stehe. Eine Frage der Zeit, befürchte ich, bis ich wie Herbert Grönemeyer im *Boot* einen öligen Lappen ins Gesicht geworfen bekomme. --

Danach ist deren Dialog dran, ob sie nun mit ihm weg soll oder nicht. Beide nah, in Richtung Orlando, den Gegenschuss darf wieder niemand sehen außer dem Filmpublikum. Nach der Mittagspause kleiner Umbau für die unmittelbare Fortsetzung, nämlich Menelaos, der wutentbrannt in Helenas Zimmer stürmt, aber nur ihre Zofe vorfindet. Die Kamera fährt ein paar Mal mit ihm mit. Schon mal gut, aber jetzt nochmal dasselbe mit der entgegengesetzten Fahrt: Die Kamera wartet am anderen Ende, fährt gegenläufig an ihm vorbei und behält zum Schluss beide vor der Wand mit dramatischen Schatten im Bild. Sehr schön, nur dass Jaya, die Halterin des Mikrofongalgens, die Richtungsänderung nicht mitbekommen hat und sich plötzlich in voller Pracht mitten ins Bild stellt; wohlgemerkt nicht das Mikro, sie versteht ja ihren Job. Anna fragt, ob sie diese Richtungsänderung als neue Einstellung oder nur als weiteren Take verbuchen soll, womit wir die Sphäre der Filmproduktionsscholastik betreten.

Für die Nahaufnahme in Richtung Zofe brüllt Wolfgang sein „Action" heraus, wie Peter O'Toole es täte, und stampft zusätzlich mit dem Fuß kräftig auf den Boden, damit die Zofe sich auch ordentlich vor Menelaos erschreckt. Es wirkt, jedes Mal. Zuletzt setzt Brendan Gleeson in der angeschlossenen Großaufnahme sein bedrohlichstes Gesicht auf, vor dem sogar die Kamera ängstlich zurückweicht: Diese Bewegung sei viel wirksamer als ein starres Bild, in dem nur der Kopf größer wird.

INT. Empfangshalle, Palast von Sparta, Hal Far-Hangar, Malta

Donnerstag, Umzug nach nebenan ins weitläufigste Innenset: Spartas Empfangsbzw. eher Gelagehalle mit angeschlossenem Palastinnenhof, dazu mehrere Durchgänge und Treppen – zusätzlich zu den zahlreichen ins Leere führenden Aufgängen, Fluren und Türen. Der Raum ist schon voll mit betrunkenen Statisten und Saufnasen schminkenden Make-up-Leuten, andere pusten aus Apparaten Rauch in die Luft und verwedeln ihn mit Hardballschlägern. Heute begrüßt Menelaos die troianische Delegation, unter Vorsitz von Hektor und Paris, und feiert mit ihnen den Friedensschluss, dessen Fortsetzung wir zum Teil in den vergangenen beiden Tagen bereits miterleben durften. Drei Kameras sind auf den Festtagstisch gerichtet, die Hauptkamera für die Totale, die aus dem Innenhof herüberschwenkt, die anderen beiden für klatschende und johlende Festmahlsgäste. In der ersten Probe scheint es noch, als sei Menelaos Hauptredner auf einer Trauerfeier, so schwer lassen die Statisten sich bewegen, mehr als ein dumpfes Murren von sich zu geben. Wolfgang muss wieder, wie schon in Troia, selber den Animateur spielen und die Leute aufputschen; ansonsten freut er sich, dass heute ein eher ruhiger Tag für ihn werde, insofern die ganze Organisation von kreuz und quer laufenden und krakeelenden Statisten in den Zuständigkeitsbereich des Regieassistenten Gerry und seiner Helfer fällt. „Weniger Rauch" bleibt vorerst die einzige Regieanweisung.

Als nächstes rücken die Kameras näher heran, an die Stirnseite des Tisches, wo vorher leichtgeschürzte Malteser vorbeiliefen, und hängen mit drei Kameras auf Menelaos, auf Helena und auf Menelaos & Helena, während Menelaos seine Festrede schwingt und Helena gelangweilt-verzweifelt kuckt. Das reicht aber noch nicht; wenn es drauf ankommt, kann man sich doch nur auf ein Gesicht konzentrieren: Helena muss für die Hauptkamera noch ein paar Mal öfter gelangweilt kucken, sowohl in Nah- als auch in Großaufnahme, während ihr Gatte, nun unbeachtet, für Stimmung sorgt. In der Gegenrichtung dann die Nah- und Großaufnahmen von Hektor und Paris, wieder mit drei Kameras, die eng nebeneinander wie bei einer Pressekonferenz auf Menelaos' Platz sitzen und rüberstarren. Das Einleuchten dauert seine Zeit, doch Orlando meint, die sollen Roger mal machen lassen. --

Gegen Ende steht nur noch an, für die folgende große Szene am nächsten Tag zu proben, es soll nämlich eine Sequenzeinstellung werden, i.e. lang und ohne Schnitt, ein Gang der Steadicam durch den Saal mit 360°-Schwenks und mit Menelaos und Hektor in der Mitte, die sich umarmen und anstoßen. Zuerst kommen die Tänzerinnen zum Üben; Musik geht an, sie tänzeln herein und wackeln mit allem was sie haben. Urplötzlich sind auch die letzten Hilfsarbeiter da und beobachten interessiert das Geschehen, statt draußen in der Sonne zu liegen. „Mir gefällt einfach die Musik", grinst einer. Brendan und Eric kommen noch einmal aus ihren Trailern, um in Zivil ihre Positionen und Dialog zu proben, während Wolfgang wie beim Opernball um sie herumschweift und dem Steadicam-Operator Alf zeigt, wo er wann hinkucken soll. Dabei ergeben sich kleinere Probleme, wie etwa dass er am Anfang von einer schiefen Ebene heruntergehen bzw. die Kamera herunterschweben soll, diese schiefe Ebene aber nicht mehr schnell genug wegzuräumen und also im Zuge der panoramischen Umschau in jedem Fall im Bild wäre. Ein Versuch, sie eben schnell schwarz zu tünchen, erweist sich als hilflos; nun steht halt eine schwarze Schräge im Bild statt einer hellbraunen. Roger sitzt derweil daneben und zermartert sich das Hirn, weil er bei einem 360°-Schwenk nicht wirklich Scheinwerfer in die Szenerie stellen kann, sich also auf die Beleuchtung von oben beschränken müsste, die bekanntlich keine besonders gesunde Gesichtsfarbe macht. Nachdem alles gesagt und geprobt ist, die Uhr aber noch vor 19:30 anzeigt, stehen alle etwas unschlüssig herum, bis sich Gerry erbarmt und Schluss für heute sagt. Am Abend sehen wir Roger mit seinem Oberbeleuchter Chuck essen gehen. Die haben wohl etwas zu besprechen.

Am nächsten Morgen haben zumindest wir gut geschlafen; Eric Bana, gerade seinen Trailer betretend, bekommt von Wolfgang hinterhergerufen, dessen Trailer sei größer als Erics. Eric erwidert, Wolfgang solle mal auf den nächsten Film warten, woraufhin Wolfgang fragt, ob Eric auch einen Whirlpool habe. Paul, der zweite AD, lobt daraufhin an Erics Trailer den schönen großen Balkon. – In der Halle siehts anders aus. Chuck sei um fünf aufgestanden, und auch Roger sagt, wenn er sich jetzt hinsetzte, würde er auf der Stelle einschlafen. Wir hatten schon im Auto überlegt, ob wir ihm heute Morgen sagen, hey, war nurn Witz, wir machen einfach Schuss/Gegenschuss. Aber es steht tatsächlich kein Scheinwerfer im Raum, höchstens von nebenan fällt ein Schein herein, alles Licht kommt von der Decke und sieht gar nicht mal schlecht aus. Eine zweite Kamera für die Tänzerinnen sitzt hinter einem Pfeiler versteckt, die Grips haben sogar eine schmalere schwarze Schräge gebaut, die man schneller wegräumen könne. Zur Stellprobe schauen zwischendurch auch Brendan und Eric vorbei, die in ihren Trainingshosen mehr wie Dauercamper aussehen als wie Könige bzw. Prinzen. Das ständige Rumhängen im Trailer hinterlässt Spuren.

Die Proben können losgehen, die Beleuchter haben noch ein paar dieser runden Papierlampen an der Decke befestigt, die bei jedem Chinesen hängen. Musik geht an, die Tänzerinnen kommen reingeschwänzelt, die Steadicam läuft das Brett runter, fünf Anpacker tragen es nach hinten. Choreographin Quinnie tänzelt, den jungen Damen vorweg, ins Bild, die Steadicam trudelt zwischen ihnen herum, Menelaos umpackt Hektor; als ihr Dialog anhebt, erstirbt die Musik, alles tanzt und klatscht aber weiter und bemüht sich, dabei wenig Geräusche zu machen – sieht sonderbar aus, ein ganzer Saal offensichtlich voller Lärm, doch zu hören sind nur der Dialog, das Scharren der Füße, ein sanftes Tuffen zusammengeführter Hände und das leise Klimpern der Gehängsel an den Kleidern. Manöverkritik am Monitor: Die Mädels schneller rein, Hektor früher ins Bild, die Vortänzerin soll Hektor richtig anschmachten, Steadicam da schon weiter rum sein, und die beiden sollen ihre Köpfe nicht so zusammenstecken, damit Helena gut zu sehen bleibt. Sonst alles gut; die Vortänzerin kommt mir nebenbei bekannt vor, sie ist eins der Mädels, die seinerzeit in meinem putzigen Büro auf Kassette begutachtet wurden: Ach, dafür war das. – Und nochmal und nochmal proben, die Hauptarbeit hat wieder Gerry. Lesley vom Museum erzählt derweil, dass ihre Kollegen ziemlich neidisch waren, dass ausgerechnet sie, die doch im Gegensatz zu ihnen nichts von Film verstehe, zum Drehen durfte; und das nur, weil sie zufällig für die infrage kommende Epoche zuständig ist. Tja, 22 Jahre Töpfe katalogisieren hätten sich am Ende doch ausgezahlt.

Um kurz nach zwölf wird der erste Take gedreht, alles wie gehabt, passt langsam alles besser zusammen, nicht zuletzt nachdem die Tänzerinnen selber einmal vor die Monitore geholt wurden. Eine Tänzerin hat ihren Seitenblick aus dem ersten Take wieder drauf, die andere lächelt wieder, das Loch ist gefüllt mit einem Edelmann, der vom Tisch weggeht, die Steadicam hat keinen Grund mehr, stehenzubleiben. Das Problem der Szene, dass nämlich eigentlich nicht aus ihr weggeschnitten werden kann und daher alles in einem Take sitzen muss, bleibt bestehen und auch, dass es in dem Raum, speziell in Kostümen, sehr warm wird, und der künstliche Rauch stinkt. Gesegnet ist, wer sich zwischendurch verziehen kann. Elf Takes später, als doch zwei bis drei brauchbare dabei sind, ist Check the gate, und das erste Mal wird der Ausspruch mit Jubel und Applaus begrüßt.

Nach der verspäteten Mittagspause folgt die direkte Fortsetzung, der Schwenk mit der verschwindenden Helena, vorbei an Paris, der ihr folgt, und mit Hektor, der ihm mit unheilschwangerem Gesicht hinterherblickt. Auch diese Einstellung braucht Zeit für die hindurchlaufenden Statisten, lockenden Schatten, Auf- und Abtritte sowie wandernden Bildausschnitte, alles was hinterher so wunderbar zufällig aussieht, ist sorgfältig choreographiert. Drei Proben und überdurchschnittlich viele Takes zerren am Durchhaltewillen der kostümiert Beteiligten, vor den Monitoren steht Orlando stets mit seinem Taschenventilator vorm Gesicht. Und Barbara sagt, von der ständig wiederholten Musik wird sie noch schlecht träumen.

Ein Set-up bleibt noch, Helenas Großaufnahme während der vorgängigen Verbrüderung der beiden Männer. -- Doch wenn es um Helena geht, hängt Roger beim Einleuchten gern noch eine Stunde dran. Take zwei, drei, vier. Was kann bei einer Großaufnahme ohne Dialog groß schiefgehen, fragt man sich. Na gut, Helenas verzweifelte und in späteren Takes sich zu entschlossenen wandelnde Blicke, aber bald fünfmal hintereinander den ganzen Dialog lang? Oder haben wir es mit ernsten Fällen von Pygmalion-Syndrom zu tun? „Jetzt noch mal näher!" So zwischen dem fünften und sechsten Take fragt Wolfgang heimlich Anna: „Anna?" – „Ja?" – „Wo sollen wir das eigentlich reinschneiden?" Hm. Notlösungen während des Umkreisens der Männer werden leise hin- und hergeworfen, obwohl so ein Zwischenschnitt bzw. Cut away ja eigentlich selber die Notlösung wäre, falls unauffällig von einem Steadicamlauf zu einem anderen gewechselt werden müsste. Warum sollte man aber, wenn man mindestens zwei perfekte jener Sequenzeinstellungen hat, sie künstlich aufbrechen? Darüber wird es halb acht, und um überziehen zu dürfen, müsste schon ein handfester Grund vorliegen; weswegen später beim Schneiden aus nur insgesamt acht Takes dieses Set-ups auszuwählen sein wird. Wie gut, dass es DVD gibt: 25 additional minutes of Helen!

Auf der Rückfahrt vom Hangar stoppt vor uns ein Auto, hält einen Lauf raus und fährt dann weiter. Bei uns gehen hinterher die Meinungen auseinander, ob wirklich ein Schuss und dann ein Vogel vom Himmel fielen, auf jeden Fall wendete der Wagen kurze Zeit später. In der Tat sind auf der Insel sehr wenige Vögel zu bemerken.

Am nächsten Tag gehts bruchlos weiter. Die Türen sind gut gesichert, keine äußeren Störungen also, außer vielleicht den Modellflugzeugfliegern, die am heutigen Samstag auf dem angrenzenden Modellflugzeugplatz ihr Wochenende beginnen. Was es nicht alles gibt. Hektor indes watet durch einen Haufen Schnapsleichen und ägäische Sauflieder grölende Soldaten, in der Hoffnung Paris zu finden. Ein großer freier Schwenk durch beide Räume, der nicht viel Platz für Zuschauer lässt. So ergebnislos wie Hektor muss auch ich umkehren, nachdem ich wegen Platzmangels einen Take lang in einer Position ähnlich wie beim Twisterspielen zwischen Loumakranbediener Peter, Galgenhalterin Jaya, Schweresscriptbuchhalterin Anna und sensibler Reliefpappwand mit der Eleven-o'clock-soup in der Hand auf halb acht hing. Die Eleven-o'clock-soup übrigens, die in LA eine bereits langjährige Tradition genießt, seit Wolfgang sie dort eingeführt hat, beglückt seit knapp drei Wochen auch die europäische Filmwelt, wo sie nach anfänglicher Skepsis inzwischen begeistert aufgenommen wurde und fortan auch hier nicht mehr wegzudenken sein wird. Selbst Lesley hat versichert, dass sie diesen Brauch sofort in den Tagesplan des Britischen Museums aufnehmen will. Heute war die Suppe übrigens das erste Mal ungenießbar, Blumenkohl mit Petersilie oder so, und ich hielt Wolfgangs in der Hand, um sie zu entsorgen. Anna hat ihre tapfer getrunken.

In der Pause spaziere ich durch die Gewölbe und versuche, umgekippten Weinbechern, herumliegenden abgefressenen Fischtellern und sorgfältig auf dem Boden drapierten Nüssen aus dem Weg zu gehen, eine zerquetschte Weintraube ist schnell ein Anschlussfehler. Chaos einzurichten ist nicht einfach. Draußen neben der Kulisse stehen die Reste des Festmahls zusammengeräumt, Plastikfische, Plastikkrabben und Gummioktopusse neben echten aufgeknackten Seeigeln. Die schmecken eigentlich sehr gut, fangen jedoch langsam an zu müffeln. Die Schauspieler in vollem Ornat treffen ein, Orlando brüllt zum Test wie Peter O'Toole, nicht ganz so erderschütternd, aber auf dem richtigen Weg: „Hey, das geht wirklich gut!" -- Aber vielleicht jetzt: Die Kamera rückt wieder in den Fresssaal und schwenkt mit Hektor zu Paris. Und wieder kein Platz, dafür lässt sich der Dialog draußen an den Monitoren mit Kopfhörern viel besser verfolgen. --

Am Abend essen wir wie beinahe jeden Abend im „Dolce Vita" mit ganz entzückendem Blick über die Spinola Bay in St. Julian's, nur dass außer uns noch ein paar Leute dabei sind, u.a. Eric, Orlando und Diane, Brad Pitt und Julie Christie, die am Montag ihren ersten Drehtag haben. In einem Seitenteil des Restaurants sitzen wir hinter einem Paravent, sodass erst ganz zum Schluss zwei Kinder mit heiligem Gesicht angedackelt kommen, um Brad seinen Namen auf ein Stück Papier schreiben zu lassen. Patrick, der Chef des Hauses, lässt ein Foto von sich und Brad machen, wird es rahmen und im Aufgang aufhängen. Mit Draht festgezurrt, damit es keiner klaut. Der Spaziergang irgendwo zu einer Freiluft-Salsakneipe – ausgerechnet durch Paceville, das belebteste Partyviertel des zentralen Mittelmeers – gerät zu einer seltsamen Mischung aus Triumphzug und Spießrutenlauf. -- Der langsam eintrudelnde Rest, ungefähr die halbe Crew, harrt dafür umso länger aus, was mir ausreichend Gelegenheit gibt, mit der Crew zu fraternisieren, bzw. sie mit mir. Wo ich auch hinkomme werden mir umgehend zwei Biere in die Hand gedrückt; eine schöne maltesische Tradition, in die ich bereits, ohne es zu ahnen, auf dem Flug hierher eingeführt wurde. Braucht man auch, denn Cisk, das hiesige Volksbier, geht wie jedes mittelmeerische Bier leicht runter und macht nicht betrunken.

Interludium

Sonntag, 11. Mai. Der berühmte Reiseschriftsteller musste heute ausschlafen, um eine nicht unbedeutende Menge kopfschwerenden Alkohols aus seinem Körper zu exorzieren; weswegen er kurzfristig entschied, den berühmten Filmregisseur zur Testfahrt von Hektors Schiff nicht zu begleiten. War vielleicht auch besser so, denn die See war wackelig und Colin lag den Rest des Tages seekrank im Bett; das hätte der berühmte Reiseschriftsteller sich nicht leisten können, denn er ist immer im Dienst. Gerade noch schaffte er es bis elf Uhr zum Ende des Frühstücksbuffets – nur um zu erfahren, dass bereits um 10:30 Schluss war. Scheiße passiert. Es muss der sinistre braune Trunk gewesen sein, den man ihm zwischen die Biere geschmuggelt hatte; dunkel erinnert er sich an eine vollgepackte düstere Lokalität, wo er sich, von der Menge umhergespült, in einer Ecke vor einer galvanisierenden Lautsprecherbox abgelagert wiederfand, die ihn mit jedem bpm einige Millimeter vom Boden hob.

Am Nachmittag fahre ich mit Barbara nach Valletta. Die Busse sind zuweilen etwas abenteuerlich, als Anhaltezeichen zieht man an einer an der Decke entlanglaufenden Schnur, die vorne eine Klingel betätigt. An einer Haltestelle steigt ein Malteser ein, setzt sich hin und bekreuzigt sich. Weiß er mehr als wir? Knappe zwei Stunden schlappen wir durch die mit vereinzelten Touristengrüppchen bevölkerte, doch ansonsten ausgestorbene Altstadt. Vorweg hatte ich Diane getroffen die fragte, warum denn heute am Sonntag, da sei doch alles zu, und ich sagte, ich wolle ja nicht unbedingt etwas einkaufen. Vor Ort aber sehe ich was sie meinte, dass nämlich, vielleicht bis auf jede dritte Bar, jede einzelne Lokalität geschlossen ist, inklusive einiger Sehenswürdigkeiten. Vielleicht liegts auch am Muttertag. Jedenfalls hat die Stadt aus nordafrikanischer Tradition sehr viele schöne kleine geschlossene Balkönchen, ist aber sonst nur nach ausschließlich verteidigungstheoretischen Gesichtspunkten des 16. Jahrhunderts errichtet worden, mit dicken Mauern, hohen vierschrötigen Häusern und einem schnurgeraden Straßenraster wie in Midtown New York, um anrennende Türken besser mit rollenden Fässern siedenden Öls fritieren zu können, wie Frank erzählte; die Zeit, da man noch richtige Altstädte baute, war lange vorüber. Wir betreten die St. John's Co-Cathedral – mit der wohl einzigen ansehnlichen Barockfassade, die sie hier haben, vermutlich weils im späten 16. Jh. noch Renaissance war – und betrachten interessiert die vielen bunten Grabplatten der Johanniterordensbrüder auf dem Boden, mit zahlreichen Skeletten drauf. Hier ist es schön kühl. Im Anschluss will ich noch etwas herumgehen, u.a. um in einer Seitenkapelle ein ganz vorzügliches Hauptwerk Caravaggios anzusehen, *Die Enthauptung Johannes des Täufers*, als ein, wie sich umgehend herausstellt, unterbeschäftigter Großinquisitor für Hosenlängen mich robust darauf hinweist, dass dies eine Kirche sei – dem ich unumwunden zustimmen kann, denn aus dem Grund bin ich hier. Sein Anliegen indes ist ein anderes, nämlich gefallen ihm meine Knie nicht. Nun verhält es sich so, dass ich vor unserem Aufbruch weder die Zeit noch groß dran gedacht hatte, mich für den Besuch in der Hauptstadt feinzumachen, und dass nicht im geringsten ich morgens vor meinem Kleiderschrank stand und überlegte, in welcher Garderobe ich wohl am meisten religiöse Gefühle verletzen könnte; wofür ich allerdings beim nächsten Mal nicht mehr garantieren kann. Sei's drum, das hilft mir jetzt auch nicht mehr, religiöse Gefühle und kulturelle Identitäten fremder Völker achtend, verlasse ich das Haus Gottes. Wir sind ja noch ein bisschen hier. Wenn dies allerdings unser letzter freier Tag gewesen wäre, hätte ich wohl den antiklerikalen Achilles in mir rauslassen und für eine persönliche ästhetische Epiphanie riskieren müssen, dass ein paar Mütterchen sich bekreuzigend in Ohnmacht fallen. So fremd ist die Identität dann doch nicht, Katholen haben wir auch zu Hause. Überhaupt, das Thema der religiösen Gefühle! Ist es nicht genauso zynisch und menschenverachtend, dass das seelische Gleichgewicht der Gläubigen wie ein rohes Ei unter einem Glassturz aus Bergkristall auf einem Seidenkissen durch die Gegend getragen wird, während man die Gefühle der Ungläubigen mit Füßen tritt? Es hätte ja durchaus sein können, dass ich alleine des Gemäldes wegen an meinem letzten freien Tag nach Valletta gekommen bin, dessen erfüllende Betrachtung mir jetzt mit einem Handstreich verwehrt würde, nur weil ich nicht rechtzeitig an mir runtergesehen habe. Warum überhaupt sollte Gott mich nicht in Ansätzen so ansehen mögen, wie er immer vorgibt mich geschaffen zu haben? Sollte man nicht vielmehr gerade völlig entkleidet in Kirchen gehen, als in der kulturalisierten Verhüllung, die wir erst anzulegen begannen, nachdem er uns aus dem Paradies geworfen hat? Wäre vielleicht ein gemeinsamer Saunagang ohne Scham und Hierarchie ein angemessenerer Gottesdienst als das würdelose Niederknien? Ist möglicherweise gerade dieses demütige Herumrutschen die Lästerung eines allmächtigen, allwissenden und allgütigen Gottes, der als sein Ebenbild mit Sicherheit keine verklemmten Kriecher geschaffen hat? Überhaupt behauptet die Religionsphilosophie von Xenophanes bis Feuerbach, dass der Mensch sich seine Götter nach seinem Ebenbild schaffe, und dass die Götter der Ochsen aussehen würden wie Ochsen und die der Pferde wie Pferde; und ein Gott, dem das Fleisch ein Greuel ist, der alle sieben Tage wie eine Werkssirene die Glocken läuten lässt und von seinen Untertanen verlangt, pünktlich um zehn wie in der Fabrik in der Kirche zu erscheinen um vor ihm auf den Boden zu fallen, kommt auch nicht von ungefähr. Natürlich ist Glockenläuten schön, doch die Idee des Göttlichen sollte man vielleicht denen überlassen, die mehr davon verstehen – und das sind offenbar nicht die Gläubigen. Sowieso ist fraglich, ob Gläubige überhaupt einen Sinn für die Schönheit des Glockenläutens ausbilden konnten, solange sie es nur funktional als Aufforderung wahrnahmen, sich jetzt aber schnell die Schuhe anzuziehen. Gedanken am Sonntag halt. Aber mich fragt ja wieder keiner.

Wer auch, die Straßen Vallettas sind ja nahezu verlassen, nur die Upper Barracca Gardens am Stadttor sind gut besucht. Von hier aus kann man rübersehen zum Fort Ricasoli, wo unser Troia im Bau ist. Das Stadttor ist weithin sichtbar, naja, eher durchsichtig, könnte ruhig schon etwas fertiger sein, wie überhaupt das eine oder andere da drüben. In zwei Wochen soll dort gedreht werden. Wolfgang sagt, man dürfe einfach nicht drüber nachdenken. Für die Rückfahrt uns rüstend, laufen wir auf dem zentralen Busbahnhof vor dem Stadttor Vallettas umher und suchen eine Möglichkeit, Tickets zu kaufen. Drei Busfahrer, die wir fragen, sagen uns, das gehe heute nicht. Warum das denn? Weil Sonntag geschlossen sei. Aha. In der Information das gleiche. Erst auf die Frage, ob das heißt, dass wir heute nicht Bus fahren können, kommt er damit raus: Doch klar, ihr könnt ja im Bus bezahlen. Ich hätte jetzt vor Entsetzen aufschreien können, entscheide mich aber lieber dafür, darin eine charmante Reverenz an die Eigenart der lakonischen Kommunikation heimatlicher norddeutscher Gefilde zu erkennen: zu Hause in der Fremde.

EXT. Strand, Cominotto, Malta
Montagmorgen gehts um 6:45 los, wir müssen zum Fährhafen im Norden, wo uns ein extra Schiff zu diesem kleinen Inselchen mit Thetis' Strand bringen wird,

dessen angrenzendes Gewässer sogar einen Namen hat, wie mein geliebter Reiseführer mich belehrt: Blue Lagoon. Da steigen im frühmorgendlichen Dunst aus inneren Tiefen längst verdrängte Erinnerungen herauf an einen durchaus verdrängenswerten Film, den ich seinerzeit trotz des Drucks der Peergroup nicht gesehen habe, und an meinen Schulkameraden T., der ganz verschossen war in Brooke Shields, die er allerdings Brookie Childs aussprach, und meinte, aufgrund seiner doch sehr besonderen Beziehung zu ihr müsste ich ihm mein *Cinema*-Filmprogrammheft zu dem ebenso verdrängenswerten Folgewerk *Endlose Liebe* dauerhaft überlassen; eine Transaktion, die einzig mein zum Teil ins Wahnhafte lappender Hang zum lückenlos Enzyklopädischen verhinderte. Am Hafen angelangt ist es mehr Nordsee als fast Afrika, es windet, gischt, ist bedeckt und kühl. Nicky Nurse bietet Wolfgang ein Antiseekrankarmband an, das er entrüstet zurückweist. Die Überfahrt ist schwankend, aber normal. Einmal bricht wie ein Finger des abwesenden Gottes die Sonne durch, und schon scheint das Boot weniger zu schaukeln. Angekommen, nach dann doch nur zwanzig Minuten, gehts weiter wie bei einer Expedition, jeder trägt ein Stückchen der so hochempfindlichen wie sündhaft teuren Ausrüstung über Stock und Stein, bis schließlich der gesamte Felsen samt Strand okkupiert ist mit Kamerateilen, Stativen, Schienen, silbernen Koffern, quadratischen weißen Segeln, einem Kamerawagen, den hohen Chefstühlen etc., fast wie bei einem türkischen Familienpicknick. Das Klohäuschen gegenüber hat Nigels Abteilung hübsch als rustikales Bauernhaus verkleidet, aber Wolfgang hat noch eine bessere Idee und ruft Visual Nick zu sich. Könne man nicht ganz Comino gegenüber wegnehmen und freien Blick zum Meer darüberlegen? Sehe doch besser aus, wenn Achilles vor dem fern lockenden Horizont steht statt vor so einem Hügel. Selbstverständlich. Alles geht, wenn der Allmächtige es will.

Die erste Einstellung ist gleich sehr imposant, Achilles steigt den Felsen entlang, blickt über, nun ja, das weite Meer, um dann unten auf dem kleinen Strand seine Mutter zu erspähen. Die blaue Lagune ist dann zwar keine Lagune mehr, aber das Schiff, das derweil vorüberrudert, ist echt und war wirklich da. Fertig, nun werden schnell der Rest zum Strand transportiert und außerdem die Eleven-o'clock-soup eingenommen, die sehr zu Wolfgangs Entzücken es sogar auf dieses Eiland geschafft hat und jetzt hier auf dem Geröll schief steht wie einst das Piano auf dem Strand. Wolfgang, your favourite, ruft Colin hinterher, Blumenkohl und Petersilie. Unten auf dem Strändchen werden mit Suppenbecher in der Hand Kamerapositionen diskutiert und viereckige Partyzelte über Hochstühlen und Monitor aufgestellt, dass man die darunter Sitzenden automatisch Sahib nennen möchte. Es bleibt nun noch der Dialog von Thetis und Achilles, mit halbtotalem Einstieg und Schuss/Gegenschuss, kein Ding. Im Studio. Schwieriger wird es, wenn der Dialog in schienbeintiefem Wasser auf sandigem Untergrund stattfindet, dann müssen schon mal ein paar der mitgebrachten Holzpaletten – für die Schienen – ins seichte Wasser gelegt und so lange mit Holzbrettern unterschoben werden, bis sie nicht mehr absacken. Ganz zu schweigen vom O-Ton, der die Sprache fast nicht mehr verständlich herausbekommt, weil das Wasser zwischen den Felsen so laut plätschert. Die ganzen Ständer für die transparenten bzw. schwarzen Segel oder großen Spiegel zur Be- bzw. Entleuchtung können umso leichter einfach in den weichen Boden gesteckt werden, bis sie nicht mehr wackeln; wenn nur der Wind nicht wäre, der gerade mit dem großen weißen Segel gut drei kräftige Sparks damit beschäftigen kann, sich wie Surfer hineinzuhängen, um es einigermaßen an seinem Platz zu halten. Wolfgang betrachtet die enge Höhle im Hintergrund und beauftragt den Oberbeleuchter Chuck: „Could you put something beautiful into that dark hole?" – „Oh, that's what I'm trying to do my whole life."

Los gehts, Julie Christie steht da, wo Anna vor einer Woche stand, Brad kommt auf sie zu. In Gummischuhen, gegen Muscheln und ähnliches. Kein Problem. Ein großer Spiegel wirft Sonnenlicht auf den Tümpel, das hübsch an der Felswand reflektiert wird. Jetzt Julies Close-up, eine Reihe Paletten wird ins Wasser gelegt, damit sie nicht so waten muss sowie als sicherer Boden für die Kamera. Im übrigen ist Julie fast vollständig mit Styropor- und schwarzen Filzplatten zugestellt, das große weiße Segel schwebt über allen, zwei Sparks halten Abschatter über ihren Kopf, Regieanweisungen werden von außen hereingerufen. Langsam wird klar, was Roger vor einer Woche beim Essen meinte: Malta liege bereits unter hellem afrikanischen Himmel, der alles überstrahlt, Italien sei viel besser, mit der ganzen Luftverschmutzung herrsche dort weicheres Licht. Jetzt steht er, wie auch Peter und die Kamera, mit den Füßen im Wasser. Danach Gegenschuss auf Brad, neben dem in Griffhöhe ein Wassernapf mit einer Muschel drin bereitgestellt ist. Am Strand sitzt derweil ein Crewmitglied im Sand und leuchtet mit einem Taschenspiegel auf das gegenüberliegende Comino. Aha? Da drüben seien durchs Fernglas Fotografen gesichtet worden, die mit Teleobjektiven von der Größe einer Strandhaubitze auf der Lauer nach Brad liegen, und die versuche er zu blenden. Nicht einfach, die genau zu treffen. Apropos. Mein Handy brummt, eine SMS: St. Pauli gestern 1:1 auswärts. Nicht schlecht, aber das reicht nicht!! – Oder ist das immer wieder dieselbe SMS, die ich kriege? Am Meer, mit dem Horizont im Nacken, steht man immer besonders nah an philosophischen Fragen. Spielen die überhaupt, wenn ich nicht da bin? Kann ich sicher sein, dass der Abstieg wirklich passiert, und ich nicht stattdessen einer Fehlfunktion meines Handybetreibers aufsitze? Ich könnte anrufen, traue mich aber nicht. Es könnte ja alles stimmen.

Zuletzt noch die Nahaufnahme von Brad mit dem Meer im Hintergrund. Da im Moment noch Comino davorliegt, lässt Visual Nick hinter Brad einen Ständer mit einem Green Screen aufstellen, mit der man den abgeschirmten Teil des Bildes herausnehmen und durch einen anderen ersetzen kann, z.B. durch Meer. Ist besser, weil Brads wehende Haare schwierig von dem Inselhintergrund zu trennen wären. So einfach ist das? Was machen wir überhaupt hier in der Wildnis und holen uns einer nach dem anderen einen satten Sonnenbrand?

EXT. Treppe zum Palast, Mykene, Gnejna Bay, Malta

Die Szenen in und um Agamemnons Palast erscheinen genauso unersättlich wie er selber. War sein Thronsaal in Shepperton schon etwas enorm für zwei relativ kleine Szenen, so mag auch diese heutige erste Location den Eindruck des Zuviel-des-Guten vermitteln: Für einen vermutlich am Ende eher kurzen Eindruck von Menelaos und seinem Gefolge, der erzürnt über seinen Verlust die Treppen zum Palast des Bruders hochstampft, um kurz darauf den Auftritt im Thronsaal hinzulegen, den wir schon kennen, wurde auf einem Hügelrücken hoch über der schönen Gnejna Bay, inmitten von zeitlosen kleinen Bäumen und Feldsteinmauern sowie mit Panoramablick über die umliegenden schroffen Buchten und das Meer, ein Eckchen von Agamemnons Palast gebaut. Allerdings befindet sich im Gefolge Menelaos' auch der gesamte Wanderzirkus einer Filmproduktion, der in einer wie stets logistischen Meisterleistung unten in der Bucht ein Basislager einrichten und sich mit schwerem Gerät, Manpower und Allradantrieb den schmalen Rumpelweg hochquälen muss. Nicht zu vergessen eins der Originalschiffe, das eigens in die Bucht geschleppt wurde, um in der am Ende zweifellos atemberaubenden CGI-Hafenwelt wenn überhaupt als seltsam unpassend echt aufzufallen. Nach gut eineinhalb Stunden ist die Mittelstation mit Zelten, Sitzen, Monitoren etc. installiert, alle haben sich zur Arbeit eingerichtet, bis hinunter zum Chronisten mit seinem wunderbar tragbaren Macintosh-Computer, der sich einen Plastikstuhl vom hier oben hausenden Bauern geliehen hat und entzückt vom mediterranen Idyll dessen zutrauliche Hunde krault. Die wenig besiedelte, dafür malerisch zerklüftete Westküste mit tiefen Buchten ist so erfrischend anders als unsere zugebaute Ostküste, die von manchen Hügeln mit Rundblick aus eher nach Los Angeles aussieht als nach einer mittelmeerischen Insel. Derweil schreiten die Aufbauarbeiten voran, eine gerade Ebene aus Paletten ist auf den abschüssigen Weg gebaut, Schienen sind gelegt und ein Loumakran draufgestellt, man gönnt sich ja sonst nichts. Die Statisten werden feingemacht und ein paar Schafe unten auf die Weide getrieben. Ein paar Proben lang schleppen die dick kostümierten Spartaner sich den Weg hoch, dann bekommt Brendan seine Lederrüstung angelegt, mit einem Taschentuch zwischen Stirn und Helm: „Das ist das Tolle am Film, man muss nicht den ganzen Berg hoch!"

Dafür öfter. Selbst Einstellungen wie diese können schiefgehen, auch wenn man es ihr im Film nicht ansieht. Mal stampft Brendan nicht genug, mal kommen seine Gefolgsleute so schwer hinterher, dass hinter ihm ein Loch entsteht, mal geht ein Torflügel nicht weit genug auf. Hinterher ist Wolfgang umso zufriedener: „Was ist das wieder für eine wundervoll inszenierte Szene! Muss ich ja wohl selber sagen, wenn es kein anderer tut." Alle kucken schuldbewusst. Gegen elf Uhr ist der kurze Zwischenschnitt abgehakt, und das Camp packt sich so zügig und gründlich zusammen wie es sich vorher ausgebreitet hatte; den einheimischen Bauern muss es vorgekommen sein, als sei im Morgengrauen ein Ufo gelandet, habe den natürlichen Lauf der Gegend ein paar Stunden angehalten, um nach eilig eingesackter Beute –

Coltan, Dilithium, Naphthalin oder was auch immer – spurlos dorthin zu verschwinden wo es hergekommen ist. Vielleicht sind die zahlreichen Ufo-Sichtungen so merkwürdig folgenlos und die ernsthaften Hinweise auf eine Begegnung der dritten Art so selten, weil die Aliens sich genausoviel um uns Erdlinge scheren wie wir uns um die umstehenden Bauern. Nicht feindlich, im Einzelfall höflich, aber im Prinzip durch und durch gleichgültig. Mit etwas Glück, wenn der Erstkontakt dereinst klappen sollte, leihen sie sich vielleicht von uns Stühle und kraulen unsere Hunde.

Cui bono? wird man sich an diesem Vormittag gefragt haben. Ein ganzes, wenn auch kleines Set, in schroffer Umgebung, für einen kurzen Establishing Shot? Zur Rechtfertigung der ganzen Aktion muss daher vorgebracht werden, dass dies eine der wenigen Einstellungen ist, in der wir einen fließenden Übergang von Außen und Innen erleben, von natürlich gegebener Location zu gebauten, und eben im Studio fortgesetzten Sets. Jeder Film mit ausgiebigen Kulissen, zumindest jeder historisierende, wirkt fast zwangsläufig unecht oder merkwürdig zusammengeschustert, wenn er übergangslos in echte Außenwelt und künstliche Innenwelt zerfällt; es lohnt sich, vergangene Filme einmal daraufhin zu untersuchen. Jedem vollständig gebauten Set kommt es zugute, per Übergangseinstellung gleichsam geerdet zu werden; auch diese kurze Szene, ähnlich den folgenden im Inneren von Agamemnons Palast, hätte man – diesmal aus topographisch-dramatischen Gründen – sich ausdenken müssen, wenn es sie nicht gegeben hätte.

EXT. Hügel über dem ionischen Meerh, Riviera Bay, Malta

Und nächste Location, so zwei Buchten weiter, wieder oben auf einem steilen, fast Berg zu nennenden Hügel, darunter das auf ionisch getrimmte Meer. Hier, in einem bukolischen Idyll und nebenbei in meiner Lieblingsszene, sitzt Odysseus in Schäferkluft unter einem Olivenbaum, streichelt seinen Hund Argos und verarscht Agamemnons Abgesandte, die ihn zum Krieg überreden sollen. Am Ende stimmt er schweren Herzens zu und seufzt, er werde seinen Hund vermissen. Die drei Olivenbäume sind für viel Geld aus Sizilien beschafft und hier hingestellt worden, weil es die auf Malta nicht gibt; jedenfalls nicht hier bzw. nicht so zahlreich, dass sie problemlos ausgerissen werden dürften. An der Basis drapierte Gewächsbüschel vertuschen die Naht. Sean Bean, bis zu den Zähnen auf Schäfer getrimmt, wird unter den Baum gesetzt, der Hund, der Argos spielt, daneben. Aber nichts da, der Hund findet keinen Platz, um sich gemütlich hinzulegen, und geht mal wieder; unter den Armen seines Trainers, der ihn zurückzuhieven versucht, legt er sich rücklings auf den Boden. Wer schon einmal versucht hat, einen fünfundzwanzig Kilo schweren nassen Lappen aufzuheben, weiß was das bedeutet. Also gut, aus eilig herangetragenen, zurechtgesägten und zusammengenagelten Brettern bekommt er eine kleine Plattform gebaut und seine Decke daraufgelegt, verkleidet mit Sträucherbüscheln. Na bitte, es geht doch, sagt er sich und legt sich majestätisch, wie es sich für einen Königshund gehört, zu Odysseus' Füßen. Im Lauf der Probe setzt er sich hin und reicht dem Herrchen gut und gern zur Schulter, welcher ihn im ersten Take so durchknuddelt und durchkrault, dass fast sein Dialog untergeht. Viele Male wird das wiederholt, mit sitzendem und liegendem Hund, damit es auf keinen Fall Anschlussprobleme gibt, bis die heraufhechelnden Abgesandten ihr außer-Puste-Sein nicht mehr spielen müssen. Währenddessen hobelt Andrew fieberhaft an Seans nordenglischem Dialekt, welcher wiederum das wehmütige Abschlussstreicheln für seinen Hund mit einem Kuss auf den Kopf und dann auf die Nase ergänzt. Mal sehen was drinbleibt.

Am späteren Nachmittag riecht es plötzlich würzig nach Ziegenkäse, und wirklich tummelt sich eine kleine Herde Ziegen mit niedlich herumhüpfenden Zicklein am Set. Es wird der einleitende Gegenschuss gedreht, an Odysseus vorbei den Hügel hinunter auf die schöne Bucht; davor Ziegen und Schafe, die beiden mykenischen Kasper, die gleich als die hiesigen Rosenkranz und Güldenstern identifiziert wurden, weiter hinten marschierende Soldaten, unten am Strand Fischer und sowas wie Fußball spielende Jungs, womit dankenswerterweise auch dieser Ursprung geklärt wäre. Eine schöne Aussicht braucht eine schön schwebende Kamera; hinter Odysseus' Rücken werden wieder ein kleines Gerüst zusammengeschraubt, eine Palette mit Schienen draufgelegt und der Loumakran draufgestellt, den sie wer weiß wie den heftig ausgewaschenen Weg hochgerollt haben. Auch wenns wackelig wird, der Taschenkran muss immer mit. Dieses letzte Set-up dauert doch länger als gedacht, jetzt haben wir einen gelangweilten Hund, der gern mal seinen Kopf weit aus dem Bild hängen lässt, plus einem Haufen Ziegen, die schon bleiben sollen wo sie sind, aber auch nicht so filmmäßig festgebunden. Warum dann überhaupt mit Hund? Weil das tieftraurige Moment in dieser heiteren Szenerie ist, dass viele Jahre später, wenn Odysseus als alter Mann verkleidet von seiner Irrfahrt nach Hause zurückkommt, Argos der Erste ist, der ihn trotz aller Verhüllung erkennt, ihn schwanzwedelnd begrüßt und dann an Altersschwäche stirbt. Aber das soll uns jetzt noch nicht betrüben. Als alles vorbei ist, bekommt Argos auf seinem Thron erstmal eine angemessen königliche Belohnung: eine Handvoll Pringles.

EXT. Deck, troianisches Schiff, ionisches Meer, Malta

Dienstagabend sitzen wir mit Produzentin Diana im „Dolce Vita" und bangen vor den folgenden beiden Tagen auf See mit Hektor und Paris. Die Aussichten sind gemischt, und wenn es so windig und wellig würde wie beim Test am Sonntag, könnte es schon haarig werden. Auf dem nachgebauten Boot wird es sehr voll wenn alle Statisten drauf sind, speziell während der Einstellung, in der hinter den beiden das ganze Boot zu sehen ist; das Drehen mit Hunden und Ziegen ist eine Sache, mit der See eine ganz andere. Auf jeden Fall sitzen wir bei Rotwein mit schönem Blick über die Spinola Bay und denken wieder ans Unerbittliche. Für Diana müssen wir es natürlich übersetzen, und nach Wochen der Rekonstruktion langen wir bei folgendem an: Once facing the inexorable / Where no mother turns around for you / Where no sweetheart holds your hand/Where only loneliness reigns/Gruesome and grand. Diana sieht umgehend die Herkunft des Poems ein und kontert mit Yeats.

Am Morgen sieht das Wetter strahlend aus, doch es windet ein wenig. Wir rollen in den Hafen ein, steigen aus, und Wolfgang beglückt jeden, der gerade im Weg steht, mit einer lauten Deklamation der frischgewonnenen Übersetzung. Keiner kann sich der Begeisterung enthalten, doch wissen sie es alle vorzüglich zu verbergen. Mit einem kleinen schnelleren Boot fahren wir vorweg, der Kapitän und die Führungsoffiziere Colin, Roger, Peter, Gerry, Chuck, Dave, Diana und Anna. Und der Berichterstattende, naturellement. Um die Nordspitze Maltas herum gehts in die Bucht von St. Paul's, wo das wohlgerundete Schiff auf uns warten soll. Aber kein Schiff. Das liegt noch hinten im Hafen, ein Motor ist ausgefallen. Aller Herz rutscht in die Hose, denn es sieht zwar schick aus, aber die verkleideten Ruderer allein können das Boot nicht bewegen. Langsam tuckert es auf uns zu und wir steigen auf. Die Holzreling am Heck, die quasi über Nacht draufgebaut wurde, damit auch dort niemand ins Wasser fällt, ist schön geworden und sieht sogar so aus, als wolle man sich tatsächlich dagegenlehnen. Um den Bug ist eine praktische umlaufende Plattform mit Stahlrohren als Geländer gebaut, auf der mehr oder weniger das ganze Team Platz finden muss. Nach kurzer Zeit des Dümpelns und des Überlegens der Kamerapositionen trifft das Begleitschiff ein, legt an, und sofort werden wir von halbnackten Männern geentert, die Kameras und den ganzen Krempel und Kisten mit Wasserflaschen auf unser Boot stellen. Nicky Nurse wirft Sonnencreme rüber, mit deren Schutzfaktor wir locker eine Supernovaexplosion überstehen dürften. Wer sich nebenbei fragt, wie einst Nachnamen wie Meier oder Müller entstanden sind, der möge ein Filmset besuchen, wo ständig irgendwelche Leute über Walkie-Talkie gerufen werden, deren Vornamen rein statistisch mehr als einmal auftreten und die daher eine nähere Designation brauchen. So entstehen Nicky Nurse, Nick Costume, Nick Armoury, Paul Make-up, Paul AD, Paul Sound, Sam Camera, Sam Spark oder Peter Camera Operator. – Ich gehe nochmal aufs Klo, aber beide sind abgeschlossen. Sofort geht eine Tür auf und Chuck, wiederum der einzige Chuck am Set, kommt raus. Ich sage „keine Eile", und er „Oh, don't worry, I never do that." An die Wand starrend überlege ich, wie man immer nur an das Eine denken kann. Chuck tut es doch auch nicht.

Abfahrt. Alle außer den Troianern müssen sich am bzw. um den Bug zusammenstauchen, denn Proben gehen sofort los, und wir wollen das ganze Schiff sehen. Während wir langsam aus der Bucht tuckern, wird der Seegang stärker; wenn man sich so umsieht, eingekeilt zwischen mehreren Menschen, noch mehr Kisten und Stahlreling, unter einem das an den Bug platschende Wasser, spürt man ganz sicher, wie das Heck unter dem Gewicht sich aus dem Meer hebt und die nächste größere Welle den Bug verschlingen wird. Aber nichts passiert. Fast nichts: Paris bereitet Hektor schonend darauf vor, dass Helena unten im Boot sitzt. Auf der Plattform werden zwei Kamerastative mit Stahlseilen am Boden festgezurrt und mit reingenagelten Keilen gesichert, die dritte, die Steadicam, bekommt aus Klötzen eine kleine Treppe zum Hochgehen zusammengestellt. Das Team besteht nur aus den Nötigsten, sodass Roger, wahrscheinlich das erste Mal seit seiner Lehrzeit, wieder selber eine Styroporplatte zum Aufhellen der Gesichter halten muss. Einigermaßen draußen angekommen dreht das Boot um, am Horizont hinterm Heck soll nur Meer zu sehen sein, dann schießen wir. Wenige Takes später sind wir schon wieder zu nahe ans Land getrieben, müssen umdrehen, eine ganze Zeit raustuckern, erneut umdrehen und schnell filmen; der anschwellende Seegang macht die Sache nicht einfacher. Das geht einige Male so rein und raus, bis wir uns auf den langen Rückweg zum späten Mittagessen machen dürfen. Anna mault, wenn wir einfach nur geradeaus gefahren wären, hätten wir wenigstens Lunch auf Sizilien haben können.

Indes beschwert sich London bei Roland, deren hiesigem Stellvertreter in der Kostümabteilung, dass Brads Kostüm am Montag so komisch hochgerutscht sei. Woher in Teufels Namen weiß der das? Später bekommen wir mit dem *Daily Telegraph* von gestern die Antwort in die Hand, darin ein großes unscharfes Bild von Brad als Achilles. Am Strand. Die Blendaktion mit Spiegel hat offensichtlich nicht gefruchtet.

Mit vollem Magen gehts wieder raus, die eine noch fehlende Einstellung zu drehen: Paris klappt die Klappe hoch, und sie verschwinden unter Deck. Klingt einfach, mit Seegang kann aber auch das sich hinziehen. Zum Drehen nämlich wird Tony zuliebe der Motor abgeschaltet, was dem Schiff Gelegenheit gibt, noch fröhlicher in den seitlich kommenden Wellen zu rollen. -- Die Wettervorhersage später ist noch unerfreulicher, am nächsten Tag soll's noch mehr Wind geben. Das heißt, der zweite Tag auf See ist erstmal verschoben, stattdessen werden die Szenen mit dem Fluchttunnel eingeschoben, der wäre schon bereit; Saffron ist bereits eingeflogen worden. -- Am Abend gewinnt Juve gegen Real Madrid im Halbfinale der Champions League mit 3:0. Die haben Probleme!

INT. Palast von Troia, unterirdischer Gang, Fort Ricasoli, Malta

Der Mann, der Wolfgang jeden Morgen das Frühstück ins Zimmer schiebt, verkündet ihm regelmäßig freudestrahlend, dass es jetzt täglich heißer werde. Auf der Fahrt ins Studio erzählt Frank, dass Ronaldo gar nicht hätte eingewechselt werden dürfen, weil er ziemlich lädiert war. Bis auf eine kleine Aktion habe man ja auch gar nichts von ihm gesehen, bei seiner Einwechslung sei es wohl hauptsächlich um den psychologischen Effekt bei der zurückliegenden Mannschaft gegangen. Aber wer da eingewechselt wurde, war offenbar nicht Ronaldo, sondern nur sein halbwüchsiger Cousin in Ronaldos Rüstung, das musste ja schiefgehen. Weiterhin erzählt Frank, der eine Schüssel mit 1200 Programmen besitzt, damit aber eigentlich nur Fußball kucke, dass am Wochenende Kaiserslautern in Wolfsburg erst 1:2 zurücklag und dann mit einem Tor des eingewechselten Maltesers aufgeholt hat. Weswegen sie jetzt wohl nicht absteigen und Mifsud der Held des Tages sei. Ich beglückwünsche ihn. Some guys have all the luck.

Am Set spazieren wir durch eine reihenweise mit Lastern, Trailern und Klowagen vollgeparkte römische Straße. Sie steht noch von Julius Caesar hier und wird wohl per Gebrauch langsam verschrottet. Zum Drehort geht es ein paar Steinstufen runter, in die echten unterirdischen Gewölbetunnel des alten Forts. Die sind schön feingemacht worden, mit Fackeln, Schutt und zerschlagenen Tonbehältern, sowie entsprechend eng und stickig. Nicht viel Platz zum Verstecken, umso mehr zum Stören. Die Regieanweisung des Tages, dass nämlich Wolfgang sagte, wenn er den letzten Take auf BBC1 gesehen hätte, hätte er auf BBC2 umgeschaltet, muss ich mir erzählen lassen. Den Tag verbringe ich hauptsächlich durch Rom und über die Mauern des Forts spazierend, die eine vorzügliche Rundumsicht auf Valletta und das Meer bieten, oder in Wolfgangs Trailer, meine Sachen machend; genauer kann ich mich dahingehend leider nicht äußern, denn dann würde mein Computer womöglich in eine selbstreferenzielle Schleife einfädeln und explodieren. --

Abends im Restaurant müssen Wolfgang, Barbara und ich feststellen, dass im Rahmen einer multilingualen Produktion wie dieser eine gewisse Peterbichselisierung der Alltagssprache nicht zu verhindern ist, gemäß dessen lustiger Geschichte von dem Mann, der allein zu Hause saß und in seiner Eigenkommunikation aus Spaß so lange die Bezeichnungen der Gegenstände herumtauschte, dass ihn am Ende draußen niemand mehr verstand. Jedenfalls ist ja schon ein Klassiker, dass man stundenlang am Set aushängt, neuere Errungenschaften sind a) der Golfkurs, wo einige Teammitglieder am Wochenende aushingen, b) Halt mal die Leine und c) wollte ich meinen Fisch auf der Bohne. Die Auflösung erscheint nächste Woche.

Am folgenden Tag stand ich auf und ging zur Arbeit. Dort hatten die noch so eine Szene da unten, mit noch mehr Leuten und noch weniger Platz. Ich tippte in mein wunderbares iBook, spielte an ihm Doppelkopf, las in einem Buch über griechische Kriegskunst, das Simon Atherton Wolfgang gegeben hatte, und genoss die Aussicht vom Fort.

EXT. Deck, troianisches Schiff, ionisches Meer, Malta

Am Samstag geht es wieder aufs Meer, den Tag nachholen, der vorgestern zu windig war. Heute ist okay, schwankt nur ein bisschen. Die Sonne allerdings lässt sich bitten--. Die anderen sind wegen der Anschlüsse nur halb begeistert, aber Wolfgang meint, das gehe. Zwischen der anderen und der heutigen Szene auf See seien noch welche dazwischen, dann hat es sich eben zwischendurch bezogen. Aber noch ist ja Zeit, die Proben werden sowieso länger dauern, die Szene ist eine längere und soll in einem Rutsch durchgespielt werden: Hektor stürmt von unten wieder an Deck, nachdem Paris ihm Helena offenbart hat. Bei Szenen auf dem schwankenden Meer sei man gut beraten, mit mehreren Kameras bzw. in langen Einstellungen zu drehen, um beim Schneiden nicht ins Haareraufen zu kommen: In einer Einstellung ist der Horizont unten, im Umschnitt wieder ganz oben etc., und am Ende hätte man statt eines sanften Wiegens heftiges Durcheinandergeschüttel.

Diesmal wurde nur eine halbe Plattform zusammengeschraubt, am Heck, mit noch weniger Platz für alle, weswegen fürs Drehen komplett nutzlose Menschen wie ich lieber auf dem Begleitschiff bleiben. Hier gibt es auch ein Klo und diverse Getränke zur Auswahl. Einige andere wiederum, die unabdingbar sind, müssen in den sauren Apfel des anhaltenden Spotts der Kollegen beißen und sich als troianische Ruderer verkleiden lassen – mit Kartoffelsack, Perücke und aufgeschmierter Bräune – wie z.B. Gerry AD, Steve Video oder Tony Sound, der mit Kopfhörern unter seinem Kopftuch unauffällig auf einer hinteren Bank sitzen und hoffen wird, dass der Chef zu beschäftigt ist um zu bemerken, dass er statt mit seinem Ruder zu rudern an seinen Reglern regelt.

Ich bleibe also auf dem anderen Schiff, arbeite drinnen am Computer, wundere mich, dass mir nicht schlecht wird, und lümmele sonst an Deck lesend in der Sonne herum, die mittlerweile für beste Anschlüsse und nahtlose Röte sorgt. --

Schließlich kann auch Wolfgang nichts mehr dagegen tun, dass um vier alles, aber auch alles von der Szene abgedreht ist, und es gibt einen early wrap, wie ihn die Welt noch nicht gesehen hat. Am Abend, in jener Freiluftkneipe, die nebenbei „Fuego" heißt und schlau genug war, für die Crew einen ganzen Bereich mit einer Schnur abzusperren, floss wieder einiges an Bier, aber kein Alkohol. Nach getaner Arbeit fiel ich nicht, ich legte mich ins Bett. Das ist zwar nicht wirklich eine Nachricht, aber wenigstens ein kurzer Satz.

Interludium

Am Vormittag wanderten der berühmte Reiseschriftsteller und sein Vater mangels eines Hyde Parks die Uferpromenade der St. Julian's Bay entlang, ein Parcours, der sie an einem fast enzyklopädischen Panorama urbaner Mediterraneität vorbeiführte. Um erstmal auf den Weg zu kommen, mussten sie sich durch ein sonntäglich verlassenes Baugrundstück ackern, dessen unfertiger Riesenbau nicht so aussieht, als würde unter der Woche dort gearbeitet. Durch das offenstehende Baustellentor gelangten sie vor das imposant auf der Buchtspitze gelegene Hotel Cavaliere, das vielleicht verstehen lässt, warum so viel anderes unvollendet bleibt: Warum soll man etwas fertigbauen, das beim Richtfest bereits so aussieht, als hätte es ein Leben lang nur solidarische Delegationen sozialistischer Bruderländer beherbergt – und das in Malta, das selbst die napoleonischen Revolutionstruppen, die zivilgesellschaftlichen Jumpstarter aller ihnen unterworfenen Ländereien, unbeeindruckt nach noch nicht mal zwei Jahren rauswarf und in seiner gesamten strengkatholischen Geschichte dem Sozialismus wohl so abhold war wie sonst nur noch die USA, Singapur und Nordkorea. Weiter führte der Weg durch zweckdienliche Wohnstraßen zum Cat Village, einem rustikalen Legoland für Katzen aus Hütten, Decken und Fressnäpfen, das eine ältere Italienerin für inzwischen 29 streunende Katzen eingerichtet hat und unterhält; wer mag, ist gebeten, eine Spende in den schwarzen Postkasten gegenüber zu werfen, die alte Dame bedankt sich auch höflich in Person auf dem Balkon. Nach links ging es hinunter zur Promenade, die auf diesem Teil noch nicht wirklich so zu nennen ist, mehr ein zum Teil bruchlos ins Wasser gehender flacher Felsen mit Sonnenbratenden, sich herumjagenden Hunden, neben einem Baden-verboten-Schild badenden Kindern, unter einem Sonnenschirm vor dem Haus dahindämmernden Maltesern und an der Schwelle zur Seetüchtigkeit im öligen Wasser schaukelnden Fischerbötchen. Die kleinen hutzeligen Altbauten und ihre Balkönchen im Ensemble mit den, sagen wir, lakonischen Betonbauten, deren drollige Form sie zum Teil nur ein Zimmer in die Breite, aber mehrere Stockwerke in die Höhe wachsen ließ, und den nackt und hohl vor sich hin dämmernden Bauruinen komplettierten den Eindruck der wohlig schrammeligen Seite mediterranen Charmes; nur eine Treppe höher bogen wir schon ein in den schickeren Teil der blinkenden Bucht, der sich nicht scheut, hinter seine ewig lange sowie hübsch ausgebaute Promenade mit Bänken, Straßenlaternen, Restaurants mit Menù Turistico, Souvenir- und Klamottenläden überall dort, wo er noch ein Plätzchen findet, seine Riesenklötze hinzustellen, die dann doch erstmal düster ragend stehen bleiben wie bestellt und nicht abgeholt. Den natürlichen Abschluss des Rundgangs bildete ein plötzlich im Weg stehendes Edelrestaurant, in einem hübschen sandfarbenen Bau über der Klippe schwebend, mit schönem Blick von der Terrasse und ziemlich teuer. Wir beschlossen, dass die Zimmerdame mit ihrem Saubermachen jetzt fertig sei, und drehten um.

Am Nachmittag, auf der Suche nach einem nicht geschlossenen Laden, der mir Artikel des täglichen Gebrauchs verkaufen würde, hüpfe ich in einen vorbeifahrenden Bus nach Sliema, dem Stadtteil, der genau dort ansetzt, wo wir am Vormittag umgekehrt waren. Bzw. in die Stadt Sliema, wie es in dieser aus mehreren Städten zusammengewachsenen Riesenansiedlung – mit Valletta in der Mitte – heißt. Verständlich, denn auf irgendeiner Aufteilung muss ja deren Bundesliga beruhen, und wer nimmt schon bloße Stadtteilvereine ernst. Trotzdem merkwürdig, dass die erste genuine Megalopolis nicht in Japan, Kalifornien oder meinetwegen im Ruhrgebiet entstanden sein soll, sondern ausgerechnet auf einer Insel im Mittelmeer, die außer Tomaten fast alles einführen muss. Nicht umsonst ist Malta mit gut 370 000 Einwohnern auf 316 qkm – wie ich höre – nach Hongkong und Monaco das dichtbesiedeltste Staatsgebiet der Erde. Jedenfalls zahle ich beim Fahrer und springe, nicht lange nachdem er während der Fahrt, mit gelegentlichen Seitenblicken auf den Verkehr, aus seinem neben ihm auf einer Decke liegenden Kleingeld mein Wechselgeld herausgekramt hat, wieder ab. In Sliema soll man gut einkaufen können, höre ich und hoffe deshalb, dass möglicherweise auch am Sonntag ein paar normale Läden offen sind. Ich schlage mich gleich in die Büsche und arbeite mich die Wohnstraßen den Hügel hoch, während ich nach Hause telefoniere um herauszufinden, es ist um die 15 Uhr, ob jemand von den Genossen im Stadion ist, denn heute, genau jetzt, bestreitet der FC St. Pauli sein letztes Heimspiel der Saison, gegen Duisburg. Aber nichts, keiner, den ich erreichen kann, ist dort, und ich wollte doch wenigstens noch einmal live die Glocken hören vor dem Untergang. Nicht dass noch groß etwas zu retten wäre, St. Pauli müsste etwa 4:0 gewinnen, während so ziemlich alle anderen verlieren müssten, was rein rechnerisch nicht einfach ist.

Also flaniere ich durch die wohlgeneigten Straßen der Stadt und bewundere, dass wirklich neun von zehn Häusern, alt oder neu, sich diese Balkönchen haben anbauen lassen, die ja nicht etwa luftig offen, sondern rundum verglast sind, also mehr Wintergärtchen. An jeder zweiten Ecke des gleichförmigen niedrigen Stadtbildes bleibe ich stehen und hantiere mit meinem flatternden Stadtplan, bis mir einfällt, dass der Kern der Flanerie, des kreativen Verlaufens, in fremden Städten doch ist, den Stadtplan im Hotelzimmer zu vergessen und seinen Weg danach zu wählen, wo der Fluss der Eindrücke einen entlangspült. So steige ich weiter auf und ab und stelle nach und nach fest, dass wirklich Sonntag ist und alle Läden im Stadtinneren geschlossen haben, vom teuren Uhr- und Brillenladen über Alimentari und Bäcker bis zum Schlachter, und dass entsprechend wenige Passanten zu sehen sind. So gut wie keine Menschenseele lässt sich blicken, die kleinen, sauber verputzten Straßen mit den zweistöckigen Häuserreihen liegen noch ausgestorbener da als Valletta, eben minus Touristen, und destillieren eine seltsam entseelte Leere wie in den sonnendurchstrahlten Stadtstilleben De Chiricos: Jedes Mal, da man sich umdreht, spürt man Fensterläden zuklappen, und die einzigen Zeichen aktiver Bewohnung sind flatternde Wäsche, aus dem Fenster gehängte Fahnen in Hellblau/Dunkelblau, hektisch wendende gesichtslose Autos oder aus undenkbaren Tiefen der Hauseingänge plapperndes italienisches Fernsehen. Die wenigen menschlichen Begegnungen geraten entsprechend surreal, etwa die höchstbritische Gemeinde eines kleinen anglikanischen Kirchleins, die eine Oktave über Normalnull sich über das Wetter austauscht, oder die beiden, äh, Afromalteser, die gleichzeitig redend sowie gestikulierend im Abstand von 20 Minuten zweimal an mir vorbeilaufen. Danach steigt abrupt die Stille wieder hoch, hier und da unterbrochen durch heftiges Gepiepe von Vögeln, die sich wohl klugerweise in bewohntes Gebiet gerettet haben, und zwischendurch immer mal Feststellungen wie die, im Kreise gelaufen zu sein, oder Fragen nach dem generellen Nutzen von Barockkirchen, die dann auch noch verschlossen sind. Auf einer Plakette neben dem Portal allerdings steht in vier Sprachen, dass The Master has come and is calling for you; das versöhnt mich wieder, denn es klingt nach einem im tiefsten Bass gesungenen Songtext von den guten alten Fields of the Nephilim, die ich fortan längere Zeit im Ohr habe.

Auf dem Weg tut es mir leid, den Leser, der ja viel lieber interessante, spannende, aber auch lustige Berichte und Anekdoten aus der aufregenden Welt des Films lesen möchte, mit derartigen Gedanken am Sonntag zu langweilen, doch wenn die Perzeptions- und Reflexionsmaschine einmal angeworfen ist, lässt sie sich, nur weil anderswo gefaulenzt wird, nicht einfach mittendrin anhalten, so bedauerlich es sein mag. Ich nähere mich schließlich, wie ich dem Gefälle der Straße entnehme, langsam der Uferpromenade und stelle fest, dass die Häufigkeit der blau-blauen Flaggen und Wimpel an den Balkönchen zunimmt; in einem Ladenfenster folgt dann Gewissheit: Hellblau/Dunkelblau sind die Vereinsfarben der Sliema Wanderers, just welche ja, wie wir wissen, nun endlich Meister geworden sind. Respekt. Ich ertappe mich dabei, wie ich Bruchteile von Sekunden lang auf einem Mannschaftsfoto nachzähle, ob die Malteser auch mit elf Mann spielen. Am Wasser angekommen, ist klar, dass die Sliemer bei niemandem die Spur eines Zweifels lassen wollen, wer Meister geworden ist: Blaublaue Schilder, Wimpel, Fahnen, von gedruckt bis selbstbemalt, wehen die Promenade entlang, ein lebensgroßes Mannschaftsfotoplakat prangt an der Straße, alte und junge Jungs in blaublauen Trikots streben auf und ab. Weiter unten die Lösung: Zwei Busse stehen auf der Straße, blaublau bemalt, blaublau gekleidete Jünglinge stehen auf dem Oberdeck und schwenken blaublaue Fahnen. Irgendwo wird wohl eine Siegesfeier stattfinden. – Wem ist nicht die Situation bekannt, da man in sich wälzt, auf welche Weise man ein erspähtes entzückendes Subjekt für sich einnehmen könnte, ewig lange hin und her zaudernd, vielleicht mit einem ausgedachten Zitat von Racine, obwohl man nicht weiß wer das ist, oder wie sonst; und dann kommt ein vierschrötiger Klops daher, legt den nun wirklich abgedroschensten und plumpesten Baggerspruch auf den Tisch, woraufhin das ersehnte Geschöpf ganz hingerissen ist und fortan außer Reichweite der Vernunft an einem dicken behaarten Arm hängt. Jedenfalls fühle ich mich an dieses einen zu solchen Gelegenheiten befallende merkwürdige Gefühl der Nausea erinnert, als ich mir meinen Weg durch die siegestaumelnden und Vereinslieder absingenden Halbwüchsigen bahne, just in den Minuten, da meine Leute mit an Sicherheit grenzender Wahrscheinlichkeit dabei sind, ihren Abstieg aus der zweiten Liga zu besiegeln (wobei ich dazusagen muss, was ich eigentlich verschweigen wollte, dass ich nämlich, um die Verhöhnung komplett zu machen, vorhin, als ich mich zum neuerlichen Aufbruch rüstete, extra mein St. Pauli-T-Shirt angezogen habe; Fußballfreunde sind nun mal, noch vor den Katholiken und gleich nach Börsenspekulanten und Fernfahrern, die abergläubischsten Wesen des Planeten). Kurz vor Ende des Opfergangs durch die blaublaue Traube dreht sich direkt vor mir ein älteres gedrungenes Männchen in verwaschenem Sliematrikot um und grinst mir voller Hohn ins versehrte Antlitz. Und das, wo nun mal realistischerweise davon auszugehen ist, dass die trotz allem zweitbeste Mannschaft Hamburgs, das gut viermal so viele Einwohner hat wie das Land, dessen Meister gerade um mich gefeiert wird, diesen im direkten Vergleich ganz sicher mit 4:0 vom Platz fegen würde. Mein Deo habe ich übrigens dann doch hinten in einem Souvenirladen gefunden – wo sonst –, die hatten sogar ein Kühlregal mit Milchprodukten für den verzweifelten Sonntagseinkäufer, der Mittelmeerländer mit nordeuropäischen Ladenöffnungszeiten nicht gewöhnt ist.

Ich kürze meinen Weg ab und durchquere die kleine Halbinsel an der dünnsten Stelle. Wieder an der Promenade angekommen, kucke ich auf die Uhr. 16:40. Noch fünf Minuten. Gemessenen Schrittes trete ich an einen Kiosk, verlange ein Bier, bekomme landesüblicherweise nicht zwei, aber doch eine Halbliterdose hingestellt, und setze mich auf eine Bank mit Blick übers Meer. Hier sitze ich nun am Rande des Unerbittlichen und sehe hinunter, lege mein Handy neben mich und warte auf ein Zeichen. Neben mir steht ein durchsichtiger Rundkopf mit Geldeinwurfschlitz darunter und vielen bunten Kugeln darin, auch hellblauen und dunkelblauen, und lacht mich dumm an. Ich muss an den Augenblick vor nicht ganz zwei Jahren denken, als wir, an einem anderen Arsch der Welt, gespannt durch ein Höhlenkirchental im fernen Kappadokien liefen, das Handy klingelte und mein Freund O. mit sich überschlagender Stimme und fragmentarischer Syntax aus dem Stadion meldete, dass St. Pauli gerade gewonnen habe und also aufsteige. In die erste Liga. Es beginnt zu nieseln, der Himmel hat Mitleid und schenkt mir Hamburger Wetter. Aus dem Kiosk plätschert Popmusik der vergangenen 20 Jahre, ich aber bilde mir natürlich ein, übers weite Meer hinweg die solidarischen Klagegesänge vom Millerntor zu hören, während die Spieler mit über den Kopf gezogenen Trikots auf dem nassen Rasen sitzen. Lieder von der fernen Erde. Dann piept eine SMS. Pauli hat ausgerechnet 4:0 gewonnen und steht trotzdem als Absteiger fest: Die anderen haben auch gepunktet. Wann, bitte, haben die zuletzt 4:0 gewonnen? Es ist seltsam, da gilt Fußball nun als eins der gemeinschaftstiftendsten Phänomene unserer Kultur, und doch ist man als Fußballophiler bisweilen der einsamste Mensch auf der Welt. Seufz. Sometimes, even with hope in your heart, you actually do walk alone.

EXT. Deck, Achilles' Schiff, Ägäis, Malta

Aber nicht lange, im Gegenteil. Die beiden nächsten Tage verbringen wir wieder zusammengeknautscht auf See: Achilles und seine Jungs segeln gen Troia. Die Plattform ist größer, ausgewählte überflüssige Leute dürfen wieder mit. -- Einzig übertrifft ihn noch Sean Bean, der versuchsweise meinte, dass Odysseus doch ruhig aus Yorkshire stammen könnte; wer weiß, vielleicht sprachen die Ithaker ja selber einen herausstechenden Dialekt. Eine Marke in dieser Sprachangleichung ist z.B. das Wort „Agamemnon", das korrekt hochenglisch „Agamemnonn" heißt, auf Amerikanisch aber mehr „Agamemnaan" herauskommt. Versprecher, leichter Seegang und unerwünschte Motorboote tragen dazu bei, dass die Anzahl der Takes in die Höhe geht, was an den Nerven zerrt, denn jeder Take ist zeitraubend vorzubereiten. Zum einen ist da eine Reihe roter Bojen, aufgereiht bzw. in genauen Abständen hintereinandergebunden, die jedes Mal von einem Motorboot auf die Höhe des Schiffes gezogen und bei Beginn des Takes losgelassen werden, damit das Visual-Effects-Department später, wenn es die anderen tausend Schiffe ins Bild setzt, einige feste Ortsmarken in Bezug auf die Bewegung des Bootes hat. Außerdem gibt es das Problem der Beleuchtung, die hier zwar luxuriös durch die Sonne selber geschieht, aber nicht von irgendwoher kommen darf. Roger Pratt ist der Ansicht, dass das Hauptlicht von hinten bzw. schräg hinten kommen müsse und alles andere langweilig aussehe, weil Backlighting nun mal die Plastizität der Körper hervor- und diese gleichzeitig vom Hintergrund abhebt. So wird vor jedem Take das Boot auf den Sonnenstand hin manövriert; für die Gesichter der Schauspieler reicht die Aufhellung durch eine Styroporplatte, die auch heute wieder der Meister selbst halten muss. Weiterhin ist nicht zu vergessen, dass wir uns nicht auf hoher See befinden, was bedeutet, dass im Hintergrund zu sehendes Land höchstens so weit entfernt bzw. dunstig sein darf, dass die Visual-Effects-Leute es leicht wegkriegen. Und natürlich sollte möglichst das zweite unserer Schiffe im Hintergrund zu sehen sein, das, unter dem Kommando des als Grieche verkleideten Pierre AD, nichts weiter zu tun hat als ständig hinter uns herzufahren – vollbesetzt mit üppig kostümierten Statisten, die an diesem ruhigen Tag in der prallen Sonne auf hoher See die Mutter aller Langeweile kennenlernen dürfen.

Und wieder mal von vorne. Das Boot ist abgetrieben und hat etwas gedreht, die Sonne sinkt und die Schatten fallen anders, d.h. ständig muss Visual Nick seinen lustigen Test machen: Er hält nacheinander eine Silberkugel und ein grau modelliertes Gesicht – ziemlich eindeutig ein Ork, der Munchs Schrei nachspielt – in die Perspektive der Kamera, um für die spätere Bearbeitung festzuhalten, wo die Sonne steht und welche Art Binnenschatten sie wirft. Das Motorboot tuckert indes mit den Bojen heran, und die Ruderer lassen sich sehr bitten, doch etwas angestrengter als flügellahme Enten zu rudern. Alles nicht so einfach. --

Doch am Ende wird alles gut. Der folgende Tag läuft um einiges relaxter an, Brad regte an, bereits in der Maske mit Sir Andrew zu arbeiten, und die See ist weniger wellig. Zuerst eine Szene mit dem jungen Garrett Hedlund, dem Patroklos, der sich übrigens gerade mal Anfang des Jahres in seinen klapprigen Wagen setzte und von seinem Heimatort in Minnesota oder was nach LA tuckerte, um Schauspieler zu werden. Dort fand er über Beziehungen eine kleine WG und einen Agenten, der ihn gleich zum Casting für *Troja* schickte. Die suchten einen jungen Burschen, der ungefähr die gleiche Statur hat wie Brad, und da hatten sie einen. Aber man kann es allen jungen Burschen und Mädeln der Erde nicht oft genug sagen: Das ist nicht die Regel! Überhaupt nicht!! Lernt lieber was Anständiges!!! Nicht jeden wird man auf Schritt und Tritt durchschnüffeln wollen, nicht für jeden werden extra mit Fotoapparaten bestückte Hubschrauber angeworfen, wenn er auf einem alten Schiff im Mittelmeer dümpelt. --

Die zweite große Szene des Tages ist die „Immortality"-Rede Achilles' an seine Jungs, kurz bevor sie als Erste am fremden Gestade landen. Logistisch sehr viel einfacher, denn keine Bojen und kein zweites Schiff nötig. Die Myrmidonen müssen zwar noch richtig entflammt werden, was Gerry mit sehr viel Elan und Redefuror mit ihnen probt, doch können sie es jetzt schon besser als rudern. Auch die Reihenfolge des Speerstampfens geht schnell ins Blut über, selbst wenn ein Take abgebrochen werden muss, weil eine Speerspitze runterfällt. --

Der allerdings entpuppte sich später als ein Rettungshubschrauber; unser Begleitschiff ist am Morgen mal eben auf die Leiche eines mittelalten Deutschen gestoßen, der am Abend zuvor sturztrunken von einem Partyschiff gefallen war und ertrank. Das ist ausnahmsweise kein Witz, obwohl es sich so anhört. Während der Suche wiederum ließ es sich jemand im Rettungshubschrauber nicht nehmen, Fotos von einem alten Boot im Mittelmeer zu knipsen und sie zu verkaufen. Am nächsten Tag erscheinen sie in einer maltesischen Zeitung. Die machen es einem aber auch nicht einfach, keine Witze zu erzählen.

INT. Waffenlager, Fort Ricasoli, Malta

-- Das Waffenlager ist in einem halbruinierten Nebengebäude am Meer eingerichtet, es windet sehr und treibt ständig Sand durch die Gegend, dass einige auch noch im Inneren mit verkniffenem Gesicht rumlaufen. In Troia ist Hektik, weil der Grieche vor der Tür steht. Waffen werden ausgeteilt, Hektor, dessen Zug pünktlich angekommen ist, gibt ein paar Anweisungen, die Statisten rennen hektisch durcheinander – unter ihnen Simon Atherton als Aufpasser mit Rüstung und langen Haaren, weil offensichtlich hier jeder mal ranmuss. Wolfgang freut sich, dass er mal wieder wenig zu tun hat, zwei kurze Dialoge in Schuss/Gegenschuss – oder Schlipp/Schlopp, wie es in der internationalen Kurzsprache der Filmproduktionen über 1,3 Mio Dollar heißt –, der Rest ist für Gerry, zu dessen Job gehört, das ganze Chaos und Gerenne zu choreographieren. Und keiner darf grinsen, ihr seid in Panik, verdammt nochmal. Wolfgang muss nur am Fernseher sitzen und sagen, die müssen schneller laufen, der soll sich nicht so weit umdrehen, damit sich das mit dem Gegenschuss zusammenschneiden lässt. Immer mal zeigt er Eric auf dem Monitor begeistert das Gedrehte. „You're right. Great acting", stimmt der zu, „man muss nur die Inszenierung übersehen." Zur Strafe muss er den Gegenschuss viel öfter drehen, unter anderem weil ein paar Takes lang im Strom der Gehetzten am Ende immer so ein kleiner Mann mit wild aufgerissenen Augen mitläuft, dessen Ausdruck nicht zum Ernst der Lage passen will. „Der Schlumpf muss weg!" bestimmt Orla Hair neben mir am Monitor. Anna wird, nicht das einzige Mal heute, losgeschickt, um sowas zu regeln. Nächster Take, Hektor brieft Lysander, wohlgehetzte, hochgewachsene Recken rennen vorbei, doch da, ein paar Reihen später, kommt wieder der kleine Mann vorbeigelaufen. „Der ist ja immer noch da!" – „Der Schlumpf muss ganz raus!" Anna wird zu seiner Exekution geschickt. Im fertigen Film wird kein Schlumpf zu sehen sein.

EXT. Klippe über dem Meer, überwucherter Tempel, Marfa Ridge, Malta

Alles sehr schön geworden: der uralte, überwucherte Tempel auf dieser wunderbaren Steilklippe, hoch über dem Meer. Der Bunker nebenan ist verkleidet mit Feldsteinfassade und Bäumchen, der Tempelfußboden ist vollständig, die Aufbauten sind in der Farbe des örtlichen goldgelben Globigerinenkalks bemalt, der Thron ist übersät mit kleinen fingerkuppentiefen Grübchen, obwohl Nigel sagt, das sei kein Thron, sondern ein Altar. Der ganze Tempel ist hübsch mit Gewächsen ausstaffiert worden, auch die ganze Gegend drumherum. Malta nämlich ist sehr schön flach, weit und leer, weshalb man hier schöne große Sachen bauen kann. Der Nachteil ist, dass man dann gleich alles bauen muss, Bäume z.B. sind hier eher mickrig und selten da wo sie sein sollen; die umstehenden Olivenbäume nebst Zypressen sind wieder importiert und hier aufgestellt worden, die meisten in mit Steinen und Gesträuch versteckten Blumentöpfen. Wofür die Malteser sich übrigens hauptsächlich bei den Phöniziern bedanken können, denn bereits die haben alles, was irgendwie in ihren Schiffen sich verbauen ließ, im ersten Jahrtausend v. Chr. abgeholzt. Wäre mal interessant zu sehen, was passiert, wenn man die neuen Bäume einfach hier auswildert.

So stehen wir in dieser rauen Idylle, der Wind weht kräftig, die Säulen wanken bedenklich, und fragen uns, was wir eigentlich noch hier sollen, denn die Kampftrainingsszene, die Brad und Garrett kürzlich hier oben geprobt haben, soll bereits in voller Länge im italienischen Fernsehen zu sehen gewesen sein. Der gegenüberliegende, noch höhere Bergrücken legt in der Tat nahe, sich dort gemütlich hinzusetzen, mit Bier und Spaghetti aus der Thermoskanne, um mit der Kamera in der Hand darauf zu warten, dass ein Superstar vorbeihoppelt. So steht auch heute der Hang unter besonderer Beobachtung, mit Fernglas und ohne, bis wirklich ein paar Leute entdeckt werden, die ganz zufällig dort stehen und die Aussicht bewundern. Sofort wird einer der grüngekleideten Securityleute per Funk hingeschickt, irgendetwas zu unternehmen, denn unternehmen darf er eigentlich nichts, solange der Paparazzo sich auf öffentlichem Grund befindet. Immer mal spaziert irgendjemand von uns den Hang hoch, ob Colin oder Barbara oder wer noch, und scheucht ein paar Naturfotografen mit erstaunlich teuren und schweren Objektiven aus den Büschen. Doch kaum hat man eine autoritäre Miene aufgesetzt und sie des Feldes verwiesen, ist es wie mit dem Schlumpf im Waffenlager, dann packen sie ihr langes Gerät in den Rucksack, ziehen äußerlich von unbescholtenen Touristen ununterscheidbar von dannen, nur um hintenrum wieder reinzukommen. -- Heute kurz vor dem Mittagessen hat unser Fahrer Frank mit einem Kollegen zwei gegenüber unter einem Baum liegende italienische Fotografen mit ihren Photonenkanonen erwischt – „Hey, wir machen nur unseren Job!" „Wir auch!" – und verjagt. Bis morgen. Die Zeit drängt nämlich: In zwei Wochen kommt Sharon Stone für irgendeinen Film, dann müssen sie sich entscheiden.

Achilles und Patroklos beharken sich derweil mit ihren Holzschwertern, und es ist erstaunlich, wie viele Gerüste und Schienen noch auf diese kleine Kuppe passen. Ein dickes Gerüst ist schräg am Hang zusammengeschraubt, und das nur für die zweite Kamera; über Eck, am mit Bauzaun gesicherten Abgrund entlang, eine Reihe Paletten mit Schienen und darauf der große Arrikran – nicht zu vergessen, dass das ganze Zeug vom Basislager unten an der Bucht über einen einspurigen Holperweg hier hochgekarrt wurde. Und das nur für das erste Set-up, danach wird alles wieder auseinandergeschraubt und in Windeseile woanders hingestellt. Die Grips sollten eigentlich mal zu *Wetten dass*. Dafür hatten wir ein sehr schönes Mittagessen in dem

Restaurant mit Blick über Strand und blaues Wasser. Wolfgang meinte versonnen, kuck mal die ganzen armen Leute, die da in der Sonne liegen müssen und keinen Film machen dürfen.

Brad und Garrett haben offensichtlich ausgiebig geübt, sie hechten zwischen den Pappsäulen umher als hätten sie nie etwas anderes getan, und die Set-ups werden mit wenigen Takes abgehandelt. Einzig der Wind zerrt, sodass einige Säulen heimlich festgehalten werden, und nicht nur einmal Steve Videos Monitore an ihrem großen Sonnenschirm davonzufliegen drohen. -- Am späteren Nachmittag wird beschlossen, es für heute gut sein zu lassen und den folgenden Teil der Szene, der in einem durch gedreht wird, auf den nächsten Tag zu verschieben, wenn auch das Licht wieder schön von hinten kommt. Brad und Garrett proben den Ablauf, dann ist Schluss. Der Tempel wird mit Drähten festgezurrt damit er nicht wegfliegt. Schöne Sachen gedreht, einen zusätzlichen Tag für diese Location bekommen, ein relativ hoher Bodycount unter den Fotografen, und niemand ist von der Klippe gefallen. Ein guter Tag. Und zum Essen die versprochene Auflösung des Peter-Bichsel-Rätsels von vergangener Woche: a) Golfplatz (golf course), b) Bleib mal dran (hold the line), c) nicht filetiert bzw. im ganzen, mit Gräte (Fisch, on the bone). Die Gewinner werden schriftlich benachrichtigt. Nach dem Essen nehmen Wolfgang und ich wieder unser Abschlusspint Cisk in der Freiluftbar über der Bucht ein. Sie heißt „Paparazzi". Vielleicht sind wir selber schuld.

Weiter gehts, als morgens die Sonne wieder von der anderen Seite lacht. Wie alle guten Filme hat auch dieser für jeden etwas: für die Ästheten den Spaß zu bewundern, wie in jeder Einstellung, ob Schlipp oder Schlopp, die Akteure wunderschön von hinten hauptbeleuchtet sind, und die verbeamteten Nitpicker dürfen sich darüber ein Loch in den Bauch freuen, dass die Sonne immer woanders steht. „Nitpicker" ist übrigens ein schöner unübersetzbarer Ausdruck, der sowas wie „Erbsenzähler", „pingeliger Quälgeist" und „Stänkerer über Nebensächlichkeiten" vereint. Wer fürchtet, sich ertappt zu fühlen, denkt sich in seiner Sprache eben erst keine eigene Bezeichnung dafür aus.

Die beiden Vettern haben sich langsam die Treppe runtergekämpft, der abschließende Teil, da Patroklos nach einigem Hin und Her auf dem Boden liegt, Achilles sein Schwert wegschießt und dann den Speer mit dem Fuß hochlupft, um ihn mit einer schönen Bogenlampe direkt neben Odysseus in den Baum zu versenken, wird in einem Rutsch mit der Steadicam gedreht, will also ausgiebig geprobt sein. Ich krabbele den Hang hoch zu dem langen Hochplateau, um zu sehen, ob ich vielleicht ein paar satte Paparazzi schießen kann, aber nichts zu sehen. Die Produktion hat mit Aufpassern aufgerüstet, und entweder kneifen die Fotografen, oder sie haben auch aufgerüstet und sich illegalerweise Tarnvorrichtungen o.ä. beschafft. Oder die maltesischen Jäger haben das erledigt, weil sie keine Paparazzi kennen und denken es seien Vögel. Auf jeden Fall treffe ich dort oben statt hinter halben Elbtunnelröhren schwitzender Scharfschützen nur Pierre, den maltesischen Regieassistenten, mit einem Walkie-Talkie, einem Buch und dick eingepackt gegen den Wind, dessen heutiger Job ist, alle naslang neugierigen Wandertouristen zu erklären, was da unten vor sich geht, sowie ebensooft höflich über die Frage zu lächeln, ob wir noch Statisten bräuchten. Ich spaziere einmal ganz zur äußeren Spitze des Hochplateaus, wo ein kräftiger Wind durch ein paar malerisch verlassene Ruinenhäuser pfeift, und kucke rum. Zwischen Comino und Cominotto leuchtet die Blaue Lagune. Auf dem Weg zurück stehen ein paar ältliche Engländer bei Pierre, der höflich lächelt.

Unten ist man bereit zum Schießen. Der Kampf geht elegant von der Klinge, die immer noch aus Holz ist, was aber, zur Enttäuschung aller Nitpicker, kein Fehler ist, weil Achilles und Patroklos sich ebensowenig wie Brad und Garrett etwas antun wollen. -- Der zweite Take klappt auch soweit gut, Brad kickt Patroklos das Schwert aus der Hand, das direkt am Schienbein eines Stuntman landet, der tapfer ohne einen Laut zusammensinkt, doch zuletzt bekommt Brad seinen Speer nicht hochgelupft und greift hilflos daneben. Wolfgang: „Cut. DVD." Für den folgenden Take hat ein mitfühlender Helfer dem Stuntman eine Decke gebracht, um das Schwert einzufangen; Brad allerdings schießt diesmal etwas höher, sodass Stuntdouble Dave gerade noch zugreifen kann, bevor es sich in die in Todesangst zusammenzuckende Anna senkt. Never a dull moment, wie man beim Film so schön zu sagen sich angewöhnt, irgendwas ist immer. Ansonsten sind diese Takes sehr gut, in den späteren stolpert Brad schon mal oder kuckt, beim Herumwirbeln, im Close-up in die Kamera. Als nächstes geht es darum, den Speer in Nahaufnahme wirklich zu werfen, die Gegend im groben Zielbereich wird geräumt. Brad dreht sich um und wirft, der Speer landet ein paar Meter weiter an einer Säule, und selbstverständlich versäumt es jemand nicht, arrrggghh zu rufen. Um die Zahl der Versehrten niedrig zu halten, ist auch dieser Set-up nach wenigen Takes fertig; die Grips haben schon einige Mühe, bei zunehmendem Wind den Arrikran oben auf dem Tempel zusammenzustecken, und es bleibt nur noch, die lange Dialogszene mit Odysseus zu proben und aufzulösen, für morgen früh, wenn die Sonne wieder von der anderen Seite kommt. Am Abend, meine liebe Freundin, die heute wieder angekommen ist, sitzt schon mit Bier und Rauchwaren auf dem Balkon, sehe ich im Fernsehen ein Stückchen arabisches *Wer wird Millionär*, mit dem originalen Studio und der originalen Musik, nur in Krakelschrift. Eine hübsche, selbstverständlich unverschleierte Frau weiß einiges, aber nicht mehr wer Staatspräsident von Nordkorea ist – den sprechen die ja normal aus –, und geht mit 125 000 irgendwas nach Hause, wo immer das sei, Beirut, Boston, Bologna, Bethlehem oder Barmbek-Süd. Als säßen wir Zuschauer in einem ideellen Gesamtwohnzimmer. Draußen beim Bier überlege ich, wenn alle Menschen bei *Wer wird Millionär* mit den Kandidaten bangten, gäb's keine Kriege. Was macht eigentlich Mütze?

Am Morgen gehts weiter mit der gestern angeprobten Szene. Odysseus kommt im Tempel die Treppe runter und will Achilles überreden, mit gegen Troia zu ziehen. Zuerst werden wieder die Schüsse eingerichtet, die tendenziell von unten nach oben gehen, nachher, wenn die Sonne weiter rum ist, diejenigen Richtung Meer. Mit meiner lieben Freundin klettere ich in einer längeren Umbaupause den Berg hoch und wandere diesmal nach rechts, zum Red Tower, einem Johanniterturm aus dem 17. Jahrhundert. Hübsch, rein dürfen wir nicht, weil dort heute was gefeiert wird. Auf dem Rückweg besuchen wir Pierre, der sich weiter langweilt und ansonsten lächelnd Touristen unterhält. Ein paar Paparazzi waren auch schon da, zum Teil die von neulich, aber ohne Kamera, nur mit Ferngläsern. Aber kann man da Minikameras drin verstecken? Ist das deren Aufrüstung? Gleich Montag mal im Internet nachkucken.

Wieder unten, bemerkt meine liebe Freundin, dass Patroklos' Gewand nichts weiter ist als eine gefärbte und zurechtgenähte Ikea-Tagesdecke, wie wir auch eine haben. Sieht aber echt aus, könnten wir also auch, wer braucht schon ne Tagesdecke. Ansonsten wird fleißig gearbeitet und gehofft, dass während eines Takes nicht so oft Sommerfrischler ihre Motorboote hochjagen, oder abgesägte Dieselmotorräder auffröhren, oder Hubschrauber vorbeifliegen, oder Schiffstuten tuten, oder Handys klingeln, oder unsere Securityleute am Hang gegenüber laut aufgrölen, oder nur leere Wasserflaschen knickernd im Wind herumrollen. Aber umsonst, alles passiert, und alles heute. Hoffentlich hat Nicky Nurse genügend Beruhigungsmittel für Tony Sound. Das letzte Set-up dann zieht sich hin. Eigentlich nur Odysseus' Close-up vor dem Meer im Gespräch mit Achilles, doch plötzlich kommen Anna und Peter Operator mit einem Eyeline-Match-, i.e. Blickrichtungsproblem an.

Exkurs: Die Achse – the thin red line

Jeder Szenenraum wird gemeinhin durch imaginäre Achsen unterteilt, die die Position der Kamera bestimmen, bzw. allgemeiner die Seite des Geschehens, auf der die Kamera zu bleiben habe. Am deutlichsten in Zweierdialogen, worin die Achse durch beide Akteure verläuft, die miteinander diskutieren: Nach der klassischen Lehrmeinung dürfe die Kamera eine einmal gewählte Hemisphäre nicht verlassen, um auch in näheren Aufnahmen keine Verwirrung darüber entstehen zu lassen, wo der Bildinhalt sich befindet und wie er sich in Bezug auf den Gesamtraum verhält. Wenn ein Akteur, den anderen anredend, im Close-up von links nach rechts aus dem Bild sieht, muss der andere entsprechend von rechts nach links sehen, ansonsten entstehe der Eindruck, beide stünden nebeneinander bzw. sprächen zumindest in der selben Richtung gegen die Wand. Die Achse etabliert gleichsam eine Unterscheidung zwischen Zuschauerrängen und Bühne, wobei der Zuschauer quasi mit einem Zoomobjektiv hin und her läuft und sich die gespielten Dinge mal nah, mal fern ansieht, ohne jedoch aus dem Parkett hinter die Schauspieler auf die Bühne hüpfen zu dürfen. Der Vorteil dieser Konvention ist, dass selbst bei Close-ups stummer Gegenstände der Zuschauer die räumliche Orientierung in Bezug auf die gesamte Szenerie behält, ohne dass sie in jeder Einstellung wieder etabliert werden müsste; er kann konzentrierter bei der Sache bleiben, wenn er sich nicht nach jedem Schnitt erst neu im Geschehen positionieren muss. Bei mehreren Akteuren oder wenn sie ihren Standort maßgeblich verändern, gerät natürlich ebenso die klare axiale Aufteilung durcheinander und muss bei jeder

Neuformierung wieder fixiert werden – stets mit der Maßgabe, dass die Kamera diesseits der neugezogenen Linien bleibe. Wer nun einwenden mag, was solle diese künstliche Beschränkung, er sitze schließlich im Kino und nicht im Theater, dem sei versichert, dass die Meinungen über diese Konvention in der Geschichte durchaus auseinandergingen. Von ontologischer Notwendigkeit im Rahmen kinematographischer Kommunikation bis hin zur bloßen Etikette ist alles dabei.

CONT. Tempel

Den etwas weiteren Gegenschuss des Close-ups also, worin die drei sich unterhalten, während Achilles und Patroklos zwischendurch mit ihren Schwertern rumfuchteln, hatten sie lichtbedingt aus zwei verschiedenen Positionen gedreht, d. h. mit der Kamera nacheinander auf beiden Seiten jener Achse durch Achilles/Patroklos und Odysseus; erst mit dem Meer im Rücken, dann beide vor dem Meer. Da nun erst in einigen Monaten am Schneidetisch entschieden wird, welchen Take des Gepläkels von Achilles/Patroklos man nehmen wird, Richtung Tempel oder Richtung Meer, ist noch nicht festgelegt, welche Blickrichtung Odysseus im Close-up haben müsste, wenn er die beiden anspricht, links nach rechts (Tempelversion) oder rechts nach links (Meerversion) an der Kamera vorbei. Und insofern heutzutage auf einen Achsensprung wieder die Todesstrafe steht, ist guter Rat teuer, wenn man sich für den Schnitt alle Optionen offenhalten will. Nach einigem Hin und Her, gedanklicher sowie visueller Rekonstruktion am Monitor, lautet die einfache Lösung, noch ein paar Takes dranzuhängen, um beide Möglichkeiten abzudecken. Jetzt kuckt Sean im Close-up halt ein paar Mal nach links und ein paar Mal nach rechts. So wird die Drehzeit zwar um eine knappe halbe Stunde überzogen, aber es bleibt einem erspart, beim Schnitt sich womöglich in den Arm zu beißen.

Am Abend sitzen wir wieder im „Dolce Vita" im Separée mit einigen der Schauspieler. Sean steht jetzt auch vor dem Unerbittlichen, insofern sein Leib- und Magenverein, Sheffield, zu dessen Vorstand oder so er gehört, am Montag ein Schicksalsspiel auszutragen hat, das über den Aufstieg in die erste Division entscheidet. Ich wünsche ihm Glück, würde aber abraten, bei unglücklichem Ausgang durch Sliema zu flanieren. Im Hintergrund, gegenüber in der Bucht, haben die Malteser eine Riesenleinwand hingestellt, auf der sie den Grand Prix d'Eurovision de la Chanson übertragen, doch nur ein paar Leute lassen sich dazu hinreißen, ihren lauen Abendspaziergang zu unterbrechen. Später, unten beim Bier, trägt der Nachtwind die Kunde herüber, dass Malta den Deutschen drei Punkte gibt. Wahrscheinlich genau die drei Punkte, die uns zum Nichtabstieg fehlen.

Interludium

Sonntag, 25. 5. Der berühmte Reiseschriftsteller frühstückte mit seiner Gefährtin und seinem Vater ausgiebig, zu humaner Zeit und klaren Kopfes auf der Terrasse von dessen Hotelzimmer, nachdem sie am Vorabend einer der beiden Geburtstagsfeiern beigewohnt hatten, deren bei einer so großen Belegschaft rein statistisch jedes Wochenende mehrere auflaufen. Mit Barbara, der ersten persönlichen Assistentin des Vaters des berühmten Reiseschriftstellers, überlegten dieser und seine Gefährtin, am Nachmittag zwei der bedeutendsten steinkupferzeitlichen Tempel zu besuchen, Hagar Qim und Mnajdra im Südwesten der Insel. Nach einem Besuch im Beach Club des Hotels sowie im felsigen Mittelmeer ging es los; der erste Bus trug sie sicher nach Valletta, wo der zweite, direkt vor die Tore des Monuments führende, bereits wartete. Die lange Busfahrt erweckte, trotz mehrerer vorbeilaufender Willkommensschilder, nicht groß den Eindruck, das Stadtgebiet zu verlassen, doch die allmähliche Ausdünnung der Mitfahrer, die sich zuletzt auf unverkennbar touristische begrenzte, zeigte, dass wir wenigstens auf dem richtigen Weg waren. Ein dicker Kontrolleur wälzte sich durch den Gang, um die Tickets ein zweites Mal zu zerreißen, dann hielt das Gefährt, kurz nach dem Verlassen durchgehender Bebauung. Der dicke Kontrolleur gab mit auf den Weg, dass der letzte Bus um Viertel vor fünf fahre; das war gute eineinhalb Stunden hin. So war nicht viel, aber halbwegs ausreichend Zeit, mit Muße durch die kleinen, aber alten Tempelchen zu spazieren und sich an amöbenförmigen Grundrissen, Pilzaltären, schwellenmagischen Durchgängen und Orakellöchern zu erfreuen.

Außerdem entdecken wir ein paar mit jenen kleinen Kuhlen übersäte Flächen, die auch Nigel in seinen Altarthron auf der Klippe gegraben hat; mein Reiseführer belehrt mich, das seien Näpfchenbohrungen, die in ganz Europa seit der sog. Dolmenzeit Verbreitung fanden und magisch-rituelle Bedeutung hätten. Der gute Nigel weiß mehr als er zugibt!

Dass Busfahren auf Malta immer ein Erlebnis ist, zeigt schließlich die Rückfahrt. Eben dem Rauswurf durch die lächerlich frühe Schließung entronnen, trinken wir noch kurz ein aufbauendes Bier in der zugehörigen Bar, deren Chef uns grinsend darauf hinweist, dass heute, da Sonntag, der letzte Bus bereits um vier gefahren sei, und erst nach mehrmaliger Nachfrage seinen Scherz zugibt. Rechtzeitig begeben wir uns zur Haltestelle und prüfen die Abfahrtszeit. 16:40. Die Haltestelle gegenüber sagt 17:00, und da beide Richtungen nach Valletta führen, beschließen wir, den früheren zu nehmen. Wer das Mittelmeer kennt, hätte voraussagen können, wann und wo der Bus kommt – um 16:50, und zwar an der 17:00-Haltestelle.

Abends ist Nigel mit beim Essen, dem wir versuchen, den angesichts der Tempel gefundenen Ausdruck „nigelnagelneu" zu erklären, wofür die Erfinderin sofort eine maltesische Lira in die Kalauerkasse zahlen musste, doch er verliert in der Übersetzung. Darüber hinaus konfrontiere ich ihn mit der Erkenntnis, dass er mit bestem Wissen Näpfchenbohrungen in seinen Tempel gebohrt hat, und er gibt zu, auch das von der Geschichte geklaut zu haben. Umgekehrt klagt er sein Leid mit den Problemen, die er mit den Requisiten im fertiger werdenden Palast von Troia habe: Immer wieder stelle er die kleinen mykenisierenden Flügelfigürchen o.ä. in eine der zahlreichen Nischen in der Mauer, und kaum dreht er sich kurz um, seien sie weg, schon von Bauarbeitern oder Security oder so geklaut. Genau wie im Waffenlager, das erst kurz vor dem Dreh bestückt werden durfte, damit, wenn's nötig wird, überhaupt noch etwas da ist. -- So sei es gekommen, dass bei Straßenfesten einige Einheimische stolz mit ihrer alten Ausrüstung aus *Gladiator* rumliefen.

EXT. Garten, Palast von Troia, Fort Ricasoli, Malta

Der Montag verläuft zunächst sehr ruhig, denn wir müssen ausschlafen, in Ruhe frühstücken, etwas lesen, etwas arbeiten, und dann kurz am Pool liegen. Heute nämlich ist Night of the Living Dead, bzw. die erste Nacht von erstmal drei Nachtdrehs, und das ist gleichbedeutend mit einem satten Jetlag. Um halb fünf gehts bereits los mit einem Rundgang durch den Palastgarten, Treppen hoch und Treppen runter, um das Terrain der nächsten Tage abzustecken. Der Clou allerdings an diesem Palast ist, dass er mehrere Lagen hat; Nigel ist mit dabei und zeigt mir freudig die ganzen Bauteile, die nach einiger Zeit verschwinden müssen, um unter dieser grünen Rückseite die herrschaftliche Vorderseite des Palastes freizugeben, mit großer Treppe und allem, was jetzt schon unter unseren Füßen wartet. Peter O'Toole und Orlando sind wieder da und spielen die Szene mit dem Schwert von Troia, worin Papa und Sohnemann im Garten auf einem Sofa sitzen und Frauensachen besprechen.

Erstmal gibt es um 19:00 für alle Abendessen, d.h. vorerst kein Dolce Vita, und kein Bier im Pub. Dafür einen Establishing Shot aus dem ersten Stock, runter auf den Garten mit den beiden, die ihren Dialog beginnen, bis dahin wo Wolfgang meint, dass er spätestens schneiden wird. Das sitzt bald, und nach drei Takes und zwei Prints ist Check the gate. Warum Zeit verlieren, wenn alle fertig werden wollen? Der Hauptteil kommt sowieso noch, neben einem Schuss von der Seite, den B-Kamera eben abgeleistet hat, wären das eine kurze parallele Kamerafahrt an den beiden entlang, ein Schuss und ein Gegenschuss mit beiden, ein Close-up von Paris mit dem Schwert sowie deren POV auf die goldene Aphroditestatue, die natürlich alle einzeln eingeleuchtet werden. Fast hätte mans vergessen, aber die beiden sitzen da nebeneinander und bellen und brüllen vorweg, und alle habens vermisst. Alles geht soweit glatt, sogar die Eleven-o'clock-soup kommt pünktlich um elf. Nur alle Lider werden mit der Zeit schwerer, und das „Lunch", das ab Mitternacht draußen vor dem Palast aufgebaut steht, bedeutet zwar Abwechslung, aber beflügelt nicht wirklich. Als jemand, der nicht dringend bei jedem Take dabeisein muss, steht man da unten mit Espresso in der Hand so rum, mitten im Heer der Regieassistentenassistenten, deren derzeitige Beschäftigung scheint, auf ein periodisch wiederkehrendes Signal mit vollem Mund „Quiet, please" und „Rolling" zu rufen, und dazwischen Kaffee und Kuchen in sich reinzustopfen. Würd ich wohl auch machen, wenn ich vertraglich angehalten wäre, die ganze Nacht neben dem Cateringtisch auszuharren.

Die Schwertszene ist vorbei, und ein Stockwerk tiefer wartet schon der Loumakran auf Hektor, der Andromache den Eingang zum Geheimgang aus der Stadt zeigt.

Eine einzige, totale und kurze Einstellung ohne Dialog, für die Eric und Saffron bis nach zwei in ihren Trailern ausharren mussten. Saffron trifft zuerst ein, Eric ist noch nicht da. Sie meint zwar, „Och, man sieht uns doch sowieso nicht richtig", aber wir warten trotzdem. Als alle da sind, wird nach einer Probe, hauptsächlich für die Kamera, scharf geschossen (nach zwei Uhr morgens sind Kalauer wieder erlaubt). Zumindest auf dem Monitor sind die beiden wirklich sehr klein, aber nicht so klein, dass man im zweiten Take die anderen nicht erkennen würde: „Da ist jemand, hinter Aphrodite." In der Tat sieht man ganz links, neben der Statue, modern gekleidete Beine hervorragen, die sich auf die erste Ansprache hin erstmal nicht angesprochen fühlen. „Ja, ihr!" Die Beine verstehen, wie total die Totale ist, und trollen sich. Und weiter. Wolfgang sagt Gerry, er solle Eric über Funk ausrichten, besser zu sein. Gerry tut's, und muntert gleichzeitig auf: „Saffron war toll!" Nach zwei Prints, und nicht vielen Takes mehr, tritt Eric mit huldvoll erhobenen Armen an die Balustrade, um den Applaus der Untenstehenden für seinen Auftritt entgegenzunehmen.-- Es ist zwanzig nach drei geworden, und Wolfgang meint, dass wohl keiner ihm böse wäre, die Bonusszene doch erst morgen Nacht zu drehen. Obwohl noch über zwei Stunden veranschlagt wären. Aber alle sind zu müde, um böse zu sein.

Ausschlafen geht am nächsten Morgen schon viel besser. Am Nachmittag haben meine liebe Freundin und ich ein wenig Zeit, ins Archäologische Museum von Valletta zu fahren, was bis kurz vor die Tür keine Probleme bereitet, dann aber die Tatsache, dass die ihr Museum bereits um fünf zumachen, bzw. ab Viertel nach vier keinen mehr reinlassen. Die Kathedrale mit dem Inquisitor meines Vertrauens ist ebenfalls schon geschlossen, die hatten wohl Angst, ich würde nochmal wiederkommen, und damit auch nicht ganz unrecht, obwohl ich heute nahtlos hochgeschlossen bin. Stattdessen wandeln wir durch die Stadt oder sitzen auf den Ruinen der Oper, die die Luftwaffe zerstört hat und deren Innenraum sinnigerweise als Parkplatz genutzt wird. Heute sind sogar Geschäfte offen und Menschen laufen rum. Viel Playmobil kann man kaufen – ob man es glaubt oder nicht Maltas Hauptexportprodukt –, viel billiger als zu Hause ist es aber nicht. Um die Ecke des Großmeisterpalastes, in dessen Innenhofgärtchen wir zumindest lugen dürfen, stehen wir vor einer kleinen griechisch-orthodoxen Kirche, zu der mein Reiseführer uns wegen einer Ikone aus dem 12. Jh. geschickt hat. Sie ist verschlossen. Nichts klappt heute. Da quietscht nebenan ein kleiner alter Mann ein Fenster auf und sagt er komme eben runter, führt uns durch seine Haustür in das Kirchlein und erklärt uns alles über die Ikone, Our Lady of Damascus, holt uns sogar hinter die Absperrung, damit wir sie besser sehen können. Währenddessen erzählt er uns, wie die Johanniter das Bild hierhergeschafft haben, außerdem in einem knappen Rundumschlag, wie die Tiefe Gottes uns durch Marias große Augen anblicke und überhaupt wie toll es sei, Christ zu sein, weil man quasi wo auch immer einen großen Freund dabeihabe, der einen nie im Stich lasse und man daher nie allein gehen müsse. Haben die das gut. Zum Schluss schlurft er kurz davon, um uns ein Souvenir zu schenken, eine kleine Reproduktion der Ikone auf Holz. Wir bedanken uns höflich und schlendern auf Umwegen zurück. Die Kathedrale ist immer noch geschlossen, dafür kaufen wir eine zweite praktische dünne Hose für mich, bei der man die Beine mit Reißverschluss abmachen kann – und notfalls wieder dran.

Eben rechtzeitig schaffen wir es zurück zum Hotel, um unsere Sachen zu holen und uns nachtbereit zu kleiden. Im Trailer angekommen, kucke ich auf dem Call Sheet nach, was heute ansteht: drei Szenen, einmal Hektor, der die im Kapuzenmantel fliehen wollende Helena zur Rede stellt – der unmittelbare Anschluss an den Morgen des zweiten Drehtags –, Helenas POV von Paris, der im Palasthof Bogenschießen übt – auch ein Anschluss an London –, und Hektor, der vor Apollo kniend um Beistand bittet. „Nein, nur die ersten beiden. Die dritte machen wir gar nicht", grinst Wolfgang, „die fand ich immer furchtbar." Aha? Weil Hektor, gerade so wie er eingeführt wurde, nicht der Typ sei, der sich hinkniet und betet. Was stimmt; alle Anwesenden hätten nebenbei ein zufriedenes Grinsen aufgesetzt, als Wolfgang ihnen erzählte, dass die Szene ersatzlos rausfliege. Eine weniger ist eine weniger. Und die mit Hektor und Helena dauert lange genug. Zuerst die Totale, worin Hektor die schwarze davonraschelnde Gestalt einholt; jedes Mal frage ich mich, warum er ihr nicht einfach auf die Schleppe tritt, sodass sie hintenüber fällt. Er weiß ja noch nicht, dass Helena daruntersteckt, es könnte ja auch Gevatter Tod sein. Oder der Imperator. Oder das schwarze Phantom. Von Nicky Nurse besorge ich mir eine ihrer Vitamin-Orange-Fitmach-Brausetabletten, damit meine Gedanken nicht mehr so ungestalt davonwandern.

In den Nahaufnahmen gibt es keinen Zweifel mehr, dass es Helena ist. Zuerst wird ohne Kamera geprobt, um besser an den Details zu arbeiten; Wolfgang insinuiert, dass in der Ilias selber angelegt sei, dass zwischen den beiden auch irgendwas funkt, denn, schließlich und endlich, handele es sich um Hektor und um Helena, der Paris langsam vielleicht doch zu sehr Weichei sei. Was Eric und Diane sehr interessant finden. Nach etwas Arbeit also wirbelt er sie herum und drückt sie an sich, wie nicht jeder es mit seiner Schwägerin täte, und auch sie lässt sich nicht bitten. Erics sofort angespielter Vorschlag, sich doch gleich mit Helena nebenan aufs Sofa zu werfen, wird gleichwohl als ein wenig übereifrig verworfen. Die Takes schließlich ziehen sich, sei es weil Dianes Haare an Erics Brust über ihrem Gesicht liegen – worüber Aldo, der vornübergebeugt aus zehn Zentimetern Entfernung auf den kleinen Monitor starrt, schier verzweifelt, wo doch sowieso schon wegen des feuchten Wetters ein bad hair day ist –, sei es wegen des alten Blockage-Problems, d.h. in diesem Fall der Verdeckung der Augen durch den Hinterkopf des Anderen. Wenn nämlich die beiden nicht quer über die Leinwand und am Publikum vorbei sich anreden, sondern quasi durch den Partner hindurch auch dem Zuschauer in die Augen sehen sollen, müssen die Köpfe perspektivisch eng beieinander stehen – was nun mal in Szenen wie dieser, mit Herumgewirbel etc., nicht einfach zu fixieren ist. Nach Diane ist Eric mit seinen Close-ups dran, die aus denselben Gründen dauern. Als auch das vorbei ist, wird es den Schauspielern noch einmal vorgespielt, wonach Eric herumdruckst wie ein Junge, der sein zehntes Eis will: Kann ich vielleicht noch eine haben? Dürfe er, meint Wolfgang großzügig. Und ich weiß nicht, was Eric bei sich gesucht hat und mag mich täuschen, aber danach ist es da.

Bleibt Paris, der zu nachtschlafender Stunde nochmal raus muss, um Pfeile zu schießen. Oder auch keine, denn der jeweils erste, den er schießt, ist heute noch nicht da, und den zweiten schießt er gar nicht erst ab: Der, den man fliegen und treffen sieht, ist ausschließlich Nick work und kommt ganz ohne altmodischen Kram wie Drähte aus; bereits im *Herrn der Ringe* hatte Orlando nur elegant an der Luft gezupft und sich erst später im Kino über seine Pfeile gefreut, die so geschmeidig trafen. Für seine Nahaufnahme kleben die Nicks nur einen kleinen rot leuchtenden Punkt dort fest, wo der Pfeil aufläge, um dereinst einen täuschend echten hineinzusetzen und abzuschießen. An der Strohpuppe wiederum, auf die Paris zielt, aka Jack Straw, wird in der Totale, ganz echt und wie vor hundert Jahren, mit einer Schnur gezuppelt. Gegen vier schließlich hat Paris alle Vogelscheuchen der Gegend erlegt, und das tägliche Bier trinken wir auf der Rückfahrt im Auto. Never change a winning routine.

Um elf klingelt der Wecker, nach gefühlten drei Stunden Schlaf. Um Viertel nach zwölf sind meine liebe Freundin B., Barbara und ich am Hypogäum verabredet, diesem unterirdischen Gewirr von Begräbnisstätten, Tempelchen und Orakelräumen, das die unbekannten Frühmalteser im vierten und dritten Jahrtausend mit Steinwerkzeugen in den Kalkstein gegraben haben, mitten in der Stadt. Rob Harris ist mit uns, seine Assistentin Lizzy hatte über Inselbeziehungen einen Extratermin für uns paar Leute ausgemacht, was ungeheuer praktisch ist, weil dort inzwischen nur noch zehn Leute pro Stunde runterdürfen und man die auf die Uhrzeit genauen Tickets normalerweise so zwei Wochen im voraus buchen muss; wenn man weniger als zwei Wochen hier ist, wie z.B. meine liebe Freundin, kann das sehr ärgerlich sein. Und das, nachdem das Monument ungefähr zehn Jahre wg. Renovierung sowie kompletter Neugestaltung des Eingangsbereichs mit modernster didaktischer Aufbereitung, geschlossen war. Endlich einmal auf der Seite der Glücklichen, erinnere ich mich an die Unzahl der chiuso-per-restauro-Schilder, die ich in meinem Leben schon zertrümmern wollte. Der freundliche Herr, der uns eine ausführliche Führung schenkt, offensichtlich einer der Verantwortlichen, sieht im Hypogäum seine Daseinsaufgabe, genau wie es einst seine Erschaffer gesehen haben müssten. Er sei nicht mit einer Frau, er sei mit dem Hypogäum verheiratet, das er so sehr liebe, in dessen mehrere Stockwerke tief in den Boden sich windenden Räumen und Gängen er sich derart verlieren könne, dass er lange Jahre seines Lebens der Erforschung, der ständigen Erneuerung sowie der Erläuterung dieses Monuments gewidmet habe, tagein tagaus, für immer neue Besucher. Bis er hier unten wohl dereinst seinen letzten Atemzug tun wird. Uff. Ein solches Maß an commitment sitzt erstmal. Wie lässt sich dieses Wort übersetzen? Eine freiwillige Selbstübergabe an ein aus sich heraus gesetztes Ziel, das mit stetig eingeschossener Energie langsam größer wird als man selber und dessen Erfüllung schließlich damit erreicht wird, dass man ein Leben lang darauf hinarbeitet, ohne es je einzuholen. So ungefähr. Hinterher spazieren wir durch die um die Ecke liegenden Tempel von Hal Tarxien, irgendwo inmitten eines mittagsruhenden Wohnviertels, und erfreuen uns an Kopien all jener schönen Reliefsteine, die wir im Museum noch nicht sehen durften. Es beginnt zu regnen. Super, Second Unit dreht offiziell seit gestern und ist wetterbedingt schon zwei Tage hinterher. Nach weiteren zwei Stunden Schlaf essen wir das erste Frühstück heute. Inzwischen gewittert und schüttet es regelrecht.

Gegen halb sieben fahren wir zum Set als sei nichts, obwohl die Autos zum Teil knietief durch reißende Flüsse waten. Nach diversen von Franks „Maltese short cuts" erreichen wir das aufgeweichte Fort Ricasoli, als am Horizont bereits wieder ein blaues Band durch die Lüfte flattert. Süße, wohlbekannte Düfte streifen ahnungsvoll das Land: Es gibt erstmal Lunch, da der Palast sowieso trocknen muss. Das erste Set-up hinterher ist schon mal nicht unkompliziert: Achilles erklettert die Außenmauer des Palastes. Gegenüber der Mauer steht ein riesiger Greenscreen, unten an der Mauer liegen weitflächig Aufprallkissen im Blau eines Bluescreens. Von einem Kran hängt ein Drahtseil, an dem Brad aufgehängt werden wird, um plötzliche Umbesetzungsprobleme zu vermeiden. Helfer mit breiten Besen schieben Wasserlachen von den blauen Matten, ansonsten sieht der Palast aus wie neu. Auf der ummauerten Plattform oben an der Mauer wartet der Loumakran. Aber irgendetwas dauert. Ewig. Zwar heißt es, die Arbeit beim Film bedeutet 80 Prozent warten und 20 Prozent rödeln, doch im Moment rödelt gar keiner; jeder Einzelne scheint im Prinzip bereit zu sein und frickelt nur noch kurz vor sich hin, bis die anderen auch soweit sind. Andrew und Roisin sitzen beide herum, obwohl eigentlich einer reichen sollte, um nicht viel mehr als „Briseis, where is she!", „Get him out of Troy!" oder „Arrgghh!" auf R.P. zu überwachen. Julian vom Art Department meint, da würde er sich doch zur Abwechslung einen Regisseur wünschen, der ständig rumschreit, was sitzt xy so lange im Make-up, wo bleibt das verdammte irgendwas etc. Da wisse man wenigstens worauf man wartet. --

Im übrigen gibt es zwei Sorten von Drehbuch: eine, bei der der erste Autor der einzige bleibt und eher aus dem Bett geklingelt wird, um drei Wörter neu zu schreiben, als dass im fernen Malta selber Hand angelegt würde. Im Gegensatz etwa zu Wolfgangs *Outbreak*, dessen Script bis Drehbeginn mehrere Autoren gesehen hatte, von deren wohl höchstbezahltem gerade mal ein Satz es in den Film geschafft hat, und das stets ein gutgemischter Stapel bunter Seiten geblieben ist, bis ihnen irgendwann die Farben für weitere Änderungsstadien ausgegangen sein müssten. Während des Drehens dann schrieb ein weiterer Autor vor Ort jeden Tag quasi die Dialoge des folgenden, wenn nicht Dustin Hoffmann und René Russo z.B. sich selber hinsetzten, um eine ihrer Szenen auszuarbeiten. Bis kurz vor Schluss war noch nicht ganz klar, wie genau der Film ausgehen würde, doch man munterte sich stets gegenseitig auf, dass *Casablanca* auch so entstanden sei. Geklappt hat es jedenfalls irgendwie, insofern das Drehbuch, wie ich hörte, zwischenzeitlich im Hamburger Aufbaustudiengang Film als Modellscript behandelt wurde; wobei ich hoffe, mit dieser kurzen Rekapitulation keine lokalen fachlichen Autoritäten untergraben zu haben. Das nur als Illustration, wie es diesmal ausnahmsweise nicht war. In diesem Fall würde, falls das Buch irgendeinen Preis gewinnen sollte, mit allem Recht der Welt nur David ihn entgegennehmen, und keine halbe Fußballmannschaft wie sonst manchmal.

Irgendwann geht es dann wirklich los, Brad klinkt sich ans Drahtseil und klettert hoch. Klingt einfach, ist es auch ein bisschen, denn umsichtige Menschen haben ihm sorgsam plazierte Lücken im Mauerwerk gelassen, an denen es sich bequem die nur scheinbar dichtgefugte Wand hinaufkrabbeln lässt. Sicher oben angekommen, stößt er sich in einer Art Sprung des Glaubens wieder in den Abgrund und segelt sanft vom Kran herabgelassen zur Erde, nicht ohne die seltene Gelegenheit zu nutzen, verschiedene Flughaltungen in der Praxis auszuprobieren. -- Auch diese Nacht dehnt sich, viele troianische Statisten müssen noch die Treppen hoch und runter durch den Palastgarten rennen, und wir Unkostümierten haben umso größere Schwierigkeiten, uns in den wenigen Ecken und hinter schmalen Rückseiten von Blumenkübeln so zu verstecken, dass noch nicht mal ein Schatten ins Bild fällt. Eine gute Nacht für Catering, und für Tony, den bei dem Schlachtenlärm das ferne Freudengehupe der maltesischen Milan-Fans, die im Gegensatz zum Chronisten das Endspiel der Champions League sehen konnten, gar nicht weiter stört. Wofür ist ein Fernseher im Trailer eigentlich gut, wenn er noch nicht mal terrestrisch empfängt?

Achilles kommt heute nur ein paar Meter weit: Kaum hat er sich über die Brüstung geschwungen, stürzen ihm zwei Apollonische Gardisten ins Gehege, deren einer sich hinterher noch nach dem Weg zu Briseis fragen lässt. „Brad, this is your first kill!" muntert Wolfgang ihn auf. Brad mag Action und weiß, wie er die beiden elegant zu nehmen hat, nur ist es nicht einfach, ihn im entfachten Zorn stets innerhalb der Bildränder zu behalten. Wir befinden uns bereits in den frühen Morgenstunden, mittlerweile kleiden sich alle wieder wie in den kühlen ersten Tagen in Shepperton und gähnen um die Wette. Anna sitzt hingesunken neben dem Monitor auf der Brüstung und sinniert, ob Achilles nicht auch ein paar Blutspritzer abbekommen müsste, Wolfgang sagt, hm, das wäre dann aber Visual-Effects-Feinarbeit, weil kein Platz für jemanden zum Spritzen ist. Visual Nick, der hinter Wolfgang steht, formt währenddessen mit stummen Lippen ein lautes „Nein!" in ihre Richtung. Als sie insistiert, deutet er an, sie von der Brüstung zu schubsen. Um ihr Leben zu retten, lenke ich Nick mit der Frage ab, welchen Unterschied, abgesehen von der Farbe, es zwischen Green und Blue Screen gebe, weil die beide hier rumstehen. Die Antwort hätte ich mir selber geben können: eigentlich gar keinen. Das Blau sei ein wenig empfindlicher, bzw. das Grün komme mit weniger Licht aus. Abgesehen natürlich von den Farben des Davorstehenden: Achilles' Rüstung habe ein bisschen Blau an sich, deswegen sei für ihn Grün besser, damit er an den Stellen nicht durchsichtig wird. Schade, dass die nicht für so kleine lustige Patzerchen zu haben sind.

Zum wiederholten Mal verprügelt Brad die Wachen, und endlich scheint alles wieder zu passen – „Checking the gate?" säuselt Anna Wolfgang ins Ohr, und er hat Erbarmen. Das letzte Set-up – Archies geplanten Tod könne auch Second Unit machen, der werde ja nur von den Soldaten über die Brüstung geworfen – ist Achilles' POV auf sein am Boden winselndes Opfer, dem sein toter Kumpel auf den Kopf fällt. Wolfgang fordert mehr Blut, außerdem solle der Tote bitte so abrollen, dass man seine klaffende Wunde im Hals sieht; mit der Zeit freut er sich immer mehr über diese „erste echte Ilias-Szene". Nach fünf Uhr starren alle wie die Vampire mit angsterfüllten Gesichtern in Richtung des rapide heller werdenden Osthimmels, bis gerade noch rechtzeitig der überlebende Gardist genügend angeekelt kuckt und keine Minute zu früh alle in ihre Särge dürfen. Auf der Rückfahrt betrachten wir mit euphorisierendem Bier in der Hand die neben uns an der Ampel stehenden Autos mit fast bewusstlosen Crewmitgliedern darin und scheiden wie Agamemnon die Menschen in zwei Kategorien, „Sleep is for the women and the weak, empires are forged by nightwork."

Bis nach Mittag allerdings stellen wir fest, dass auch Frauen und Schwache durchaus ihren Reiz haben. Heute, Donnerstag, ist frei, ab morgen ist wieder verweichlichter Tagdreh. Wolfgang fährt bald ins Studio, um zu schneiden, das tut er jetzt dauernd; sobald der Schneideraum im Fort Ricasoli einigermaßen in der Nähe ist, fährt oder rennt er in jeder freien Minute hin und lässt sich zeigen, was Editor Peter Honess bereits rohgeschnitten hat, bzw. macht sich mit ihm selber daran. Zwischen Dreh und Schnitt einer Szene vergehen inzwischen knapp fünf Tage, wohlgemerkt inklusive Hin- und Rücktransport ins Labor nach London; Muster gibt es nur noch selten zu sehen – warum auch, wenn die einmal kopiert und vorführbereit sind, hat Wolfgang sie meist längst geschnitten. 50 Minuten Film sind schon provisorisch fertig. Wenn das so weitergeht, gibt es ein, zwei Wochen nach Drehschluss nicht nur den Rohschnitt, sondern den Director's Cut zu sehen. Der Vorschlag, den Kinostart deswegen um ein halbes Jahr vorzuverlegen, ist trotzdem auf keine offenen Ohren gestoßen.

Meine liebe Freundin und ich dagegen wecken Barbara um halb drei und beschließen, einen dritten Anlauf zum Museum zu wagen. Und auf die St. John's Kathedrale, bzw. die Co-Kathedrale, wie es korrekt heißen muss, wofür ich mich extra züchtig kleide; mitreisenden Damen ist es meist hochnotpeinlich, wenn ihr Begleiter sich mit bissigen Wächtern auf theologische Grundsatzdiskussionen über Bagatellen einlässt. Aber was wissen die schon. Angekommen, wurden die Öffnungszeiten schon wieder per Handstreich gekürzt, vermutlich weil die Kassiererin einen Friseurtermin hat. Offensichtlich muss man die aktuellen Öffnungszeiten nationaler Monumente jeden Tag der Zeitung entnehmen. Egal, wir dürfen noch rein, aber mit weniger Zeit. Zuerst laufen wir schräg gegenüber in die Kathedrale, die heute noch früher zumacht und kostet, dafür ganz begehbar ist. Wir rätseln, was es mit der „Anglo-Bavarian" Kapelle auf sich hat, und bestaunen Caravaggio. Im Museum wird klar, warum selbst Lesley vom Britischen Museum meinte, für das hiesige brauche man nicht mehr als eine halbe Stunde: Das obere Stockwerk ist chiuso per restauro, und die Beschriftung der übrigen Exponate hält nicht lange auf, weil es keine gibt. Die neolithischen Artefakte, groß und klein, liegen da so rum, und bei den meisten darf man sich selber denken, was und wie alt oder woraus oder auch woher sie sein könnten. Die berühmte „Sleeping Lady" ist eins der wenigen angemessen präsentierten Dinge, weshalb wir sie später zur Belohnung mehrfach als Miniaturkopie aus Tinnef kaufen. Ich müsste jetzt eine lange kulturkritische Abhandlung über die heimische Trophäenvitrine des Bildungsbürgers hinterherschicken, habe aber keine Lust dazu, außerdem finde ich meine schön.

EXT. Fluss Skamander, Mtahleb, Malta
Am Freitag gibt es die letzten Bilder des Films zu bestaunen, ein Tross mit bekannten wie unbekannten troianischen Gesichtern quält sich auf der Flucht die Ausläufer des rettenden Ida-Gebirges hoch, während Briseis stehenbleibt und trauernd auf die im Morgendunst qualmende Stadt zurückblickt. Wieder mehr ein Tag für Gerry – und Visual Nick – als für Wolfgang: Die Nigels haben im zerklüfteten Westen der Insel eine wunderhübsche talförmige Felsspalte gefunden, die auf der einen Seite den Hügel hinaufführt und auf der anderen Seite einen dramatischen Ausblick hinunter aufs Meer bietet. Durch diese Spalte wollen Schauspieler sowie Statisten in den richtigen Abständen hochgetrieben werden, allerdings muss später hinten das Meer weg und die Ebene der Troas rein, mit dem glimmenden Troia in der Mitte. Auf den Felsen hat Nick seine roten Markierungen kleben lassen, und bereits am Vortag wurde in der Kurve des Aufgangs eine stämmige Plattform für den Arrikran errichtet, dessen Arm so ausladend über den Schauspielern hinwegschwenkt, dass er noch eilig gegen den kleineren ausgetauscht wird. Ein paar Mal öfter als erhofft werden die Leute den Hang hochgeschickt, bis die Erschöpfung nicht mehr nur gespielt sowie eine Frau endlich überredet ist, Saffron nicht länger zu verdecken, dann ist die Szene endlich im Kasten – was ich natürlich ständig denke, seit ich oben festgestellt habe, dass niemand vom Fach diesen Ausdruck benutzt. Die Szene selber geht ja sowieso weiter, es fehlen noch das letzte Bild des Films sowie das Close-up von Rose Byrne, die heute das erste Mal das Set mit ihrer ätherischen Anwesenheit erfreut und deren Ausdruck zwischen Trauer und fragilem Stolz der Überlebenden alle dort unten ganz entzückt, besonders unseren ober-Pygmalion Roger. Leider noch nicht uns oben, die wir der Enge in der Felskurve wegen am Monitor stehen und den wir aufgrund der Lichtverhältnisse nicht gut erkennen können. Uns bleibt wohl nur übrig, sich aufs Kino zu freuen.

Zum späten Lunch ist auch das geschafft, und da es sich nicht mehr gelohnt hätte, heute noch zu einer anderen Location zu fahren, ist erstmal Schluss. Mit drehen.

Die Führungselite samt Entourage fährt noch ins Studio, wo in einem Rundgang durch den Palastgarten Wolfgang ihnen wieder wie ein Reiseleiter jeden Schuss der kommenden Woche vorstellt. Nun liegt die heutige Location an der Westküste, was beudeutet dass der Rückweg direkt an Mdina vorbeiführt, der alten Hauptstadt der Insel, wo meine liebe Freundin und ich rausspringen; der halbwegs freie Nachmittag kommt sehr passend. Nicht so monolithisch-pompös wie Valletta, stattdessen mit kleinen Gässchen und in der Sonne hübsch gelb leuchtenden Häuschen, dämmert das Städtchen vor sich hin; sein Spitzname, The Silent City, weil nur noch eine Handvoll Leute wirklich hier wohnt, passt hingegen wohl nur nachts, tagsüber machen die Touristen doch einen gewissen Lärm. Die Kathedrale ist für Barock ganz schön, außerdem ist sie die Hauptkathedrale der Insel, weswegen die in Valletta nur Co-Kathedrale heißen darf. Aha. Schöne Grabplatten auf dem Boden, diesmal vom Adel der Gegend. Die Sakristeitür aus dem normannischen Mittelalter besteht aus irischer Mooreiche und zeigt ein paar schöne, typisch nordische Reliefs, wie etwa einen Mann mit Schweinekopf. Schönen Dank auch. Oben am beschaulichen Bastion Square hat man einen schönen Rundblick über die Ebene bis zum Meer, nebenan in einem Tea Garden kann man zu derselben Aussicht auch noch ein Pint Bier trinken. Die Terrasse um uns herum füllt sich mit Deutschen, eine junge Frau am Nebentisch fragt den Kellner: „Can I have the map?"

Auf dem Rückweg erleben wir, was Einheimische im Bus für einen Grund haben könnten, sich prophylaktisch zu bekreuzigen. Wir haben einen jener Seelenverkäufer erwischt, die im Halsbrechertempo die schmalen, zum Teil von Mauern eingefassten Straßen hinunterkacheln, ohne auf die Fahrgäste zu achten, die wegen Überfülle im Gang stehen und in Kurven wie Styroporbecher herumgeschleudert werden, solange sie sich nicht irgendwo festklammern. Eine Deutsche tritt mir gelegentlich kräftig auf den Fuß und fragt ihre Begleiterin, ob sie ihr auf den Fuß getreten habe. Die verneint. Das „Aber mir, danke der Nachfrage" verkneife ich mir höflich, denn ich habe einen Sitzplatz und sie nicht.

INT. Achilles' Zelt, griechisches Lager, Strand, MFS, Malta

Der Samstag wird ein geruhsamer Tag vor dem Monitor, denn Achilles' Zelt bietet nicht viel Platz. Außerdem stinkt es ganz erbärmlich nach den Tierhäuten oder womit immer die das ausgelegt haben, sodass man schon Halbgott sein muss, um es einen ganzen Tag darin auszuhalten. Es steht in einer kleinen Halle der sogenannten Mediterranean Film Studios, gleich neben dem Fort Ricasoli, und blickt durch das offene Tor aufs Meer. Der Bereich vor der Halle ist großzügig mit Sand zugeschüttet, ein paar kleinere Zelte stehen darauf, weitere Utensilien liegen herum, die man braucht um am Strand zu kampieren. Gaskocher, Kassettenrekorder, Schlafsäcke, Isomatten, Kühlboxen, Wasserkanister, leere Bierflaschen etc. Da bleibt für die Myrmidonen, nachdem sie schon wie zottelige ungewaschene Klingonen im Lunchzelt eingefallen sind, nur zu hoffen, dass es in der späten Bronzezeit noch keine

Hauseigentümer gab, die sie als langhaarige Steineschmeißer denunzieren, oder Carabinieri, die sie um neun wecken und vom Strand vertreiben. Erwähnte ich, dass es sich heute wieder hinzieht, bis etwas passiert? Im ganzen werden es nur drei Setups, deren eines es in sich hat. Eudoros tritt zu Achilles ins Zelt und berichtet, dass die Armee sich fertig mache, der befiehlt jedoch, hierzubleiben. Dann wäscht Achilles Patroklos, der endlich selber losstürmen will, in einem längeren Monolog gehörig den Kopf über Sinn und Unsinn des Krieges sowie über die Armee von Dämonen, die sich in der persönlichen Unterwelt all jener einnistet, die im Leben zu viele Bäuche aufgeschlitzt haben. Diese Szene ist es, über die Brad, Wolfgang und David Benioff so lange diskutiert haben und von der inzwischen ca. vier gleichberechtigt aktuelle Versionen kursieren; einerseits ging Brad der Dialog noch nicht weit genug, andererseits war er unsicher, ob er seine Rolle zu diesem frühen, aber wichtigen Zeitpunkt genügend im Griff haben würde. Brad, dem die dunklen Abgründe Achilles' am Herzen liegen und der bei dieser Gelegenheit damit herausrückt, dass er Klaus Kinski zu seinen Vorbildern zähle, ist die nähere Gestaltung der Sequenz nahezu freigestellt; Wolfgang und er haben sich bereits im Vorfeld ausgiebig über Achilles' Seelenpein auseinandergesetzt. Jetzt, wo alles gesagt ist, muss Achilles alleine ran. Alleine mit seinen Dämonen.

Wo will er sitzen, was will er machen? Achilles müsste in der Ecke im Dunkeln sitzen, meint Brad, und Roger schlägt vor, einen schmalen Lichtstreifen in den Raum zu setzen, in den Brad sich hereinlehnen könne und wieder hinaus, um den Monolog nach Belieben visuell zu strukturieren. Er solle tun was er will, die beiden Kameras, nah und halbnah, würden ihm überallhin folgen, sagt Wolfgang, der in diesem Fall nicht viel mehr tut als Action und Cut zu sagen. Auf diese Ansage folgen, bis weit in den Nachmittag hinein, ca. zehn lange Takes, in denen Brad an unterschiedlichen Ecken seines Charakters in die Tiefe gräbt und von denen keiner wirklich dem anderen gleicht; in denen er stets die Positionen oder Requisiten wechselt sowie scheinbar improvisiert, d.h. nach Gusto aus den verschiedenen Versionen Textstücke aneinanderreiht oder auch direkte Zitate aus der Ilias übernimmt. Aus diesem ausgiebigen und abwechslungsreichen Material, so Brad sinngemäß, könne Wolfgang sich ja dann die Stückchen heraussuchen und zusammenkleben, die am besten zusammenpassen. Eine Aufgabe, für die jeder sich herzlich bedanken würde, denn trotz der gebotenen Neutralität des Berichterstatters soll festgehalten sein, dass jede Auswahl dieser Takes, die im fertigen Film zu sehen sein wird, seine schauspielerische Leistung nur im Ansatz wiedergeben kann. Und wieder kommt die Gelegenheit einer ausführlichen DVD-Ausgabe, sich als besonders wertvoll für alle Studenten des Films zu erweisen.

Abends beim Essen erfahre ich einen möglichen tieferen Grund für das hiesige Hobby des Vogelabschießens: Malta ist eine unverzichtbare Zwischenstation der Zugvögel zwischen Afrika und Europa. Bei ihrem Aufenthalt nun kacken sie die ganze Insel voll, das trocknet in der Frühlingssonne und wird schließlich mitsamt seinen Krankheitserregern vom Wind verteilt, woraufhin alle Einwohner bösen Krankheiten anheimfallen. -- Tote Vögel defäkieren nicht: Die Belagerungsmentalität muss den Einheimischen ins Blut gegangen sein. Die Vögel wiederum sagen sich, wenn wir schon so viel Blutzoll zahlen müssen auf unseren alljährlichen Wegen, dann sollen die von uns, die durchkommen, wenigstens zum Dank ihre Krankheiten hierlassen, damit es auch ein paar von denen erwischt. Eben der berühmte Teufelskreislauf des Lebens.

Interludium

Am Sonntag, dem ersten Tag des Monats Juni und letzten Tag der Gefährtin des berühmten Reiseschriftstellers, fügte er sich ganz deren Wünschen und hatte noch nicht einmal etwas dagegen. Zuerst genossen sie wieder ein ausgiebiges Frühstück auf der Terrasse des Vaters des berühmten Reiseschriftstellers. Nach dem Spaziergang mit dem Vater und dessen erster persönlicher Assistentin an der St. Julian's Bay entlang und wieder zurück, legten die beiden sich vorne im Beach Club des Hotels in die Sonne und kuckten aufs Meer. Sie lasen den Spiegel der vergangenen Woche oder lösten Zeiträtsel. Zu guter Letzt stakste der berühmte Reiseschriftsteller über die pieksigen Felsen ins Meer, immer auf der Hut vor Seeigeln, die in diesem Teil des Mittelmeers besonders angriffslustig sind.

Beim Frühstück allerdings müssen schwierige Terminfragen gewälzt werden. Das Problem ist das folgende: In der kommenden Woche sind vier Nachtdrehtage angesetzt, Dienstag bis Freitag, worauf ein Tag zum Ausschlafen folgt. Am Montag soll es das letzte Mal aufs Meer gehen, jedoch sind für den Montag heftigere Windstärken vorhergesagt, als zum Drehen eigentlich tragbar wären. Wenn nun der Nachtdreh vorgezogen würde, wäre Freitag der freie Tag, nicht Samstag. Da nun aber Samstag ein maltesischer Feiertag ist, an dem man alles doppelt bezahlen und trotzdem auf die maltesischen Statisten verzichten müsste, hätten wir drei freie Tage am Stück, was schön klingt, aber rein finanziell nicht geht; zumal es umso praktischer wäre, den Ausschlaftag auf einen Feiertag fallen zu lassen. Die Alternative ist nun, Montag trotz Windwarnung rauszufahren oder von vornherein einen teuren Nachtdrehtag dranzuhängen, nur für den Fall. Noch öfter als sonst ruft Wolfgang Colin an.

Vor dem Essen fahren meine liebe Freundin und ich mit dem Bus gegenüber zum St. Julian's Point, dem anderen Ende der Bucht, wo uns die Tage schon eine gemütlich aussehende Strandkneipe aufgefallen war, die bei gutem Wind das Hilton regelmäßig mit Musik des letzten Jahrhunderts erfreut, die sogar mein Vater wiedererkennt. Und unsere Ohren trogen nicht, haben wir doch den Platz gefunden, der den weiteren Aufenthalt auf Malta lohnt, wenn man schon Mdina und alle Tempel gesehen hat: direkt auf der Spitze am Wasser gelegen, die dicken Bauklumpen hinter sich, dagegen Felsen, das Meer und die sinkende Sonne vor sich. Der Laden ist so schrammelig wie er klingt und wird von einem eindeutigen Überbleibsel der Vorzeit geführt, hinter der Bar hängt ein Pink-Floyd-Plakat, ein paar rustikale Tische stehen verquer auf der Terrasse herum, zwischen denen Hunde herumwuseln, die sich nach Belieben kraulen lassen, Jimi Hendrix dengelt bis rüber nach Sizilien, und die Sonne scheint goldgelb durch das Bier. Auch ich in Arkadien.

EXT. Agamemnons bzw. Ajax' Schiff, Ägäis, Malta

Die Entscheidung fiel im Laufe des Sonntagnachmittags: Der Wind sei zwar stark, komme aber aus einer Richtung, die bei Aufenthalt im Windschatten der Insel wenig Seegang verspreche. So tuckern wir vom Hafen aus in die andere Richtung, in die Bucht unterhalb unseres selbstgebauten Tempels, der von hier unten auf seiner Klippe thront, als sei er schon immer da gewesen; noch nicht mal Graffiti sind bisher zu sehen. Zuerst also Agamemnon, der zerknirscht von seinem Boot aus verfolgt, wie Achilles der Erste am Strand ist, und wieder freudig improvisiert – „Hah, Idiot!" stand jedenfalls nicht im Drehbuch. Der Seegang ist bislang kein Problem, alles geht glatt. Es fehlen nur noch Ajax' Einführungsszene sowie Close-ups von Ajax und Odysseus auf ihren Schiffen. --

Am Abend gilt es wieder einmal, sich etwas länger wachzuhalten, um für die nächste Runde Nachtdreh ausreichend auszuschlafen. So mache ich mich nach Essen und Pint nochmal auf einen Spaziergang durch die Gemeinde Paceville, sprich wie Friedensdorf, das angrenzende Vergnügungsviertel, um prophylaktisch das hiesige Kinoprogramm auszuspionieren und sinnierend auf die nächtliche St. George's Bay zu starren. Immer wieder entdecke ich hier und da Crewmitglieder in einschlägigen Lokalitäten und schließe mich letztlich an; einige von ihnen, wie ich erfahre, gehen übrigens jeden einzelnen Abend ausgiebig einen heben, um dann um fünf oder sechs oder so wieder aufzustehen. Wochenlang vier Stunden Schlaf? Und da heißt es, Vietnam sei anstrengend gewesen.

EXT. Palastgarten, Troia, Fort Ricasoli, Malta

Ans Ausschlafen muss man sich erst wieder gewöhnen. Vielleicht morgen. In den freien Stunden des Tages schlurfe ich ins kleine aber brandschicke Einkaufszentrum von Paceville, um mal wieder einen *Spiegel* und sonstige Utensilien des täglichen Gebrauchs zu kaufen. Ich werde fündig, tappe aber – wie stets – die meiste Zeit fasziniert durch diese mehrstöckige Anlage aus Glas und bunt angemaltem Aluminium oder was das ist, fahre die Rolltreppen hoch und runter bis auf die Dachterrasse und staune über die Preise der Vergnügungsartikel, die von einem mittleren Dachschaden zeugen. Einkaufszentren, bzw. Shopping Malls, wie nach ihrer postmodernen Häutung der internationale Name lautet, sind irgendwie magisch ortlose Orte, die in dieser Form mittlerweile überall in der Welt zu finden sind, und die umgekehrt jeden, der sich in ihrem hermetischen Innenraum bewegt, darüber im Unklaren lassen, an welcher Ecke der Erde er sich befindet. Seit die Geschäfte nicht mehr mit Warenbezeichnungen oder dem Namen der Besitzer, sondern den unübersetzbar-universalen Namen der Hersteller überschrieben sind, muss man schon genau hinsehen um anhand der Waren mit italienischer, englischer nebst arabischer Aufschrift oder auch des in der künstlichen Piazza ausgeschenkten Biers einzukreisen, wo man ungefähr herauskommt, wenn man über die Mauer der verlassenen Dachterrasse auf die umliegende lokaltypische Balkönchenbebauung blickt. Ein noch zu schreibendes Werk über Shopping Malls, die Passagen des 21. Jahrhunderts, müsste sich jeder billigen Konsumkritik enthalten, um dessen Gestaltungsprinzipien wirklich auf den Grund sehen zu können. Ganz stolz bin ich auf meine Niveacreme mit riesiger arabischer Krakelschrift, copyright by Beiersdorf AG, Hamburg. Wenn man in unserem globalisierten Chaos etwas hinzugewinnt, dann lustige neue Arten und Weisen, sich zu Hause zu fühlen.

Nach weiteren zwei Stunden Halbschlaf fahren wir ins Fort; Wolfgang ist natürlich einige Zeit früher gefahren, um noch ein paar Stunden zu schneiden. Es soll ja keine Langeweile aufkommen. Der Palastgarten ist schon hübschgemacht, um verbrannt zu werden; ein riesiger Blue Screen steht davor, um ihn herum liegen, weiträumig abgesperrt, Gasbrenner auf dem Boden. Im Prinzip soll heute nur gerannt werden, Achilles auf der Suche nach Briseis, Briseis zum Apolloschrein, Agamemnon zu Briseis, aufgeregte Troianer allüberall in der Gegend herum, und alles brennt und qualmt. Andrew steht herum, auch wenn er heute höchstens „Briseis! Briseis!" zu überwachen hätte. Aber vielleicht improvisiert ja einer. Und zwischendrin immer mal Angel, die kleine schwarze Hündin, die irgendwann im Production Office hängengeblieben ist; am Samstag schaute sie, nach kurzer Überlegung, doch nicht während des Takes in Achilles' Zelt vorbei, als alle wie angewurzelt in der Gegend standen, heute schuffelt sie sich mal genüsslich auf dem Streifen echten Rasens, den eigentlich noch keiner betreten soll, mal läuft sie hinter Apollo durchs Bild, während Briseis inbrünstig davorkniet.

Die saftigere Szene kommt erst in der folgenden Nacht: Briseis stößt Agamemnon einen Dolch in den Hals, woraufhin der stirbt. Wer jetzt gern meckern möchte, wo die denn so schnell einen Dolch herhabe, dem sei gesagt, das ist ein Zeremoniendolch, den Priesterinnen ständig in ihrem Gewande haben. So. Viel schwieriger und eigentlich gar nicht zu verzeihen ist dagegen die Tatsache, dass Agamemnon stirbt, womit einem guten Teil der antiken Literatur bzw. des antiken Dramas, nämlich der Entwicklungen innerhalb Agamemnons Familie nach der Rückkehr aus dem troianischen Krieg, eine lange Nase gedreht wird. Was habe ich nicht getan! Ich habe Unterschriftenlisten im Internet initiiert. Ich habe die troianische Straße auf und ab demonstriert. Ich habe Protestlieder gesungen. Ich habe Bettlaken vom Balkon gehängt. Ich habe bei Kofi Annan angefragt, ob er nicht ein gutes Wort einlegen könnte. Doch Wolfgang und David Benioff haben sich verschworen und sind der Meinung, dass dies die einzige Möglichkeit sei, den Charakter zu einem für den Film befriedigenden Ende zu führen. Mag ja sein, solange sie nicht auch die Orestie verfilmen wollen, deren komplette Belegschaft jetzt arbeitslos ist. Wie sieht denn das aus, wenn man künftig im McDrive seine Tüte von Orest aus dem Fenster gereicht bekommt, oder wenn Elektra morgens um zehn in den Tiefschlaf platzt, weil man wieder das Do-not-disturb-Schild vergessen hat! Auf jeden Fall beschließe ich, diese Drehnacht zu boykottieren und die ganze Zeit demonstrativ im Trailer zu sitzen.

Nach kurzer Zeit des Sitzstreiks fühle ich mich allerdings wie seinerzeit bei den ambitionierten Studentenstreiks, als die Studis wohl dachten, wenn sie niemanden ins Gebäude lassen, würden sie die Profs in den leeren Seminarräumen seelisch und ökonomisch derart austrocknen, dass es umgehend mehr Geld vom Senat gibt. Wer jetzt fragt, wo da die Logik liege, dem sei gesagt, dass sich in der Tat außerhalb des Campusgeländes wirklich kein Schwein dafür interessiert hat. Genau wie jetzt. Aber ich schweife ab. So breitet sich eine gewisse Nutzlosigkeit in mir aus, und ich schleiche heimlich doch zum Set, nicht ohne mir zu schwören, im Kino einfach die Ohren zuzuklappen, wenn das Schlachtenbummlerpublikum grölt und mit Popcorn wirft, sobald der Böse dran glauben muss. Gerade rechtzeitig schaffe ich es zur Probe mit Brian und Rose, die ihre Haare noch unter einer Plastiktüte trägt. Sie stehen vorne an diesem Tetrapylon mit Apollo drin und testen aus, wann er sie an den Haaren hochziehen soll, wie er sie herumdreht, ihr Gesicht zerknautscht, und wo sie den Dolch herausholt, wo sie doch nicht wirklich Taschen an ihrer Kutte hat. Die Lösung: Sie trägt ihn in ihrem Ärmel herum, vielleicht hat sie ihn auch schnell noch zur möglichen Verteidigung eingesteckt, solche dual-use-Geräte sind ja ganz praktisch. Weiterhin wird austariert, wann Agamemnon sie wo festhalten soll, damit sie immer noch Platz hat, ihm das Ding in den Hals zu wirken. Als das einigermaßen choreographiert und mit der abgezirkelten Kranbewegung – runter und wieder hoch, wobei der Apollo ein bisschen stört – abgestimmt ist, spielen sie ihren Dialog ganz durch, mit Dolchstoß und auf die Knie sinken. Rose haut ganz schön zu, und das ist auch gut so. Wolfgang fragt, wie viele Menschen sie schon umgebracht habe, und sie gibt zu, dass es ihr erstes Mal sei. Ach, sagt Brian, der erste Hannibal Lecter, er habe schon so viele Leute getötet, einmal habe er sogar einen Massenmörder gespielt, was den Bodycount in der Vita sehr in die Höhe treibt. Jedoch sei er meistens auch gestorben, das letzte Mal sogar ertrunken; naja, man werde sehen, ob ihn das wirklich umgebracht hat.

Als es ernst wird, kommt die Plastiktüte runter. Alles passt, Briseis greift den leeren Dolchgriff, den der vor ihnen kauernde Roger ihr hinhält, und haut ihn Agamemnon in den Hals – die Klinge wird Nick später draufsetzen –, der mit schreckgeweiteten Augen auf die Knie sinkt. Das tut beim ersten Mal etwas weh, weil niemand ihm das Kissen untergeschoben hat, auf dem Briseis anfangs hockte; was Roger fortan ebenfalls übernimmt. Als dieser Teil fertig ist, wird Agamemnon weggeschickt, um sich von Daniel Parker verarzten zu lassen. Wieder zurück, sieht er aus wie vorher, bis auf die klaffende Wunde im Hals. Daniel hat ihm einen farbechten Halslappen aus seiner Gelatine mit Schnittwunde aufgeklebt, darin versteckt ein Schlauch für das Blut, der unter seiner Rüstung zu einem mit Druckluft angetriebenen Reservoir führt, das jedes Mal ganz prosaisch aufgepumpt wird; daneben steht eine handelsübliche Taucherflasche. Und los, Rose haut rein, zieht den Griff wieder ab, Brian sackt weg. Nicht schlecht, heißt es am Monitor, aber sollte aus der Wunde nicht Blut spritzen? „Ist doch, it's all over Roger." Alle kucken rüber, wo Roger mit Papiertaschentüchern sich und den Boden abwischt. Aber warum sehe man das nicht im Bild? Man versucht es mit mehr Blut. Das geht besser, aber danach dauert's wieder. Was sei denn los? „Blutgerinnsel", sagt Brian. Daniel und seine Helfer frickeln aufgeregt an den Schläuchen, wo hier etwas durchtropft und da etwas stockt. Schließlich bekommt Brian einen Bypass gelegt, der offen über den Rücken zur Pumpe führt, das sehe man sowieso nicht. Jetzt fließt das Blut wieder wie es soll.

Und dabei wird es nicht bleiben; erst kommen noch Schlipp und Schlopp von den beiden und Briseis' Verschlingung mit Agamemnons Schergen, aber dann die Einstellung, auf die alle gewartet haben: Achilles kommt angelaufen und haut dem einen den Kopf ab. Längere Zeit schon haben Joss Williams und seine Leute im Hintergrund eine Ganzkörperkopie des Soldaten aus Gummi ausgestattet, mit Rüstung, Helm und braungecremter Haut, aber ohne Kopf, nur mit einem blutig abgeschnittenen Hals. Drei Köpfe mit grimmigem Gesicht hat er vorrätig, das heißt: drei Takes. Da will die Aktion ausgiebig geprobt sein, und sie wird es. Das erste ernste Mal schließlich fliegt der Kopf ab wie nichts, der Körper aber bleibt wackelnd stehen wie eine Schaufensterpuppe, bis er umfällt. Mehr Blut könnte auch rausgluckern. Nochmal, obwohl es langsam spät wird. Bei bereits sacht aufhellendem Horizont fliegt der zweite Kopf ab, diesmal mit mehr Blut und weniger steifem Umkippen. Sieht gut aus, ein drittes Mal schaffen wir das sowieso nicht. Während der Vorbereitung allerdings ist Visual Nick bereits an Wolfgang herangetreten und hat gemeint, mit ein bisschen mehr Geld könne er das auch machen. Wie jetzt? Naja, Achilles könnte von hinten angelaufen kommen und den Soldaten mit leerem Schwertknauf imaginär enthaupten. Den Rest würde er, Nick, besorgen. Das hätte den Vorteil, dass der Stuntman noch live herumfuchteln kann, bis er on screen stirbt, und der Kopf würde fotogen durch die Luft wirbeln und nicht einfach verschwinden. Wolfgang leckt Blut. Das machen wir, first thing in the evening.

Am folgenden Nachmittag schaffe ich es endlich ins Kino zu gehen, das erste Mal seit Ostermontag! *X-Men 2*, ein schöner bunter Film, der die alte Regel bestätigt, dass die Fortsetzung stets besser ist als das Original. Mit unserem Brian Cox, der den Bösen spielt und am Ende in der Tat ertrinkt, oder eben auch nicht. Bei uns lassen die da leider keinen Zweifel. Auf der Fahrt zum Studio – Wolfgang sitzt schon länger wieder im Schnitt – berichtet Frank, dass er acht Jahre lang einen Minister gefahren habe, der sich irgendwann mit den Hobbyjägern der Insel angelegt hatte, die daraufhin mit ihren Knarren sein Haus belagerten – und für dessen Sicherheit Frank, mit Waffenschein, nun mal verantwortlich war. Da lobt man sich einen Regisseur, auch wenn sein Minister selten Nachtdrehs hatte.

Später beim Drehen wird deutlich, wie wenig das moderne Hollywoodkino noch an die Zuschauer denkt. Zumindest an die Zuschauer am Set: Wurden in der guten alten Zeit noch handfest Köpfe abgeschlagen, da schubsen sie sich heute nur herum wie Schuljungs und tun so als ob sie sich was täten. Brad schwingt mit dem Schwertknauf herum, aber die Soldaten fallen nur um, wegfliegende Köpfe und aus dem Rücken austretende Schwertklingen gibts wieder erst im Kino zu sehen. Die Choreographie dagegen wird umso schwieriger. Dem ersten soll Brad aus der Drehung heraus den Kopf abrasieren, wobei der Hals ohne eine Klinge nicht einfach zu treffen ist; Gerrys Rat, einfach an der gestrichelten Linie entlangzuschneiden, erweist sich als wenig hilfreich. Zusätzlich stehen die beiden Schergen sehr nah beieinander, und Brad hat Mühe, beim Herumschwung vom ersten zum zweiten diesem auf Armeslänge das Schwert zünftig in die Gedärme zu rammen, anstatt ihn plötzlich mehr oder weniger im Arm zu halten. Das geht einige Male hin und her, -- aber Wolfgang reicht das noch nicht. Außerdem komme der zweite Soldat zu schnell rein und blocke damit den nach hinten segelnden Kopf. Die beiden Tötungen werden also auf zwei Set-ups verteilt, sauber hintereinander weg ist erst der eine dran, dann der andere. Zuletzt schwinden auch Brads Kräfte und er hat Mühe, den Schwertknauf aus dem Körper wieder herauszuziehen; Wolfgang meint, so ein Schwert stecke ja ziemlich fest, da solle er sich mal anstrengen. Am Ende wird es sich gelohnt haben, dieses kurze Stückchen, das ja eigentlich letzte Nacht hätte abgedreht sein sollen, so ausgiebig nachzuholen. Doch es ist spät geworden. So spät, dass Wolfgang sogar einen ihm angebotenen weißen Tee abnimmt, „Ich werd hier noch zum Briten."

Es ist nur noch Zeit für Paris' anschließenden Blick vom oberen Garten hinab auf die beiden, sowie auf Briseis' Entsetzensschrei im Close-up. Der enthauptete Stuntman hat Glück, sorgfältig wird an seiner Statt ein toter Dummy in Rüstung auf den Rasen gelegt und dessen Kopf ein paar Meter weiter, die anderen beiden armen Statisten dagegen müssen noch die ganze Nacht blutverschmiert dort herumliegen. Heute muss Paris noch nicht schießen, nur zielen, weswegen er echte Pfeile bekommt, die er aus seinem Köcher zieht. Und wie ein gefallener Engel muss er lernen, dass Materie ihre Tücken hat: Mal verhaken die Pfeile sich und stecken fest, mal hält er gleich zwei in der Hand. Zuletzt werden sie auf vier Stück reduziert. Da sehnt man sich nach dem Himmelreich der CGI.

Realistischerweise ist heute, in der offiziell letzten Drehnacht im Palastgarten, das Pensum nicht mehr zu schaffen, also werden während des Frühstücks per Telefon Wege gesucht, den Rest woandershin zu schieben; das ist schwieriger als es klingt, denn mit jedem Nachtdreh ist immer auch ein Ausruhtag verbunden. Könnte man das nicht auf einen Samstag legen, um den Sonntag als Ausruhtag zu nutzen? Ich denke ich hör nicht richtig. Aber sofort ist klar: No way, am Samstag möchte gefeiert sein; das wäre der direkteste Weg, es sich mit der Crew zu verscherzen. Also würde der Überhang an den nächsten Nachtzyklus angehängt, der sich vielleicht etwas zusammenstauchen lässt. Am Nachmittag wird hin- und hertelefoniert, mit Colin und mit Nigel, ob der untere Garten, der ja quasi mit dem heutigen Drehschluss abgebaut wird, weil darunter die große Freitreppe der Palastfront wartet, danach wieder draufgesetzt werden könnte. Ja, das ginge. Vorläufige Erleichterung.

Das Erste am Abend ist gleich das Letzte der Szene: die große Himmelfahrteinstellung des toten Achilles bis hoch über die Dächer des brennenden Troia. Von der Spitze eines bis zum Anschlag ausgefahrenen Krans neben dem Garten sind zwei Drähte runter in das Rasenstückchen gespannt. An diesen Drähten fährt ein Seilbahnwagen für die Kamera hoch und runter, die so von Achilles' Füßen in düster flackernde Höhen entschwebt. Der Aufbau dieser Gerätschaften hat mehrere Stunden gedauert und kann folglich nicht anders als zu Beginn vonstatten gehen; das Problem dabei ist, dass Wolfgang sich also vorweg entscheiden muss, wo und wie der tote Achilles liegen wird, bevor dessen Sterbeszene überhaupt gedreht ist. Unschön, aber muss sein. Die Proben mit Statisten und dem genauen technischen Ablauf dauern, Brads Stand-in liegt sich derweil den Rücken platt, Bernie füllt den rumliegenden Kopf des Soldaten mit frischen Brocken Wassermelone, das sehe sehr schön nach Rohfleisch aus. Als Brad kommt, erlöst er sein Stand-in und probiert diverse Sterbepositionen aus --. Gerry bittet die Umstehenden, das Gelände weiträumig zu leeren, da es eine satte Totale wird, und nach Möglichkeit keine Suppenbecher rumstehen zu lassen, es ist nämlich kurz nach elf. Achilles ist tot, die Kamera fährt hoch, Soldaten kommen angelaufen und stehen um ihn rum. Könne Nick da an den Seiten später noch ein paar CGI-Soldaten dazutun? Klar. Und bei der Gelegenheit eventuelle Styroporbecher oder Wasserfläschchen entfernen.

Das geht ein paar Mal so, und am Ende will Wolfgang noch einen Take ganz ohne Soldaten, falls das am Ende schöner aussieht. Könnte sein, nur der tote Achilles allein im Garten. Brad kann danach schon nach Hause fahren, jetzt kommen nur noch Sachen mit Paris und Briseis: Er entlädt seinen ganzen Köcher in Achilles' Richtung, Briseis kniet sich zu diesem runter, Paris kommt dazu und zieht sie von ihm weg, gemeinsam flüchten sie in den unterirdischen Gang, nur einen Augenblick vor den herantrampelnden griechischen Soldaten. Zuerst also die Sequenz, da Paris angelaufen kommt und einen Pfeil nach dem anderen in den auf ihn zuwankenden Achilles schießt, in seinem Ausdruck changierend zwischen Wut auf den Kerl, der seinen Bruder umgebracht hat, ernüchterndem Respekt vor dem großen Helden sowie auch die Realisierung der Tatsache, dass er in dem Moment seinen ersten Menschen umbringt und damit weiteres Leid verursacht. Viel Holz für einen Schauspieler, das nur unwesentlich erleichtert wird durch die Pfeile, die, weil sie wirklich wegfliegen, noch aus Luft sind. -- Anna berät sich kurz mit ihrer Assistentin Natalie und fragt Wolfgang, „Wouldn't the audience notice he never had sex?" – Wie bitte??!! – „He never had six arrows in his quiver." Spät in der Nacht kann man sich schon mal verhören, aber die Frage ist berechtigt, denn heute verschießt er sechs Pfeile, während sie gestern zuletzt auf vier reduziert waren. Das alte Mysterium, wieviel Schuss wohl ein sechsschüssiger Colt hat, ist nicht auf Western von gestern beschränkt. Wolfgang: Das merkt doch keiner, Anna: naja, zumindest Natalie und ich, Wolfgang: ach was.

103

Danach geht Paris zum sterbenden Achilles und holt Briseis, das kommt dann beim nächsten Mal, jetzt im letzten Set-up sehen wir die beiden nur fliehen. Da schlägt ein Problem wie der Blitz ein: Mit dem geänderten Drehplan ist Orlando gar nicht da, wenn wir das nächste Mal hier drehen, sondern auf Premiere- und Pressetour für *Pirates of the Caribbean*. Hm. Kurze Überlegung. Dann geht er halt nicht zu den beiden runter, sondern bleibt auf der Treppe stehen und winkt Briseis zu sich. Das passt auch, muss ja sowieso schnell gehen; langsam wird auch für uns die Zeit knapp, ab fünf Uhr wird es heller. So beeilen sich die beiden die Treppe hochzurennen und in dem Eingang zu verschwinden, woraufhin die Griechen angelaufen kommen und Achilles entdecken. Ausgerechnet die beiden vorderen Griechen allerdings trippeln eher. „Sag den beiden da vorne die sollen nicht so komisch laufen." Im nächsten Take laufen sie immer noch so komisch – das besiegelt ihr Schicksal, die Bronzezeit war grausam. „Die müssen weg!" Sie erleben den Sonnenaufgang nicht mehr. Die anderen, gerechterweise, letztendlich auch nicht. Einen Take brauchen wir noch ohne Soldaten, falls Wolfgang sich für die Sterbeversion mit nur Achilles alleine entscheiden sollte. Uups, fast vergessen. Das hätte ärgerlich werden können.

Am Samstag ist frei. Nachmittags gehe ich ins Kino und kucke *Matrix: Reloaded*. In Malta ins Kino zu gehen ist schön, vorweg gibt es nur ein paar Trailer, und sie verkaufen Bier, was ich erneut performativ unterstütze; was anderes bleibt mir auch nicht übrig, denn irgendwie muss ganz Malta einen Vertrag mit Pepsi haben, denn fast nirgends gibt es richtige Cola, ständig nur diese eklige Kinderplörre. Aber es gibt eine Pause, egal wie lang der Film ist, die ebenso unvermittelt mitten im Satz einsetzt wie es dann wieder losgeht. Man traut sich fast nicht aufs Klo. Der Film selber nebenbei ist eine erschütternde Ausnahme der Regel, dass die Fortsetzung stets besser ist als das Original.

Am Abend können wir endlich wieder ins „Dolce Vita" gehen, wobei Catering natürlich auch ganz ganz lecker war. Diana und Barbara sind mit dabei, und es werden mögliche neue Projekte gewälzt, deren Rechte „wir" bereits besitzen oder noch kaufen müssten. Diana bringt den Roman *The DaVinci Code* von Dan Brown ins Spiel, einen derzeitigen Megabestseller mit Franchise-, d.h. Serienpotential, und Wolfgang telefoniert sofort mit Sam in Los Angeles: Die sollen sich das mal ankucken. Hm, sechs Millionen? Spinnen die? Sowas zahle man allerhöchstens für Michael Crichton. Jedenfalls sei die Geschichte, Achtung, umbertoecoish. Dann aber vorsicht, meine ich, schließlich war *Der Name der Rose* eine große Ausnahme der Regel, dass der Film stets besser ist als das Buch.

Interludium

Der berühmte Reiseschriftsteller war es in jenen Tagen gewohnt, lange auszuschlafen, und frühstückte mit seinem Vater auf der Terrasse. Es war heiß. Am Nachmittag machte er sich auf den Weg nach Marsaxlokk, das wirklich so geschrieben und Marsaschlock ausgesprochen wird, einem dem Vernehmen nach hübschen kleinen Fischerdörfchen im Südosten. Am zentralen Platz an der Bucht angekommen, stieg er aus dem Bus und bekam heraus, dass der letzte direkte Bus zurück zwanzig Minuten später fuhr. Nach einem kurzen Rundumblick entschied er, dass das Dörfchen doch mehr als zwanzig Minuten wert war, und beschloss, später mit dem Bus über Valletta zurückzufahren. So taperte er los, zuerst das linke Ufer der Bucht entlang und erfreute sich an der niedrigen, schmutzig-goldgelben Bebauung aus Globigerinenkalk. Als diese nach wenigen Schritten ausfranste in das typische Weichbild mittelmeerischer Küstendörfer, mit überwachsenen Grundstücken und nackten Betonhöhlen sich abwechselnde weißgekalkte Appartements, wandte er sich zur Wasserseite und lief über ein parkplatzähnliches Gelände, das ungebremst in einen schmalen Strand überging, in dessen Wasser mit buntem Ölfilm die Kinder der Gegend badeten, während die Eltern vor ihren Wohnwagen oder Autos im Schatten saßen und den Sonntag genossen. Von der anderen Seite der Bucht trug der Wind einen lautsprecherverstärkten monoton-abgehackten Singsang herüber, fast wie ein Muezzin, selbst wenn so einer der Letzte wäre, der auf dieser Insel den Mund aufmachen würde. Die Idylle komplettierten ein Industriegelände mit diesen großen Giraffenkränen auf dem rechten, sowie ein Kraftwerk auf dem linken Ausläufer der Bucht, und darin all diese schaukelnden kleinen bunten Boote, von denen einige wirklich, wie sein Reiseführer befahl, ein Auge am rechten und am linken Bug aufgemalt hatten.

Ich kehre um und spaziere zu dem kleinen Platz in der Beuge der Bucht, wo die hübsche goldgelbe Kirche steht; wie so viele auf der Insel sind die hervorstechendsten Linien der barocken Fassade mit Reihen bunter Glühbirnen ausgestattet, die abends in Aktion zu verpassen ich nicht böse bin. Der Sprechgesang des Muezzin wird jetzt hörbarer, nur nicht wirklich verständlicher, ruft er doch kontinuierlich etwas kurz auf Maltesisch, gefolgt von einer Zahl auf Englisch. Ratlos luge ich durch die Tür der Kirche und stelle fest, dass sie im Inneren gerade uninteressant genug ist, dass es sich nicht lohnt, extra die lange Hose anzuziehen, die ich im Rucksack mithabe; angesichts dessen muss ich mich fragen, ob ich etwa über Nacht tolerant geworden, oder ob ich vielmehr nur das typische konfliktscheue Weichei bin. Zu meiner Entschuldigung werde ich auf einem Schild extra gebeten, nicht undezent gekleidet die Kirche zu betreten – mit einer präzisen Aufzählung der inkriminierten Kleidungsstücke, aufgeteilt nach Männlein und Weiblein, die in der Detailtreue einer Pornographiezensur wenig nachsteht –, es stünden den Besuchern am Eingang aber tatsächlich bedeckende Kleidungsstücke zur Verfügung; ich horche auf, finde keine, bewundere aber den zur Schau gestellten Realitätssinn der Gegenseite. Außerdem, so sagt ein Extraschild, soll ich zur Besichtigung einen Schal tragen, aber dieser Hinweis hat wahrscheinlich in der Übersetzung verloren. Kurz und gut, ich vermeide das Hin und Her indem ich gar nicht reingehe, sondern drumherum und ein bisschen die Straße hoch und wieder zurück, das Schönste an den hiesigen Bethäusern ist sowieso der sonnenbeschienene Globigerinenkalk der Außenmauern.

Nun wandere ich das andere, rechte Ufer der Bucht entlang und wundere mich, dass an dieser einigermaßen hübschen Promenade so wenig Cafés, dafür umso mehr verrammelte Türen zu finden sind. Überhaupt habe ich noch nie so viele nicht nur geschlossene, nein, wirklich verrammelte und verbarrikadierte Läden oder Tore oder Garagen gesehen wie in Malta, und das nicht nur am Sonntag; auch wochentags ist in normalen Gegenden, so scheint es, stets nur ein Drittel der Läden geöffnet. Vielleicht ist es die alte Belagerungsmentalität, die einem Ladenbesitzer die Angst vor der Betret- und damit Verwundbarkeit seines ökonomischen Lebensinhalts einimpft; vermutlich muss man vorher anrufen und sich mit Losungswort anmelden, wenn man ein Brot kaufen will. – Nun, eins der wenigen größeren Lokalitäten an der Promenade ist, ausgerechnet, das „Café de Paris", das vom Namen ebensogut hierherpasst wie die ganzen „Café Europa" oder „Bar International" in die vergessenen kleinen Bergdörfer Europas, deren ausgestorbene Piazza sie mit alten Männern ausstatten, die nie im Leben etwas bestellen. Eine weitere Lokalität ist ein weitflächiges niedriges Zelt, unter dem an langen Tischen bis auf den letzten Platz dichtgedrängt Leute sitzen, und – von hier tönt offensichtlich der Muezzin. Während ich die Reihen durchschreite realisiere ich, dass das hier, an dem mit am prominentesten Ort des Dorfes, nichts anderes ist als eine Freiluft-Bingogesellschaft, deren Spieler eifrig Zahlen auf einem Blatt durchstreichen, jene Zahlen nämlich, die der Vorbeter einer Art Glaskugel mit umherfliegenden bunten Bällchen entnimmt und erst auf Maltesisch, dann auf Englisch laut vorsagt. Ich staune, dass selbst ein so herumgekommener wie abgebrühter Reiseschriftsteller sich von Malta immer noch überraschen lässt.

Bald darauf will ich mich auf den Rückweg machen. Erwähnte ich, dass Busfahren auf Malta stets eine Erfahrung ist? Ich suche mir eine Haltestelle am Ende der Promenade, wo ganz offiziell auf einer sauberen und unbeschädigten Tafel die genauen sonntäglichen Abfahrtszeiten stehen – alle Viertelstunde –, und starre während des Wartens aufs Wasser. Als dann doch keiner kommt, frage ich den Kellner eines nahen Cafés, ob diese Haltestelle wirklich befahren werde, und der meint, ja schon, aber ich solle mal weiter oben ins Dorf gehen, da fahre der Bus öfter. Wie jetzt? Nach meinem Verständnis ist es genau eine Buslinie, deren Busse von Valletta kommen, einmal hier herum und dann wieder zurückfahren. – Ja, hier komme der nur alle Stunde, da oben alle halbe Stunde. Aha. Das durchblicke ich zwar nicht, doch mit der Zeit lernt man, eher auf die Stimme Einheimischer als auf die eigene Zurechnungsfähigkeit zu vertrauen. Oben angekommen, der Fahrplan ist eine exakte Kopie desjenigen unten, trifft nach insgesamt einer halben Stunde der Bus ein, nicht ohne, wie durch eine Straßenflucht zu sehen ist, vorher unten die Promenade entlanggefahren zu sein. Die Passagiere steigen ein und nichts passiert. Nach knapp zehn Minuten zuckeln wir los. Und nur, um im nächsten Dorf wieder anzuhalten und auf Geheiß des Busfahrers den Bus zu wechseln. Der erste Bus fährt leer davon.

Aha. Nach weiteren zehn rat- und führerlosen Minuten lässt sich schließlich der Busfahrer des zweiten Busses blicken – was mir ausreichend Gelegenheit gibt, zum einen im *Spiegel* über den Wettlauf zum Mars zu lesen, zum anderen über die Anomalie nachzusinnen, dass laut Plan auf dem Hinweg in Valletta die Busse sonntags alle zehn Minuten abfahren, auf dem Rückweg in Marsaxlokk jedoch alle fünfzehn. Nach einigen Stunden müssten sie sich dann irgendwo stapeln. Faszinierend.

Auf dem Rückweg springe ich am St. Julian's Tower in Sliema aus dem Bus und nochmal schnell ins Meer, denn es wird langsam Mitte Juni und sehr warm. Just an meinem Badeplatz liegt jene äonenalte Strandkneipe, die bereits hier war, als die ersten Siedler vor mehr als 7000 Jahren über die Landbrücke von Sizilien herüberkamen; als der Meeresspiegel gestiegen war, lag sie plötzlich am Meer. Ich kaufe ein Bier und betrachte, wie die späte Sonne durch die Löcher in der monumentalen Bauruine links gegenüber strahlt. Die Stones singen davon, dass sie alles schwarz malen wollen, und übertönen damit sogar das Feuerwerk, das hier ca. alle zwei Tage zu Ehren von irgendwem abgefeuert wird. Etwas Wind weht, und die Sonne scheint goldgelb durch mein Bier. How does it feel to be on your own, with no direction home, like a complete unknown, like a rolling stone? Im Moment nicht schlecht. Der Name der Kneipe ist „Exiles Bar", und ich erwische mich dabei, das ganz passend zu finden.

EXT. Tor / Straße / Platz, Troia, Fort Ricasoli, Malta

Am heutigen Montag ist Großkampftag. Paris, Helena und Hektor samt Tross kehren im Triumphzug nach Troia zurück, freudig umjubelt vom liebenden Volk. Ein paar Pferde sowie über tausend Statisten werden erwartet, die eine beinahe ebenso große Menge an Make-up-Leuten, Pflegern etc. hinter sich herziehen, dazu diverse weitere Tiere wie Esel, Pfauen, Lamas und Affen. Wolfgang hatte sich im Vorfeld wieder mal gefreut, dass er sich heute gemütlich werde zurücklehnen können, insofern die Inszenierung der Background Action, die heute hauptsächlich Foreground Action ist, in Gerrys sorgenden Händen liegt. Viel Aufwand, viel zu proben, viel zu koordinieren.

Vorgestern war Samstag und Ausruhtag, gestern Sonntag. Morgen und übermorgen drehen wir im Hangar, in Agamemnons Zelt, d.h. innen. An welchem Tag wohl beschließt der Herrgott, es auf seine Schäfchen regnen zu lassen? Genau.

Oder auch geradezu pladdern, wie es zu Hause lautmalerisch heißt. Nach dem Aufstehen schiebe ich den Vorhang zurück und stehe im Wasser, ich hatte die Balkontür offengelassen. Als wir am Set ankommen, sind die Mienen so düster wie der Himmel, aber nichtsdestotrotz geschäftig. Man muss eben so koordinieren und proben, als könne es gleich losgehen. Die troianische Straße ist dann doch fertig geworden, gestern Abend haben sie noch am Tor herumgemalt, alle Hauseingänge sind mit Utensilien des täglichen Gebrauchs ausgestattet, und Helfer tragen dicke Tüten mit weißen, rosanen und lilanen Papierschnipseln durch den Matsch. Was soll das denn?

Das seien Rosenblätter, die das Volk auf die heimkehrenden Helden wirft. Irgendwo fällt das Wort Rose Bowl Parade.

Immer mal regnet es, dazwischen haben wir klassischen overcast sky, weiß überstrahlten Himmel, der alle Konturen verschwinden lässt. Wir wollen aber Sonne, die lacht wie unsere Helden. In einem kurzen Sonnenloch schaffen sie einen Take, worin der Zug an der Kamera vorbeitrabt, danach ist wieder Schluss. Missmutig wird zum frühen Lunch geblasen. Hinterher klart es wieder auf, und der Rest des Nachmittags wird in der Tat strahlend. Die Betriebsamkeit multipliziert sich, denn jetzt bleibt ein halber Tag, um die Menge eines ganzen zu schaffen. Zuerst ziehen alle, die nicht in Troia gesehen werden sollten, vor das große Tor, für die große Einstellung mit der vom Himmel herabschwebenden Kamera; der Kran mit den am Boden in einem dicken Betonblock verankerten Drähten, der bereits Achilles' Tod verschönerte, steht nun hier. Zwei weitere Kameras sind unten am Tor und in der Stadt versteckt sowie eine vierte ein paar Meter neben Wolfgang, der auf seinem Stuhl im Schatten sitzt und sich im Fernsehen ansieht, was Gerry so alles auf die Beine stellt: Jubel los, Kamera losfahren, Tor auf, losreiten etc., eine trickreich verschachtelte Bewegung, die nur stimmt, wenn kein Element aus der Reihe tanzt. Umso ärgerlicher, wenn etwas nicht passt, denn bei sowas dauert es, alles wieder auf Anfang zu stellen – angefangen bei den Pferden, die zurückreiten sowie in dem Trubel beruhigt werden, bis zu dem Konfetti, das grob von der Straße gefegt wird. Als nächstes der Gegenschuss, wenn man es so nennen will – Wolfgang dagegen nannte ihn am Morgen den „I-just-can't-fucking-believe-it-Shot", da man Troia zuerst in voller Pracht sieht: Die Kameras sitzen alle in der Stadt und sehen in Richtung Tor, von wo der Triumphzug an Hauptplatz und Publikum vorbei zum Palast reitet. Der Statist ganz am Ende des Zuges, der im ersten Take seine Brille noch aufhat, wird wohl leider trotzdem nicht zu sehen sein.

In der Nacherzählung geht sowas immer ganz schnell, aber danach folgt bereits der letzte Schuss, der Wiederaufmarsch nach jedem Take frisst viel Zeit. Beeilung ist sogar geboten, denn langsam aber sicher schwindet das Licht, zumindest das direkte. Alle Nichttroianer versammeln sich an der Stirnseite des wohlgefüllten Platzes, gegenüber der Straße auf der Treppe des Poseidontempels, und lassen die Versammlung in einiger Entfernung vorübertraben. Alle Nichttroianer? Die beiden Jubelnden, die in der oberen linken Ecke des Bildes von einem Holzturm Konfetti werfen, werden, weil sie nur auf einem Gerüst stehen, von Stuntleuten gespielt. Ihre T-Shirts mussten sie ausziehen.

Kurz nach sieben ist Schluss als wär nichts gewesen; nur ein paar Close-ups fehlen noch, die aber nächstes Mal nachgeholt bzw. zum Teil Second Unit überlassen werden könnten, solange die Stadt nicht mehr so festlich ausgestattet sein und von Statisten wimmeln muss. Mit Statisten z.B., die Großkampftag wörtlicher nehmen als gedacht. --

INT. Agamemnons Zelt, griech. Lager, Strand, Hal Far-Hangar, Malta

Am Morgen strahlt natürlich die Sonne. Wir fahren mal wieder in den Hangar, wo Sparta abgerissen und auf dem weitflächig mit Sand vollgeschütteten Boden Agamemnons geräumiges Zelt aufgebaut ist. Der Hangar ist übrigens aus Wellblech zusammengesetzt, was einiges über die zu erwartenden Temperaturen aussagt; Wolfgang hat bereits bei anderer Gelegenheit angemerkt, wenn Malta sich einen Gefallen tun wollte, sollte es sich zwei echte Studiohallen bauen, klimatisiert und schalldicht. Damit die hiesigen Statisten nicht nochmal vier Jahre lang auf Familienfesten in ihren alten Rüstungen rumlaufen müssen, bis sie was Neues mitgehen lassen können. Das Zelt selber steht auf einem niedrigen Gerüst und ist recht eindrucksvoll, mit mehreren Räumen und reich ausgestattet: Die Idee ist, dass es auf einem Schiff sitzt, mit Seitenwänden die, wenn angelandet, zur Seite runtergeklappt werden, um die Wohnfläche zu vergrößern. Schlau. Überdeckt wird es mit Stoffbahnen, die gottseidank nicht stinken wie bei Achilles, und an deren Außenseite Schnüre befestigt sind, die über Rollen an der Decke bis zum Hallenboden reichen, wo auf jeder Seite ein Special FXler an ihnen zieht, um den Stoff auf- und abzubewegen; das soll Wind simulieren, der durch das Zelt streicht. Der Nachteil ist, dass dies nicht wirklich passiert, sondern die Temperaturen sich hier drin, mit Lampen und allem, nochmal hübsch vervielfältigen. Zahlen wie gut 40 Grad Celsius machen die Runde. Zusätzliche Elektrokühler werden hingestellt, als die von der Klimaanlage herangelegten dicken Kühlschläuche mit dem Durchmesser eines Autoreifens nicht mehr hinterherkommen. Trotzdem tragen diejenigen, die ständig am Ort des Geschehens ausharren müssen, den entsetzt-erschöpften Gesichtsausdruck eines langen Saunagangs, als sie am Ende des Tages die Planke herunterwanken. --

Im Inneren knien Triopas und Nestor vor dem König der Könige und überreichen ihm Geschenke für den zu erwartenden Sieg gegen Troia. Die Großaufnahmen sind noch brav, auch wenn Julian Glover und Brian Cox sich im Dialog gern gegenseitig verheddern. In der folgenden Totale nun tritt Achilles dazu herein, und weil Wolfgang kurz nach Beginn des Dialogs in die Close-ups schneiden wird, schenkt sie Brian ausreichend Gelegenheit zu fabulieren. Nestor: „Mein Vater Neleus ..." – „Das ist dein Vater?" – „... hat diese Urne ..." – „Er schenkt mir seinen Papa!" – „... einst zu Ehren ..." – „Muss ja ganz schön groß gewesen sein" etc. Aber mit steigender Zahl der Takes wird es selbst Agamemnon langweilig: „Mein Vater Neleus ..." – „Ja, ja" – „...hat diese Urne ..." – „Ja, ja, ja", bis dann endlich cut ist. In der Halle vor dem Monitor sitzen ein paar wenige mit Kopfhörern und giggeln sich weg, die Umstehenden fragen gierig, was denn los sei. Der Rest des Tages besteht hauptsächlich aus Close-ups von geringschätzigen Blicken der anwesenden Könige. --

Am nächsten Morgen ist es im Zelt angenehm frisch, wahrscheinlich haben die Elektrokühler die ganze Nacht gebollert. Einzig dabei bleibt es nicht, als einmal alle eingetroffen sind, die Sonne gestiegen ist und die Lampen brennen. Die Kühler tun ihr Bestes, auch die verdoppelte Anzahl dicker gelber Schläuche, die jetzt wie die Riesenwürmer vom Wüstenplaneten auf dem Sand übereinanderliegen, von unten zwischen Holzboden und hängenden Seitenstoffen ins Zelt lugen und in Drehpausen hart umkämpfte Stehplätze im Wind etablieren. Trotzdem brennen die sehnsüchtigen Blicke im Nacken, wenn man die Holzrampe wieder hinuntergeht und nicht zurück sein muss, sobald die Klimaanlagen zum Drehen ausgestellt werden. Im Laufe des Tages tragen viele dort oben lustige orangene Stoffbänder um den Hals, die in Kühlboxen feucht und kalt gehalten werden, um die unmittelbare Umkippgefahr zu minimieren; langsam bekommen wir eine Ahnung was damit gemeint war, ab Mitte Juni schmelze einem das Hirn.

Ansonsten schleppt sich die Karawane durch die Hitze voran. Hier und da geht die alte Legende herum, dass die Araber ständig heißen Tee trinken, weil sie damit ihre Körpertemperatur senkten; trotzdem werden herumgereichte Becher mit Tee oder Suppe im Zelt abgelehnt wie süßer Sekt. Bestimmt können sie unterwegs mit ihrem abzukochenden Wasser einfach nicht viel anderes herstellen als Tee, oder sonst gleich heißes Wasser, dessen Genuss seit der Kolportage chinesischer Medizin im Westen den hiesigen langnasigen Gastgebern nebenbei äußerst preisgünstige Abende beschert. Wenn die Araber mitten in der Wüste Zugang zu kaltem Bier hätten, oder meinetwegen zu kaltem Wasser auf Karawanen mit Alkoholverbot, sähe die Legende ganz anders aus. Und wieder einmal dämmere ich vor dem Monitor im Stuhl, betrachte mit halben Augen die Vorbereitungen zum nächsten Take, nicke langsam weg und schrecke wieder hoch aus vegetativer Furcht, dass ich die halbvolle Wasserflasche auf den Boden fallen lasse, den besten Take ruiniere und alle mich böse anstarren. Die Wärme schafft. Agamemnon verhaspelt seinen Namen – „Ich sollte doch wissen wie ich heiße..!" –, und Flugzeuge kappen das Ende von Takes. Ein weiterer Vorteil einer richtigen Studiohalle wäre, dass man den Standort aussuchen könnte, statt den um die Ecke vom Flughafen nehmen zu müssen. Einmal während des Drehens startet, vom Geräusch her, in unmittelbarer Nähe eine Art Rasenmäher, und Agamemnon, gerade in Fahrt, herrscht seine Schergen an: „Aphareus, Haemon … Schluss mit dem Lärm!"

Das ohnehin knapp kalkulierte Drehpensum zieht sich in der Hitze wie Kaugummi, die zwölf Stunden sind um, als die beiden Briseis gerade reinzerren. Der Rest wird auf nächste Woche verschoben. Die Leute staksen aus dem Zelt herunter wie am Tag der lebenden Toten. Morgen ist mal wieder Troia dran, der Tanz um das Holzpferd auf dem Platz, sowie vorher die Tagesreste vom letzten Montag, als es regnete. Regen! Welch ein Wort, das scheint ins weit ferne Paradies.

EXT. Tor / Straße / Hauptplatz, Troia, Fort Ricasoli, Malta
Fast alle sind wieder da, Paris, Helena, Hektor und Tekton, Apollonische Gardisten auf Pferden, wenn auch diesmal nur ca. 800 Statisten. Selbst die Esel, Lamas, Ziegen und Affen sind zurück, die heute wie letztes Mal eigentlich nur außerhalb

der Kulisse stehen und für akustisches wie olfaktorisches Lokalkolorit sorgen. Das erste dem Regen zum Opfer gefallene Set-up ist eine Fahrt der Steadicam neben dem Streitwagen her, auf dem das junge Glück durch die Straße rollt. Es taucht die Frage auf, ob Paris vielleicht Helenas Hand halten sollte; sie wird allerdings gleich wieder verworfen, insofern er keine drei Arme hat – zwei braucht er schon, um die Zügel zu halten, damit er den Wagen nicht gegen die Wand setzt. Nun fehlen noch die Close-ups, wozu Orlando, Diane, zwei Kameras und die maßgeblichen Leute sich auf eine große Anhängerplattform stellen, die von einem Auto vom Tor bis auf den Platz gezogen wird. Währenddessen lungert Publicist Rob immer mal am Set herum, um den einen oder anderen Star abzugreifen, den er einer Runde von zehn handverlesenen Journalisten aus zwölf Ländern zum Interview vorwerfen kann. --

Während der Mittagspause ist Wolfgang an der Reihe, der sich absolut Schöneres vorstellen könnte, als an einem vollen heißen Tag wie diesem mitten in einer Produktion wie dieser sich zu bemühen, auf ewiggleiche dumme Fragen keine allzu entwaffnenden Antworten zu geben. Seine Vertrauten erkundigen sich hinterher, ob es sehr schlimm war, war es aber gar nicht. Jedenfalls keine Fragen danach wie es sei, mit einem Superstar wie Brad Pitt zu arbeiten, ob das Studio speziell ihm als Europäer den Stoff angeboten habe, oder weshalb er aus dem Stapel tausender produktionsbereiter Drehbücher auf seinem Schreibtisch genau dieses ausgewählt habe bzw. ob es nur reiner Zufall sei, dass er nach einem Film über einen Sturm einen Film über den Trojanischen Krieg mache. Solche Fragen werden später anrollen, zum Filmstart, wenn die unausweichlichen Volontäre in überfüllte Pressekonferenzen geschickt werden. Natürlich aber kam die Frage, ob Brad Pitt die erste Wahl war für die Rolle des Achilles. Abgesehen davon, dass es ausnahmsweise in diesem Fall wirklich so war, warte ich immer noch auf den Regisseur und verspreche hiermit, ihm dafür einen Kasten Bier zu spendieren, der darauf antwortet, och wissen Sie, der und der und der und der und der hatten abgesagt, da habe ich mein Adressbuch aufgeblättert und den Finger reingesteckt. – Da fällt mir ein, dass bei einer Pressekonferenz zum letzten Film genau so ein hirntoter Journalist in Anwesenheit von George Clooney gefragt hatte, ob der die erste Wahl war, woraufhin Clooney selber amüsiert das Wort ergriff und die sinngemäß gleiche Antwort gab. Da schulde ich ihm jetzt wohl etwas.

Am Set ist die Karawane inzwischen weitergezogen zum Hauptplatz, auf den die komplett bescheuerten Troianer das Holzpferd gezogen und damit ihr Schicksal besiegelt haben. Für das Design des Pferdes selber hatte Nigel eine Art Wettbewerb unter seinen Mitarbeitern ausgeschrieben: Einige Richtlinien gab er vor, wie z.B. die Verwendung verbrannter Holzbohlen, und sagte, so nu macht mal. Das Ergebnis ist so gut geworden, dass die Stadtbewohner ihr Glück gar nicht fassen können, sie lassen eine Band aufspielen und jubeln und tanzen und klatschen. Vier Kameras sind aufgebaut, um ja nichts zu verpassen, von der allesumschlingenden Totale bis zu Detailaufnahmen der Feiernden. Ich kürze mal ab bis zum ersten Take, denn es braucht Zeit, bis alle wissen wohin sie laufen sollen. Orlando und Diane treffen ein, um auf ihrem Königsbalkon zu sitzen und die Feier abzunehmen. Wolfgang sagt, ihr sitzt dann da und lächelt oder so. Orlando wendet ein, naja, ich vielleicht nicht, wo mein Bruder kurz vorher gestorben ist. „Ach, ist auch eigentlich egal was ihr macht, ihr seid da so klein, man sieht euch sowieso nicht." -- Die beiden sitzen also selber da oben, die Musik läuft ab, vom Band natürlich, die Leute fangen an zu hopsen, und die Pferde trippeln vorbei. Sehr schön, aber die Leute sollen mehr hopsen und die Pferde einfach geradeaus weitergehen, nicht hinter der Menge einbiegen. Gut. Schräg gegenüber vom Balkon, unter dem Steve sich mit seinen Monitoren installiert hat, auf der breiten Treppe neben der Hauptkamera, wohin keine Kamera sich umsieht, sitzen sämtliche Zuschauer. Auch die Journalisten lassen sich, wenn sie schon mal da sind, das Schauspiel nicht entgehen. Ich gehe dahin rüber und setze mich auf einen der wenigen noch freien Plätze. Auf „Background Action" dröhnt direkt hinter meinem Kopf die Musik aus dem Lautsprecher, vor den ich mich mit sicherem Griff gesetzt habe, und fast fliege ich mitten auf den Platz; glücklicherweise bin ich den Tag über in genügend Pferdekacke getreten, dass sie mich am Boden hält. Nach dem Take wechsle ich den Platz und setze mich weiter nach links. Inzwischen wird es den Pferden mit den Menschenmassen und der Musik allerdings etwas zu viel, sie straucheln und bocken, bis die beiden am ersten Wagen beinahe durchgehen und in genau meiner Richtung die Zuschauertribüne hochjagen, auf der die Ersten schon panisch wegspringen. Aber der Kutscher sagt Ruhig, Brauner!, sie kriegen sich wieder ein und hoppeln davon. Never a dull moment.

Selbst diese Feier geht irgendwann zu Ende, es kommt nur noch ein Set-up. Orlando und Diane in groß mit kurzem Dialog, und sie sind durchaus zu sehen, die Kamera fährt neben den beiden auf Schienen und schwenkt vom unten feiernden Volk zur Seite auf deren Gesichter; dadurch spart man sich den Loumakran, dessen Aufbau den Zeitplan gesprengt hätte. Wie schon in Sparta ist unten mit Musik und Tanz der Bär los, während des Schwenks aber geht die Musik aus, damit der Dialog klar bleibe, und die Leute sollen leise weiterhüpfen, -tanzen und -klatschen, als wär nichts. Beim ersten Mal erlahmen sie sichtlich, weswegen Gerry ihnen einschärft, die Energie bloß nicht absacken zu lassen, wenn's ruhig wird. Mit jedem weiteren Versuch wird die Aufregung mehr, bis sie zuletzt erst als die Musik ausgeht so richtig anfangen zu feiern und mit den Armen zu wedeln; das allerdings zum Teil so frenetisch, dass weithin zu erkennen ist, wie wenig deren Hände sich berühren. Ist trotzdem egal, man sieht sie im Bild sowieso nicht. Überpünktlich um sieben ist Schluss, und die Statisten streben die Straße hinunter. Einer von ihnen hält Wolfgang auf und beglückwünscht ihn: „Mr. Petersen, when you made *Das Boot*, that was a great Nazi-style film. I loved it."

INT. Agamemnons Zelt, griech. Lager, Strand, Hal Far-Hangar, Malta
Agamemnon ist sauer, dass Achilles eigenmächtig eine zwölftägige Trauerzeit für

Hektor zugestanden hat. Odysseus, Nestor und Triopas stehen dabei und nicken. Das bedeutet, dass alle Action im Zelt stattfindet, wo niemand sein will, weil es eng und heiß ist. Zusätzlich hat man alle freien Stühle von Steves Monitoren weggetragen und keinen Kopfhörer zurückgelassen; die stehen bzw. hängen oben vor dem dortigen externen Monitor. Das bedeutet, dass alles, was etwaigen Zuschauern übrig bleibt, unten bei Steve zu stehen wäre, auf dem kleinen Bildschirm die Action zu verfolgen und zu hoffen, dass ein paar Dialogstückchen aus dem Zelt dringen. So stehe ich vor Steves Monitor und kucke drauf. Um kurz nach elf gehe ich zum Cateringtisch und zapfe mir etwas Suppe in einen Becher. Heute gibt es Tomatensuppe. Dann gehe ich zurück zum Monitor. Neben mir stehen Armin Schneider von Warner London und ein deutscher Journalist namens Meinhard Rohr. Vor dem stummen Monitor stehend, verwickelt er mich in die klebrigen Fäden eines Gesprächs. Er sei ja früher auch leider mal ein Linker gewesen, doch heute könne er Agamemnon verstehen; um ein Imperium zusammenzuhalten, dürfe man sich keine Zimperlichkeiten erlauben. Um nicht leutselig zustimmen zu müssen, stürze ich die heiße Tomatensuppe hinunter und bewege mich ein paar Schritte zu Rob Harris, mit dem ich dann quatsche. Barbara auch. Auf dem Monitor macht Brian Cox den Mund auf und zu. Ich gehe zum Cateringtisch und hole mir eine kühle Wasserflasche aus einer Kühlbox – während des Drehens ist es immer ein bisschen wie früher auf dem Schulhof bei „Wer sich umdreht oder lacht", oder wie das Spiel hieß: Alle laufen oder kaspern herum, und auf Kommando, in diesem Falle „Action", müssen alle festfrieren, dürfen sich nicht mehr bewegen und verlieren, wenn sie es doch tun und dabei möglicherweise Schlurfgeräusche entlassen. Man beeilt sich, zwischen Takes da zu sein wo man hinwill, um nicht z.T. ganz schön lange dumm in der Gegend herumzustehen. – Dann gehe ich zu Nicky Nurses Lager und hole mir eine ihrer Vitaminbrausetabletten, die ich in der Mitte durchbreche, weil ihr Durchmesser zu groß für den der Flaschenöffnung ist, und werfe beide Hälften in die Flasche, die ich wieder schließe. Die fangen darin an zu brubbeln, bis nach wenigen Sekunden das Wasser orange geworden ist und einen köstlichen Trunk ergibt. Ich gehe zurück zu Steves Monitor, wo angekommen ich die Flasche aufdrehe, woraufhin die aufgebrausten Blasen rauszischen. Innerhalb kurzer Zeit trinke ich die Flasche aus, während ich mich wieder unterhalte. Nach einem Take entschließe ich mich, aufs Klo zu gehen, dann bin ich beschäftigt und muss später nicht. Danach setze ich mich in den Trailer und tippe in den Computer, wie ich vielleicht erwähnte ein hervorragendes iBook. Ich bekomme übrigens kein Geld von Apple, um das an dieser Stelle einmal zu klären, sondern möchte einfach, dass viel mehr Leute die Dinger kaufen anstatt dieser blöden Dosen, damit es für uns irgendwann mehr und aktuellere und billigere Software gibt und die PC-Version von Lara Croft Teil VII nicht mehr im Supermarkt für zehn Euro verramscht wird, während Teil IV für Mac gerade erst limitiert und teuer erschienen ist. -- Dann spiele ich eine Runde Doppelkopf. Danach gehe ich wieder zum Set, wo Brian Cox auf dem Monitor herumgeht und den Mund auf-

und zumacht, von oben hört man ihn jetzt schreien und Zeus anrufen. Dann gibt es Mittagessen. Danach gehe ich zurück zum Monitor, wo die anderen stehen, jedoch irgendjemand gemeinerweise auch die restlichen Stühle weggenommen hat. Ohne Sitzplatz werde ich nach einer Weile unstet, schaue beim Cateringtisch vorbei, um mir mit der Espressomaschine einen Espresso zu machen: Dazu stelle ich einen kleinen weißen Plastikbecher unter den Hahn, mache die Klappe vorne auf, schiebe eine dieser Plastikbehälterchen mit Kaffee für eine Tasse in das Loch in der Mitte, klappe die Klappe wieder zu und drücke den Knopf mit der kleinen Tasse drauf. Dann reiße ich ein Zuckertütchen auf und brösele die halbe Menge rein; die andere Hälfte werfe ich weg, denn die benutzt sowieso keiner weiter. Dann rühre ich mit einem kleinen Plastikrührer um und werfe ihn weg, denn den benutzt auch keiner weiter, hab ich alles versucht. Ich gehe zurück zum Monitor und stelle mich neben die anderen. Mit Barbara teile ich mir zum Nachtisch ein Bounty. Auf dem Bildschirm laufen Leute hin und her, weil gerade umgeräumt wird. Irgendwann später ist diese Szene dann zuende. Den Dreharbeiten zu einem großen Hollywoodfilm beizuwohnen kann ganz schön aufregend sein. Gestern zum Beispiel.

INT. Kabine, griechisches Schiff, Hal Far-Hangar, Malta
Als zweites wird heute die kurze Szene hinterhergeschoben, die letztes Mal nicht mehr geschafft wurde und worin Paris Hektor zeigt, dass er Helena mitgenommen hat. Dazu steht das nachgebaute Innere einer Schiffskabine auf einer großen Holzwippe, neben der ein ebenso hohes Gerüst mit Plattform steht, darauf der Loumakran, der die Kamera an seinem langen Hals von oben in die Kulisse hängt, damit sie von den Schaukelbewegungen unbeeinträchtigt bleibt. Gewitzt. Unten am Monitor berät Wolfgang mit Eric, Orlando und Diane die Szene; es geht darum, die paar Dialogzeilen ganz wegzulassen und die drei sich einfach mit unterschiedlich erschrockenen Mienen ankucken zu lassen, schließlich keimt in diesem Moment der erste Weltkrieg. Ursprünglich sollte sinngemäß Hektor Paris anherrschen, was ihm denn einfalle, und sauer hochrennen, während Paris Helena seine Liebe schwört und sie küsst. Für den Eindruck des mundtoten Starrens werden diese Details geopfert, auch weil das Timing nicht wirklich mit den folgenden, bereits gedrehten Sachen auf dem Schiff korrespondieren würde.

Das Ausleuchten der Szene erweist sich als durchaus tricky, schließlich soll es dort unten düster sein und trotzdem jeder gut im Licht stehen, statt wie Orlando anfangs ganz mit dem Kopf im Dunklen. Der künstliche Seegang tut ein übriges, die von außen hereinscheinende, genau nach den Bewegungen der Schauspieler austarierte Beleuchtung zu torpedieren. Letztendlich wird die Wippe abgestellt, um den Lichteinfall weniger dem Zufall zu überlassen, und auch um das alte Seegang/Anschluss-Problem zu unterlaufen. Durch die Verzögerungen bleibt mir nichts übrig als mich umzusehen. Vorne an der Kamera in ihrer Aufhängung ist eine kleine Videokamera befestigt, die ausschließlich die aktuellen Objektiveinstellungen, die per

Fernbedienung justiert werden, auf einen kleinen Bildschirm neben dem Pult mit den Kurbeln für die Kamerabewegung überträgt. Dabei lerne ich den Namen einer dritten Kamerabewegung: dutch, was neben pan (links/rechts) und tilt (hoch/runter) das seitliche Kippen der Kamera beschreibt, die Drehung um die dritte Achse, i.e. jenc die entlang der gedachten Linie durch Objektiv und Magazin verläuft. Und die heißt so, weil die Holländer die Fassaden ihrer Häuser immer schief bzw. nach außen ausladend gebaut haben, um Lasten besser hochzuziehen, so sagt man jedenfalls. Wie auch immer, dutching könne der Loumakran auch. Muss er aber heute nicht – den Seegang macht jetzt einer der Sparks, der eine Lampe, deren Licht durch die vielen Löcher nach unten fällt, über der Kabine hin- und herschwenkt.

Nach Drehschluss ruft Wolfgang noch kurz Roger zu sich ins Zelt, um schon mal das Blocking der morgigen Szene, die Debatte zwischen Agamemnon, Odysseus und Nestor über einen möglichen Rückzug der Griechen, zu beraten: eine lange Dialogszene, in der nicht viel passiert und die daher etwas Blut durch die Mise en scène, die räumliche Inszenierung, gebrauchen kann.

INT. Agamemnons Zelt, griech. Lager, Strand, Hal Far-Hangar, Malta

Am Morgen stehen sie also alle zusammen im Zelt und überlegen, wen man wo hinstellen kann, wer von wo nach wo gehen soll, und wie man das am besten mit der Kamera auflöst. Im Zuge der Überlegungen schält sich heraus, dass Agamemnon während der Szene von seinem Thron aufstehen, geradeaus einen Teppich entlanggehen, sich umdrehen und wieder zurückgehen wird, während Odysseus und Nestor ihm zur Seite und sich gegenübersitzen. Sofort werden Sofas und kleine Tischchen auf die erwünschten Stellen gerückt. Der Master Shot, d.h. der totalste, von dem aus in engere Einstellungen geschnitten wird, blickt frontal auf Agamemnons Thron, rollt im Zuge seiner Bewegung zur Seite hinter Nestor, um mit seinem Gang zurück wieder in die Ausgangsstellung zu fahren; dazu kommen nähere Einstellungen auf Agamemnon in beiden seiner Laufrichtungen sowie Close-ups von Odysseus und Nestor. Sehr schön. Da fällt Wolfgang auf einmal ein, „Und was machen wir mit Triopas?" Hm, ganz vergessen. Der thessalische König sitzt laut Drehbuch mit dabei, hat aber keinen Text. Würde nicht ganz einfach, ihn in das so gut wie fertig aufgelöste Parallelogramm aus Kamerawinkeln und Blickrichtungen einzufügen, außerdem wäre es nicht sehr freundlich, ihn einfach stumm herumsitzen zu lassen wie ein Stück Holz, insofern die existierenden Dialogstücke recht eindeutig auf die drei Personen abgestimmt und festgelegt sind. Es wird beschlossen, Triopas rauszunehmen und Julian Glover für heute vorzeitig zu entlassen, zumal der erst kurz zuvor – in der ersten Szene des Films – samt seinem Reich feindlich übernommene König noch lange nicht zu Agamemnons engstem Beraterkreis gehören dürfte. Nun passt es wieder, und jeder Anwesende bekommt die Aufmerksamkeit die er verdient.

Im Laufe des Vormittags trifft Nicolai ein, Filmstudent in Berlin sowie ebenfalls Sohn von, in diesem Fall von alten Freunden Wolfgangs. Er ist zwei Wochen zum

Praktikum verdonnert und soll nebenbei etwas lernen. Heute ist noch Schontag, ab Montag wird er den Regieassistenten aufs Auge gedrückt. – Zuerst wird geradeaus in Richtung Thron geschossen, mit einer Kamera für den Master Shot und einer zweiten für Agamemnons Close-up. Agamemnon steht auf, regt sich über seine schlappen Griechen auf, schlurft zwischen Odysseus und Nestor hindurch auf die Kamera zu, dreht sich um und schlurft zurück. Danach das Close-up auf Odysseus, der Agamemnon rät, sich zurückzuziehen, bevor wg. Abwesenheit Achilles' noch mehr Griechen sterben, während Nestor seinen übergeordneten König warnt, dass sie sich verwundbar zeigen würden, sollten sie zu diesem Zeitpunkt kneifen. Wie dem auch sei, am Close-up Odysseus' zeigt sich das Trickreiche dieser Szene, insofern Agamemnon zwischen seinen Gesprächspartnern hindurchgeht und sich umdreht, d.h. die Kameraposition für ihn auf die Thronseite wechselt, womit das fragile System der anfangs etablierten Blickachsen, der Leser entschuldige die blumige Ausdrucksweise, gleichsam einen Polsprung vollzieht. Agamemnon sieht nach der Drehung rechts aus dem Bild, wenn er Odysseus anspricht, weswegen nach dem ersten noch ein Close-up auf Odysseus von seiner linken Seite nötig ist, wieder mit dem vollen Dialog, um auch in Agamemnons Gegenposition auf Odysseus schneiden zu können, ohne über die neu etablierte Achse zu springen; so bekommt man für jeden Satz Agamemnons, egal wo er sich befindet, eine räumlich passende Entgegnung von Odysseus. Nichts ist schlimmer als Monate später im Schneideraum zu sitzen und zu merken, dass man seinerzeit etwas zu drehen vergessen hat.

Danach ist Nestor an der Reihe, und auch bei seinem Close-up stellt sich die Frage, ob eins reicht, oder ob er auch in dem Zeitraum spricht, da Agamemnon zwischen ihnen durch-, aber noch nicht wieder zurückgegangen ist. Die Antwort, so erbringt ein Check der Videoaufzeichnungen, ist natürlich sowohl als auch. Wolfgang fragt Anna, die zusammen mit Peter Camera Operator den genauesten Überblick hat, ob sie denn wirklich ein zweites Close-up von Nestors anderer Seite bräuchten, schließlich bedeutet es, dass noch einmal mehr eingeleuchtet werden müsste. Anna meint Ja, um auf der sicheren Seite zu sein. Wolfgang sagt, sie sei gnadenlos. Nestor und die anderen spielen geduldig alles noch ein paar Mal durch, wobei auch heute, daran sei erinnert, die Temperaturen hier im Zelt zum Teil den nervlichen Siedepunkt erreichen, trotzdem diese Szene bei Nacht spielt und die äußeren Scheinwerferbatterien abgeschaltet sind. Der Schweiß jedenfalls auf den Gesichtern der Akteure ist so echt wie der aller anderen. Die Erschöpfung auch, denn irgendwie entzieht ja Hitze dem Körper Wachhormone. In der Mittagspause schlafen Anna und Natalie auf Isomatten im Sand, einer schaukelt gemütlich in der Hängematte der dunklen Schiffskabine, die von gestern noch hier steht. Eine halbe Stunde nach Wiederanpfiff liegt er dort immer noch regungslos. --

Interludium

Sonntag, der 15. Juni. Der berühmte Reiseschriftsteller wollte seinem Titel alle

Ehre machen und stand mit Wecker auf, um auf die fast weitestmögliche Reise des Archipels zu gehen, die Reise nach Gozo. Kurz vor zwölf erreichte er die Straße zur Bushaltestelle und sah voll Panik, dass der gewünschte Bus bereits im anrollen war. Er rollte über die Straße und hechtete durch die offene Tür, wie er es als Bub bei *Starsky und Hutch* gesehen hatte; glücklicherweise stand der Bus gerade an der Ampel. Im Fährhafen im Norden, in dem er schon so viele Stunden verbracht hatte, kaufte er ein biljetto – erwähnte ich, dass Maltesisch aus vielen für uns durchaus kuriosen Wörtern besteht, die aussehen, als würden Deutsche nach dem Gehör Italienisch schreiben? –, bestieg die Fähre und tuckerte davon. Wie so viele andere. Zum Beispiel ein sehr erfreuliches finnisches Pärchen, das neidisch beobachtete, wie der berühmte Reiseschriftsteller in seinem Führer las. Das Mädel frug ihn darauf, ob er ihnen kurz erzählen könnte, was man auf Gozo ansehen müsste, weil sie kein Buch dabeihätten. Er konnte, denn Gozo ist klein. Als Dank boten sie ihm an, ihn in ihrem Leihauto mitzunehmen, das die Überfahrt im Bauch des Schiffes verbrachte, und der Schriftsteller spitzte die Ohren. So geleitete er die beiden, Maja und Jan, nicht ganz uneigennützig auf dem schnellsten Wege nach Ggantija, dem ältesten der imposant noch stehenden neolithischen Tempel des Archipels, denn sonntags besaßen die hiesigen Altertumsverwalter die Frechheit, ihre Preziosen bereits um drei abzusperren und sie damit einem unverzichtbaren Teil ihrer Interessenten quasi zu verwehren, während andere, z.B. organisiert Seniorenreisende, die samstagabends nicht feiern mussten, unverdient bevorzugt wurden. Maja und Jan betrieben in Helsinki eine Musikschule mit Schwerpunkt Jazz und waren nach Malta gekommen, um an so einem Business-Institut einen Kurs in Kreativem Denken zu besuchen, den eine maltesische Fachkoryphäe abhielt. Sie wären skeptisch, meinten aber, so etwas könne nie schaden.

Angekommen, werden wir ohne zu bezahlen reingelassen, weil der Kassierer im Moment nicht weiß wo die Eintrittskarten sind, und wandeln zwischen den großen alten Steinen umher. Da ich zwei Bücher mithabe, auf Deutsch allerdings, sie wie gesagt gar keins, machen sie sich bald auf den Weg nach Victoria mit seiner Zitadelle, wo ich sie ebenfalls hingeschickt habe; beide Orte haben zwei Sterne in meinem Buch. Ich bleibe noch hier. Jan sagt, es sei schon komisch, aber man müsse sich einfach trauen, auf der falschen Seite zu fahren.

Ehrfürchtig gaffend schlurfe ich also durch die steinalte Anlage, der rechte, nördliche Tempel ist ca. 5 000 Jahre her, der linke sogar 5 600 bzw. 5 200 Jahre. Dessen älterer, hinterer Teil in Form eines schematischen dreiblättrigen Kleeblatts erfuhr 400 Jahre später eine Erweiterung: Der Mittelgang wurde verlängert und an dessen Flanken je ein Seitenraum angebaut, der Dreiraumtempel fortan auch anderswo vom Fünfraumtempel abgelöst. Drei Zimmer reichten wohl nicht mehr: Die rituelle Prozession zum Allerheiligsten, i.e. der den Gang abschließende ungerade Raum, durfte darob länger und strukturierter prozessieren; genau wie Jahrtausende später in christlichen Kirchenschiffen die Anzahl der Joche und Seitenkapellen auf dem heiligen Weg zum den Raum abschließenden Chor sich aufblähte. Warum die belehrende Abschweifung? Weil offensichtlich die heilige Überwältigung jedweder Ausprägung dadurch sich potenziert, dass ihr Anlauf gestreckt und dramatisch inszeniert wird; die Voranstellung jener zwei Räume wirkt wie die Erfindung des vierten und finalen fünften Aktes im Drama. Mit entsprechendem Platz für zusätzliche Haupttheilige und deren Handlungen an den Seitenschiffwänden oder in ihnen gewidmeten Kapellen, die in anschwellender Gottesnähe gemeinsam ins Mysterium münden, das wie das Ende eines Films nicht auf der Straße verraten werden darf. Stammt daher die seltsame Neigung der Cinephilen zu sakraler Architektur aller Art, als gebautes Drama, als massenmediale Inszenierung des Geistigen? Vielleicht verallgemeinere ich da auch ein wenig.

Nachdem ich die quakenden Familien kommen und gehen sah, verlasse ich nicht lange vor Schluss den ruhigen Ort mit seiner schönen Aussicht, an dem noch mehr Jahrtausende auf einen herabsehen. Ich wandere hoch ins Dörfchen Xaghra, um einen Bus nach Victoria zu erwischen und muss feststellen, dass es hier drin ganz hübsch ist, wenn man die fensterlosen Klumpbauten des Weichbildes mit dem ausgerechnet chinesischen Restaurant hinter sich gelassen hat, das, wie ganz Malta, mit Superlativen nicht spart: Bestes chinesisches Essen der Inseln, und man denke nicht etwa, es sei das einzige. An einem verschlafenen goldgelben Kirchplatz dämmern Lokale wie das „Café Olympic" vor sich hin, und ein Tourist, der nach dem Weg nach Ggantija fragt und sich demnach sehr beeilen müsste, bekommt von einem vor seinem Laden sitzenden älteren Einheimischen eine wunderbar surreale Wegbeschreibung, mit der er vielleicht sogar eine Stunde früher ankommen könnte. Aber ich habe keine Zeit zum Verweilen. Der gozitanische, so sagt man, Fahrplan ist rätselhafter als der maltesische, und so bin ich im nachhinein dankbar, dass ein vorbeifahrender Taxifahrer, den ich nach den Kosten nach Victoria frage, mir einen Preis nennt, der als um einiges niedriger bei mir ankommt und mich akzeptieren lässt.

Victoria ist fast genauso verschlafen sowie erfreulich hübsch, nur etwas größer, mit einigen verwinkelten Gassen und beschaulichen Plätzen samt goldgelben Barockkirchen, von denen man bekanntlich nicht jede von innen ansehen muss, weil sie sowieso alle aussehen wie ein Istanbuler Juweliergeschäft: rotsamtausgeschlagenes Fransenimitat mit Goldintarsien über karmineingelegtem Marmorfußboden. Ist Gott etwa schwul? Hatte er um 1600 sein spätes Coming-out und gewandete sich fortan in schreienden Fummel? Wohlgemerkt, ich stelle nur Vermutungen an, schließlich war nicht ich es, der die Gotteshäuser derart ausgestattet hat. Jedenfalls hat wohl die Tatsache, dass selbst mein Kunstreiseführer behauptet, außerhalb der Zitadelle sei das Städtchen komplett uninteressant, mit dazu beigetragen, dass es, obwohl bewohnt, beinahe stiller wirkt als Mdina, die sogenannte Silent City. So bleiben Kuriosa wie das kleine Einzimmerlädchen in der Straße westlich vom St. Francis Square, dessen großen Teil eine Wachsminiatur der Heiligen Familie in einer Höhle nebst ausführlicher Rekonstruktion der umliegenden Berglandschaft mit

Bächlein, tausend Hirten, Schafen, Ziegen, Hunden, Enten und diversen weiteren Gebäuden einnimmt, übersehen. Das alte Männlein am Eingang, wohl der Schöpfer der frommen Modelleisenbahnlandschaft, mit deren nicht enden wollender Vervollkommnung er sich bis zuletzt seinen persönlichen Platz im Himmelreich erarbeiten wird, stellt bei eintretendem Besuch das fließende Wasser im Bächlein an und bedeutet mir, ich dürfe auch fotografieren, was ich ihm zuliebe tue. Bestimmt waren die Hauptfiguren vor Jahren fertig, und seitdem setzt er hier noch ein Schäfchen und da noch ein Bäumchen auf ein neues Hügelchen, um ja keinen Winkel dieser seltsamen Labour of Love ungefügt zu lassen, die anscheinend erst in der anstrengenden und ausdauernden Detailarbeit nach und nach ihren Sinn erfüllt. Erinnerungen steigen hoch an Besessene wie Simon Rodia, der über 30 Jahre lang allein an seinen Watts-Towers in LA baute, oder auch an Werner Herzog, der in den Siebzigern, als die alte Lotte Eisner in Paris schwerkrank darniederlag, statt hinzufliegen allen Ernstes ohne Zeit zu verlieren wie ein mittelalterlicher Flagellant zu Fuß von München bis zu ihrem Pariser Haus wanderte, um sie auf diese Weise zu retten. Eisner lebte danach noch ein paar Jahre, und Herzog schrieb ein Buch über seine persönliche Via Dolorosa. Schon komisch, worüber die Leute alles ihre Bücher schreiben.

Der Aufstieg zur Zitadelle am Independent Square ist nicht zu verfehlen, denn direkt an der Ecke ist ein Kino mit vielen Filmplakaten dran. Soderberghs *Solaris* läuft auch bald an; Gozo ist wie Mecklenburg, alles passiert hier fünfzig Jahre später. Die Zitadelle ist schön goldgelb, auch wenn außer der Kathedrale nicht mehr allzu viel steht. Das Archäologische Museum ist selbstverständlich geschlossen. Die Kirche ist erst zu und dann sogar offen, und als ich vorsichtig hineinluge und ausschließlich Touristen entdecke, die scharenweise in Hosen und sogar Röckchen rumlaufen, die nicht viel länger sind als meine, traue ich mich hinein. Warum auch nicht, gerade in Barockkirchen werden ja wohl knapp bekleidete Männerbeine … ich schweige lieber und horche, höre aber kein wütendes Donnern. Die Aussicht von den Mauern der Zitadelle ist sehr schön, die Bar with a view aber leider verrammelt, weswegen ich mein Bier unten auf dem gemütlichen baumbestandenen Platz einnehme. Rechtzeitig mache ich mich auf den Weg, um den Bus zum Hafen und dort die Fähre und drüben wieder den Bus zu kriegen, um nicht längere Strecken Taxi fahren zu müssen. Denn Zeit ist Geld, wie Maja und Jan, womöglich als einzige Essenz, aber dick verpackt, in der nächsten Woche zu hören bekommen werden.

EXT. Große Treppe, Palasteingang, Troia, Fort Ricasoli, Malta

Und hin und her geht es, heute wieder ins Fort, wo der nigelnagelneue Palasteingang inzwischen von seiner abgedrehten Abdeckung befreit und eine breite Treppe nebst neuem Portal zum Vorschein gekommen ist, hinter welchem eine ebenso neue Empfangshalle wartet. Hektor, Paris und Helena schreiten nach ihrer triumphalen Rückkehr vom letzten Montag die Stufen zum Palast empor, wo Priamos sie freudig empfängt, auf Türmen sind feierliche Standarten mit dem troianischen Wappen aufgestellt. Um nebenbei eventuellen Nitpickern ausnahmsweise den Spaß zu verderben sei angemerkt, dass dabei nicht etwa der Hund sich in den Schwanz beißt, weil die Troianer ihr Troianisches Pferd zum Wappentier erkoren hätten, lang bevor sie ihm zum Opfer gefallen sind, sondern dass die rossebezähmenden Troer selber, gleich ihren hethitischen Nachbarn, bei Homer Meister des Pferdehütens bzw. -ausbildens waren. Zur Versöhnung sei den Nitpickern als kleines Geschenk überreicht, dass im zweiten vorchristlichen Jahrtausend die Leute höchstwahrscheinlich noch nicht gewohnheitsmäßig auf Pferden geritten, schon gar nicht im Kriege, sondern nur im Wagen hinter ihnen hergefahren sind. Na, ist das was?

Am Nachmittag vorher war Wolfgang bereits zu Besuch auf diesem grandiosen Set, stieg die Treppe hoch, sah sich um und dachte: Scheiße! Man ist dort so weit oben, dass man in beinahe keine Richtung schießen kann, ohne eine weite Aussicht auf das Meer oder bis rüber nach Valletta zu genießen. Das passt nur leider nicht nach Troia, weshalb riesige Blue Screens aufzustellen wären, wohin man auch blicken will; das sogenannte Rotoscoping, d.h. alles in Visual Effects per Hand rauszupixeln, würde viel zu langwierig und teuer. So dauert es am Montag, weil wenigstens zwei enorme Blue Screens in Position gebracht werden, eine, über die ganze Breite des Palastes, am Fuße der großen Treppe, die andere hinter dem seitlichen oberen Wehrgang. Auf der gegenüberliegenden Seite steht der Loumakran und empfängt Hektor, Diane, Tekton samt deren Gefolgschaft – und natürlich Paris, der für einige fiebernde Anwesende bisher nur Legolas ist: Eine Gruppe von sechs südafrikanischen Studenten samt zwei Lehrenden einer Medienhochschule in Kapstadt sind eingetroffen und dürfen eine Woche als Besucher zusehen, deren einige weibliche Mitglieder durchaus gewillt sind, für einen Blick auf den echten dunklen den geliebten langen blonden Schopf sich wegzudenken.

Doch einmal mehr zieht sich alles hin, sei es, weil Peter beim willkommenheißenden Armausbreiten mit einer Hand im Ärmel festhängt, sei es vor allem, weil allgemein die Koordination der Bewegung der eine Treppe heraufkommenden Gruppe mit der des sie empfangenden Priamos und der Kamerabewegung Zeit braucht, bis weder Löcher entstehen noch jemand verdeckt wird. -- Nicolai derweil trägt jetzt auch ein Walkie-Talkie und bringt den Leuten Suppe oder Schnittchen – was man als soundsovielter Regieassistent eben so zu tun hat.

-- Das Close-up von Helena, während Priamos sie begrüßt, wird noch um Paris herum gedreht; seine Lücke wird notdürftig verstellt und seine wenigen Worte spricht Wolfgang ein. -- Und zumindest die Studenten sind auf ihre Kosten gekommen, sie sind durch ganz Troia bis hinauf in die Empfangshalle des Palastes gelaufen, das Pferd stand noch von Donnerstag auf dem Platz, und haben außer Brad und Rose, die ab morgen dabei sind, einen guten Teil der wichtigen Schauspieler bewundern dürfen, sogar Sean und Brian waren da, um sich für Second Unit bereitzumachen. Daraufhin erzählen sie stolz, wer sie dafür zu Hause alles umbringen wird.

INT. Agamemnons Zelt, griech. Lager, Strand, Hal Far-Hangar, Malta

Der letzte Tag in Agamemnons Zelt, überhaupt der letzte Tag im Hangar, worüber wirklich niemand traurig ist. Es ist die Fortsetzung jener Szene angesetzt, worin Agamemnon Briseis in sein Zelt zerren lässt und Achilles sauer wird. Drei Kameras in verschiedenen Bildgrößen sind installiert, mit einem Master Shot von schräg oben auf den ganzen Raum --. Ansonsten hat man viel Muße, den Südafrikanern zu zeigen, wie die Espressomaschine funktioniert, weil der Master Shot nicht viel Platz im Zelt für Besucher lässt. Der Gegenschuss auf Brad lässt mehr Raum, aber niemand möchte die Zelttemperatur unnötig erhöhen. Leider nur bekommen auf diese Weise die anwesenden Südafrikanerinnen Brad gar nicht in Lebensgröße zu sehen, nur auf dem kleinen Bildschirm, und philosophieren sinngemäß über Tantalusqualen; Nicolai währenddessen ist aufgestiegen und bedient, abgesehen vom Essenrumtragen, zeitweise das rote Licht und die Sirene, die „Rolling" und „Cut" markiert.

INT. Achilles' Zelt, griechisches Lager, Strand, MFS, Malta

Heute haben wir eine nicht ganz unheikle Szene, insofern Achilles von der Schlacht zurück in sein Zelt kommt, wo seine Leute ihm die gefesselte Briseis zum Vergnügen hingesetzt haben, und sich erstmal auszieht und wäscht. Ein R-rating heißt „ab 17 ohne Elternbegleitung erlaubt", NC-17 dagegen, dass schlicht niemand unter 17 rein darf. Klingt faktisch nach keinem großen Unterschied, ist es aber in der öffentlichen Wahrnehmung. Natürlich würde man Brad nicht ganz und von vorne sehen, trotzdem könne das in den puritanischen USA Probleme bereiten. --

Unseren südafrikanischen Besuchern, die ebenso wie einige am Set nicht unabkömmliche Mitarbeiter die lange heiße Phase des Tages vor der Halle bei Zelten, Pferden und ungewaschenen Myrmidonen verbringen, wird trotzdem nicht groß langweilig; von Kevin bekommen sie eine Führung durch sein Art Department, wo Palastmodelle sowie kleine Troianische Pferde herumstehen, und hinterher durch diverse Manufakturen für Requisiten und Waffen. Danach laufen wir die andere Seite der Filmstudios hinunter, an einem verrosteten U-Boot-Teil vorbei zum Wassertank, dessentwegen viele Wasserfilme nach Malta ziehen: ein riesiges flaches Becken, ungenutzt ziemlich nackt und verrostet, dessen zum Meer ausgerichteter Beckenrand niedrig genug ist, dass ständig Wasser überläuft und damit die Illusion einer ungebremsten Wasserfläche bis zum Horizont erzeugt. Auch schön. (Wer übrigens betreffs der Drehberichterstattung eine zweite Meinung einholen möchte, der kann dies im Reisetagebuch jener Studenten tun: *www.cityvarsity.co.za/malta.htm*). Nicolai hingegen hat heute u.a. drei Stunden vorne am Wasser in der knalligen Sonne gesessen, um aufzupassen, dass keine dicken Schiffe im falschen Moment vorbeifahren. Ich vergaß zu fragen, mit welchen Maßnahmen er sie aufgehalten hat.

EXT. Garten, Palast von Troia, Fort Ricasoli, Malta

Nun stirbt er wirklich, nachdem wir letztes Mal bereits seine Seele in den Himmel begleitet haben, obwohl die bei den Griechen eigentlich nüchtern ins Erdreich sackte; vielleicht bedeutet die Kraneinstellung des toten Achilles ja, dass er und nicht dieser nazarenische Wanderprediger der erste Christ war; viel mehr Pfeile hat der Heilige Sebastian auch nicht abbekommen. Oder Achilles ist mit dem letzten Atemzug Troianer geworden und, wie bei den benachbarten Hethitern, als König sterbend zum Stern am Firmament aufgestiegen. Oder es war einfach ein geiler Schuss. Egal, jetzt sehen wir die Vorgeschichte, was bedeutet, dass der Turnus wieder auf Nachtdreh herumschwingt.

Zur gründlichen Vorbereitung geht man am Abend vorher in eine Kneipe oder Bar, wozu sich im Partyviertel Paceville stets das „Fuego" anbietet, weil es voller Crewleute ist, und lässt sich mit Augenmaß vollaufen, um gut auszuschlafen und den Rhythmus zu wechseln. Wenn man Glück hat, trifft man dabei auf Leute wie Freddy, wie wir ihn einmal sicherheitshalber nennen, die einem lustige Geschichten erzählen, die man dringend in sein Buch schreiben soll. Nicht unbedingt von diesem Set, aber hey. Da war zum Beispiel dieser Film mit diesem Schauspieler, der sich aus irgendwelchen Gründen mit Freddy überwarf, sich in einer Kneipe mit ihm kloppen wollte und am Ende, wie auch immer, im Krankenhaus aufwachte. Die Dreharbeiten mussten für zwei Monate unterbrochen werden, was verdammt viel Geld kostet, Freddy flog in hohem Bogen raus und landete vor Gericht. Dort verhaspelte sich die Gegenseite, und Freddy kam mit einer sanften Geldstrafe davon, durfte jedoch erstmal vergessen, in dieser Stadt wieder Arbeit zu kriegen. Da kam sein jetziger Boss des Weges, der ihn prompt anstellte, weil er jenen versehrten Schauspieler auch nicht leiden konnte.

Der folgende Abend beginnt dort, wo wir letztes Mal aufhörten: Achilles kniet über Briseis, will ihr aufhelfen, und sie schreit auf als sie sieht, dass Paris wie wild auf ihren Schatz anlegt. Paris? Orlando ist, wie wir uns erinnern, im Moment gar nicht da, sondern unterwegs für *Pirates*. Was tun? Orlandos Stand-in, das Lichtdouble, einfach zum echten Double machen, etwa die gleiche Statur hat er ja, und er wird sowieso nur über die Schulter zu sehen sein, weil der obere Teil des Gartens längst abgebaut ist und sich zum Palasteingang gehäutet hat. So bekommt der geduldige Manwel Orlandos Bogen, Rüstung und Frisur verpasst und darf ungelogen die ganze Nacht oben an der Brüstung stehen, ohne etwas anderes zu tun als Blickrichtungsmarke für Brad zu sein. Das hätte natürlich auch jeder andere tun können, oder ein Kleiderständer, aber er ist ja nun mal da und kriegt Geld dafür.

Unten auf dem Rasen, der übrigens in einem Kühltransporter aus Sizilien eingeschifft werden musste, weil es auf ganz Malta keine Grassoden zu kaufen gibt, wird Paris' erster Treffer vorbereitet, der Pfeil in Achilles' Sehne zwischen Ferse und Unterschenkel, die dank Paris nun einen Namen hat. Dazu wird der Rasen hochgeklappt, ein rundes Loch in den Holzboden gesägt, der Rasen wieder zugeklappt und ein kniendes Gummibein darübergelegt, in das Brad, durch ein Loch im Knie, mit seinem Bein schlüpft. So steht er auf seinem Bein, dessen Gummikopie auf dem

Rasen kniet und statt seiner den Pfeil abbekommt, damit es nicht so wehtut. Der hohle bzw. röhrenförmige Pfeil selber steckt auf einer Druckluftpistole, die über den bekannten Nylonfaden mit dem Ziel verbunden ist, und fährt auf diesem entlang in Achilles' Bein, der sich zuletzt statt in 24 in 48 Bildern pro Sekunde, d.h. in Zeitlupe aufbäumt. Und das so um die gefühlten 30 Mal. Jedenfalls dauert es ewig, jeden Take vorzubereiten, auch wenn es für die Schauspieler mitunter kurzweilig wurde: Wer längere Zeit in so einem Plastikbein steht, beginnt zu schwitzen, was, wie jeder weiß, der Reibung mit ebenjenem Material furzende Geräusche entlockt. Doch Brad kann Rose jedes Mal beruhigen. Nebenbei, sollte vielleicht dieses Gummibein der wahre Kern jenes hartnäckigen Gerüchts sein, Brad habe ein Beindouble gehabt?

Danach ist keinesfalls Schluss mit Pfeilen, bekanntlich steht Achilles auf und wankt auf Paris zu, während der ihn vollpumpt. Und das wird auch noch in Stückchen gefilmt, die später wenige Sekunden ausmachen; schließlich reißt Achilles sich erst einen Pfeil aus der Brust, bevor er die volle Packung bekommt, und für jeden Abschnitt seiner letzten Meter wird eine andere Version der Rüstung präpariert, mit neuen Löchern, mehr Blut und mehr befestigten Drähten. Und doch bleibt letztlich alles an Brad hängen, der einen Pfeil, der an ihm abprallt und auf dem Draht ein Stück zurückrutscht, sich mit Verve selber in die Brust steckt. Das Kommando „Cut. DVD." ist inzwischen gleichbedeutend mit „Cut. Und gleich nochmal, weils so schön war."

Können sie haben, es fehlen noch die drei Pfeile auf einmal. Brad wankt, die Kamera fährt vor ihm her, neben der Kamera gehen drei Special-FX-Leute rückwärts, jeder mit einer Pfeilpumpe in der Hand, und sehen zu, dass ihre Drähte straff bleiben. Action, Achilles zieht sich den vorigen Pfeil raus, fängt dafür drei weitere, pfupp, pfupp, pfupp. Anna nörgelt, dass Brad sich den rauszuziehenden Pfeil fünf Zentimeter über das präparierte Loch gehalten hat, „Call me old-fashioned". Nochmal. Und nochmal. Bald, es ist knapp fünf, fällt jemandem auf, dass die Pfeile aus dem falschen Winkel kommen, nämlich von ebener Erde, obwohl Paris sie letztes Mal oben von der Treppe verschossen hat. Hm, das ist ein Punkt. Es wird hin und her überlegt, ob es reicht, wenn die Jungs ihre Pistolen einfach hochhalten, aber das Ergebnis befriedigt nicht. Man beschließt, den Rest auf morgen zu verschieben und bis dahin eine schiefe Ebene zu bauen, um den korrekten Winkel einzuhalten. Kurz vor Schluss kommt Nicolai vorbei und fragt wie's denn alles war. Er habe die meiste Zeit unten hinter dem Palast abgesperrt.

Am Freitagabend haben die Grips neben der Kameraschiene bereits eine Schräge aus Holz gebaut, die den Einschusswinkel einigermaßen korrekt wiedergibt und die die Pfeilabschießer nun im Takt mit der Kamera und dem wankenden Achilles rückwärts hochgehen. Doch irgendwie haut auch das noch nicht hin, denn am Ende stecken die Pfeile in sehr unterschiedlichen Winkeln in seiner Brust. Haben auch alle ihre Pistolen richtig gehalten? Eigentlich ja, jedenfalls beim nächsten Take, in dem trotzdem die Pfeile wieder kreuz und quer stecken. – Die Lösung ist schlicht, denn beim Vorwärtstorkeln schwankt Brads Oberkörper ebenfalls auf und nieder und verändert seinen Winkel zur Phalanx der Schützen, sodass selbst parallel auftreffende Pfeile sehr verquer aufgefangen werden. In der Realität würde es zwar nicht anders sein, aber des ansonsten verwirrenden optischen Eindrucks wegen bemüht sich Brad, seinen Oberkörper im Moment heransurrender Pfeile gerade zu halten. Die Realität sieht eben manchmal etwas schräg aus. Aber jetzt stecken die Pfeile wunderschön parallel.

-- Da warens nur noch zwei, und fortan schwenkt die Kamera auf Brads Gesicht, der – „No problem, I'll fake it"– beim dritten Pfeil getroffen zusammenzuckt. Das hat er schon tausendmal gemacht, denn bereits in einer längeren Pause, als seine Rüstung neu präpariert wurde, haben sie seine Close-ups gedreht, während die Pfeile in ihn fahren. Als Signal des Treffers klappt Gerry eine große Klappe zu, deren Knall außer Achilles nur noch Wolfgang hinten am Monitor jedes Mal zusammenzucken lässt: Dem wahren Erzähler sind alle seine Figuren in der eigenen Brust versammelt. Die Close-ups selber waren keine leichte Sache, denn sie wurden wieder mit 48 Bildern gedreht, d.h. mit doppelter Kamerageschwindigkeit – also im Film doppelt gedehnter Bewegungszeit –, was die Verschlusszeiten und damit die Schärfentiefe derart verkürzt, dass es beinahe unmöglich ist, den auf die Kamera unregelmäßig zuhinkenden Achilles von Anfang bis Ende scharf zu behalten. Selbst Simon Hume, der, wie Paul Sound beim Bier schwärmte, beste Focus Puller der Welt, der normalerweise schon mal mit der einen Hand und nur nach Augenmaß den – unmarkierten – Schärferegler bedient, während er aus der anderen Hand einen Schluck Tee trinkt, hatte hier seine Probleme, sodass auch dieses Set-up wie gewohnt länger dauerte als gedacht. – Nebenbei wird öfter mal auf Verdacht in Zeitlupe gedreht, selbst wenn man es im Endschnitt nicht benutzt; dann werden eben am Schnittcomputer die überzähligen Bilder rausgenommen. So einfach ist das. Und so entstehen die Sequenzen mit abrupten Wechseln der Laufgeschwindigkeit, die man neuerdings so gern hat.

Irgendwann ist selbst das alles geschafft, und es kommt das letzte Set-up für heute: die Einstellung über Paris' Schulter auf Briseis, die vom Rasen aufsteht und auf ihren Cousin zuläuft, um ihn davon abzuhalten, ihren Helden zu töten – endlich zahlt sich aus, dass Paris' Double seit gestern Abend in Kostüm und Maske bereitsteht. Interessant ist auch, dass gedehnte Müdigkeit offensichtlich körpereigene Alkoholenzyme ausschüttet, insofern auf die Dauer alle Beteiligten deutlich fröhlicher und der ernsten Angelegenheit irgendwie unangemessener sich gebärden; mein alter Freund J., der Arzt geworden ist, versuchte einst, allerdings aus anderem Anlass, solche Augenblicke mit dem Ausdruck der Schlafentzugseuphorie zu rationalisieren. Wie dem auch sei, Rose rennt los, schreit ihren Cousin an, dreht sich zu Brad um, ihre Gesichtszüge entspannen sich, und sie ruft „Hi!" – „Oh, hi! Was machst du denn hier?" – „Och, ich wollte da mal eben meinem Bruder was sagen, oder was immer der ist..", um die Zeit nach dem Umschnitt produktiv zu nutzen. Kurz darauf geht Wolfgang zu den beiden rüber, um Rose Anweisungen zu geben, stößt mit dem Fuß an den einzeln herumliegenden Kopf des Soldaten, sagt knapp „Oh, sorry" und geht seines Weges; sein Schuh bleibt bis zum nächsten Tag rot vom versprühten Kunstblut und Bernies frischer Wassermelone. -- Angekommen am Ende der Nacht, wird der Rest auf Montag verschoben. Irgendwie ist Achilles doch unverwundbar.

Interludium

Das Interludium magnum – Samstag Turnaround-Tag nach Nachtdreh, d.h. gründlich ausschlafen, Sonntag, den 22. Juni frei und Montag erst wieder abends – verbrachte der berühmte Reiseschriftsteller nicht etwa in seinem Element, der dunkel lockenden Wildnis, sondern größtenteils auf der Hotelterrasse und im Mittelmeer. Die Arbeit eines Reiseschriftstellers macht, was sein ergebenes Publikum vor Bewunderung gern vergaß, nur zur Hälfte das Reisen aus, die andere Hälfte besteht nun mal, wie die geschützte Berufsbezeichnung klar festlegt, aus dem Schriftstellen. Und dem in-der-Sonne-Liegen und *Spiegel*-Lesen, z.B. immer noch den von vorletzter Woche über den Wettlauf zum Mars; in der mit Arbeit vollgesogenen Fremde verging die Zeit einerseits sehr schnell, andererseits quälend langsam. Doch selbst diese vermeintlich harmlosen Vorhaben hatten es in sich und bedurften des beherzten Eingreifens eines bis zum zerreißen alerten Reiseschriftstellers, der die Wunder und Schrecken der Welt gesehen hatte: Der Abstieg über die glitschig-verschlungen bewachsenen Felsen vor dem Hotel hinunter ins Mittelmeer war stets begleitet von dunkel lauernden Seeigeln, die in jenem Sommer als sehr blutdurstig galten.

Abends beim Essen freut die Runde sich über die Zahlen von *The Hulk*, der sich anschickt, am ersten Wochenende gut 60 Millionen Dollar einzuspielen, auf jeden Fall mehr als realistischerweise erwartet. Schön für Eric, gut für uns, alle zufrieden.

Eines weiteren Abends, zwischen Bieren, saß derselbe abgebrühte Reiseschriftsteller an der Bucht der St. George's Bay und starrte aufs Wasser. Es gesellte sich ein junger Einheimischer zu ihm, der ihn nach der Uhrzeit fragte. Der Reiseschriftsteller zog sein mobiles Telefon aus der Tasche, warf einen treffenden Blick darauf und antwortete freundlich sowie wahrheitsgemäß. Statt sich höflich zu bedanken und sich zu trollen, setzte sich der Einheimische neben den Reiseschriftsteller, der sichtlich nicht zum Quatschen aufgelegt war, und erklärte, dass er dann aber bald ins Bett müsse, weil er am folgenden Morgen wieder früh aufzustehen habe. Normalerweise schlafe er auch immer bis Mittags, aber morgen gehe das nicht. Doch statt Worten Taten folgen zu lassen, fragte der Einheimische sodann, wo der Reiseschriftsteller denn herkomme. Ah, Deutschland. Und ob ausgerechnet er als Reiseschriftsteller hier Urlaub mache; der entgegnete entrüstet, nein, er arbeite an einem Film, nebenberuflich natürlich. Aha. Der Einheimische eröffnete, er sei auch Schauspieler. Auch!? Naja, singen tue er auch, an jenem Abend bereits zweimal, da hinten in so einem Laden. Der Film mit Brad Pitt? Ja. Und außerdem werde er bald ein Nokia 357blubb kaufen, um dann das Logo von Manchester United aufs Display zu tun sowie als Klingelton die deutsche Nationalhymne einzubauen. Na Mensch, blieb der Reiseschriftsteller vorbildlich höflich. Darauf sagte der Einheimische, tue ihm leid, aber er müsse jetzt wirklich los, und trollte sich. Der abgebrühte Reiseschriftsteller zwang sich einzugestehen, dass wirklich kein Reiseschriftsteller abgebrüht genug sein kann, um sich von Maltesern nicht mehr erstaunen zu lassen.

EXT. Garten, Palast von Troia, Fort Ricasoli, Malta

Nun aber. Während des offiziellen Abendessens bereits setzen sich Wolfgang, Brad und Rose auf den Rasen des Palastgartens, um Ablauf und Komposition der Sterbeszene zu proben. Auf den Rasen übrigens, den Nigel nur widerwillig eingebaut hat, weil er meinte, an so einen Platz gehöre ein reflektierender Teich, und wo die Zypressen sind, müssten eigentlich Säulen stehen, wie beim Tadsch Mahal. Im Drehbuch aber, so seinerzeit das Argument, gebe es die finale dramatische Dialogszene zwischen Achilles, Briseis und Paris, an deren Ende jener explizit dem Kampfesleben abschwört, wie der Heilige Galgano sein Schwert in den Boden rammt und nach den Abschiedsworten stirbt. Daher sollte es unten im Garten irgendwo einen Boden geben, worein er sein Schwert rammen kann, logisch. Also her mit gekühlten Grassoden von Sizilien. Genauso die Zypressen, denen es in ihren Töpfen langsam gar nicht mehr gut geht, weshalb mitleidige Seelen sie stellenweise grün angesprüht haben.

Heute Nacht fliegen keine Pfeile mehr, heute wird nur noch gestorben. Achilles sinkt getroffen zu Boden, rupft sich die Pfeile aus der Brust, Briseis läuft entsetzt zu ihm, und sie haben ihren letzten schönen Dialog. Früher am Tag, als Vater und Sohn bereits austariert haben, wo wer liegen könnte, hat der Vater noch die Pietà-Variante favorisiert und sich vom Sohn verschiedene Referenzbilder beschaffen lassen. Aus dem Internet, dem globalen Füllhorn. Bei den Proben dagegen stellt sich heraus, dass zum einen diese kanonisierte Form nach rund 500 Jahren eine etwas abgegriffene Art ist, in den Armen eines geliebten Menschen zu sterben, zum anderen, dass es mit dem Dialog etwas unbeholfen aussehen könnte. So schlägt Brad die realisierte Form vor, dass beide sich gegenüberknien, bis er sterbend vor sich hin schwankt. --

Als er nach viel Vorbereitung wieder dort sitzt, mit Kostüm und aufgesprühtem Schweiß, und leise seine letzten Worte sagt, quellen am Monitor durchaus die Augen einiger Leute umher, auch wenn sie nicht jedes seiner Worte hören. Barbara lehnt sogar das angebotene Bounty ab. --

Der Gegenschuss wird umso heikler, insofern die beiden sich vorher auf unterschiedlichste Weise in den Händen hielten. Zehnmal öfter als sonst rennt Wolfgang zum Monitor, lässt sich verschiedene Lieblingstakes vorspielen und zeigt ihnen, wo und wie sie die Hände hatten und ob sie das nochmal so oder ähnlich machen könnten, damit es im Schnitt nicht so viel Schweiß gibt. Orlandos Stand-in/Double ist übrigens auch da, sitzt die ganze Zeit wieder rum wie Falschgeld und geht morgens unverrichteter Dinge nach Hause. Der Schuss, für den man ihn vielleicht gebraucht hätte, ist sowieso Bonus, der nicht mehr geschafft wird. Nicolai übrigens steht heute öfter oben auf dem Palast rum, er hat sich heimlich freigenommen und sein Walkie-Talkie mit Knopf im Ohr abgelegt. Der auch als Praktikant besuchende Nikolas dagegen, noch ein Sohn, diesmal von Klaus Doldinger, durfte in dieser Woche vom Production Office zum Set umziehen und Nicolais letzten Posten übernehmen: hinterm Palast gegenüber der Mauer sitzen und absperren, wo sowieso niemand langwill. In unregelmäßigen Abständen „Rolling", „Cut" und „Goin' again" rufen. Im Dunkeln und die Nacht hindurch. Nicolai sagt, das bilde den Charakter. Zumindest kann man in den Pausen mal hoch zum Set hüpfen oder sich am Cateringtisch den Bauch vollschlagen, immer noch besser als drüben im Production Office Call Sheets zu kopieren. Oder auch, wie es so schön heißt, Perfolöcher zu stanzen.

Der traurige Höhepunkt, organisationstechnisch noch vor dem Umbau für den Gegenschuss gedreht, ist erschreckend schlicht: Achilles wankt auf Knien und fällt um. Das Gewürz an der Sache: Der Rest ist schon fertig, er musste, wir erinnern uns, wegen der aufwendigen Kabelaktion mit Kran am Anfang fertig sein. D.h., Brad muss zumindest ungefähr so hinfallen und liegenbleiben, das Schwert ungefähr da stecken wie einst. Brad fällt. Cut, sehr schön. -- Neben ihm steckt das Schwert im Boden. Er hatte es in den Boden gerammt, als er getroffen auf die Knie sackte. Das Dialogstück, das dies hätte motivieren sollen, ist schon länger einer Drehbuchrevision zum Opfer gefallen, die Geste hat, vielleicht unbemerkt, überlebt. Wo wir schon Gras von Sizilien haben. Schon eigentümlich, auf welche Weise kleine, eigentlich überlebte Episoden oder Motive als Atavismen einer physiologischen Frühzeit in ihrer Lücke überleben – wie die Verdickung oben am menschlichen Ohr als Relikt früher Spitzohrigkeit –, ohne von der dramaturgischen Evolution je ganz fortgewaschen zu werden. Einzig gegen Nigels reflecting pool hätte jetzt nichts mehr gesprochen.

EXT. Hauptplatz, Troia, Fort Ricasoli, Malta
Heute ist der große Tag, an dem das Endspiel angepfiffen wird, bzw. das letzte Relegationsspiel um den Abstieg Troias in die historische Bedeutungslosigkeit. Ein Heimspiel zwar, doch mit dem Nachteil des zuversichtlichen Schlummers der Hausherren, sich darauf verlassend, dass im Ernstfall die Götter es schon richten werden. Das Holzpferd steht im Dunkeln ominös allein auf dem großen Platz, und die Exekutoren des Untergangs warten in seinem Inneren auf das Signal des Zuschlagens: Action. Doch vorerst dürfen sie lange warten, die Vorbereitung der Katastrophe braucht ihre Zeit. Der Besucher, der in dunklen Stunden unvorbereitet das Gelände des Forts betritt, wähnt sich unwillkürlich auf dem Potsdamer Platz in seinen besten Tagen: An jeder Ecke – am Palast, hinten in der troianischen Straße, vor dem troia-

nischen Tor – produzieren Flutlichtanlagen punktuelle Tageshelle, zahlreiche Kräne ragen in den kleinasiatischen Himmel, röhrender Baulärm erschüttert die Troas. First und Second Unit sind heute Nacht gleichzeitig hier zugange, wir sehen zu, dass die Griechen aus ihrem Pferd gekrochen kommen, die anderen übernehmen u.a. die lang überfällige Aufgabe, in einer Nebenhalle des Palastes Archie umzubringen und ihn von der Brüstung zu schmeißen.

An einem Kran hängt, von allen Seiten des Platzes mit dicken Drähten stabilisiert, ein weißes flaches kastenförmiges Gebilde wie ein landendes Ufo über dem Pferd, vielleicht knapp so groß wie dessen Grundfläche; Lichtergruppen darin erzeugen durch die transparente Umhüllung diffuses Nachtlicht. Ein großes Gerüst neben dem Pferd, das Second-Unit-Regisseur Simon Crane für eine aufwendige Kranaufnahme – natürlich den Simon-Crane-Shot: irgendwie um das Pferd herum, während seine Stuntjungs da rausklettern – gebraucht hätte, wird wieder weggeschoben; sie hätte die halbe Nacht in Anspruch genommen, die die First Unit selber gut gebrauchen kann. Also sind es drei normale Kameras und eine am Loumakran, die darauf warten, dass die Eindringlinge sich zeigen; letztere muss bei ihrer Niederfahrt gut drauf achten, dass sie neben dem Kopf des Pferdes genug Platz am Nachthimmel lässt, wo später der Palast einkopiert werden kann. Spät am Abend erst gibt es Aktion: Kameras schwingen, Luken am Pferd klappen auf, rustikale Stuntmen klettern heraus und hangeln an Seilen runter, zuletzt Dave, Brads Stuntdouble, der heute mal richtig zurechtgemacht ist. Sehr schön, obwohl noch viele Unterhosen zu sehen waren, das muss besser werden. Wäre auch vielleicht eine Spur zu pikant für die Nick-Leute.

Es fehlt noch Achilles, der als Brad zumindest unten ankommen sollte; sein Double in der Totale vorher hätte nicht für ihn loslaufen können – er wurde an einem Draht hängend abgeseilt und wäre demnach nicht weit gekommen. Dann ein kurioser Anblick: Drei Brads stehen nebeneinander, Stand-in, Stuntdouble und der echte, mit zunehmendem Grad der Bildschärfe. Dieser nun baumelt am Seil, lässt sich ins Bild fallen und rennt davon, nicht mit den anderen zum Tor, um den anderen aufzumachen, sondern allein in Richtung Palast zu Briseis. Wohin denn genau? Och, meint Wolfgang, wenn man zwölf Stunden in dem Pferd gehockt hat, werde man wohl wissen, wo man hinwill. Stimmt, Brad landet auf einer Sportmatte und rennt ziemlich zielstrebig die Straße hinauf. Wieder problemlos, ein paar Mal durch, fertig. Was jetzt?

Auch der Rest ist Schweigen: Sean Bean kuckt aus einem der Löcher und hangelt sich auf ein nebenstehendes Gerüst. Das passiert bereits im Wettlauf mit der aufgehenden Sonne. Geschehen ist heute nicht viel, zu sehen war umso mehr: das Pferd in voller Pracht, dazu die simultan heruntergleitenden Jungs. Die Frage kursierte, was wohl mit dem Ding werde, wenn Troia verbrannt ist; erstmal müssten sie das ja einpacken und in Mexiko auf den Strand stellen, aber dann? Vorschläge wie Theme Parks, Cannes, Museen oder Wohltätigkeitsversteigerungen machten die Runde. Japanische Rathausplätze. Viel wahrscheinlicher sei aber, so meint Tony Sound, der bei *Return of the Jedi* leibhaftig dabei war, dass es den Weg des Millennium Falken geht und als Häuflein Asche endet. Womöglich im Fundament eines Supermarktes. Dagegen hilft manifeste Erinnerung: Selten wohl wurden so viele heimliche Fotos gemacht wie heute. Aber was soll man sich Gedanken machen, wenn selbst Brad seine Kamera rausholt und knipst.

INT. Langer Korridor, Palast von Troia, Fort Ricasoli, Malta

Die langgestreckten original alten Gebäude auf dem Gelände des Forts erweisen sich als sehr praktisch. Auf einer Seite sind ihre Fassaden noch römisch verkleidet, wie gesagt Überbleibsel von *Julius Caesar*, auf der anderen ist ein zu einer Seite offener Korridor von innen mit troianischem Putz und Halbsäulen verblendet. Durch die verkleinerten Fensteröffnungen flackern orangene Scheinwerfer herein. Requisiten liegen rum. Drei Kameras, mit langen und kurzen Brennweiten, sind gegenseitig unsichtbar in dem Gang verstaut. Die Griechen sind schon in der Stadt, und alles rennt panisch umher. Briseis sucht Paris und Andromache, Achilles sucht Briseis. Mitten durch die dem Feuer entfliehenden Menschen galoppiert ein Pferd durch den Korridor, dicht an Briseis vorbei. Ein hübsches, beinahe surreales Einsprengsel in das Chaos einer sinkenden Stadt. Leider gibt es eine Regel beim Film die besagt, man solle sich vorsehen mit Tieren und kleinen Kindern. Das Pferd kennt die Regel und tut sein Bestes: Bei den Proben pariert es wunderbar, beim ersten Take scheut es und bleibt vor Briseis stehen. Na super. Alle befürchten schon eine lange Nacht, doch das Pferd beruhigt sich und ist bei den folgenden Takes ganz brav. Für eine lange Nacht brauchen wir aber auch kein bockiges Pferd, das können wir alleine.

Als nächstes Umbau ans andere Ende des Ganges, Achilles läuft ihn entlang und wühlt sich durch die in Gegenrichtung Fliehenden. Der erste Take flutscht ganz schön, zum zweiten komme ich zu spät, höre aber, dass er diesmal eine Frau von sich gestoßen habe, die prompt auf der anderen Seite gegen die Wand gelaufen sei. Kann ich das nochmal sehen? Klar, aber ich müsste versprechen nicht zu lachen. Zum Glück verspreche ich nichts dergleichen. Und nochmal ... -- Film ist schon eine merkwürdige Sache, ein paar Meter weiter fällt eine Frau live gegen die Wand und tut sich dabei wahrscheinlich weh, auf dem Monitor aber sieht es aus wie purer Slapstick. Beim vierten Take aber ist Entwarnung: Das kann jetzt kein Zufall mehr gewesen sein.

Zum Ausruhen wandere ich mit Nicolai rüber zur Second Unit, die heute Nacht unten am Stadttor dreht. Es rennen aber nur ein paar Griechen durch die leeren Straßen, dabei wurden uns durchgeschnittene Kehlen versprochen! Auf dem Rückweg kraulen wir Esel.

EXT. Hauptplatz, Troia, Fort Ricasoli, Malta

Am Donnerstagabend zurück auf dem zentralen Platz, steht dort der Holzaufbau für Hektors Verbrennungszeremonie. Daniel Parker ist zu Hochform aufgelaufen, werden doch zu unterschiedlichen Zwecken unterschiedliche Hektors gebraucht, ein schöner zum Ankucken, ein etwas gröberer aus Wabbelmaterial zum Verbrennen, und das nicht nur einmal. Die einst in London ausführlich erläuterten Wunden allerdings kommen nicht so ganz zur Geltung, denn sein versehrter Körper wurde natürlich in kostbare Tücher gewandet, nur im Gesicht und an den freien Händen zeigen sich ein paar tiefe Schrammen voll eingetrockneten Blutes. Einer der Hektors liegt also die ganze Zeit oben auf dem Holzgerüst, während unten um ihn herum seine Trauerfeier organisiert wird. 800 Statisten sind wieder dabei und wollen beschäftigt werden, von berittenen Apollonischen Gardisten bis zu gemeinem Stadtvolk. An einer Seite des Platzes, gegenüber der Straße, ist schon mal eine erste Reihe mit V.I.P.-Sitzen aufgestellt, die fast die ganze Mauer bis zur Treppe entlangläuft: Zu Hektors Beerdigung sind alle da, die jemals troianischen Boden betreten haben. Oben im Tempeleingang sind drei wichtige Stühle für die Damen bereitet, Gemahlin, Cousine und Schwägerin, die der Verbrennung des Helden zusehen: Der surreal-quälende Trauergesang der Klageweiber schwillt an, und damit der Scheiterhaufen auflodert bzw. die Gesichter der Trauernden erhellt, wird im richtigen Moment das schwarze Filzsegel vor der orangenen Flackerlampe weggezogen. Drei Kameras, und weiter geht's. Die erste echte Verbrennung steht an. Minutenschnell füllt sich der Platz mit Statisten und den sie herumscheuchenden ADs und PAs, Tony Sound stellt fest, dass wohl Happy Hour sein müsse. Nicolai und Nikolas stehen neben Paketen mit tonnenweise kleinen Wasserflaschen herum und fragen sich, ob es wohl so gemeint war, dass sie jeden Statisten einzeln mit Wasser versorgen sollen, oder nur die in Uniform, bzw. ob sie herumgehen sollen, austeilen und nachher die Flaschen wieder einsammeln, oder es nur zentral hinstellen, damit die Leute sich selber Wasser beschaffen, wenn sie etwas wollen. Sie entscheiden sich für Letzteres.

Neben dem Holzgerüst steht noch eins aus Stahl, für die Nahaufnahmen von Paris und Priamos, die trunken vor Trauer den Sohn und Bruder in Flammen setzen – erstmal nur ein bisschen und schnell löschbar –, Peter mit einem Anflug von Lächeln, Orlando äußerlich gefasst und konzentriert. --

Als die schwere Tat der Bruderverbrennung vorüber ist, kommt sie gleich nochmal, aber jetzt in echt. Naja, bald. Oben auf dem Gerüst hantieren die Special-FX-Leute an dem Leichnam rum, den sie genau zweimal abbrennen können, einmal von dieser Seite des Platzes betrachtet, einmal von der gegenüberliegenden. Diese Seite wäre die des Tempels, der mit allen vier Kameras bestückt wird, eine davon wird extra aufs Dach geschleppt, um möglichst den ganzen Platz in seiner Pracht mitzunehmen; entsprechend zusammengezwängt in die wenigen Ecken links und rechts des Tempels stehen wir Zuschauer und stolpern über Kühlboxen mit Wasser oder Süßigkeiten. Es dauert. Wirklich. Ich gehe zum Zeitvertreib aufs Klo. Pierre AD kommt rein und stellt sich neben mich, als in dem Moment sein Walkie-

Talkie losplärrt, Pierre, come in. Ah, Scheiße, sagt er und läuft unerledigt wieder raus. Die ADs sind wild beschäftigt, Massen hin- und herzudirigieren, bis es langsam ernst wird. --

Endlich ist das Stahlgerüst weggeräumt, Orlando und Peter stehen oben auf dem Holz, und alle kucken drauf. Dann Action. Die Musik spielt. Die beiden zünden den Haufen an, der ziemlich schnell Feuer fängt, und beeilen sich die Treppe runter. Flammen lodern, alles starrt gebannt. Displays von Digitalkameras leuchten auf. Vom Gerüst fallen schon brennende Stücke runter. Und cut! – einer muss es ja sagen. Die Feuerwehr rückt an und rettet was zu retten ist. Check the gate – kein schlechtes Drehverhältnis. Am Monitor sammeln sich alle und recken ihre Hälse. Wolfgang sagt bewundernd „Epic shit!", Roger gibt zu bedenken, dass Hektor ja ein ganz schöner Säufer gewesen sein müsse, so wie der brennt. Peter fragt Wolfgang, was er von seiner improvisierten Dialogzeile halte, „Let's get the fuck out of here, it's hot!" Und ich gehe wieder aufs Klo. Pierre stürzt rein, stellt sich hin und bleibt. „Oh Mann", keucht er, „zwei Stunden später!"

Der Gegenschuss bedeutet nichts weniger als eine Völkerwanderung. Alle vier Kameras kucken jetzt von der anderen Seite auf den Platz, mit dem Tempel im Hintergrund, und lassen an den Rändern so wenig Raum wie vorher. Mit Sack und Pack zieht alles um auf die Straßenseite. Der abgebrannte Haufen wird abgeräumt, ein neuer aufgebaut. Unter dem Gerüst liegen verkohlte Hektorteile und ein schwarzer teilgeschmolzener Kopf. Ein paar Meter weiter präparieren Daniels Freunde den Körper für die nächste Runde, er selber steht mit blassen, zerkratzten und auch noch wabbeligen Hektorhänden im Arm daneben. Das seien die zum Verbrennen, die anderen seien noch ausführlicher. Die Kameraleute, die sich mit ihren Kameras über uns im ersten Stock verschanzt haben, lassen Kommandos in Richtung des linken Flambos ausrichten, hinter dem die vierte Kamera versteckt ist: Man könne noch ein Stückchen von ihr sehen, die ADs sollten mal den Dicken da davorstellen. Gegen Viertel vor fünf ist alles das zweite Mal fertig, und es geht wieder los. Gerry ruft per Megaphon über den Platz, dass alle ihre Brillen abnehmen sollen und keiner mit verschränkten Armen dastehe. Action. Musik, Feuer, ooooh. Zwanzig, vielleicht dreißig Sekunden. Cut. Check the gate. Alle zum Monitor, alle weg, Bier auf, ins Auto und ab dafür. Man verschwindet, als hätte man etwas kaputtgemacht.

INT. Empfangshalle, Palast von Troia, Fort Ricasoli, Malta
Zuallererst wecke ich mich um eins, nach sieben Stunden Schlaf, denn ich will vor dem Tag nochmal nach Valletta, um einen dritten Anlauf auf den Großmeisterpalast zu starten. Busanschluss und so klappt wunderbar, ausreichend vor Schließung erreiche ich den Palast, nur um zu erfahren, dass in den Sommermonaten der Palast für Besucher nicht um drei sondern schon um eins schließt. In Worten: eins. Was ihn für normale Leute einigermaßen unerreichbar macht. Ich habe mich schon gewundert, dass das Archäologische Museum zu ist, das schließt jetzt ebenso um

halb zwei; nicht zu reden vom oberen Stockwerk mit der ganzen Bronzezeit ff., das laut meinem Führer auch seit vier Jahren fertig sein soll. Wenn die keine Besucher wollen, sollen die ihre Monumente doch einfach zulassen und nicht so tun als hätten sie Öffnungszeiten. Naja, denke ich, ist bestimmt sowieso nicht so interessant, barockes Zuckerbäckertum, leere Ritterrüstungen und ein paar langweilige Wandteppiche. Stattdessen besuche ich um die Ecke, nur ein paar Häuser neben jenem orthodoxen Kirchlein, einen Großmeisterpalast anderer Art: „The Pub", oder mittlerweile im Untertitel „Ollie's Last Pub", jene denkmalwürdige Gastwirtschaft, worin vor vier Jahren, während des Drehs von *Gladiator*, der gute alte Oliver Reed sich hemmungslos betrank und tot umfiel. Die Besitzer dieser seiner Malteser Stammkneipe ließen sich das nicht zweimal sagen und bauten eine Wand des kleinen Raums zum Ollie-Mausoleum aus: Filmfotos, kleine Filmplakate, Fotos von Ollie auf seinem Stammplatz, eine Vitrine mit Devotionalien, z.B. T-Shirts und Tassen mit Fotos von Ollie auf seinem Stammplatz, dazu hinterlassene Kondolenzzettelchen aus aller Herren Länder bzw. Grafschaften – „Ein großer Schauspieler und ein guter Trinker" –, sowie ein gerahmter Zeitungsausschnitt, der den Leser minutiös über den Hergang des Dramas informiert. Also trank Ollie erst mit seiner Frau acht Löwenbrau, dann mit Matrosen zwölf doppelte Rums und zuletzt eine halbe Flasche Whiskey, bis er besinnungslos von seiner Bank rutschte. Ich habe mich übrigens instinktiv auf seinen Stammplatz gesetzt, belasse es aber bei einem Pint Cisk.

Später gehe ich da noch so rum, kucke wieder vom Fort St. Elmo über die Bucht zum nunmehr fertigen Troia, wo die Kräne schon warten, und beschließe, auf dem Rückweg ein zweites Mal den Caravaggio zu sehen. Natürlich ist die Kirche zwanzig Minuten vor Schließung fest verrammelt. Sie haben ja recht, ich sollte los. Die Bespielung des Palastes geht ihrem Ende zu, ein Teil des Gartens ist bereits weggeräumt und hat unter sich weitere Treppenstufen freigegeben. Die Aktion allerdings findet heute ausschließlich oben in der Empfangshalle statt, wo Glaukos seine Männer anfeuert und Paris zur Schlacht begrüßt, kurz bevor die Griechen die dicke Tür aufdrücken und das wilde Gekloppe losgeht. Zu Anfang wandert Wolfgang mit Roger, Peter Camera Operator und anderen die Rotunde auf und ab und sie beraten, was man von wo schießen könnte; in einem runden Raum ist alles drin: zahllose Möglichkeiten bzw. eine so gut wie die andere. Zumindest markieren die Tür und der Durchgang, durch den Paris erscheinen wird, notwendige Fixpunkte. Man einigt sich auf einen Schwenk von der Tür, an der die Griechen schon rütteln, zu den Männern, und gleichzeitig eine Fahrt der beiden Kameras auf parallelen Schienen. Wobei sie sich mehr als einmal ins Gehege kommen.

Soweit probt sich alles gut, bis die vier kräftigen Jungs, die von draußen stellvertretend für 50 Griechen an der schweren Tür rütteln, es tatsächlich schaffen sie zu sprengen, als eine der Auflagen für den Balken sich herausrüttelt und runterfällt. Des weiteren spaziere ich mal wieder runter zum Tor, wo Second Unit dabei sein soll, wieder ordentlich Kehlen aufzuschlitzen; das Beste an Tagen wie heute ist, dass man von der ersten zur zweiten Unit umschalten kann, wenn's langweilig wird. Aber wie im wirklichen Leben ist dort auch nichts mehr los, die essen gerade. Wieder zurück bei der Main Unit, sind die immer noch zugange, drehen sogar schon, aber irgendwie alles im Schneckentempo. Als Lösung erweist sich, dass für die nächste Slate, wenn die Griechen reingestürmt kommen, wir die ganzen Stuntmen von Second Unit brauchen, die da unten also mal in die Hufe kommen sollten.

Auch diese Warterei entspannt sich, und langsam füllt sich die große Treppe mit einer kleinen Armee schmutziger Soldaten sowie der sie überallhin begleitenden kleinen Armee von Make-up-Leuten mit ihren riesigen rosagepunkteten Plastiktaschen. Trübender Rauch wird draußen vor dem Tor in die Luft geblasen, um sich den Aufbau des großen Blue Screens zu ersparen; am Fuße der Treppe extra viel, damit auf keinen Fall der halb abgebaute Garten in den Blick fällt. Im Inneren warten vier Kameras auf die große Schlacht, eine steht hinter Paris, der wie gewohnt elegant seine CGI-Pfeile verschießt, andere kucken sich die Kämpfenden genauer an, speziell Glaukos, der in Nahaufnahme von Odysseus getötet werden soll. Also los, und rein! Tür auf, Gejohle, Hauen und Stechen, Paris hüpft an den Rand und fällt die Feinde aus der Entfernung. Nachdem der Staub sich gelegt hat und alle Kämpfer auf dem Boden liegen oder auf und davon sind, rennt die halbe Belegschaft in Gegenrichtung zum Monitor, wo Wolfgang und die anderen schon sitzen. Dort ist die Begeisterung über den ersten Take gedämpft. „Was steht Glaukos denn da so rum?" – „Der wartet auf Sean", der allerdings bis zum Ende des Takes es nicht schafft, zu seinem designierten Opfer sich durchzukämpfen. Paris wiederum macht seine Sache gut, er bekommt genügend Stuntmen vor den Bogen, die auf ihn zulaufen und sich auf den Boden werfen, sobald er sie getroffen hat. Am Ende fällt der Blick auf die Kamera, die die durch die Tür hereinstürmenden Soldaten abdeckt. Stürmen? „Die gehen ja! Die gehen da nur so rein!" In der Tat ist die Geschwindigkeit der Nachhut eher gemächlich. Wade, der Co-Stunt-Coordinator, sieht sich das Elend an und läuft in die Halle, um seinen Leuten in den Hintern zu treten sowie ihnen irgendwie klarzumachen, dass sie Platz für Odysseus lassen sollen. Alles in allem geht es auch ein paar Mal gut, Paris knallt seine Feinde ab, Odysseus greift sich in Nahaufnahme den Glaukos und stößt ihm sein Schwert in den Rücken, die anderen beulen sich ausgiebig. Im letzten Take jedoch sticht Odysseus im Rausch den Glaukos nieder, bleibt dann plötzlich in seinem nahen Bildausschnitt stehen, kuckt belämmert in die Kamera und hält sein mehrmals verknicktes Schwert hoch. Ups. Aber für Glaukos hats wohl gerade noch gereicht. Weniger Glück hat Paris, der seinen Bogen hin und her schwenkt und wahllos in die Menge ballert, ohne dass etwas Nennenswertes umfiele. Orlando beschwert sich hinterher, dass irgendwie niemand da war, den er noch hätte erschießen können, entweder bot sich keiner an, oder sie waren schon tot. Man hat ihn wohl einfach vergessen in seiner Nische. Jedenfalls gehört es zum Aberglauben des Kinos, nicht mit einem danebengegangenen Take aufzuhören, und der letzte wird der vorletzte.

EXT. Hauptplatz, Troia, Fort Ricasoli, Malta

Heute Nacht geht die Party richtig los: „Agamemnon stands in the very center of Troy, head tilted back, watching with delight as the beautiful city burns. AGAMEMNON: ‚I promised you, brother. (yelling to his troops) Burn it all!'" steht kurz und nackt im Drehbuch. Doch ist es der letzte Halbsatz der Szenenbeschreibung, der eine ganze Menge Leute ein paar Stunden lang beschäftigen wird und in den Vorbereitungen bereits beschäftigt hat: Troia brennt. Joss Williams und seine Special-FX-Abteilung haben überall am Platz kleine Feuerchen versteckt, von dicken Gasflaschen gespeist, speziell das Holzpferd ist mit mehreren Düsen ausgestattet, an denen es sich anzünden lässt; die Gasschläuche, die von hinter der Kulisse hineinführen, sind sorgsam unter Hügeln aus Sand und Steinchen verborgen. Das Dumme ist, dass die das Pferd noch einpacken und in Mexiko intakt auf den Strand stellen müssen, d.h. sie können es heute nicht einfach seinem Schicksal überlassen. Dazu wird es von Hufen bis zu den Ohren mit einer Antibrennflüssigkeit bestäubt, genau wie der hölzerne Turm im Hintergrund, der auch noch nicht wegkann. Der Rest des Platzes ist bereits ausgestattet mit allerlei Utensilien des Chaos und der Zerstörung wie umgestürzten Pferdekarren und zerbrochenen Krügen, dazu werden getötete Schaufensterpuppen mit schmerzverzerrten Gesichtern und verwuschelten Haaren auf dem Boden verteilt sowie mit Blut bespritzt; wer genau hinsieht, kann erkennen, dass sie alle, wie ihre besser gekleideten Kollegen, mehr oder weniger die gleiche Körperhaltung haben. Im Dutzend billiger.

Fünf Kameras dürften bisheriger Rekord sein, alle sind sie am Poseidontempel aufgestellt bzw. irgendwo in dem Trubel versteckt. Langsam füllen Statisten und Stuntmen den Platz, Pferde traben heran, in der Seitenstraße sowie auf der gegenüberliegenden Treppe üben die Kämpfenden immer wieder ihre Kür. Bei der ersten Probe tobt das Leben, Menschen rennen durcheinander und Pferde sprengen hindurch. Einige hüpfen gar. Halt. Was soll das denn? Die sollen um ihr Leben laufen und nicht vor Freude springen! Gerry weist die Statisten per Megaphon zurecht. Plötzlich scheut eins der Pferde und die Umstehenden flüchten: „Ja, genau so!"

Der erste Take naht, die Feuer werden entzündet, der Holzturm hinten brennt lichterloh, das Pferd entflammt hier und dort. Panik und Entsetzen! Das Publikum glotzt fasziniert auf das Panorama der Zerstörung, die Sitzplätze auf der Treppe des Tempels sind fast alle vergeben. Nach dem Cut klatschen einige Zuschauer, leider haben sie keine Sitzkissen zum Werfen. Das Da Capo wird allerdings auf sich warten lassen, vorerst stürmen Feuerwehrleute heran und löschen die Feuer, die sich nicht einfach abdrehen lassen: Das Pferd und der Holzturm qualmen heftig, sehen aber bei freier Sicht einigermaßen gesund aus. Die Wartezeit erlaubt keinen zweiten Take, also ist Check the gate. Die nächste Einstellung wird eine 360-Grad-Fahrt mit der Steadicam um Agamemnon herum, der mitten auf dem Platz steht und seine Beschwörungen gen Himmel schickt; die anderen Kameras nehmen zusätzlich noch ein paar Details mit. Das bedeutet: Alles muss weg, weil theoretisch alles im Bild ist.

Monitore, Stühle, Kabel, Kamerakisten, poppige Make-up-Taschen, Kühlboxen etc. müssen irgendwo am Rand versteckt werden, und Zuschauerränge gibt es nicht mehr. Schade. Steve mit seinen Monitoren zieht sich zu Tony zurück, der die ganzen Tage schon in einer fast abgeschlossenen Ecke zwischen Tempel und dieser kleinen erhöhten Säulenhalle mit seinem Tonwägelchen sich verschanzt hält. Am frühen Morgen ist auch der zweite Take des Tages bereit; während der langen Umbau- und Wiederfertigmachpause haben Crewmitglieder überdies die Zeit gefunden, den Troianern zumindest im Tod etwas Individualität zu verschaffen, indem sie ihnen leere Wasserfläschchen in die verkrampften Hände oder Zigaretten in den Mund steckten. Oder ihnen ein Wasserfläschchen auf halber Strecke zwischen Kopf und Fuß unter die Toga stellten und zur Stabilisierung von außen eine Hand darüberlegten. Als Wolfgang das später zeigen will, ist es aber wieder weg. Wer zensiert hier?!

Gegen halb fünf versammelt sich eine Traube Flüchtlinge in Tonys Ecke und verfolgt die Katastrophe im Fernsehen. Action, brüll, kreisch, trampel, loder. Cut. Check the gate. Die Feuerwehr löscht und hüllt unsere Ecke mit einer schneidbaren Wolke stinkenden Rauchs ein. Ein Schelm ruft „Goin' again!" und erntet entsetzte Gesichter. Fasziniert von so viel Feuerzauber, kucken wir jede Kamera einzeln an, sieht gut aus. „Und was hat Brian alles gesagt? Macht das irgendeinen Sinn?" erkundigt sich Wolfgang bei Anna. Die hat Agamemnons Monolog minutiös transkribiert und liest vor: „Burn, burn, burn it all. I promised you brother. Burn the damned city, burn it, burn. Let it burn. Let Troy burn. Ha haaa. Burn it down, burn, burn," etc. Jedenfalls sinngemäß. Davon lasse sich doch das eine oder andere Stückchen verwenden, ist Wolfgang zufrieden. Daraufhin verflüchtigen sich alle binnen Minuten. Neun Stunden Arbeit für zwei Takes. Es ist wie beim großen Abendessen: Stundenlang wird mit aller Liebe hergerichtet, und wenn es soweit ist, gulpen die Leute es in fünfzehn Minuten hinunter, gehen und hinterlassen hier wie dort ein Schlachtfeld, das aufgeräumt werden will. Die toten Troianer sind schon mal zu grotesken Haufen aufeinandergeschichtet.

Interludium

Am Sonntag, dem 29. Juni, schlief der berühmte Reiseschriftsteller aus, weil seine Nebentätigkeit im Filmgeschäft ihn wieder die ganze Nacht in Atem gehalten hatte – der Engländer nennt so etwas wahrheitsgemäß moonlighting. Den übrigen Tag verbrachte er beim Frühstück, auf einer Liege am Meer sowie darin. Dem geifernden Angriff der Killerseeigel einmal mehr heldenhaft entronnen, genoss er mit seinem Vater das erste gültige Abendessen seit einer Woche. Am späteren Abend mäanderte er erneut durch Paceville, bis sein Weg ihn schließlich direkt ins Kino führte, wo er *Phone Booth* sah. Ein schöner, kurzer und spannender Film, dessen Drama in der Tat durch das Faktum gewinnt, dass es in einer Telefonzelle spielt. Nach dem Kino hatte die Crewstammkneipe „Fuego" sich langsam gefüllt, und er trank mit den Lads.

Der, wie sonst auch, auf den Sonntag folgende Montag war diesmal frei, wg. Turnaround nach Nachtdreh. Geradezu die Gelegenheit für den Reiseschriftsteller, erneut zu Hochform aufzulaufen und in Rabat, gleichsam der modernen Schwester Mdinas, jene Agathenkatakomben unter der Kirche St. Agatha zu besuchen, die ansonsten nämlich sonntags geschlossen sind, o Glückes Geschick. Nach dem vortägigen tiefkatholischen Schuld-und-Sühne-Hammer im Kino gelüstete es ihn geradezu nach einer Ladung unterirdischer Bußfertigkeit byzantinischer bzw. auferstandener Lieblichkeit italienischer Höhlenmalereien. Die Katakomben selber reichen zurück in vor- bzw. frühchristliche Zeit und halten für den Besucher in aus dem Stein herausgeschabten einfachen Wand-, Fenster- oder aufwendigen Baldachingräbern vorzüglich erhaltene sowie augenscheinlich vollständige menschliche Skelette bereit, die von liebevollen Kuratoren in idealer Verwesungsposition drapiert wurden.

Die über den Katakomben liegende Kirche, eine der wenigen hiesigen aus der späten Renaissance, ist selbstverständlich geschlossen. Im Gegensatz wiederum zu den nicht weit entfernt liegenden Paulskatakomben, die eigentlich seit zwei Uhr (!) geschlossen sein müssten, auf dem Rückweg jedoch sich mir sperrangelweit anbieten. Es ist einiges nach drei, ich kaufe eine Karte und frage was denn mit ihnen los sei. Och, die hätten sich gedacht, montags, mittwochs und freitags ein paar Monumente bis fünf offen zu lassen. Aber nirgendwo bekannt gemacht. Das könnte ja zu einem kalkulierbaren System ausarten. Die hiesigen Katakomben sind ähnlich wie vorher, nur größer, dafür ohne Malereien und Knochen. Der Apostel Paulus soll sich in ihnen versteckt haben, ebenso die Heilige Agatha in den ihren. Ein paar Schritte weiter steht die Paulskirche, welche auch sonst, worin in erwartungsgemäß rotsamtenem Kleid mit goldenen Troddeln der Deus finoccius sich anhimmeln lässt, darunter wiederum harrt die Paulsgrotte der interessierten Besucher, worin der Apostel einige Wochen gefangen gewesen sein soll, nachdem widrige Winde ihn von seinem Schiffbruchsort Kreta — wo, nur als Beispiel, die Kreter ihm am Strand das entzückende kleine bemalte Kirchlein Hagios Pavlos gebaut haben — auf der Weiterfahrt nach Rom an die Gestade Maltas verschlagen haben sollen. Hier heilte er den Vater des römischen Statthalters oder so und hinterließ den Stempel des Herrn, wofür die Malteser ihn später zum Schutzheiligen der Insel kürten. In jüngerer Zeit allerdings geht die Wissenschaft mit guten Gründen davon aus, dass Paulus bei der Gelegenheit in Wirklichkeit auf einer griechischen Insel wie Kephallenia gelandet ist und folglich Malta nie betreten hat. Vielleicht liegt's daran.

Beim Abendessen betrüben wir uns über den Drop von *The Hulk* am zweiten Wochenende. Zur allgemeinen Information ist der Drop die wohl zweitwichtigste Größe hinsichtlich des Einspielergebnisses, gleich nach den harten Daten in Form der eingenommenen Dollars. Der Drop bezeichnet allgemein den prozentualen Abfall — oder seltener, bei gleichsam negativem Drop, die Zunahme, etwa von Freitag auf Samstag — des Einspiels gegenüber einem früheren Zeitpunkt und markiert damit den Grad des nachhaltigen Interesses an einem Film. Richtgröße dabei ist der

Drop vom ersten Wochenende zum nächsten, woran sich ablesen lässt, ob ein Film „Beine" hat, d.h. länger im Rennen bleibt und sich im öffentlichen Bewusstsein festsetzt, oder ob er bald abschmiert. Schwankungen gibt es hinsichtlich der Jahreszeit oder der Kopienanzahl – im Sommer ist der Drop statistisch größer, weil Filme mit höherer Frequenz und mehr Kopien hinausgeworfen werden –, und natürlich entscheidet der Drop nicht über den absoluten finanziellen Erfolg eines Films, insofern ein Riesenhit mit fast unausweichlichen -50% meist immer noch mehr Geld bedeutet als ein solides Einspiel mit -30%. Sehr allgemein aber ist ein Drop von weniger als 30 Prozent lecker, bis 50 Prozent gerade noch okay und darüber eine mittlere Katastrophe. Bei *The Hulk* nun hat der Drop sich auf 70 Prozent eingependelt, so viel wie bei keinem major motion picture vorher. Aber gemach. *Charlie's Angels: Full Throttle* (dt. *Drei Engel für Charlie: Voll Trottel*) wiederum, der an diesem Wochenende gestartet ist, hat von Freitag auf Samstag, wenn jeder Film normalerweise einen Rise von so um die 30 Prozent hat, einen Drop von 10 Prozent. Das heißt im Prinzip, dass alle, die ihn dringend sehen wollten, am Freitag reingerannt sind, und die anderen ab Samstag fernblieben. Was hat das mit *Troja* zu tun? Nichts, bzw. nicht viel. Aber das zur Anschauung, was für eine Rechnerei uns in nicht ganz elf Monaten blüht.

EXT. / INT. Empfangshalle, Palast von Troia, Fort Ricasoli, Malta
Von nun an drehen wir wieder richtigrum, und das bis zum Ende, zumindest von Malta. Leider haben wir während der acht Tage Nachtdreh mit angenehmen 28 Grad nicht wirklich mitbekommen, dass die Temperaturen tagsüber auf über 40 Grad sich emporgeschwungen haben, und so stehen heute alle bei gefühlten 70 Grad im eigenen Saft und sammeln sich am Palasteingang vor den großzügig aufgestellten Ventilatoren. Heute kommt der zweite Teil jener Empfangsszene, die vor ein paar Tagen oder ein paar Wochen begonnen und wg. Unwohlsein eines der Hauptdarsteller abgebrochen wurde. Die Söhne kommen vom spartanischen Friedensschluss zurück, und mit Priamos, Andromache und Briseis gibt es gleich drei Hauptfiguren, die angemessen eingeführt werden wollen. Die Probe für den Master Shot dürfen sie noch ungezwungen durchspielen, Peter im weißen Bademantel oder Diane mit Cola light – und mit Haarnetz, um ja das Haar in Form zu bewahren, das bei dieser schwülen Hitze der Schwerkraft ausgesetzt innerhalb von Sekunden lappig werde; Aldo wird am Ende des Tages mehrere Krisen durchgemacht haben. Zum Dreh jedoch führt kein Weg an den langen warmen Kostümen bzw. Plastikrüstungen vorbei. Der auf Gesichtern glänzende Schweiß, soviel sei verraten, ist nicht aufgesprüht. -- Die Hitze schüttet aber auch irgendwas aus, jedenfalls blafft Wolfgang die Schauspieler nach dem Take freudestrahlend an, „The acting of all of you sucked. But it's the master, nobody sees what's going on, so what the hell!"

Eric wiederum ist jüngst von seiner Promotionreise für *The Hulk* zurückgekommen, und Wolfgang fragt aus, ob er auch genügend über *Troja* gesprochen habe. -- Im indirekten Gegenzug, d.h. im ersten Take jenes Bildes, da die drei Männer mit den Göttern anstoßen und trinken, herrscht Wolfgang seine Leute an, „So, jetzt hört mal auf mit Schwitzen!", und verzichtet auf sein Cut, lässt die drei etwas schmoren. Sie setzen ab, stehen dann unschlüssig da rum, „Tja ja. Ganz schön ruhig hier." Ist vielleicht etwas für den langen Director's Cut.

EXT. Stadttor, Troia, Fort Ricasoli, Malta

Hektor rüstet sich zum Zweikampf mit Achilles, verabschiedet sich von Frau und Söhnchen. Mit den dreien sollen wir uns auf den Balkon an der Seite des Tores zwängen, wo sie ein letztes Mal miteinander sprechen. Doch stoßen wir bei der Auswahl der Bildausschnitte, die man mit diesem prima Viewfinder, auf den sich alle möglichen Objektive aufsetzen lassen, ausprobieren kann, auf eine Merkwürdigkeit: Wir haben den Rand der belebbaren Dingwelt erreicht, ins Bild ragt das klaffende Nichts. Die Mauer des Torturms, an der die Treppe hinaufführt, sowie die Brüstung des Balkons sind noch wie lebenslang gewohnt intakt, jenseits dessen jedoch, an der Seitenwand des Turms bereits, löst die Qualität der attributiven Welt sich auf in ein quantitatives Raster der reinen, repetitiven Struktur des tragenden Gerüsts. O Schwindel der Erkenntnis! Eilig sehen wir zu, dass Hektor und Andromache unter dem Vorwand der andauernden Vorbereitung aufgehalten werden, um ihnen den existenziellen Schock trumanschen Ausmaßes zu ersparen, dass ihre Heimatstadt gar nicht verteidigenswert da sowieso nur Gaukelspiel ist. Hektisch wird Julian Art Department beauftragt, die feste Außenwelt ein Stück ins Ungefähre zu verlängern und an der Seite der Turmecke für physische gelbliche Wand zu sorgen; die Ausfüllung der Leere am oberen Stück des Turms, das dem feststellenden Blick der Kamera nicht entrinnt, wird Nick Visual FX besorgen, in der Hoffnung dass die Troianer es heute nicht bemerken.

Es ist heiß, hier oben weht aber auch ein schöner Wind. Die kleinen blauen Partyzelte sind aufgebaut, dazu eines der ausgreifenden quadratischen weißen Segel quer über der Plattform, das vorerst nur die Getränkeboxen im Schatten kühlt, aber das ist ja das Wichtigste. Alles könnte glatt gehen, wenn nicht der Wind wäre, der das Segel flattern sowie das Gestänge knarzen lässt. Oder unser Baby, das Andromache im Arm halten muss und das jedes Mal zu schreien anfängt; dann wieder kuckt es zum richtigen Zeitpunkt ganz huldvoll zum Papa hoch und bewirbt sich um einen Nebenrollenoscar. Die nächste Hürde, beim Schuss/Gegenschuss, ist der Schlopp auf Hektor, welcher unabwendbar direkt vor der Aussicht auf Mauerwerk des Forts, Mittelmeer und dort sich tummelnde Kreuzfahrtschiffe steht. Ein kleiner Green Screen wird herangeschafft – jetzt habe ich das System durchschaut: an geraden Tagen Green, an ungeraden Blue – und beherzt von außen an die Brüstung genagelt. Altes deutsches Sprichwort: Mit Gewalt geht alles.

Keine Atempause für Hektor. Gleich nach der Verabschiedung muss er runter, Schild, Helm und Waffen in Empfang nehmen und raus, sich seiner Nemesis stellen –

nach einem letzten Blick zurück, die leere staubige Straße hinauf, zu Helena: die Sergio-Leone-Szene, freut sich Wolfgang. Ein paar Takes vergehen, bis die zeitliche Abstimmung von Helenas ins-Bild-Treten und Hektors Umdrehen passt, danach das Close-up auf Hektor, der seinen Helm aufsetzt. Was live dabei wohl lustiger ist als später im Feinschnitt, der wie stets das Beste weglässt: Eric setzt seinen Helm an, Gerry ruft „Freeze", die Soldaten im Hintergrund frieren ein, Eric setzt ihn ganz auf, Mark Costume legt den Pferdeschwanz, der ihm nun unkleidsam vor dem Gesicht baumelt, gepflegt auf den Hinterkopf, Gerry ruft „Action", die Soldaten bewegen sich weiter, Hektor kuckt unter seinem Helm zu Helena, dreht sich um und marschiert zum Tor. Leider wird es heute zu spät für die Extreme Close-ups der Augenpaare von Hektor und Helena in Cinemascope, aber das lässt sich ja problemlos überall nachdrehen. So etwas hieß mal italienische Einstellung. Hach ja.

Gleich morgens, als die Sonne wieder von der anderen Seite lacht, sind die Schüsse in der Gegenrichtung an der Reihe. Einmal von nah und fern auf Helena, die allein in den verlassenen Straßen ihrem Schwager, über dessen Haupt die Schicksalswolken sich ballen, ihr ewiges Bedauern mit auf den Weg gibt. Vor jedem Take läuft einer mit röhrendem Laubpuster im Hintergrund rum und wirbelt den einsamen Straßenstaub auf. Es ist heiß. Am Ende sehen wir Hektor, der, Helena inmitten strahlender Staubwolken im Rücken, entschlossenen Ausdrucks durch das Tor in die helle weite Ebene tritt. Na Hektor, du alter räudiger Pferdedieb, das war also für dich, nimm nochma ne Zigarette, kannstn letztes Mal von kacken! Wir sehn uns in der Hölle, wo wir alle schmoren werden, bis die allerletzte verfluchte Hure dieses gottverdammten Landes von unserem Großen Viehzüchter ihr goldenes Brandmal verpasst kriegt, har har!

EXT. Straßen, Troia, Fort Ricasoli, Malta

Es fehlen noch ein paar Inserts von den Straßen Troias, von Händlern und Schmieden und allerlei Stadtleuten. Und vor allem von leeren, auf das Gewitter wartenden Straßen, während Achilles vor dem Tor steht und wie wahnsinnig nach Hektor ruft. Gleich nach dem letzten Take des vorigen Set-up steht Wolfgang unten vor dem offenen Tor, kuckt die Straße hoch und grinst. Er ist in Sergio-Leone-High-Noon-Stimmung. Warum auch nicht, mit 13 Jahren drehte er in Hamburg-Bramfeld seinen ersten und bisher einzigen Western, seitdem hat es sich nicht mehr ergeben. Bis jetzt. Denn was ist die Geschichte des Troianischen Krieges, mit ihrem mythohistorischen Gehalt einer Gründungslegende der abendländischen Zivilisation, viel anderes als ein Western, bzw. umgekehrt was ist der Western, als Gründungslegende der amerikanischen Nation, wenn nicht eine weitere Neuerzählung des Sagenkreises aus der gesetzlosen bzw. gerade eben rechtsetzenden Frühzeit Europas. Hier wie dort geht es um eine alte, weitgehend intakte, göttergefällige Ordnung geschichtsloser Autarkie, die einer von säkular-imperialem Expansionsdrang getriebenen Übermacht zum Opfer fällt, welche mit ihrem inhärenten Fortschritts- und Wachstumspfeil die Idee der linearen, i.e. historischen Entwicklung in der Region implementiert. Troia und sein kleinasiatischer Einflussbereich sind der Wilde Westen des mythischen Urgriechenland, und beide siegreichen Mächte werden ihre Leichen im Keller bekommen, die einen tote Indianer, die anderen tote Troianer. (Selbst wenn nicht lange nach dem vermuteten Ende des literarischen Krieges die Region nicht etwa imperial boomte, sondern mitsamt dem Griechenreich in den überlieferungslosen Dunklen Jahrhunderten versank – als Ionien nach rund 400 Jahren wieder aufwachte, war es durch und durch griechisch.) Wenn wir also Priamos als ersten Cochise, Hektor als ersten Geronimo oder Archeptolemos als ersten Schamanen betrachten wollten, dann wären wohl Agamemnon der erste Eisenbahnmagnat, der seine triumphale Jungfernfahrt an die Pazifikküste nicht lange überlebt, Odysseus der erste Doc Holliday, Helena die erste abenteuerlustige Ostküstendame oder Briseis die erste abtrünnige Squaw; sinnigerweise gibt es unter unseren Griechen keinen Wyatt Earp. Und schließlich, wer hätt's gedacht, wäre als übermenschlich begabter Kunstschütze, als einsamer Wanderer zwischen den Welten, der den Zusammenprall beider Kulturen katalysiert, doch am Ende keiner von beiden zugehörig sein kann, als Mann ohne Namen, der verzweifelt versucht, durch Großtaten sich selber einen zu erschaffen – wäre Achilles nichts anderes als der erste Westernheld. Quod erat demonstrandum.

EXT. Hauptplatz, Troia, Fort Ricasoli, Malta

Bevor es mit der Vorbereitung zu der großen Massenverbrennung der Gefallenen weitergeht, wird eins der Inserts eingeschoben vom troianischen Marktleben. Das wären eigentlich klassische Second-Unit-Sachen, aber was soll man machen, wenn die die ganze restliche Zeit auf Malta schon nachts drehen und selber ihr Pensum kaum schaffen. Denn merke, alles was man leichtfertig seiner Second Unit aufhalst, bleibt am Ende doch wieder an einem selber hängen. Oder so. Es ist zu heiß für sinnvolle Sinnsprüche. Wenigstens bringt das die Gelegenheit, einmal über einen echten troianischen Markt zu spazieren, mit den üblichen Äpfeln, Nüssen, Körben und Vogelkäfigen, aber auch originalgetreu stinkenden Tierhäuten, ausgehöhlten Rieseneidechsen, getrockneten Vogelköpfen oder Stachelschweinskalps, bestimmt gibt es auch Otternasen und Wolfszitzenchips zum knabbern. Und es entlohnt mit dem, mittlerweile zwar zum Dauerbrenner, Crowdpleaser und Gemeinplatz der üblichen Drehberichterstattung gewordenen, trotzdem immer wieder erfreulichen Anblick abgerissener Marktleute, die hinterher inmitten ihrer knarzenden Stände mit Sonnenbrille, Zigarette und den bunten Sportdrinks, die jetzt alle trinken, tratschend zusammenstehen.

Das Beste kommt aber noch. Auf dem Platz sind langsam die paar Scheiterhaufen vorbereitet, auf denen die zahlreichen weißgewandeten Mumien verbrannt werden, die wochenlang bereits gruselig gehäuft in einer hiesigen Lagerhalle herumstanden. Aufrecht in den Ecken lehnend und Besucher anstarrend. Für die Gasleitungen wurden extra Kuhlen gegraben und zugeschüttet, damit ja nichts zufällig herauskucke; es soll eine Magic-Hour-Einstellung werden, d.h. im abendlichen Zwielicht, weswegen nur ein Take möglich sein wird. Der Ausdruck Take stammt übrigens von Take it or leave it. Ein paar der blutig verrenkten Toten von neulich wurden dazugelegt, die wissen sonst nicht wohin damit. Na denn. Fünf Kameras sind aufgestellt und schussbereit. Die Zuschauertribune auf den Stufen an der Straßenseite füllt sich langsam, weiße Atemmasken werden ausgegeben, die im Moment noch alle lustig auf dem Kopf tragen. Eine Probe muss reichen. Kurz nach acht wuselt alles in erhöhter Aufmerksamkeit, X minus zehn Minuten vielleicht. Das Licht beginnt zu schwinden. Da überredet Roger Wolfgang, nicht mehr zu warten und jetzt loszudrehen. Der hat erstmal Schiss, das richtige Licht dann genau zu verpassen, doch Roger beruhigt ihn, er könne die Blende etwas zumachen, aber das Feuer werde dann schön gelb. So sei es. Die Haufen werden entzündet, die Musik geht los, Action. Der Kamerakran schwenkt rückwärts die Stufen hoch, die Flammen lodern auf, es wird heiß. Verdammt heiß. Die Leute auf den unteren Rängen verziehen sich schon ganz nach oben, der Rest folgt. Und cut. Soweit alles gut, doch die Hitze ist auch den Trauernden nicht entgangen, schon gar nicht den Klagesängerinnen, die eine der Kameras näher beobachtete. „Die laufen ja alle weg!" entfährt es Wolfgang beim hinterherigen Check am Monitor. In der Tat. Die Menge lässt nichts anbrennen, eine der Sängerinnen versucht erst noch heroisch, hustend alleine weiterzusingen. Hm, drei Totalen haben wir ja, da könnte man im Schnitt den zeitlichen Ablauf etwas dehnen, aber die Sängerinnen alleine müssten nochmal gedreht werden. Ohne Feuer und die ganzen Statisten. Aber nicht heute, der Tag war lang genug, und das Licht ist sowieso gleich weg. Kann das nicht Second Unit machen?

EXT. Straßen, Troia, Fort Ricasoli, Malta

Den Drehplan von heute Vormittag könnte die FDP geschrieben haben. Mehr Markt. Ha ha. Nach ewig langem Herumstehen in der brütend heißen Nebenstraße kann sowas schon mal passieren. Es sind der Schmied an der Reihe, der schmiedet, und der Esel, der durchs Bild läuft. Die Vorbereitung in diesem Teil vollzieht sich, wegen der Enge, der gebotenen detaillierten Kleinteiligkeit sowie der gefühlten Saunatemperatur, in Zeitlupe. Bis zum Mittagessen ist eine Einstellung geschafft. Danach kriecht es ebenso weiter. Die Hitzewelle sei trotz allem ungewöhnlich hoch, früh und lang für Malta. Seit 25 Jahren nicht dagewesen. Letzten Dienstag, stand in einer englischen Zeitung, sei Malta der heißeste bewohnte Ort der Erde gewesen. Bis 44 Grad, und knapp 30 Grad in der Nacht senken die Durchschnittstemperatur nicht großartig. Und wann gefällt es der Jahrzehnthitze einzubrechen? Nicht vor vier Jahren, nicht letztes Jahr, auch nicht vielleicht in zwei Wochen. Nein.

EXT. Waffenlager, Troia, Fort Ricasoli, Malta

Die zweite, naja, Szene heute ist Action. Ganz Troia ist auf den Beinen und flieht in Panik, weil der Grieche vor der Tür steht. Durch die Menge galoppiert Tekton mit seinem Gefolge, vor dem Portal des Waffenlagers unten am Tor bremst er, schwingt sich vom Pferd, reißt sich den Helm vom kahlen Kopf und rennt rein. Braucht zwar wieder ordentlich Koordination, wegen der Statisten und so, die zum Teil ebenso bockig sein können wie die von ihnen geführten Tiere und Gerry damit zur Verzweiflung treiben, aber es ist etwas los. Die Szene im Inneren des Waffenlagers wurde ja schon vor ein paar Wochen oder Monaten in diesem Gewölbe da hinten gedreht. Hm. Wenn meine Erinnerung mich nicht täuscht, sah das aber von innen deutlich größer aus und dürfte in das kleine Gebäude nur schwerlich reinpassen. Ich stelle Julian Art Department, der zu seinem Unglück neben mir steht, zur Rede. Och jo, stimmt schon, aber er habe schon schlimmere Mogeleien vollbracht. Bevor ich ihn darüber ausquetschen kann, wird er leider gerufen.

Mark Lewis Jones, der echte Tekton, kann zu seinem Glück nicht so gut reiten und darf den Nachmittag in seinem Trailer verbringen, die Arbeit tut ein geschorenes Stuntdouble. Als es langsam spät wird, kommt die Frage auf, ob die Nahaufnahme des sich den Helm abreißenden Tekton noch schaffbar ist. Oder überhaupt vonnöten. Ein prüfender Blick auf die vorgängige Totale stimmt milde: brauchen wir gar nicht. Der Stuntman sieht von hinten genauso aus wie Mark, und in der anschließenden Szene im Inneren sehen wir ihn in Lebensgröße. Tekton hat doch keinen dunklen Bart? Nö, aber den erkenne man nicht. Und wenn doch, könne man den ja wegmachen. Nick Visual FX wird sich am Ende selber digital vervielfältigen müssen, um sein Pensum zu schaffen. Wie letztens Agent Smith. Mark selber steht in Kostüm und Maske die letzten Takes daneben und kuckt sich im Fernsehen an, wie er das so macht. Dann darf er wieder nach Hause fahren. Vielleicht etwas unbefriedigend, aber hey, money for nothin and the chicks for free.

EXT. Straße/Platz, Troia, Fort Ricasoli, Malta
Massenauflauf auf dem Platz, viele Statisten, Archeptolemos steht mit Konfirmanden vor der großen Poseidonstatue und plaziert Opfergaben auf dem Altar. Drei Kameras, viel Wartezeit, viele Statisten, die überhaupt nicht zu sehen sind. Als die Stühle im Schatten schon wieder in der Sonne stehen, fällt die erste Klappe. Action. Cut. Eine erstmalige Besucherin fragt, wie, das wars schon? So lange warten, und dann ein paar Sekunden drehen? Kurze Überlegung, wie man denn wohl angemessen anbetet. Dann nochmal und nochmal. Erwähnte ich, dass Second Unit momentan nur noch nachts arbeitet, und wir deren Sachen übernehmen müssen? Die wichtigen Leute wie Agamemnon oder Odysseus drehen sowieso im Moment mit denen, wir haben Archeptolemos und Tekton, ansonsten Schmiede und Esel. Und Lamas. Lamas? Barbara fragt sich plötzlich, was Lamas im Mittelmeerraum zu suchen haben, bald 3000 Jahre bevor der erste Europäer Südamerika betrat. Wolfgang weiß die Antwort, auf jüngst entdeckten griechischen Vasen habe man nämlich Bilder von Lamas entdeckt, die danach in Europa ausgestorben seien, während einige von ihnen

sich in die Anden retten konnten. Das habe er im Internet gelesen. Und wenn nicht, könne man denen immer noch digital lange Ohren und einen Schweif dranmachen, die sind dann auch ausgestorben. Wer sich für diese märchenhaften Tiere den originellsten Namen ausdenkt und ihn an die Redaktion schickt, bekommt als ersten Preis eine Reise zur Ausgrabungskampagne von Menelaos' Palast, direkt auf den wildromantischen Klippen der spartanischen Küste.

Zur folgenden Szene können die Statisten gleich stehenbleiben. Im ersten Teil tummeln sie sich auf dem Platz als wär nichts, im zweiten erklingen Gongs als Sirenen, woraufhin alles wie ein Hühnerhaufen panisch durcheinanderrennt. Gerry versucht wieder verzweifelt seine Statisten in Position zu stellen sowie zur korrekten Reaktion zu motivieren und scheucht außerdem ahnungslose Zuschauer von der Tribüne, weil das alles im Bild sei. Endlich der erste Take. Die Kamera schwebt erstmal am Kran auf Schienen den Platz entlang und dokumentiert urbanes Idyll. Am Monitor kucken wir uns das nochmal an. „Ist das da nicht Gerry!?" Spul mal zurück. Hm, stimmt. Wer da am Rand des Bildes in weißem T-Shirt deutlich erkennbar die Szenerie überwacht, ist niemand geringerer als Gerry, der keinen Zuschauer im Bild duldet außer sich selber.

Gegen Abend in der Magic Hour werden die Nahaufnahmen der Klagesängerinnen nachgedreht, die beim letzten Mal vor dem Feuer geflüchtet waren, weswegen diesmal nur Lampen flackern. Die beiden Damen sind schon den ganzen Nachmittag mit fertigen Frisuren in Plastiksäcken und ansonsten knappen bunten Sommerklamotten übers Set flaniert; abends bekommen sie sogar erhöhte Aufmerksamkeit, diesmal mit Close-ups und allem. Leider nur werden sie wohl am Ende rausfliegen, weil der Trauergesang womöglich effektiver wirke, wenn er seine Premiere bei Hektors Begräbnis hat. Dumm gelaufen, trotzdem schön dass ihr da wart.

Interludium

Am Freitag war die Gefährtin des berühmten Reiseschriftstellers zurückgekehrt, unverhoffterweise noch einmal nach Malta, insofern der Reiseschriftsteller ursprünglich geplant hatte, bereits auf dem Weg nach Mexiko zu sein. Da nun der Reiseschriftsteller seine Reisepläne äußerst geplant zu planen pflegte, hatte er für die zusätzliche Woche auf dieser Insel keine Reise mehr übrig und ließ es stattdessen ruhig angehen, durchhalten und auslaufen. Bis natürlich auf den ewigen Kampf mit Riesenseeigeln, den er selbstverständlich wie stets gewann.

INT. Achilles' Zelt, griechisches Lager, Strand, MFS, Malta

Land in Sicht. Mittwoch ist endgültig letzter Drehtag auf Malta, weil das ganze Gerät zwei Tage braucht, verpackt zu werden, und für Samstag die Charterflüge gebucht sind. -- Gleichzeitig dagegen wird eine gecharterte schnittige 747 mit zwei smarten Chefpiloten, aber dafür auch ca. 200 von der Malta-Abschlussfete sich erholenden Crewmitgliedern den direkten Weg einschlagen. Doch davor liegt Arbeit.

Achilles schleppt Briseis in sein Zelt, wo sich ein Dialog über Götter und die Welt entspinnt. Eigentlich ist der Plan ganz einfach: ein Master Shot des Szenenanfangs, dann zweimal auf Rose, Over-Shoulder und Close-up, und danach das Gleiche von Brad. Das braucht zwar Zeit, weil es eine lange wichtige Szene ist, die oft durchgespielt wird, jedes Mal so um die zehn Takes, wäre aber absehbar. Wenn wir uns nicht in einer unserer beiden maltesischen Studiohallen befänden, die wir so lieben, weil sie keine sind. Es ist zwar nicht mehr so heiß, die Temperatur steigt dennoch im Lauf des Tages, trotz der dicken gelben Sandwürmer von der Klimaanlage. Und lange bleibt es erstaunlich ruhig, später erst piepen die Vögel auf dem Dach so laut, dass Takes abgebrochen werden müssen. Dann nämlich haben sie sich an der Hallenvorderseite niedergelassen, und man hört sie durch den irgendwie durchgerosteten langen Spalt zwischen Dach und Wand. Zur Abhilfe klettert einer regelmäßig die Leiter zur oberen Galerie hoch und röhrt so plötzlich wie lauthals mit einem Feuerlöscher durch den Schlitz, was eine kurze Zeit der Ruhe verschafft, sowie einigen Leuten einen regelmäßigen Schreck. Auf dem Monitor lässt sich verfolgen, wie Rose mehr als einmal ruckhaft hochhüpft und sich dann mit Brad darüber amüsiert.

Gegen Ende des Tages, nachdem bereits eine im angrenzenden Cateringzelt sich lauthals amüsierende Horde von Second-Unit-Statisten einen Take versenkt hat, beginnt das unvermeidliche Feuerwerk, und die Schauspieler sind bald sichtlich abgelenkt, mit ihren Dialogzeilen die Pausen zwischen den Böllern abzupassen. Wolfgang bricht ab, es ist auch schon acht, und verschiebt den Rest auf morgen früh. Ist ja auch genug passiert heute; während einer nachmittäglichen Umbaupause, als Wolfgang mit Leuten vom Art Department rüber zum troianischen Platz gefahren war, um die Gebäude hinsichtlich der geplanten Verbrennung der Stadt zu inspizieren, bebte kurz die Erde. Wie es später hieß ein Routinebeben zwischen Malta und Sizilien, aber auf dem Platz bekamen die Baumeister es mit der Angst, dass in der Rekonstruktion sie sich in der Epoche vergriffen und statt des homerischen jenes Troia aufgebaut hätten, das durch ein Erdbeben zerstört wurde. Geht aber alles gut.

Am Morgen in der Halle, als Vögel und Feuerwerker noch schlafen, klappt es auch wieder, sodass gegen halb elf ebendort und mit denselben Darstellern begonnen wird. Die Knutschszene. Das bedeutet, dass absolut unabkömmliche Mitarbeiter wie ich erneut vor die Tür geschickt werden und dort zwischen den zurückgelassenen Myrmidonenzelten im Sand spielen dürfen. Dieses ungebührliche Verhalten kenne ich ja schon, worüber ich mich beizeiten vor einer höheren Instanz beschweren werde. Ich könnte natürlich den Hulk rauslassen und in San Francisco randalieren, doch was soll ich da, das würde hier sowieso niemanden scheren, die sind zu sehr mit ihrer baufälligen Halle beschäftigt. So ziehe ich mich in den Trailer zu meinem wunderbaren weißen iBook zurück, spiele Doppelkopf und tippe sonst auf ihm rum. Vielleicht merkt man das.

Der Tag schleppt sich so dahin, ich sitze vor der Halle auf der Düne und lese, als Wolfgang plötzlich vorbeifährt, um sich den Fortgang der Verschmorung des Platzes anzusehen. Schon sehr schön schwarzgemalt das alles, nur ein paar Gebäude sind noch unangetastet, die braucht Second Unit heute Nacht. Auf der Fahrt erzählt er, dass es jetzt endlich losgehe. Bisher war nur so langweiliges Gerede. Na toll. --

Stunden später ist auch das vorüber. Das letzte für heute ist wieder ein Magic-Hour-Schuss, Achilles' Scheiterhaufen auf dem verbrannten Platz bzw. die Nahaufnahme von Odysseus, wie er den Leichnam des Kumpels entzündet und ihm eine gute Fahrt wünscht. Wolfgang winkt mir zu, ich solle mal Achilles' Leiche kucken kommen. Da liegt er auf dem Boden, zum Teil noch in Plastik verpackt wie Laura Palmer, ganz aus Gummi und sieht Brad gruselig ähnlich. Dann wird er auf sein letztes Bett gehoben; ein noch höheres Gerüst für die Kameras steht vor dem hohen Holzaufbau, Jaya mit der Angel steht daneben auf der Plattform eines Krans. Ein Feuerwehrauto wartet nahbei. Es ist kurz nach acht, langsam drängt das Licht. Sean Bean klettert die Holzleiter hoch. Kurz vor dem Action knattert vor dem Stadttor ein Trecker los, dem Geräusch nach. Eine Schrecksekunde später rennt einer der PAs davon, und knapp vor Seans einzigem Satz, nebenbei dem letzten des Films, also nicht ganz unwichtig, schweigt der Trecker. Achilles brennt. Cut. Sehr schön, aber im Vordergrund loderten keine Flammen. Schnell nochmal. Das Feuer wird abgedreht, der glimmende Rest gelöscht. Ein Feuerwehrmann setzt an, mit Spritze in der Hand hochzurennen und es gründlich zu machen, wird aber von Wolfgang zurückgerufen, keine Zeit, los jetzt. Da grölt der Trecker wieder auf. Egal, Action, erneut läuft ein PA während des Takes hinunter, um ihn rechtzeitig zum Schweigen zu bringen. Achilles brennt, auch im Vordergrund. Cut. Feuer wird abgestellt. Wolfgang prüft am Monitor, Gerry fragt, ob er es nochmal machen wolle. Nee, ist doch zu dunkel. Was sagt denn Roger? Roger sagt, ginge noch. Also los, schnell. Seans Fackel wird entzündet. Rechtzeitig, als wollte uns jemand ärgern, geht der Trecker los, und einmal mehr rennt einer runter. Der Trecker geht aus. Achilles lodert diesmal um einiges mehr. Cut. Original wenige Sekunden später geht das unvermeidliche Feuerwerk los. Was solls. Cabo San Lucas hat vielleicht keine neolithischen Tempel oder goldgelben Altstädte, aber dafür auch keine 365 Heiligen.

EXT. Straße/Tor/Platz, Troia, Fort Ricasoli, Malta

Bis zum Mittagessen haben wir heute wieder Stadtvolk, das beim Läuten der Alarmgongs in Panik durcheinanderrennt, sowie Hektor und Tekton, bzw. deren Doubles, die auf ihren Pferden durch das hinter die Stadtmauern flüchtende Volk durch das Tor in die Ebene sprengen. Beides nicht unaufwendig, bzw. viel Arbeit für Gerry, Pferde und störrische Statisten zu zähmen, bzw. letzteren das Grinsen auszutreiben, wenn sie eben dabei sind, in Todesangst in ihre Häuser zu fliehen. Zudem fällt, nachdem die Apollonischen Gardisten durch das Tor geritten sind, auf, dass ihnen nicht wirklich Volk aus dem Vordergrund entgegenkommt, höchstens an der rechten Seite sich reindrückt. Die Reiter galoppieren von links nach rechts durch das Tor, folglich steht die andere, linke Seite des Durchgangs voll mit Kameras. Das ist schwierig. So werden eine Kamera, die ihre Schuldigkeit mit möglichen Inserts getan hat, weggeräumt und ein paar Dorfleute um die restlichen Kameras herum in die Stadt geschickt. Das klappt gerade noch zum Lunch. Danach nämlich muss Schluss sein und die Szenerie für die Magic Hour vorbereitet werden: Der Hauptplatz ist verwüstet, Odysseus zündet den Leichnam Achilles' an, der abbrennt; diesmal noch lichterloher, denn alles in der Totale. Die letzte Einstellung des Tages, das letzte Bild auf Malta. -- Das bedeutet, dass besser nichts schiefgehe; die maltesischen Fahrer munkeln bereits seit einiger Zeit, dass wir nach Mexiko nochmal nach Malta zurückkommen. Aber das wäre ja noch unsinniger, als die Charterflüge ein zweites Mal zu verschieben. Nein, nein, das muss halt klappen.

Für nicht direkt Beteiligte können stundenlange Vorbereitungen sehr langweilig sein. Da kommt es als kleine Erleichterung, wenn der Hauptplatz so hübsch rußgeschwärzt und zerstört zurechtgemacht ist, dass es in jeder Ecke neue Trümmer zu entdecken gibt. Außerdem liegen alte Freunde auf dem Boden herum, die zerfurchten Schaufensterpuppen. Eine, die ich noch nicht kenne, baumelt sogar erhängt vom Honoratiorenbalkon. Als er das Chaos zuerst begutachtete, wollte Wolfgang erst noch Kevin Art Department erschrecken, da liege wohl ein Missverständnis vor, er habe sich den Platz gerade heute ganz jungfräulich gewünscht, aber der fiel nicht darauf herein.

Nach und nach füllt sich die Szenerie mit gelangweilten Statisten, die vorher regelmäßig zum dritten Mal angeschissen werden wollen, sie möchten bitte nicht auf dem Platz rauchen, der unter und über mit Gasleitungen ausgelegt ist. Einige von ihnen können jetzt schon kaum mehr stehen. Kein Wunder, da einige von ihnen Doppelschichten schieben, erst nachts mit Second Unit drehen und, wenn sie schon mal da sind, den Tag gleich noch mit der ersten, oder umgekehrt. Dem Vernehmen nach sind selbst Dreierschichten nicht ausgeschlossen. Kein Wunder, dass man da in seiner harten Rüstung sitzend mal zusammensackt wie im Flugzeugsessel. Oder eine kleine Revolte anzettelt, wenn man, wie geschehen, zwischen zwei Schichten gerade mal Wasserflaschen und Schokoriegel als Hauptverpflegung gereicht bekommt.

Jedenfalls werden irgendwann Brads unbeschädigter Plastikzwilling zum Schafott getragen sowie Sean die Holztreppe hochgebeten. Es gibt schon mal einen ersten Take, auch wenn die Sonne noch nicht ganz weg ist. An allen vier Ecken des Platzes sind nun die fünf Kameras verteilt und lassen, wie am Hauptbahnhof, kein Detail aus. Das bedeutet leider, dass der Platz von Zuschauern ganz gereinigt wird und die Griechen die Szene unter sich ausmachen. Ein Stehplatz am Monitor wird teuer errangelt, einige werden strategisch mit dem Tip davongeschickt, in welcher Kühlbox es noch Kitkat geben könnte. Und los. Brad brennt. Cut. Und löschen. Sieht beeindruckend aus, zumindest im Fernsehen. Und alles eins zwei fix nochmal, für die echte Magic Hour. Der etwas lädierte Brad wird vom Schafott abgenommen, doch statt lange um ihn zu weinen, wird er hastig beiseite getragen und auf einen

Holztisch gelegt. Der abgeschmorte Kopf kommt runter, ein junger frischer Brad wird aufgesetzt. Der widerstandsfähigere Körper, der nichtsdestotrotz nach schwerer Schuppenflechte aussieht, erhält neue Kleidung; zuletzt sieht sein Schöpfer Daniel Parker zufrieden zu, wie Mitarbeiter die verbrannten Partien, und das blassere Gesicht auch gleich, mit wohlgebräunter Hautfarbe plus Föhn erneut zum glänzen bringen, zumindest aus der Ferne. Einige Statisten machen Fotos mit ihren Handys. Nu aber schnell wieder aufs Gestell. Doch mit dem Reimen ist jetzt Schluss, denn wenn die Sonne sich senkt, wird keine Zeit verschenkt. Action. Loder, braus. Cut. Löschen. Was sagen die einzelnen Kameras? Alle nacheinander, alle gut. Also tschüß dann, wir sehen uns in Mexiko. Und ab zum Flughafen. Bestelltes Abendessen im Flugzeug. War da was?

Barbara, meine liebe Freundin und ich bleiben konsterniert in der Abflughalle stehen, lassen uns von Frank zurückfahren und gehen vor Schreck Pizza essen. Maltesische Wurst schmeckt eigentümlich, aber lecker. Vor uns liegt noch ein harter Tag des Ausschlafens, Packens, am-Meer-Liegens und des Sonnenuntergangs in der letzten Kneipe der Menschheit. --

Intermundium

Am Freitag, dem 11. Juli, stand der berühmte Reiseschriftsteller heroisch früh auf, putzte tapfer seine Zähne und ließ sich titanisch mit seiner Gefährtin nebst der persönlichen Assistentin seines Vaters von Frank zum Flughafen fahren. Bei der Zwischenlandung in London kaufte er das neue Harry-Potter-Buch und flog weiter, nicht ohne sich angesichts des BA-Magazins zu freuen, im nachhinein nochmal jenen anderen Maltafilm, *Gladiator*, sehen zu können, mit einem anderen Großmeister des britischen Kinos in seiner letzten Rolle, bevor er lernen musste, dass dieser Film in seiner Klasse leider nicht angeboten wurde. Daraufhin randalierte er wie eine besoffene Kreisligamannschaft auf dem Flug ins mallorquinische Trainingslager und zwang die verblüffte Stewardess, so viele Tütchen honiggerösteter Salzmandeln zu essen, dass sie die Flucht ergriff und er sich endlich einmal in ausreichenden Mengen an ihrem Getränkewagen bedienen konnte. D.h. er hätte es getan, wenn er nicht kurz davor im Harry-Potter-Film steckengeblieben wäre. Oder später in *Ten Ways to Lose Your Lover*, worin der Brüller war, dass einer der größten Fehler von Frauen sei, ihre Dates in *Sleepless in Seattle* zu schleifen. Seine Nachbarin zur Linken derweil war Bulgarin, las ein Buch auf Russisch, kuckte später einen bescheuerten Western mit Jackie Chan und lachte sich scheckig. Wenigstens gab es bei BA auch leckeres London Pride statt des ewigen Heineken. So verging die Zeit bis zur Landung, als die Plätze umherum aussahen wie nach einem Kindergeburtstag. Jeder Reisende produziert Reiseüberreste, die nun mal im Flugzeugsessel nicht auf dem Weg zurückgelassen oder vom Fahrtwind verweht werden. Das Seltsame am Fliegen ist doch, so schüttelte der Reiseschriftsteller altersweise den Kopf, dass man reist, ohne sich fortzubewegen.

Also haben wir zwei friedliche Tage in Santa Monica – Wolfgang sogar drei –, die sich fast so anfühlen wie normale Besuche. Wir kaufen ein, grillen Hamburger, flanieren über die 3rd Street Promenade und stellen fest, dass mein hiesiger Lieblingsladen, der Midnight Special Bookstore, an dessen Kasse ständig ein kleiner Stapel des Kommunistischen Manifestes auslag, rausgeworfen wurde. Ich sitze lesend im Garten. Ständig das Gefühl: Ich sollte nicht hier sein. Als wären wir beim Beamen falsch ausgestiegen. Und wirklich, am Montag: Zu fünft, Wolfgangs Frau Maria kommt mit, fliegen wir nach Cabo San Lucas, sinnigerweise mit Alaskan Airlines, als ob sie uns damit falsche Tatsachen vorspiegeln wollten. Einsame Schnellstraße durch nackte Berge und Ebenen. Angekommen, wohnen wir in einem großen Mehrzimmerappartement in einem Time-share-Riesenklumpen, mit diesmal schönem Blick über Meer, Hügel, Felsen und Strand. Und Großbaustelle, aber daran sind wir ja gewöhnt. Am Abend essen wir in dem komplexeigenen Restaurant vorne direkt am Meer, und wieder fügt es sich, dass Roger dabei ist. Die Sonne geht unter. Zur Einübung trinken wir das örtliche Volksbier, Corona, das wie jedes karibisch-pazifische Bier leicht runtergeht und nicht betrunken macht.

Cabo San Lucas: und dahinter die Unendlichkeit

Am Dienstag ist Prep Day, d.h. wie am Anfang in Malta gehts von einer Location zur nächsten, sowohl zur Inspektion der Arbeitsfortschritte als auch zur schon-mal-Durchüberlegung zentraler Einstellungen. Im Gegensatz zu Malta jedoch liegen die Locations hier relativ dicht beieinander, bzw. gibt es eigentlich nur eine große Location – den zusammenhängenden Bereich von Stadtmauer, Schlachtfeld, Dünen, Strand und Tempel auf dem Felsen –, an deren einzelnen Ecken und Enden sich jeweils getummelt wird. Auf dem Weg dorthin lassen wir Cabo an seiner Südspitze der Halbinsel links liegen, fahren einmal quer durchs Land auf die Pazifikseite, vorbei an den typischen mexikanischen niedrigen dickwandigen Häusern, vorbei an leeren Ebenen, Gestrüpp, Kakteen, im Hintergrund Bergen. So eine Klischeelandschaft gibt es wirklich. Wir biegen nach links auf eine Holperpiste und geben uns kurz vor dem Millionenset nochmal kurz ein Stück dritte Welt: winzige selbstgezimmerte Betonhäuschen, hier und da offen, dick umzäunt, zum kleinen Teil verzweifelt verputzt und rosa getüncht, kleine bunte Plastikbagger vor der Tür, Hunde im Schatten. Gleich dahinter durch ein von Wachleuten gesichertes Tor die Einfahrt zum Set. Wir rollen in ein weißes Dorf aus Trailern verschiedener Länge und Funktion sowie Zelten unterschiedlicher Größe, von riesig bis enorm, angeordnet in Häuserblöcken, die rechtwinklige Straßen freilassen. The City of Troy. Gleich dahinter steht das troianische Stadttor mit einem Stück Mauer zu beiden Seiten, diesmal die Außenseite, und die Innenseite besteht aus nacktem Gestänge. Davor in Richtung Ozean die weite Ebene des Schlachtfeldes, spärlich mit Gras und einigen einsamen Bäumen bewachsen. Sowie entlang den Rändern mit leuchtend roten, durchweg nummerierten Schildern; die sind für Nick, als Referenzpunkte, für wenn er später am Computer größere Mengen kämpfender Soldaten hin- und herzubewegen hat. Ungebremster Blick in alle Richtungen, auf verdorrt-grüne Hügel, Dünen, den blauen Pazifik, verdorrt-grüne Ebenen, braune Berge. Sowie in die Zukunft: Es gibt einen groben Drehplan bis Anfang September, doch jeder hegt Horror vor dem Kommenden. Drehen in unabgeschirmter Hitze und im Sand. Jede Aktion dauert dreimal so lang. Umkippende Statisten. Und im September ist auch noch Hurricane Season. Der Drehplan ist Best Case Scenario. Das große, doch überschaubar geschnittene Schlachtfeld täuscht, es ist der Wildnis abgerungen.

Vor einigen Monaten sah das hier noch anders aus, etwa so wie überall im Umkreis: karger Sandboden, dicht bewachsen mit knorrigem Gestrüpp und Kakteen, keine roten Schilder. Stattdessen haufenweise Schlangen, Taranteln und dicke Skorpione, die einzeln aufgelesen und ein paar Meter nach hinten in die weiterhin angrenzende Wildnis gesetzt wurden. -- Woraufhin Nigel Anfang des Jahres in einem Hubschrauber in 40 Meter Höhe die gesamte niederkalifornische Küste abflog, bis er hier unten, ganz kurz vor Schluss, fündig wurde: eine einigermaßen plane Ebene, direkt an Dünen und Strand, welcher außerdem einen prima Felsen für den Apollotempel bot. Das Problem war nun, diese plane Fläche, die wie gesagt wie alles umher mit dichtem Wüstengestrüpp bewachsen war, rechtzeitig, d.h. in wenigen Monaten in ein veritables Schlachtfeld zu verwandeln, über das Tausende von Kriegern problemlos stürmen konnten, ohne sich zu pieksen. Zum zusätzlichen Entsetzen der Planierer leben auf diesem Fleckchen Erde nicht nur diese blöden großen Westernkakteen, die überall in Massen herumstehen, sondern auch eine kleinere Art, die geschützt ist. Folglich wurden diese Exemplare, trotz Naturschutz ebenso zahlreich vorhanden, nicht etwa wie alles gefällt, sondern behutsam einzeln ausgegraben und nebenan in einer Art Kakteenschule eingelagert, um beizeiten wieder ausgewildert zu werden. Das sieht sehr putzig aus, tausend Minikakteen in Reih und Glied. Wenigstens die lokalen Umweltschützer sind einigermaßen stolz auf die Produktion.

Doch nicht nur das, ein wenig Grün sollte schon gesät werden, damit das Feld nicht zu sehr nach einem Parkplatz aussieht. Die Ironie sticht: Hier war geboten, in Windeseile alles Gestrüpp, die meisten der Bäume und vor allem die nicht wirklich mediterranen Kakteen herauszurupfen, während auf Malta jeder Baum und jeder Quadratmeter Gras kostbar von Sizilien importiert wurden. Egal, Monate später ist die herakleische Tat vollbracht, der Hauptaustragungsort des Trojanischen Krieges ist geräumt, sinnigerweise in der groben Dreiecksform eines Baseballfeldes, und alles mit nur ein bisschen Aufwand an Terraforming: Einige Gräben, die unter dem Gestrüpp zum Vorschein kamen, wurden zugeschüttet, einige Hügel dagegen, vereinzelte Häuschen zu verdecken, aufgeschüttet. Zur Auflockerung des optischen Eindrucks wurden ein paar Bäumchen stehengelassen und Gras nachgepflanzt, wodurch dieses Stückchen Landschaft lustigerweise der Troas ähnlicher geworden ist, als das fertige Stückchen Marokko es jemals gewesen wäre. Darauf angesprochen, entfährt es Nigel, Mensch, da hätten wir ja Glück gehabt. Aber irgendwie glaube ich ihm nicht.

Nun geht es an den Strand. Dazu nehmen wir das einzige Fortbewegungsmittel, das in dieser sandigen Umgebung etwas taugt: ein Quadbike! Jawohl, genau jenes Motorrad mit vier dicken Rädern, das die allermeisten von Ihnen bereits von Lara Croft kennen und lieben. Genau jenes, mit dem ich bereits stundenlang durch die Antarktis oder Area 51 usw. gekachelt bin, selbst als ich das Level schon lange gelöst, alle Gegner erledigt und alle Geheimnisse gefunden hatte. Juchheißa, die gibt es wirklich, und jedes Expeditionsmitglied bekommt so ein Ding in die Hand gedrückt --. Erst auf einen aufgeschütteten Feldherrenhügel, dann über selbstgemachte Pisten runter zum Strand, wo die Schiffe lagern werden und die zugewehte Wehrmauer nebst aufgereckten Spießen bereits installiert sind, bis hinüber zum Tempel, bei dessen Anfahrt schon einige ins Schlingern kommen. Die komischen hellblaurundlichen Felsen unten am Strand sind übrigens echt, alle wie sie da sind; niemand hätte sich getraut, derart nach Pappmaché aussehende Gebilde zu bauen. – Nun ja, doch, unser Art Department. Die Landung der Schiffe am Strand, mit den heraushüpfenden Kriegern etc., wurde bereits auf Malta gedreht, von Second Unit. Und die unvermittelt aus dem Sand ragenden Felsen, die dort möglicherweise zu sehen sind, sind nicht echt und sehen auch so aus. Ist aber wie gesagt nicht deren Schuld, sie müssen halt zu den echten passen.

Der Apollotempel schließlich, es muss bei aller gebotenen Objektivität gesagt werden, ist – im Verbund von Architektur und Umgebung – mal wieder ein Meisterwerk: Von außen bewundert der Betrachter die vertrauten troianischen Tempelformen, flankiert von den bekannten Götterstatuen; diesmal allerdings malerisch abgewetzt von Wind und Sand, sinnigerweise am stärksten in den Fugen der behauenen Steinblöcke. Im Inneren aber empfängt den Reisenden, nach dem dramatischen Präludium einer noch troianischen Vorhalle, das Allerheiligste wie ein Ungeheuer aus der Tiefe: schwarz statt grau, in unsagbaren spitzen Rundformen statt einer sich der Irrationalität entwindenden apollinischen Geometrie hochentwickelter Zivilisationen. In der Mitte ein dunkler thronförmiger Altar, oder altarförmiger Thron, mit Stierhörnern und Näpfchenbohrungen, der dem deutlich helleren der Tempelruine auf der Klippe in Malta gleicht, welcher wiederum in der fiktiven Historiologie des Films einer früheren Epoche entstammt. Womit, im vorbeigehen, Nigel die Existenz einer bislang unbekannten panägäischen, vom modernen Griechenland bis Kleinasien reichenden prähistorischen Kultur andeutet. Sehr interessant und verfolgenswert. Der Altar sitzt auf einem ungestalten Haufen schwarzer Masse und präsidiert über ein grottenartiges Raumensemble, das vorgeschichtliche Stierkulte, Höhlentempel sowie einen Rest Alien:Resurrection in sich vereinigt. Ein einziges Loch in der Decke verdüstert den Raum mehr als dass es ihn im Wortsinne erleuchtet; doch weil in jenen Tagen noch die Sonne um die Erde wanderte, haben die findigen Erbauer es beweglich bzw. in der Decke drehbar gebaut, damit der Altar stets im besten Licht erscheine. Durch die Ecken pfeift der Wind, eine Lücke in der Rückwand führt hinaus zu einer Art Seitenportal, das dem Reisenden, zwischen nun wieder troianischen Göttern hindurch, eine plötzliche grandiose Aussicht auf den Pazifik verschafft. Wenn sie das stehenließen, hätte Baja California seine erste historisch-architektonische Attraktion.

Das historische Konzept des Gebäudes ist ebenso verschachtelt, wie Nigel erklärt, der geradezu erfreut ist, dass ich ihn darauf anspreche. In alten Zeiten nämlich hätten Menschen zu Ehren ihrer Götter an heiligen Orten Feuer entzündet, die erwartungsgemäß abbrannten, die Räumlichkeit auf ewig schwärzten und als Ascheschicht zurückblieben. Auf dieser Ascheschicht wurde dann, am folgenden Sonntag oder wann immer, das nächste heilige Feuer abgebrannt, und so weiter, bis ein nennenswerter Aschehaufen sich aufgeschichtet hatte, der eines Tages, mit Feuchtigkeit vermanscht, zu einem flachen schwarzen Klumpen festgeklopft wurde, wohl als residuales Substrat oder Monument vergangener Gottesfurcht. Auf dieser ersten lokalen Altarform, dessen Gottesnähe nicht nur als zeichenhafter Verweis, sondern symbolisch im Material selber vorlag, brannten die nächsten Feuer, bis ein neuer Haufen fixiert war etc., auf dessen flacher Oberfläche schließlich ein späterer, doch für Spätbronzezeitler immer noch uralter namenloser Kult, der wie überall ältere heilige Plätze usurpierte, seinen dunklen sesselförmigen Altar errichtete. Unsere Troianer nun nutzten für ihren Kultbau die alte Quelle vergangener Heiligkeit, sei es dass sie das ältere Volk besiegten, sei es dass sie dessen Relikte verlassen und verweht vorfanden, widmeten sie auf ihren eigenen Apollo um und bauten dessen Tempel um sie herum. So ist dieses heilige Gebäude ebenso zwiebelförmig gewachsen bzw. errichtet wie der dazugehörige Glaube, in der materialen Anordnung ist gleichsam der Ursprung der einheimischen Religiosität festgehalten, sodass Achilles während der griechischen Plünderung nicht nur mit Straßenschuhen in einen beliebigen fremden Tempel trampelt, sondern symbolisch ins alte Herz des troianischen Glaubens selber. Und das mag der rechtschaffene Hektor selbstverständlich nicht auf sich sitzen lassen.

EXT. Stadttor, Troia, Cabo San Lucas, Mexiko

Und wieder steckt man mittendrin zwischen allen bekannten Gesichtern als wär nichts gewesen. Mittwoch ist erster Drehtag, und es geht fast nahtlos da weiter, wo wir in Malta aufgehört haben: Das ganze Schlachtfeld ist voll mit Bauern des Umlandes und Eseln, die vor den anrückenden Griechen in die Stadt flüchten. Hektor und Tekton galoppieren – wie vorgelegt von links nach rechts – durch das Stadttor, legen sich in die Kurve und kommen vor den 80 Apollonischen Gardisten zum stehen, die Hektor mit einer flammenden Heimatrede anheizt. Daraufhin stürmen sie los Richtung Düne, den Griechen entgegen. In der Totale sind es die mexikanischen

Doubles, die reiten und schwitzen, Eric sitzt noch hinter seiner blauen Sonnenbrille im Schatten, kuckt sich das an und verlangt erstmal ein farblich zu ihr passendes Pferd. Vier Kameras sind wieder dabei, u.a. die Hauptkamera am Loumakran, die Steadicam, die auf einem Pick-up neben der davontrappelnden Truppe herfährt und auf dem huppeligen Boden dann doch zum ersten Mal sehr ins Schwanken kommt, sowie Roger, der bei solchen Gelegenheiten auch gern mal wieder selber an einer Kamera sitzt; diesmal ist es diejenige, die von innen durchs Tor nach draußen blickt, den Reitern hinterher. Ein Problem könnte sein, dass unsere dicke hohe Stadtmauer zu beiden Seiten nicht weiter als bis zum jeweils zweiten Wachtturm reicht, doch in Wirklichkeit natürlich noch bis ganz nach hinten weitergehen soll, worum Nick VFX sich kümmern wird. Im Fall der Steadicam nun könne es schwierig werden, durch die ganzen vorbeireitenden Krieger und Staubwolken hindurch eine ordentliche Mauer hinzukriegen, oder? Och, meint Nick, wenn man in der Einstellung nicht zeigt wo sie losreiten, könne ja das tatsächliche Ende der Kulisse als beliebiges perspektivisches Ende der echten Mauer durchgehen. Dann sind die halt schon ein paar Meter geritten. Das freut Wolfgang, ein Visual Effect einfach und billig gelöst. Und besonders Nick, nicht weil er keine Lust auf seinen Job hätte, doch als Chef seines Departments nicht einfach aus dem Vollen schöpfen und wild drauflos photoshoppen kann, sondern ein bestimmtes Budget hat, dessen Einhaltung jemand verantworten muss. So ist jeder zusätzliche VFX-Shot, der sich in Wohlgefallen auflöst, eine gute Nachricht.

Habe ich schon mal erwähnt, dass es manchmal dauert, bis eine Einstellung fertig eingerichtet und geprobt ist? Jedenfalls wird es mit den zu drehenden Sachen hier in Mexiko eher noch länger dauern, da im Prinzip mehr Statisten zugange sind, die daher öfter mal nicht in Reih und Glied gehen oder mit ihren Pferden gegeneinanderlaufen. -- So lobt man sich eine gute alte Dialogeinstellung im Close-up: Hektor redet zu seinen Männern, Tekton sitzt zustimmend daneben. Alles schön, und wie es sich gehört von hinten beleuchtet, denn die Sonne kommt jetzt langsam von der Pazifikseite – bzw. nicht ganz so langsam: Für den Gegenschuss auf die jubelnden berittenen Soldaten müssen sie schummeln und ein paar Schritte nach vorne aus dem Schatten in die Sonne trippeln. Nur so als Information für Zurückspuler und Fehlersucher.

EXT. Dünen, Cabo San Lucas, Mexiko

Und gleich geht es auch chronologisch weiter, denn heute galoppieren Hektor und seine Gardisten weiter über die Dünen, sehen entsetzt die landenden Schiffe und überdies Achilles, der am Tempel einer Apollostatue den Kopf abhaut. Das sitzt. Hektor wird sauer und reitet mit ein paar Leuten rüber. Dazu wird am Morgen erstmal die Dünenlandschaft inspiziert und kuckt, wo die denn rüberkommen sollen, ist ja so viel Platz. Von da oben vielleicht, obwohl es ein bisschen steil sein könnte. Jordi Casares wird gerufen, der Boss der Pferde, der prompt mit seinem

Quadbike angetuckert kommt. Jo, das gehe schon. Aber dann bräuchten sicherheitshalber alle 80 einen Sattel; im Moment reiten die meisten auf Decken und würden bei der Steigung wohl nach vorne rutschen. Was in der Tat nicht sehr furchteinflößend aussähe. Also besser nicht, wenn wir Gefahr laufen, statt einer Elitetruppe die Keystone Cops entgegenreiten zu sehen. Vielleicht da drüben, da ist es flacher. Oder was ist denn damit? Jemand entdeckt weiter links einen kurzen Abhang, davor eine große Mulde, und davor wieder eine kleinere Erhebung. Das sähe doch klasse aus, die Reiter würden da runterstürmen, im Loch verschwinden und dann im Vordergrund wieder groß auf der Düne erscheinen. Gesagt, getan. Naja, erstmal gesagt, denn der ganze Kram muss durch den Sand hier rübergeschleppt werden, ganz zu schweigen vom Sand selber, der überall hier, bis rüber zum Tempel und runter zum Strand, von tausenden grobprofiligen Bikespuren durchzogen ist und mehr einer beliebten Skipiste gleicht als einer unberührten Dünenlandschaft. Wolfgang schlägt vor, das könne Nick doch später alles digital wegmachen. Am besten umsonst, als Bonus. Nick dagegen muss leider ablehnen. Die Lösung ist so simpel wie man es sich im Scherz denken würde: Einige überbreite Besen stehen bereit, und die Requisitenleute, all sowas gehört dazu, fegen den Sand glatt. Natürlich gibt es auch die Lösung, mit einem an ein Quadbike gebundenen großen Gitter die Gegend zu durchpflügen, doch taugt das in subjektiver Einschätzung nur für den Hintergrund, aus der Nähe sieht es doch sehr danach aus, als habe jemand mit einem Gitter die Gegend durchpflügt. Bernie, der hiesige Requisitenchef, meint, das gehe sonst auch wunderbar mit einem Hubschrauber, binnen Minuten sei die ganze Fläche blütenrein. Aber, man ahnt es, das kostet. Geld. Und hier unten sei es sowieso fast unmöglich einen zu bekommen, den letzten hatten sie aus San Diego kommen lassen. Also müssen Bernie und seine Jungs fegen. Die Düne im Vordergrund reiche ja vielleicht.

Nach dem ersten Take, man ahnt auch das, haben die Pferde wieder alles kaputtgemacht. Nun ist der Sand voll mit Pferdehufen, was andererseits passt, jedenfalls besser als Reifenprofile. Also könnte man doch eigentlich zum Saubermachen immer erstmal eine Horde Pferde rüberschicken? Naja, jein. Wer will sich schon freiwillig der kleinen Möglichkeit begeben, den ersten Take mit der noch jungfräulich glänzenden Düne zu verwenden? Eben.

Nach der epischen Verwöhnung der Master Shots folgt wie immer der lästige Kleinkram: Dialog und Close-ups. Im Kino müssen die ja immer reden, als hätten sie nichts Besseres zu tun. Dazu hat Wolfgang den offiziellen Drehbuchtext etwas geändert und eine eigene Version des kurzen Dialogs verfasst, die er, auf der Düne stehend sowie, wie er ankündigt, sehr überzeugend, laut vorträgt. Alle klatschen. Huldvoll akzeptiert er die Ehrung. Dann mögen die Arbeiten beginnen. Eine halb mannshohe Plattform wird aufgestellt, zwei Kameras werden darauf installiert, das große weiße Segel, ein paar Meter mal ein paar Meter groß, herangeschleift und dessen Ständer in den Sand gesteckt. Hektor und Tekton trippeln auf ihren Pferden davor herum und entsetzen sich über diese Griechen. Roger mahnt an, man möge die Nasenteile ihrer Helme etwas matt einsprühen, weil die Sonne auf ihnen so glänze, was ihrem Anblick eine der Situation unangemessene geckenhafte Komik verleiht.

Hinterher wird zusammengepackt, Ausrüstung und Monitore, Partyzelte und Kühlboxen, die Karawane zieht eine Düne weiter und schlägt dort ihr Lager auf. Zur Belohnung gibt es erstmal wieder Episches: Hektors Gefolge trappelt im direkten Anschluss weiter, bleibt auf einer Anhöhe stehen, von wo es die Ankunft der griechischen Schiffe verfolgt, und trappelt die Düne hinunter in Richtung des Tempels. Sehr schön, ein Pulk galoppierender Pferde mit Staubaufwallung im Gegenlicht, im Hintergrund der Ozean. Ohne Probe wird gleich gedreht, weil der Sand umher noch so schön unberührt liegt; der Rand des Lagers ist extra eng abgesperrt. Die Kamera am Kran schwenkt sachte dem hinuntergaloppierenden Pulk hinterher. Und dann: „Da steht ja einer!" In der Tat steht dort unten ein langer dünner Mann in rotem Hemd und orangener Hose, was inmitten des fast weiß strahlenden Sandes nicht wirklich als Camouflage durchgeht, und wird von den Pferden sanft umschlossen. „Wer ist das denn, was macht der Kerl da?!" Gerry grinst peinlich berührt, „Ich glaub das ist ein PA", und fiele damit theoretisch unter seine Zuständigkeit, „aber keiner von meinen!" Sein mexikanischer Regieassistentenkollege indes quatscht aufgeregt in sein Headset, eine mexikanische AD winkt den Kerl aus dem Bild. Der setzt sich in Bewegung, wirft schnell noch eine leere Wasserflasche in den Sand. „Ja ist denn der bescheuert? Der soll das wieder einsammeln." – Ist alles nicht weiter schlimm, zwischendurch wird eh auf die nahen Gesichter geschnitten; der erste Take wäre wohl sowieso auf dem Boden des Schneideraums gelandet, die Pferde kamen zu mager über die Düne getröpfelt, ließen zu große Löcher, sammelten sich beim Anhalten auf nur einer Seite des Bildes und rempelten sich dabei an. Von allem abgesehen, sehr schön! Also wird mal wieder ausgiebig an die Zuschauer am Set gedacht und die Aktion öfter wiederholt, bis alle einigermaßen da reiten wo sie sollen; ein Haufen Pferde auf Dünen erweist sich als gleichermaßen dirigierbar wie ein mittelgroßer Kindergeburtstag. Da kommen die unvermeidlichen Dialoge und Close-ups bei schon sinkender Sonne als Erleichterung: endlich berechenbarer Kleinkram.

EXT. Schlachtfeld vor Troia, Cabo San Lucas, Mexiko

Nach den Mühen der Sandberge folgen wie stets die Mühen der Ebene. Bereits im gestrigen Vorfeld stieß die Frage auf, was wir denn heute machen sollten. Geplant waren die beiden troianischen Prinzen nebst militärischen Führern vor ihren Armeen, die im Schatten der Stadtmauern auf den Zweikampf zwischen Paris und Menelaos warten; ihnen gegenüber alle griechischen Könige vor ihren heranrückenden Soldaten. Als Problem nun entpuppte sich, dass vierhundert troianische Rüstungen im mexikanischen Zoll festhängen. Was tun? Wenn wir keine Troianer haben, nehmen wir halt Griechen und schießen zuerst in die andere Richtung, wir stellen die Statisten auf die andere Seite und ziehen ihnen griechische Sachen an; die griechischen Könige sind ja sowieso da. So sei es.

Den Vormittag verbringe ich hauptsächlich damit, uns ein eigenes Quadbike zu sichern, weil wir sonst keins mehr abkriegen; alle möglichen Departments haben sich am Anfang wie die Geier auf die Dinger gestürzt, jeweils ein paar von ihnen annektiert und mit Klebeband sowie Edding die Eigentumsverhältnisse geklärt. Simon Athertons Waffenleute haben an ihrem gar eine kleine Piratenflagge gehisst, die noch nicht einmal von mir ist. Als mein armer Vater nun gestern auf der Düne aufs Klo wollte, musste er kurzerhand eins von Camera beschlagnahmen. Das darf nicht sein. Dafür bekomme ich extra ein neuherangeschafftes mit LCD-Geschwindigkeitsanzeige. Ich sichere es sofort mit Klebeband und Edding gegen Diebstahl, als Dreingabe basteln freundliche Helfer einen Flaggenmast mit „WP"-Fahne daran. Jetzt kann nichts mehr schiefgehen.

Den Satz „Die Vorbereitungen ziehen sich hin" habe ich derweil auf die Spezialtaste F1 meines kostbaren iBooks gelegt, um ihn nicht jedes Mal ausschreiben zu müssen. Das spart wertvolle Zeit, die besser damit verbracht ist, am Set zu beobachten, wie nichts passiert. So scheint es zumindest manchmal. Diesmal ist auf der Dünenseite des Kampfplatzes ein riesiges Areal abgesteckt, auf dem Abertausende von griechischen Soldaten anmarschieren sollen. Bisher sind es nur ein kleiner Haufen Statisten, die in der vorderen rechten Ecke der gedachten Formation in Reih und Glied bereitliegen, sowie ein paar Männchen, die sorgfältig an allen Ecken und spärlich entlang den Rändern postiert sind und die Umrisse des Griechenblocks markieren; die sind für Nick, als Referenzmenschen des Lichteinfalls an verschiedenen Stellen des Pulks, wenn er später seine ganzen Digitalmännchen da reinsetzt. Die nächste Stufe der Previsualization: echte Menschen als Storyboards für Computerwesen. Ist auch gut so, die sind wenigstens auf Knopfdruck in Kostüm und Maske am Set anwesend. Im Gegensatz zu den echten 700 Statisten, von denen kurz vor der Mittagspause immer noch ca. 400 fehlen, irgendwo steckengeblieben auf dem Weg von ihrem Bett über Maske und Garderobe zum Schlachtfeld. Das ist unbefriedigend, so bleibt nur übrig, immer von neuem die Bewegungsabläufe zu proben, die allerdings nicht unkompliziert sind: Die Könige in ihren Streitwagen rollen nebeneinander auf einer Linie vorweg, der kleine Pulk Soldaten, so er denn mal komplett ist, soll hinterhermarschieren. Letztere braucht Nick übrigens gar nicht, seine Männchen lassen sich inzwischen komplett hervorzaubern, ohne Menschenmenge die multipliziert würde; sie sind vielmehr für nähere Aufnahmen gedacht, in denen man trotz allem noch echte Gesichter braucht. Die Gerry deswegen öfter zurechtweist, doch bitte grimmig zu kucken statt sich zu amüsieren. Doch es hilft alles nichts, die Mittagspause steht vor der Tür, und vor ihr nichts gedreht gekriegt zu haben drückt auf die Stimmung. Also lässt Wolfgang einen Take drehen, selbst wenn noch größere Lücken in den Reihen der Soldaten zu entdecken sind und überhaupt niemand ihn je sehen wird: eine Probe vor rollenden Kameras. Als Regisseur ist man alles Mögliche, auch Beschäftigungstherapeut und Motivationstechniker.

In einer der Wartezeiten nutzt Wolfgang die Gelegenheit – man müsse ja auch ein bisschen Fun haben –, sich auf unser neues ATV zu setzen, All Terrain Vehicle, wie die offizielle Produktionsabkürzung heißt, und mit mir hintendrauf ein wenig durch die Gegend zu heizen. Auf geschwungenen Wegen durch die Dünen – „Mal kucken was da ist" – erreichen wir den Strand, an dessen hinterem Ende Second Unit dreht. Die Wolfgang ja auch sowieso mal ganz dringend besuchen wollte. So setzt er sich vor deren Monitor und lässt sich von Simon Crane persönlich zeigen, was die heute so alles Schöneres gedreht haben, heißt es gut und dann düsen wir wieder zurück. Das war jetzt dringend nötig. Der Besuch bei der Second Unit, meine ich.

Nach dem Mittagessen ist alles anders; als langsam – fast – alle Statisten eingetroffen sind, hat der Himmel sich bezogen. Für uns ganz angenehm, für die Produktion unschön, denn solange niemand garantieren kann, dass es die nächsten Tage so bleibt, brauchen wir Sonne, allein damit die Anschlüsse stimmen. So bleibt erneut nicht viel übrig als zu proben und ansonsten zu warten. Irgendwann lockert die Bewölkung auf, die ersten bzw. weiteren Takes haben ihre Chance. Die Streitwagen der Könige rollen in gebührendem Abstand voneinander vorweg, ihre waffenstarrenden Armeen stampfen hinterdrein. Jedenfalls im Kino, denn im Moment noch rollen die meisten Könige, deren Lenker versuchen, ihre Pferde einigermaßen auf einer Linie zu halten, allein auf weiter Flur; gerade mal hinter Triopas, der ganz im Vordergrund mit seinen Pferden voranrückt, marschiert das auf Kante getrimmte Trüpplein der paar hundert Statisten und verleiht ihm ein gewisses Maß an Rückgrat und Überzeugungskraft. So wirkt das Gesamtbild der drohenden Griechenmacht ein wenig erbärmlich, und man würde ihnen wünschen, dass niemand sie so sehe. Bevor die Troianer herauskommen, sollte Nick schnell etwas tun. Am besten auch Pferden auf die Sprünge helfen: Ausgerechnet diejenigen Triopas' erweisen sich als etwas lahm oder störrisch, jedenfalls bleibt er bei jedem Take so weit hinter den Kollegen zurück, dass seine Leute eine Delle in der Formation bilden müssen, um ihm nicht hinten reinzulaufen. Schwer lassen die Pferde sich anspornen, bis wir mit viel gutem Zureden einen Take bekommen, worin sie sich einigermaßen beeilen. Danach wird keine Zeit verloren und ein Set-up für Nahaufnahmen der reitenden Könige vor ihren Mannen eingerichtet. Aus der Richtung des Tores wird frontal auf die Phalanx der Griechen gefeuert – das Thema färbt ab –, dazu das ärmliche Trüpplein mittig positioniert und jeweils ein König, grimmiger Miene, davorgestellt. Agamemnon z.B. und Menelaos, stets vor denselben Männlein. Einer sieht mexikanischer als mediterran aus: nach hinten. Wozu haben wir schließlich die gut 250 bulgarischen Statisten einfliegen lassen?

Nach offiziellem Drehschluss die Kür: Hurrikan Claudette, deren Ausläufer uns den ganzen Tag triezten, hat zur Versöhnung einen dunkel drohenden Wolkenhimmel geschickt, der mit der in der untergehenden Sonne glühenden Stadtmauer ein hübsches Ensemble bildet. Wie bereits vorher heimlich abgesprochen, dreht Roger die Kamera auf ihrem Podest einfach um und filmt die schicksalsschwangere troianische Abendstimmung. Vielleicht ist ja irgendwo Platz im Film. Wenn nicht, kann man sich das immer noch an die Wand hängen.

Am nächsten Morgen gehts weiter wie am Vortag begonnen, in vielerlei Hinsicht. Es ist bedeckt. Nicht dunkel, aber ohne Sonne. Die Statisten liegen auf dem Feld neben ihren Schilden, als wären sie über Nacht nicht weggewesen und sehen auch so aus, aber das gehört zur Kunst der Make-up-Leute. Das fahle Licht lässt höchstens Close-ups des Dialogs zu, auf einem nahen Gesicht kann man Sonne gerade noch vortäuschen. Zwei dicke starke Strahler werden in den Boden gerammt, von denen bald darauf einer im Wind umfällt und kaputtgeht. Kollateralschäden. Die mächtigsten der Beleuchter hängen sich in die prall geblähten großen Segel, während Brian Cox und die anderen Griechen ihren außerordentlich langen Dialog spielen. Derweil stehen Eric und Orlando mit Halbkostümen und Haarnetzen hinter der Kamera und sprechen ihren Teil ein. 15 Uhr, vor Troia, die Frisur sitzt. Jedem ist klar, dass sie ihre Perücken heute nicht mehr brauchen werden, doch in solchen Produktionen überlässt man nichts dem Zufall. Außer dem Wetter: Der Dialog bekommt mehr Takes, als er vielleicht sonst gebraucht hätte, aber ehe man nur herumsitzt kann man auch was tun. Brian Cox zuzusehen schadet sowieso nie. John Shrapnels Close-up, und dann reißt es tatsächlich auf, die Sonne lugt hervor und wirft Schatten. Schnell alles nochmal in der Sonne, den ganzen Dialog. Und schnell neuer Aufbau für die weitere Einstellung der Könige, die von ihren Wägelchen steigen, auf die troianischen Prinzen zumarschieren und den Dialog einleiten. Bei diesem Ausschnitt lässt sich keine Sonne mehr faken, das muss echt sein. Momentan siehts am Himmel zwar ganz gut aus, doch Claudette spielt mit einem gern schmutzige Tricks. Eine schön fließende Einstellung wird aufgebaut, worin die Könige nacheinander ins Bild gleiten und sich vor den beiden Prinzen in Formation aufbauen. Wolfgang hat wieder sein Sergio-Leone-Grinsen im Gesicht. Tut mir leid, wir haben wohl zwei Streitwagen zu wenig, har har. – Nein, vier zu viel! – Bangbangbangbangbangbang … Aber ich will nichts vorwegnehmen.

Eins muss ich doch vorwegnehmen, bevor es der Vergessenheit anheimfällt. In einem jener Takes der entschlossen schreitenden Könige kommt, als alle anhalten, Sean Bean vor einem Pferd zum stehen, bzw. exakt vor dessen Kopf, woraufhin ein Großteil des Takes lang dem Odysseus anatomisch korrekt Pferdeohren aus dem Kopf wachsen. Der Take sorgt für einen Lacherfolg vor dem Monitor, auch habe Sean kein Problem damit, doch irgendwas sagt mir, dass wir diesen Take heute zum ersten und zum letzten Mal gesehen haben. Viel mehr Möglichkeiten, den anderen Königen ebenfalls Ohren zu verpassen, haben wir leider nicht mehr: Bald beschließt Claudette, dass für heute Schluss ist. Ist ja auch Samstag, da will sie uns eine halbe Stunde mehr Freizeit gönnen.

Interludium

Der berühmte Reiseschriftsteller ließ sich am heutigen Sonntag, dem 20. Juli, sogar um elf wecken, um mit der versammelten Familie auf dem Balkon zu frühstücken, mit einmaligem Blick über Bucht, Felsen und Baustelle. Auch weiterhin übergab er sich vollständig der Macht der gemütlichen Familienferien und verbrachte den Tag auf einem Jetbike in der Sea of Cortéz, i.e. der Adria von Baja California, und vor allem am Pool. Das hieß: kein Reisen, kein Schriftstellen heute. Und das, obwohl der Reiseschriftsteller endlich, nach Jahren, ach, Jahrzehnten seiner Tätigkeit kürzlich DAS Utensil aus einer Sammelbestellung sich gegriffen hatte, das ihn erst zum wirklich wahren und echt vollkommenen Reiseschriftsteller machte, so berühmt er sein mochte: ein Moleskine-Notizbuch, das legendäre Notizbuch der Künstler und Intellektuellen von Van Gogh oder Matisse bis Hemingway, Chatwin und Indiana Jones. Die ganzen Tage schon hatte er den korrekten Gebrauch des Büchleins geprobt, bis er es nach wenigen Stunden perfekt beherrschte: beim Zuklappen das traditionell-charakteristische Gummiband mit einer klapperschlangenschnellen Handbewegung in Zehntelsekunden so um den festen Einband schnappen zu lassen, dass es einen weitum schnalzenden Ton entlasse, ohne dass es sich verdrehe. Vorerst alles umsonst, doch solche Fähigkeiten werden sicher nochmal zum tragen kommen. So blieb nur zu berichten, dass auch ein harmloser Pool seine kleinen Plaisirs bereithielt, z.B. die Gelegenheit, mittlerweile wohlbekannte bronzezeitliche Militärs und Nobelmänner in Rauschebärten, Shorts und anderer bunter Ferienkleidung am Wasser herumlümmeln zu sehen, oder den kleinen Sohn eines ungenannt bleiben sollenden Mitgliedes jener Filmcrew, die zur selben Zeit in dieser Anlage logierte, der unvermittelt vor der Liege des Schriftstellers stehenblieb, sehr zu dessen Amüsement sowie zur Pein des Vaters alle Schotten öffnete und hektoliterweise Urin auf den Terrakottaboden entließ. Manchmal braucht es wenig, Schriftsteller froh zu stimmen.

Ansonsten ist die frohe Botschaft des Wochenendes, dass Orlandos Film *Pirates of the Caribbean*, der letzte Woche mit starken 70 Millionen Dollar über ein fünf-Tage-Wochenende gestartet ist, an diesem nur einen Drop von 27 Prozent haben wird. Was bedeutet, dass das Studio wohl noch lange Freude an ihm hat. Und Orlando noch berühmter macht. --

An einer anderen Front ist ebenfalls ein Erfolg zu vermelden. Seit dem ersten Tag hier sind wir auf der Suche nach einem neuen „Dolce Vita" , d.h. einem Restaurant, zu dem wir, ohne groß Entscheidungen zu treffen, jeden Abend trotten können, ohne dass Wolfgang das Essen nach ein paar Tagen zum Hals raushängt. Dazu muss man wissen, dass ein selbstgemachtes amerikanisches Feriendorf in der hintersten Ecke Mexikos nicht gerade dazu angetan ist, hervorragendste Küche zu produzieren. Viel eher findet man gutbürgerlich amerikanische oder medioker internationale Küche zu geradewegs astronomischen Preisen bzw. den typischen mexikanischen Fastfoodmampf aus Fajitas und Quesadillas und braunem Bohnenmus etc., der, nicht dass man mich missverstehe, durchaus köstlich ist, solange man nicht jeden Tag darauf angewiesen ist. Auf unserer kleinen Odyssee durch verschiedene Restauranttips, die übrigens von der Crew mit reger Anteilnahme verfolgt wurde, erlebten wir die ganze Bandbreite, von einem derart stilsicheren Italiener, dass man ein paar Schritte nach Eintritt bereits gefror, bis zu einem bunt folkloristischen international-mexikanischen Frohsinnsladen mit knalligfarbigen Tischdecken und Servietten, den unvermeidlichen Cucarachas oder Mariachis oder wie diese Bänkelsänger heißen, und nicht zuletzt ca. 100 Dollar pro Person. Bis wir am Freitag einen neuen Franzosen fanden, „French Riviera", der sogar meinem Vater auf Dauer zusagen könnte, weswegen er die frohe Kunde am Samstag sofort verbreitete – nicht zuletzt weil der Laden, wie nebenbei alles im Dorf von der Oceanfrontbar über den Supermarkt bis zum Speedboatverleih, ordentlich Rabatt gibt, wenn man sagt, dass man von Warner Brothers komme. Jedenfalls erreicht uns wiederum die Wasserstandsmeldung, dass das Restaurant am Samstagabend zu 70 Prozent gefüllt war, und das ausschließlich mit Crewmitgliedern. Gut so, denn normalerweise würden die bald zumachen, wg. Nebensaison. Wir selber dagegen speisten an jenem Abend, um weitere Tips abzuschreiben, bei einem vorzüglichen Japaner und beschlossen den öffentlichen Teil des Abends in unserem neuen „Paparazzi", der Restaurantbar der beiden Crewhotels, direkt vorne am Wasser, vor diversen Coronas. Allerdings spielte eine Band dazu mexikanische Weisen – um wieviel angenehmer ist es da am heutigen Sonntag, da den lieben langen Abend Peter Camera Operator, Alf Steadicam und ein Gary Visual FX an der Bar sitzen und zu Gitarre bzw. Ukulele klassisches Liedgut des vergangenen Jahrhunderts singen. Apropos habe ich gestern am Set gehört, dass irgendwo hier in einem Nebenort das Hotel California stehen soll, das echte von den Eagles, das vorne auf dem Plattencover prangte. So ein Gerücht will dereinst überprüft sein. Hört mir überhaupt noch jemand zu …?

EXT. Schlachtfeld vor Troia, Cabo San Lucas, Mexiko

And now for something completely different: Wir drehen die sechs Könige, die auf ihren Streitwagen anrollen, absteigen und auf Hektor und Paris zugehen. Mit dem entscheidenden Unterschied, dass heute die Sonne vom blauen Himmel lacht und damit die Totalen erschütterungsfrei ermöglicht. Claudette war so nett, uns zwar die Sonne, aber nicht gleich die Kulissen zu nehmen. Zuerst mithin der Master Shot knapp von oben auf die anrückenden Armeen und die beiden Prinzen, die unter der Kamera hindurch im strahlenden Sonnenschein ihnen entgegentraben, anhalten und absteigen; von weit her trägt der Wüstenwind einige Fetzen Ennio Morricone herüber. Im direkten Anschluss dann das Ende der Szene, da alle sich umdrehen und sich entfernen, während unten Menelaos zu sehen ist, der sich für den Zweikampf rüstet. Da denkt Wolfgang, dass es an dieser Stelle doch schön wäre, statt im Himmel zu verschwinden noch einmal hinunterzufahren auf den gerüsteten Menelaos, der grimmig drohend sein Schwert zieht. Für dieses zusätzliche Close-up müsse Brendan ihm allerdings 100 Dollar zahlen. Der schlägt ein. Also kommt Menelaos jetzt mit Helm auf noch ein paar Mal vor die Kamera zurückgelaufen, sieht sich das am Monitor an und bestätigt Wolfgang freudig, nun schulde er ihm 100 Dollar. Schöner Schuss, und man verdient auch noch Geld dabei, aber von irgendwas muss das neue Haus ja bezahlt werden.

Des weiteren bekommen wir, wer hätt's gedacht, noch einmal den Dialog von Samstag, diesmal over-shoulder von Hektor – d.h. er ist diesmal sogar im Bild und trägt sein Kostüm nicht umsonst –, dazu einen breiteren Ausschnitt, außerdem in der Sonne. Auf dem Boden werden wieder diese komischen kleinen bunten Plastikwürste als Positionsmarkierungen ausgelegt; ob damit ein Farbcode zusammenhängt weiß ich nicht, jedenfalls stellen sich alle hin wo sie sollen. Den Dialog kann nun wirklich die ganze Crew fehlerfrei mitsprechen, selbst Brian und Brendan, die ihn vor dem ersten Take – wer probt hat Angst – beiläufig durchspielen, wenn auch mit der gefühlten Regieanweisung, das alles sehr spaßig zu finden. Wie sie sich so durch ihre bedrohlichen Zeilen kichern, erinnern sie eher an Waldorf & Stadler aus der *Muppet Show* als an Griechenkönige, doch der Text sitzt noch. Das läuft ein paar Mal durch, und weils so schön war, machen wir hinterher auch die zurückfahrende Einstellung der abgestiegenen und schreitenden Könige von Samstag nochmal, den Beginn des Dialogs. Eben in der Sonne, und heute garantiert ohne Pferdeohren für Sean.

Tags darauf sind endlich die troianischen Kostüme aus dem Zoll losgeeist und den Statisten angezogen. Heute drehen wir andersrum, auf Troia, wo die Soldaten bereits versammelt stehen, entlang einem vom Tor geradeaus führenden Spalier bis zur vorderen Kante, und dann noch ein bisschen zu beiden Seiten. Ist auch egal, sieht man im nachhinein sowieso nicht mehr, nachdem die Nick-Leute den restlichen Platz mit Tausenden ihrer SimTroy-Männlein aufgefüllt haben. Als erstes sehen wir den Einführungsschuss auf die ausreitenden Prinzen und Glaukos hinterdrein, mit einer am Kran herunterschwingenden Kamera, die auf die Reiter zuschwebt, bis sie an ihr vorbeireiten. Was im Kino in der Tat nach Schweben aussieht, hat hier auf der Erde mit schweißtreibender Präzisionsarbeit zu tun: Die Kamera soll nicht so früh hereinschwingen, dass Löcher in der Komposition klaffen, bzw. zu viel Boden zu sehen ist, und es mithin zu lange dauert, bis die Prinzen endlich da sind; andererseits sollte sie auch nicht den linear kürzesten Weg quer durch die Luft nehmen, denn das Epische liegt in der Abschweifung. Da haben Dave und die anderen Jungs am Kran ganz gut zu schaffen, sie schieben ihn heran, lassen seinen Arm schweben und hängen sich gleichzeitig im richtigen Moment im richtigen Winkel an das Gegengewicht, in praller Mittagssonne. Ohne die frische Brise vom Pazifik wäre der Bodycount wohl erheblich größer als die erfreulich wenigen Statisten, die im ganzen bisher umgekippt sind. Jedenfalls läuft der erste Take, der von der Kalibrierung der Bewegungen einigermaßen stimmt, die Kamera kommt in Schulterhöhe vor den Vorbeireitenden zum stehen, als Glaukos, gerade daran vorbei, noch einmal heftig dagegenrempelt und das Bild durchschüttelt. Würde Wolfgang nicht sowieso vorher schneiden? Egal, in jedem Fall noch ein paar Mal. Bis zum Lunch müssten wir durch sein, d.h. bis zum Lunch haben wir Zeit.

Nach dem Essen gehts direkt weiter mit Hektor und Paris, die auf ihren Pferden anhalten, die Griechen anrücken sehen und schlucken. Der Arrikran bleibt wo er ist, die Kamera hängt vorne dran, die beiden reiten ins Bild, staunen, und reiten weiter. Wie in guten alten Stummfilmtagen steht Wolfgang daneben und spricht ihnen ein, was sie jetzt sehen: noch nichts, Staubwolke, jetzt kommen Tausende von Griechen über den Hügel, der ganze Horizont ist voll, jetzt kuckt ihr euch an, wieder nach vorne, und fertig zum Weitergehen, drei, zwei, eins, los. Usw., in verschiedenen Variationen. Speziell das gegenseitige Ankucken birgt Probleme, Eric kann Orlando nicht sehen, und so sehen sie öfter mal zeitverschoben aneinander vorbei, was ungeschnitten nicht unkomisch wirkt. Als Orlandos Pferd mitten in einem Take beschließt, ein paar Schritte zurückzugehen, kann auch der ein Grinsen nicht mehr verkneifen, ebensowenig wie Eric, der erst, als er sich wie angewiesen zu Orlando umdreht, mitkriegt, dass der weg ist.

Zuletzt aber reißen sie sich zusammen und reiten den Griechen entgegen, während Hektor seinem Bruder letzte Tips gibt, wie man einen alternden Suffkopf wie Menelaos besiegen kann. Zwei Männer auf Pferden nebeneinander mit einem längeren Dialog? Das kann nur ein „Adventure Shot" werden, auf den sich alle freuen: Der Pick-up wird vor ihnen herfahren, mit Alf und seiner Steadicam auf der Ladefläche. Genauer: Er wird vor den beiden hergeschoben, wozu einige Leute zum Anpacken nötig sind; selbst Roger fühlt sich zuständig und schiebt mit. Das geht alles soweit gut und erstaunlich ruhig, nur das Ende bleibt stets ein Schlagloch, die beiden Prinzen halten an und steigen ab, wobei Hektor manchmal nicht sehr elegant zwischen den Pferden hängenbleibt. Manchmal aber nicht, und so ist es ein früher Drehschluss, als die Sonne so tief hängt, dass die letzte Zwickmühle des Tages zu nagend wird: Wenn Orlando genau neben Eric reitet, bekommt er zu viel von dessen Schatten ab, wenn er ein Stück voraus ist und den Schatten im Rücken hat, wirkt Eric im Verhältnis zu klein. Und wie löst man solche Zwickmühlen? Wie früher: Man sagt, dass man keine Lust mehr habe, und geht nach Hause. Heute allerdings mit dem gutem Gewissen, alles, was anlag, geschafft zu haben. Als Belohnung bekommen wir auf der Terrasse der Franzosen ausführlich den Sonnenuntergang mit, der mir durch mein Bier direkten Weges in die zufriedene Seele strahlt. Woraufhin Wolfgang überlegt, jetzt jeden Abend so früh zu gehen, die anderen wüssten ja notfalls was sie zu tun hätten. Beim *Boot* habe er das auch schon mal gemacht, da habe er die Leute noch arbeiten lassen und sei selber zum Fußball gegangen. Man muss eben Prioritäten setzen.

Am Morgen erscheinen in den *Los Cabos Daily News* Fotos der Leichen von Udai und Kussei, den irakischen Prinzen, die wie später Hektor von den siegreichen Helden einmal durch den Staub aller Weltmedien geschleift werden. Es sind vorher/

nachher-Fotos: Kurz nach ihrem Fund sehen sie aus wie zwei von Daniel Parkers Meisterwerken, hergerichtet für ihre letzte Pressekonferenz wirken sie so künstlich den Fahndungsfotos nachempfunden, als hätte man genausogut Stan und Ollie aus ihnen machen können. Brads Totenpuppe in Malta sah echter aus.

Der erste Schuss des Tages ist wieder ein schwungvoller Kranschuss, über die Statisten vor der Stadtmauer hinüber auf die Prinzen auf ihren Pferden im Hintergrund, der inklusive aller Aufbauten, Abzirkelungen der Bewegungen sowie Beschwörungen der Statisten, doch bitteschön wenigstens während des Drehens alle die Helme aufzusetzen und die Speere geradezuhalten, bis zum Mittagessen beschäftigt. Heute Vormittag ist es heißer als sonst, wie ich später höre etwas über 40 Grad, und der kräftigere Wind meldet sich erst am Nachmittag zurück. Zwischen Proben und Takes laufen regelmäßig diese lustigen Ghostbusters mit ihren Wassertornistern durch die Reihen der Soldaten und versorgen sie mit Wasser. Man soll den Tag nicht vor dem Abend loben, aber bis heute ist die Rate der in der Sonne umgekippten Statisten an einer Hand abzuzählen. Die zusätzlichen Statisten, die regelmäßig gebucht werden, sind deshalb nicht etwa überflüssig. --

Am Nachmittag bekommen wir den nächsten Adventure Shot zu sehen: Die Steadicam fährt auf dem Pick-up hinter Agamemnons Streitwagen hinterher, der auf Troia zurollt. Wir befinden uns immer noch in derselben Szene, dies gehört zum Anfang und ist eine Maßnahme, die beiden Hälften des Tummelplatzes etwas dynamischer zu verweben, damit er während des Dialogs nicht so unverbunden in Troianer und Griechen auseinanderfällt. Den langerwarteten Gegenschuss jenes ausführlichen Dialogs erleben wir danach, over-shoulder bzw. danach Close-ups auf Hektor und Paris. John Shrapnel fragte schon früher am Tag, ob er heute überhaupt im Bild sei, und Gerry musste ihm beibringen, dass nein, man sehe ausschließlich die Schulter von Agamemnon und höchstens noch von Menelaos, aber man brauche ihn für die Eyeline. So zwängt sich der arme Nestor also in Kostüm und Maske zwischen die Kameras, um als Stichwort seinen Satz zu sagen. Das darf er umso häufiger, denn es werden mehr und mehr Takes und mit der Zeit ein Wettrennen mit der sich senkenden Sonne. Eine Stunde vor offiziellem Drehschluss fangen einige Statisten bereits an, während der Takes lauthals zu quatschen oder zu sehen, ob es jemandem auffällt, wenn sie ihren Helm nicht aufhaben. Nach jedem Cut jubeln und klatschen sie, als wollten sie den Drehschluss mimetisch herbeizaubern, ein Pfeifkonzert ertönt gleichzeitig, wenn klar ist, dass es das noch nicht war. Nach seinem letzten Close-up-Take freut sich Eric sichtlich, als er im Gefühl hat, dass jetzt jedes Detail des langen Stückes saß, und bald darauf, ungefähr fünf Minuten bevor die Sonne zu niedrig wäre, schafft Orlando seinen besten Close-up-Take. Keine Minute zu früh. Als das Bier kommt, dippt die rote Sonne gerade an den Horizont.

EXT. Stadtmauer Troias, über dem Schlachtfeld, Cabo San Lucas, Mexiko
Zur selben Sequenz gehört, dass der Rest der königlichen Familie oben auf dem

Balkon der Stadtmauer, dem Grandstand, sitzt und zuzusehn gezwungen ist, wie unten auf dem Exerzierplatz Paris höchstwahrscheinlich davor steht, von Menelaos nach Strich und Faden verdroschen und am Ende getötet zu werden. Die Vorfreude auf das Schauspiel hält sich daher in Grenzen. Zu Anfang gleich der elegante Einführungsschwenk vom Königsthron mit Priamos und den Böses ahnenden Prinzessinnen hinunter auf die Ebene, wo im Moment noch ein aus der Distanz etwas ärmliches, aber sauber aufgereihtes Häuflein Soldaten steht und auf seine Vervielfältigung wartet. Die Randzonen des Bildes biegen sich elegant mit, denn ohne Weitwinkel wird das hier auf dem engen Balkon nichts – kein toller Auftakt für Zuschauer. Und das Gleiche nochmal mit Helena, die banger Erwartung an die Brüstung schreitet und zu Paris hinunterfleht, quasi der Gegenschuss zu ihm, der vorgestern Nachmittag auf dem Pferd sitzend und ebenso bang sich zu ihr umdrehte. Nick Visual schreckte in der vergangenen Nacht schweißgebadet hoch, als ihm einfiel, dass in dieser Einstellung ja Helena mit ihren an den Seiten frei baumelnden gelockten Haarsträhnen vor der weiten Aussicht stehen und hinunterblicken würde, ohne dass er irgendeine Art von Blue Screen dort aufbauen könnte. Frei hängendes Haar ist Rotoscoping Horror, mit all den zur Seite hinausstehenden Fitzelchen. So wurde Aldo stumm überstimmt und ihre Strähnen sanft am Haupthaar festgebunden, sodass sie von hinten die Sicht freigaben auf die Ebene, Soldaten und den Liebsten.

Was Helena wiederum nicht weiß, ist, dass sie sich keine so großen Sorgen machen müsste, denn dort unten auf dem Ross sitzt nicht etwa ihr Herzelein, sondern ein zurechtgelocktes Double. -- Paris und Menelaos, die echten, treffen sich derweil an einem geheimen Ort, um gemäß einem Gentlemen's agreement ihr Duell auf Eleganz zu proben. Sie können sich zwar nicht leiden, doch will keiner von ihnen sich morgen vor Helena zum Kasper machen.

Nachmittags sind die näheren Sachen an der Reihe, Schlipp und Schlopp auf Priamos und Helena, die sich bei ihm für den Ärger, den sie verursacht hat, entschuldigt. Auf dem Balkon ist jetzt mehr Platz zum Zusehen, wobei es trotzdem passieren kann, dass man im vorderen Teil vor der schönen Aussicht aufs Meer rumlümmelt, während halb unbemerkt am linken Durchgang vom Thron schwuppdiwupp die Kamera, am rechten eine dicke Lampe mit zwei hintereinandergestaffelten Transparenten aufgestellt sind und man nicht mehr wegkommt, ohne sich irgendwo fremde Füße zertretend hindurchzuzwängen. Glücklicherweise hat man noch eine halbe Flasche Wasser dabei, und Montezuma belässt es vorerst bei einem sanften Klaps auf den Hintern. -- Das ist seine wahre, heimliche und späte Rache: nicht allein dass er fortwährend seine Tierchen verstreut, derentwegen die Konquistadoren ständig in die Büsche flitzen, sondern dass er ein Stück weit Kapitalrückfluss betreibt, indem er zusätzlich die unter Ausländern mittlerweile sprichwörtlichen gelben Pillen verkauft, die einzige Mischung, die gegen seine hinterhältige Saat helfen soll.

So bekomme ich wenigstens den ganzen Dialog und alle Takes mit. -- Und Jaya Sound, die anfragt, ob die Statistinnen, die sowieso nicht im Bild sind, vielleicht gehen könnten, weil ihr Haargehänge störend klimpere. Und Gerry, der wiederholt die Statisten auf dem anderen Wachtturm anherrscht, sie mögen doch bitte endlich mal ruhig sein. Die quatschen und lachen nämlich ohne Ende, weil sie wohl meinen, wenn sie nicht im Bild sind, könne man sie auch nicht hören. Zwischendurch bin ich immer wieder gezwungen, die herrliche Aussicht zu bewundern, bis umgedreht wird und der POV von oben auf das Schlachtfeld, d.h. auf starrende Armeen sowie die beiden Streithähne, vorbereitet. Dazu wird probehalber ein weitwinkliges Objektiv auf den Viewfinder geschraubt und der Reihe nach hindurchgesehen. Zu weit, da sind die Soldaten ja beinahe nicht mehr zu erkennen, und man wolle Nick ja nicht unnötig die Arbeit erleichtern. Also nächstes ausprobieren. Unten derweil bedeutet der Schuss für die Crowd ADs, alle Schatten nach Statisten durchzukämmen, sie aufzuwecken, wieder anzuziehen und aufs Feld zu schicken, wo vom Vormittag noch Speere, Schilde und Helme in Reih und Glied auf dem Boden liegen, als wären deren Besitzer in der Zwischenzeit geschmolzen und versickert. Das klingt nach Wartezeit. Eine gute Gelegenheit, mit meiner lieben Freundin ein bisschen Sightseeing einzuschieben und mit dem Quadbike über die Dünen zum Apollotempel zu fahren. --

Zurückgekehrt, bekommen wir die letzten Takes des großen POV-Shots mit. Auf dem weiten Schlachtfeld stehen sich jetzt zwei ärmliche Reihen Soldaten gegenüber, samt deren Anführern auf Pferden bzw. in Streitwagen. Letztere fahren halbsternförmig zueinander, halten an, und Männchen, klein wie die einer elektrischen Eisenbahn, marschieren nach vorne, wie bereits öfter von nahem gesehen. Doch keine Panik. Statt der griechischen Könige sind es nur deren Doubles, genauso Hektor und Paris, die ja ebenfalls nicht selber gekommen sind. Als sie sich in der Mitte treffen, sich gegenseitig ins Angesicht schauen und den Schwindel bemerken, drehen sie sich wortlos um und gehen zu ihren Gefährten zurück. Wer seien sie denn, dass sie sich anstelle der Echten die Köpfe einschlagen.

EXT. Schlachtfeld vor Troia, Cabo San Lucas, Mexiko

Von nun an ist wieder mehr Platz zum Zusehen, denn die nächsten Tage wirds ernst. Das tagelange Vorspiel hat ein Ende, endlich geht es zur Sache. Menelaos und Paris kloppen sich. Die beiden dünnen Statistenarmeen stellen sich auf den gegenüberliegenden Seiten des Kampfplatzes auf, bzw. den längsten Teil des Tages liegen sie sich gegenüber, wobei sie ihre Schilde gern so gegen die aufgestellten Schwerter lehnen, dass sie mit dem Kopf in ihrem Schatten liegen. -- Die Doubles der Könige dagegen dürfen in den Pausen sich zum Zeltlager der Crew gesellen und lachend Fanta trinken, wobei absurderweise ausgerechnet Agamemnon von einem dargestellt wird, der aussieht wie Fidel Castro.

Während der kubanische Revolutionsführer, der im Nebenberuf Archäologe ist, sich köstlich unterhält, drücken Hektor und Paris sich vielleicht ein letztes Mal. Erst im Two-Shot, i.e. mit beiden drin, dann im Close-up auf Paris. Nach dem ersten Take verzieht Tony Sound das Gesicht. Die Zelte quietschen zu laut im Wind, speziell das direkt über der Kamera einzeln stehende. Das Gestänge der anderen, die die Monitore, Regiestühle, Tonys Soundmaschine, Cateringtischchen und wie Buschfeuer rauchende Make-up-Leute beherbergen, ist mit Sandsäckchen fixiert und außerdem weiter entfernt. Das Kamerazelt aber muss weg. Jetzt klingts besser. Nun fehlt noch der Gegenschuss auf Hektor. Das ist leicht gesagt, denn wenn man sich mal umdreht, entdeckt man ebenjenes weithin oben blau, unten bunt leuchtende Zeltdorf mit allerlei modernem Kram drumherumliegend. Das alles wegräumen? Da schummelt man doch besser, lässt die Kamera stehen wie sie ist, die beiden einfach die Plätze tauschen und Hektor an der anderen Seite der Kamera vorbeisprechen. So leicht getan wie gesagt. Im Hintergrund sieht hier sowieso alles gleich aus. Fast, bis auf die paar Hügel. Es wäre in der Tat wert, später mal nachzusehen, ob die Nickleute die Konturen des Hintergrunds soweit intakt gelassen haben, dass man sieht, dass es derselbe war. Naja, vermutlich nicht.

Paris dreht sich schließlich zu Menelaos und schreitet gemessenen Schrittes auf ihn zu. Sehr gemessen, damit er nicht über die Schienen der Kamera stolpert, die vor ihm herfährt. Stilsicher benutzt sie anfangs den alten Trick, während des Näherkommens wegzuzoomen, um Paris' entschlossenes Gesicht aus der Bildebene herauszuwölben. Als er schließlich in einem Take sein Gesicht kurz in die Sonne hebt, braucht es keinen weiteren mehr. Die Kamera dreht sich herum auf den Gegner, doch statt die Zelte wegzuräumen, ziehen wir einfach auf die andere Seite des Lagers, wo freie Sicht auf die Griechen ist. Der Platz ist ja groß genug. Menelaos kann es kaum mehr erwarten. Zuerst der POV von Paris – der Steg zwischen seinen Augen kommt später ins Bild –, der auf den zumindest visuell schnaufenden und füßescharrenden Menelaos starrt, sich dann hoch zu Helena umdreht, dann wieder zurück, wo jener bereits vor seiner Nase steht und zuhaut. Doch die Kamerabewegung wirkt zu lang, Menelaos hätte längst Zeit gehabt, ihm den Kopf abzuschlagen. Also darf er nur nach vorne kucken. Das reicht auch, zumal der zornige Hüne daraufhin so heftig auf ihn einprügelt, dass einmal sein Schwert nur haarscharf an Alfs Steadicam vorbeistreicht. Sehr schön, meint Wolfgang, wünscht sich aber noch ein paar mehr grunts and groans. Das lässt Brendan sich nicht zweimal sagen und prügelt den armen Orlando grunzend über den Platz, bis er zuletzt auf ihn drauftritt. Alf, der sich mit der Steadicam immer knapp hinter Orlando hält, muss aufpassen, dass dieser ihm nicht in die Kamera fällt; zum Teil sieht es durchaus haarig aus. Schweißgebadet steht Brendan bei der Manöverkritik am Monitor und schlägt Wolfgang vor, wie er noch effektiver zuschlagen könnte; dem gefällt's. Kurz vor sieben, als Brendan so fest auf Orlandos Schild tritt, dass es im Bild aussieht, als würde er im Boden verschwinden, ist es auch Wolfgang heftig genug. Er lacht anerkennend und lässt es für heute genug sein. Brendan entschuldigt sich höflich bei Orlando; der sagt, sei schon okay, wäre doch gut. Close your eyes and think of Troy. Morgen machen die das den ganzen Tag lang. Auf dem Call Sheet für morgen steht außerdem dick vorne drauf, man möge doch bitte mit den Quadbikes dem Kampfplatz fernbleiben, und schon gar nicht so kacheln bzw. Rennen fahren. Wie jetzt? Wofür haben wir die denn dann? Warum haben einige Leute in mühevoller Kleinarbeit ihre departmenteigenen Fähnchen gebastelt und drangebaut? Um aufs Klo und zurück zu tuckern?

Der folgende Tag setzt wie gesagt dort an und kennt ebensowenig Gnade für Orlando. Die Fortsetzung des Duells steht an, und Brendan ist ebensowenig zu bremsen wie vorher. Er steht nach jedem Take verschwitzt am Monitor und erörtert mit Wolfgang, wie er noch durchschlagender auftreten könnte. Orlando, offensichtlich lebensmüde, gibt ihm freudestrahlend Tips. Erstmal sehen wir, wie als Folge des gestrigen Auftakts Paris' Helm wegfliegt und sie sich in komplizierteren Nahkampf verwickeln. Die Stuntleute, die den Kampf aufs genaueste entworfen und geprobt haben, führen den beiden minutiös vor, wie sie sich weiterhin beharken, wer wen herumwirbelt, wer wann mit dem Schwert vorbeihaut. Die Streithähne spielen das brav in Echtzeit nach, und Probe für Probe, dann Take für Take feilen sie die Stolperstellen in der Choreographie ab. Wird deutlich, dass Paris aus Verzweiflung seinen Schild als Waffe benutzt und gegen Menelaos schlägt, oder sieht es so aus, als falle er nur gegen ihn? Wirkt es zu bemüht, wie Paris sich über Menelaos' Rücken abrollt und der ihn gewähren lässt? Nimmt man dem Kinnhaken ab, dass er wirklich getroffen hat? Wackelt Orlando zu wenig mit dem Kopf? Schüttelt Orlando danach zu deutlich seinen Kopf? Ist jener Take möglicherweise am Ende doch zu picaresk, worin Menelaos seinem Gegner den Schild entreißt und derart elegant hinter sich wirft, dass er wie ein Frisbee einmal durch den ganzen Bildhintergrund kurvt und man kurz Sorge hat, dass er dem Spartaner von hinten in die Kniekehlen knallt? Den Leuten jedenfalls gefällts.

Peters und Trevors Kamera indes kucken sich das aus sicherer Entfernung an, nur Alf muss wieder mitten in der Action herumlaufen. Dafür muss er zahlen, einmal haut Menelaos ihm mit der Schwertspitze ans Objektiv, ein paar Mal fällt Paris auf das Gegengewicht seiner Steadicam. Das werden lustige Bilder, auch wenn sie mehr für Videoclips geeignet sind. Und dann der Höhepunkt für jede Outtake-Rolle: Brendan schubst Orlando, der stolpert, sein Röckchen rutscht runter und enthüllt die Unterhose, die so knapp sein muss, dass sie nicht aus Versehen bemerkt werde. Schließlich ist einigen Quellen zufolge selbst die Unterleibsbekleidung als solche ein Zugeständnis an den modernen prüden Zeitgeist, der meint, dass auf ein Schlachtfeld keine leuchtenden Vollmonde und schlackernden Würstchen gehören.

Also renne ich unmittelbar zum Monitor, um den Take ein letztes Mal zu sehen, der mit Sicherheit sofort in Warners tiefsten Katakomben verschwindet wie einst die Bundeslade, aber dort steht Orlando, züchtig gekleidet, und lacht sich kaputt. Verrat! Ich stapfe sofort zurück zum Schauplatz, und da steht tatsächlich ein halbnacktes Orlando-Double und lacht sich genauso kaputt. In der Tat bekommt Paris in diesem Teil so dermaßen auf die Nase, dass er sich gerechtfertigterweise zwischendurch vertreten lassen darf, und wenn noch nicht mal ich das bemerke, wie soll es der blindwütige Menelaos. Der wird höchstens misstrauisch, als in einer der folgenden Proben Orlandos Double, nach einem kräftigen Faustschlag, die Sonnenbrille aus dem Gesicht fliegt. -- Gibt es eigentlich auch solche Drehberichte der guten alten Terence-Hill-Bud-Spencer-Filme?

Den späteren Samstagabend verbringen wir, ausnahmsweise bis zum Schluss, im „Paparazzi" mit Coronas und Blick auf die Sea of Cortéz. Die umliegenden Tische sind weit über die Hälfte mit feiernden Crewleuten belegt, der Tresen ausschließlich. Heute auf dem Weg zum Mittagessen kam die mit etwas schlechtem Gewissen angereicherte Meldung, dass einige wenige, aber zentrale Mitglieder der Crew, hauptsächlich Kamera, ab 1. September einen Vertrag für Joel Schumachers Film *Phantom of the Opera* hätten, von dem gestern die Nachricht kam, dass er wirklich stattfinde. D.h. sie müssen ausgewechselt werden, da unser Dreh, wie schon lange halboffiziell und jetzt endgültig feststeht, länger dauert als die ursprüngliche Ansage für Ende August. Wer hätt's gedacht. Im Moment ist es offiziell der 9. September, die Wetten der Crew haben sich jedoch auf einen Mittelwert um den 20. eingependelt. Schwierig. Einerseits müssen sie alle ihre Miete bezahlen, andererseits verlasse man nicht einfach so eine Produktion. Das Meer rauscht. Noch eine Runde Coronas.

Im Fernseher hinter dem Tresen läuft eine Art MTV, und wir kommen auf das Thema der Schnittfolgen und der Aufmerksamkeitsspanne von Jugendlichen. -- Wolfgang derweil freut sich darauf, bei dieser episch ausgreifenden Geschichte Gelegenheit zu haben, die Zeit bis zum Zerreißen zu dehnen, die Spannung aufzubauen dadurch, dass gar nichts passiert – während z.B. Hektor und Paris nur stumm auf ihren Pferden sitzen und auf die griechische Armee warten, die sie noch nicht sehen, aber bereits anmarschieren hören. Und in den Beinen spüren. Leere Straßen. Blicke hinter den Horizont. Gefühlte Zeitlupe. Da lobe man sich manchmal doch die Arbeit mit Kindern und Tieren. Wie einst der kleine Skamandrios im richtigen Moment zu seinem scheidenden Papa aufblickte, wie noch früher Odysseus' Hund Argos perfekt auf Agamemnons Emissäre reagierte, so gab es hier einen Take, worin Hektor in brütender Stille die heranrückenden Anderen erwartete, als sein Pferd, mitten in die lastende Ewigkeit hinein, mit dem Huf scharrte. Noch eine Runde Coronas.

Delirium

Sonntag, 27. Juli. Fronturlaub. Zwei Wochen liegengebliebene Sachen dringend auf den Weg bringen. Eigentlich. Meine Freundin hat seit Malta Rückenschmerzen. Mein Hund reißt sich eine Kralle aus der Pfote. Trotzdem feiern. Echtes Bier. Joe-Jackson-Band im Stadtpark. Elfmeter im Stadion zum 1:1, gegen sage und schreibe Preußen Münster. Ein Bund des Lebens. Alle fragen, wie wars denn? Aber es war ja noch nicht. Telefonieren und Leute treffen. Filmkopie abnehmen. Zehenentzündung. Penicillinspritzen. Grüne Seife. Klinik im lächerlich sonnigen Park. Jahrhundertsommer ohne mich. Eine vorgefallene Bandscheibe. Antiseptische Krankenhausflure. Schlauch im Rücken. Schmerzmittelinfusionen. Cortisoninfusionen. Krankenhausessen. Was soll ich mitbringen? Hier können Sie aber nicht parken. Abends nochmal anrufen und gutenachtsagen; wie in London und Malta. -- Am anderen Ende der Welt? Ständig erkenne ich Crewmitglieder auf der Straße, die wie Tagesreste ins scheinbar normale Leben ragen. Ein echtes Quadbike fährt vorbei. Zweimal im Kino, *Terminator 3* und *28 Days Later*: Colin Wilson, Simon Crane, Wade Eastwood, Brendan Gleeson. Die einsame sprachlose Wohnungseinrichtung oder die Straßen oder der Supermarkt sind seltsam hohl, zeigen Risse wie in einem Schock der Erkenntnis: Das ist nicht real! Das ist nur eine holographische Projektion! Ich bin immer noch in der Matrix!, woraufhin Möbel und sonniger Balkon sich vor der Nase auflösen, von einer unsichtbaren Wand herabschmelzen und dahinter die wirkliche Welt des Films freigeben, mit stechender Sonne, Wind, Staub, Sand, Hügeln, Stadtmauern, Schiffen, Tempeln, schwitzenden Komparsen, Kamerakran, Video Village und allen bekannten Gesichtern.

Und wieder sitze ich im Auto, orange-fahle Berge drehen sich langsam am Horizont, Kakteen wischen im frühmorgendlichen Licht der eben aufgegangenen Sonne vorbei, deckungsgleich mit dem letzten Mal. War was?

EXT. Griechisches Lager, Strand, Cabo San Lucas, Mexiko
Der Strand ist mittlerweile um einiges voller, die Griechen hatten Zeit, sich einzurichten. Achilles', Ajax' und Agamemnons Schiffe liegen auf dem Sand – des Letzteren interessante aufklappbare Zeltkonstruktion man endlich von außen bewundern darf –, dahinter zwei der Länge nach aufgeschnittene halbe Schiffe, weiter hinten sind es nur noch die kreuzförmigen Masten, die ganz nackt einzeln herumstehen, weil deren Rümpfe sowieso nicht zu sehen wären. Mittendrin lungern die Griechen, zwischen aufgestapelten Waffenlagern, kleinen Zelten, leeren Schubkarrenwagen, grob zurechtgezimmerten Gehegen für Nutztiere, Gestängen mit zum Trocknen aufgehängten Fischen. Im ersten Schuss, den ich mitbekomme, gleichzeitig dem letzten des Tages, rumpelt die Kamera auf einem Pick-up vor einem festentschlossenen Achilles her, der auf seinem Wagen gen Hektor fährt, im Hintergrund sein Schiff, das Lager seiner Leute sowie die wägende Briseis. Ein schön großer Ausschnitt, was bedeutet, dass der einzig sichere Platz hinter dem Schiff ist, wo man nicht gesehen wird und ebenso sicher nichts sieht. Der einzige Monitor – hier unten, im tiefen Sand und abseits der Zivilisation, d.h. jeden Netzempfangs, herrscht Beschränkung – ist auf dem Pick-up installiert. So bleibt nichts übrig, als die Leute samt Ausrüstung zu beobachten, die sich ebenso hinter dem Schiff zusammengeknautscht haben, oder weiter hinten den abgebrannten Scheiterhaufen (funeral pyre, d.h. nur zur Kremation, nicht lebendig) von … wen hatten wir noch nicht beerdigt? … stimmt, Patroklos, oder die lustigen rundlichen Felsen, die wirklich echt sind, oder mal wieder den Tempel oben auf dem Kliff. Oder auch das Heck von Achilles' Schiff, das inzwischen nicht unbeträchtlich über einen kleinen Abhang zum Wasser

hin, der letztes Mal noch nicht da war, hinausragt, gestützt von einer selbstgebauten Holzkonstruktion. Die freistehenden Felsen im Sand sind auch irgendwie aus dem Sand gewachsen, ohne dass irgendein Setkonstrukteur seine Finger im Spiel gehabt hätte. Vorne ein Felsen ist ganz neu aus dem Sand aufgetaucht. Jede Flut wäscht da einiges weg, und noch ist nicht raus, ob bzw. wie man den Sand da wieder hinschaffen soll. Mit einem Bulldozer? Und wo kommt der Sand her?

Nach dem frühen Schluss gegen bald halb sieben, was anderes anzufangen hätte nicht mehr gelohnt, eine Krisensitzung im Trailer. Wolfgang, Colin, Diana, Nigel und Nick. Es geht um die letzte Location, die gleichzeitig die erste des Films sein wird – diejenige, die den Film eröffnet, und daher nicht unwichtig: das thessalische Tal, worin Achilles den dicken Boagrius besiegt. Das läge so in vier Wochen an. Boagrius zu besetzen war schon eine schwere Geburt, die erste Casting-Kassette mit Anwärtern hatte ich bereits in den ersten Tagen in London mitgekuckt, hinter mir in meinem Großraumbüro. Aber ist ja noch Zeit, hieß es damals. Zwischendurch lagen dann immer mal solche Kassetten im Trailer rum, manchmal wochenlang, mit jeweils neuen Riesen und Muskelprotzen, die Wolfgang ansehen sollte, aber nie Lust hatte und Ausreden erfand, warum das jetzt nicht ginge. – Boagrius also hätten wir mittlerweile, aber kein Tal mehr. Bislang wurde stets davon ausgegangen, das ganze bei Rosarito irgendwo im Norden Mexikos zu drehen, wo es etwas grüner ist, doch mit der Zeit stellte es sich als fast unlösbares Problem heraus, in angemessenem Zeit-, Finanz- und Nervenrahmen den ganzen Zirkus – mit Base Camp, Transportation, ziviler Infrastruktur mit wohnen und essen etc. – dorthin umzusiedeln. Wir müssen also etwas in der Umgebung finden, immer mit Nigel und Nick dabei, die sagen können, was machbar wäre. Eine mögliche Location, die kürzlich begutachtet wurde, fällt sofort weg: Vom Hintergrund wäre nichts zu gebrauchen, überall müsste man Blue Screens hinstellen. Oder an geraden Tagen Green Screens. Dann könnte man das auch gleich auf einer der Kuhwiesen neben Shepperton drehen. Wir bräuchten schon wenigstens einen passenden und dazu echten Hintergrund, vor den wir die Schauspieler zum Dialog stellen können. Eine andere Location, die Nick zufällig bei Hubschrauberaufnahmen entdeckt hat, bietet sich viel eher an, nicht weit von hier; doch davor stehen die Eigentümer des Landes, um die fünfzig an der Zahl, deren Mehrheit die Erlaubnis geben muss. Schwierig, wenn, wie bei der ersten Abstimmung, die allermeisten gar nicht erscheinen. Übermorgen, am Freitag, ist der nächste Anlauf. Daumen drücken. Was bliebe sonst? Irgendwo in Irland oder Schottland. Klingt gut. Für mich. Nicht für Colin, der das Geld verwaltet.

Donnerstagmorgen hole ich mir gleich mal ein eigenes Quadbike für den Tag, weil man es spätestens auf der letzten Strecke zur Location, den Strand entlang, gut gebrauchen kann und auf der Staubstraße vom Base Camp über die Dünen da runter es auch nicht schadet. Es geht weiter vor Achilles' Zelt, das übrigens, wenn man genau hinsieht, mehr eine Jurte ist, die aber selten so genannt wird, weil keiner weiß, wie man das Wort (yurt) auf Englisch korrekt ausspricht. Also die lange Szene, worin Odysseus ihn überreden will, doch nicht verstimmt abzureisen, stattdessen mit den Griechen in den Kampf zu ziehen. Eine schöne, so intime wie intensive Szene zwischen den überragendsten Helden des Troianischen Krieges. Wenigstens für den, der sie mitbekommt. Die Szene nämlich ist derart intim und intensiv, dass alles um sie herum vollgestellt ist mit Leuten, die zugegebenermaßen noch dringender danebenstehen müssen als ich, mit zwei Kameras, deren Sonnenschirmen sowie den üblichen weißen und schwarzen Segeln und Styroporplatten. Wo nichts ist, ist verbotene Zone wegen Eyeline: Wenn jemand im Blickfeld der Schauspieler steht, könnten sie ihren Blick fangen und damit ablenken. Im Monitor wiederum sitzen zwei stumm artikulierende Köpfe, weil irgendjemand alle freien Kopfhörer weggenommen hat. Das geht einige Male hin, Richtung Sean in halbnah und Close-up, und dann her, genauso auf Brad. Zum Lunch ist das fertig. Nach dem Lunch fragt Brad vorsichtig Wolfgang, ob sie das letzte Set-up auf ihn vielleicht nochmal machen könnten. Es ist heiß, sein Gehirn sei weichgekocht, und er habe in der Zwischenzeit überlegt, das ein wenig anders zu spielen. Klar, wenn es ihn glücklicher macht. Also alles nochmal aufgebaut, mit Reflektoren eingeleuchtet, die beiden hinsetzen und los. Vier Takes später ist auch Brad mit sich zufrieden. Wie so oft als Letzter.

Währenddessen gehe ich da so rum, trinke pflichtschuldigst viel Wasser, stelle mich mit den Füßen in den Pazifik, betrachte den schwarzen Scheiterhaufen von Patroklos, der noch immer die Strandluft weiträumig mit dem leckeren Sommergeruch verschmorten Grillguts würzt. Der nächste Teil ist erfreulicherweise einsichtiger und auch nicht so leise: Direkt im Anschluss tritt Patroklos zu Achilles und macht ihn an, vor Enttäuschung fast heulend, dass er seine Landsleute im Stich lasse, nur weil er Agamemnon eins auswischen wolle. Patroklos? Ich frage sicherheitshalber nochmal nach, ob eben, in der Einstellung auf Sean, nicht zufällig der Scheiterhaufen des Jungen im Bild war. Und wenn schon, das gäbe eine lustige temporale Verwirrung; war aber nicht. Es bleibt nur die stille Freude des Anwesenden, dass auch dem verzweifelten Patroklos, der Achilles' Entscheidung, die zu seinem eigenen Tod führen wird, lauthals beklagt, bereits der Geruch des eigenen verkohlten Fleisches als böses Omen in der Nase hängt.

Dazu passen tut das fast Beste an dieser Location: nach Drehschluss die Fahrt zurück. Auf den Quadbikes über den Strand in Richtung der sinkenden Sonne, vorbei an den wie auf einem überdimensionalen Golgatha in den abendlichen Dunsthimmel ragenden einsamen Schiffsmasten, deren Rümpfe nach Äonenfluten tief im Sand versunken.

EXT. Hügel über dem Schlachtfeld, Cabo San Lucas, Mexiko
Am Freitagmorgen rumpeln Wolfgang und ich auf seinem Quad die rechte Seite des Kampfplatzes entlang zu jenem Hügel, den Nigel extra hat aufschütten lassen, und parken in der großen Kuhle dahinter, die er dazu hat aushöhlen lassen. Seit dem

letzten Mal, am Prep Day vor übrigens genau einem Monat, hat sich hier einiges geändert. Die zahlreich in den Boden gesteckten Sträucher und Bäumchen waren zwar schon da, nicht aber das leicht ruinöse Wachttürmchen, das die Nigels in der Zwischenzeit zusammengezimmert haben. An dessen Rückseite werden bereits platzbewusst Stühle, Kühlboxen, Monitore usw. plaziert, darüber die Partyzelte gestellt, deren schwarze Seitenverkleidung – um den Monitor erkennen zu lassen – sorgfältig den Wind ausspart, sodass es draußen in der Sonne erfrischender ist als hier im Schatten.

Achilles und seine Jungs, die er dem Agamemnon vorerst verweigert, schauen von diesem Hügel wie von einer Trainerbank zu, wie Paris und Menelaos sich beulen, dieser dann leicht regelwidrig von Hektor getötet wird, woraufhin die Armeen übereinander herfallen. Heute nichts als flehende Blicke und gemurmelte Beschwörungen. Was zuerst? Was überhaupt? Gestern Abend noch sagte Wolfgang, er habe gar keine Ahnung, was er mit dem Hügel anstellen solle. So stehen erstmal alle vorne an dessen Rand, sehen sich um und demonstrieren die ersten Schritte, eine unbekannte Location sich zu Eigen zu machen. Man hat einen Erdhaufen, ein paar Leute in Kostümen und Kameras, wirft sein Netz kinematographischer Kategorien darüber und zieht es zu. Vielleicht ein Panoramaschuss da oben von dem Turm? Mit Blick über die Ebene voll waffenstarrender Soldaten? Klingt gut. Allerdings ist bereits das ellenlange Kabelwerk zwischen zwei Kränen hoch über die Ebene bis hinters Tor gespannt, an dem Second Unit heute Nacht die Kamerafahrt von Malta ergänzen wird: von oben auf die Griechen, die in die Stadt stürmen. Nick? Sicher, das kriege er problemlos weg, genauso das ganze Gestrüpp am Rande der Ebene, das nicht ins Bild gehört. Problem dagegen ist, dass es keine vorgesehene Möglichkeit gibt, da oben auf den Turm zu kommen, keine Lücke in der Brüstung. Aber Achilles sollte doch auch nachher von da oben runterkucken. Gerry fragt Nigel, ob da überhaupt ein Boden drin sei. Klar! Also wird erstmal von außen eine Leiter angelegt, leicht wacklig im Sand, dann die Lösung wissenschaftlicher betrieben. Von hinten ist der untere Teil des Turms offen, ein Loch wird von unten in die Decke gesägt und eine Leiter durchgestellt. Et voilà. Der Turm ist dem Film erobert, fertig die Voraussetzung für den Over-Shoulder-Schuss von Brad, der angesichts des Treibens auf dem Schlachtfeld wie Onkel Dagobert hin- und hertigert.

Nach dem Mittagessen wird umgebaut, jetzt kucken wir in die Gesichter der Leute. Zuerst, per ausgefahrenem Loumakran, in Brads. Als er Anweisungen murmelnd hin- und herläuft, ist Peter an seiner Fernbedienung der Kamera ganz schön am entsprechenden Hin- und Herkurbeln, um ihn, der gern unvermittelt Haken schlägt, einigermaßen im Rahmen zu halten. Wie erleichternd ist da der größere Bildausschnitt. Brad fragt, ob er irgendeine Handbewegung machen soll, wenn Ajax fällt. Gute Idee. Wolfgang schlägt eine Kusshand vor, Brad dagegen favorisiert ein heiter-melancholisches Winken. Am Ende bleibt es doch gestisch unkommentiert; wie Dortmunds derzeitiger Trainer Matthias Sammer, wenn Jan „Chancentod"

Koller mal wieder freistehend danebenhaut, wendet Achilles sich mit steinernem Gesichtsausdruck ab und stampft nach hinten.

In der folgenden Einstellung könnten Patroklos und Eudoros im Vordergrund stehen, deren Mienen gebannt dem wechselnden Kampfesgeschehen folgen, bis sie sich instinktiv zu dem im Hintergrund erscheinenden Achilles umdrehen. Welcher ihnen zugrinst und thumbs up gibt. Leider nur in der Probe. Zum Auftakt kleiner Auftrag für Gerry: Der Myrmidone hinter den beiden ist zu klein, den sieht man ja gar nicht. Flugs sind die Myrmidonen ausgetauscht. In jedem Take dann stellt sich Wolfgang neben die Kamera und spielt wie der Geschichtenerzähler auf einem Kinderfest mit vollem Körpereinsatz vor, was sich dort unten gerade abspielt. Die beiden sind abwechselnd erheitert und erschüttert. Nach dem Cut fragt Wolfgang Peter Camera Operator wie es war, der Ausschnitt, der Wechsel von vorne nach hinten etc. Gut. „Und wie war ich?" Umwerfend, da sind sich alle einig.

Als letztes fehlt eigentlich noch ein Blick von unten den Hügel hoch, quasi der Gegenschuss von heute Morgen auf die Myrmidonen, die an den Rand treten und runterkucken. Roger fragt Wolfgang, ob er quasi zwei Set-ups daraus machen dürfte, eine zur Sicherheit auf die Männer und den Vordergrund belichtet, und eine auf den Himmel belichtet, mit den Männern als Silhouette. Schön, freut sich Wolfgang, eine Kurosawa-Einstellung. Die machen wir zuerst. Silhouetten tauchen auf. -- Aber es ist ihm noch nicht Kurosawa genug. Er lässt die Kamera etwas höher steigen, bis die Sonne hinter den Köpfen hervorstrahlt. Das ist doch was! Die beiden printen wir, und die letzten drei von den anderen, jo, die auch. Aber jetzt noch die Sicherheitseinstellung, auf der man alles sehen kann. Hm, na gut. Als wir bald darauf durch die Abendsonne zurückrumpeln, ist Zufriedenheit. Alles geschafft, den schweigenden Hügel kinematographisch gezähmt, ihm die Bilder abgerungen, die in ihm verborgen lagen. Auf dem Schlachtfeld sind schon mal zwei Flutlichtanlagen installiert. Für Second Unit heute Nacht. Oder für das Rückspiel? --

EXT. Stadtmauer Troias, über dem Schlachtfeld, Cabo San Lucas, Mexiko
Samstag kommt quasi der Gegenschuss zum Vortag. Priamos und seine Prinzessinnen sitzen umringt von Nobelmännern und -frauen oben in ihrer V.I.P.-Loge, gekleidet in den troianischen Vereinsfarben, und verfolgen die Auseinandersetzung. Die direkte Fortsetzung vom letzten Mal, und genau wie vor gut drei Wochen ist der Platz für Zuschauer beschränkt. Ich bereite mich also auf einen ruhigen Tag im Trailer oder durchs Base Camp spazierend vor und verpasse dabei wieder das Beste: Am Morgen hat jemand auf dem Schlachtfeld eine Tarantel gefunden und nach oben gebracht. Emma hat sie fotografiert, dann wurde sie wieder ausgesetzt. Weiter hinten im Gebüsch. Gewillt, die nächste Tarantel mitzubekommen, zwänge ich mich durch auf den Balkon, wo gerade alle Kamerasachen abgebaut und auf den Wachtturm nebenan geschafft wurden. Nun ist eine Totale an der Reihe, König und Gefolgschaft kommen heraus und setzen sich. Und das vom Wachtturm aus, d.h. der

ganze Balkon ist Hot Zone. Wie schön. Alles zwängt sich in den Eingängen, vor den Monitoren, drüben bei der Kamera oder ganz draußen, nur Gerry, der seine Statisten einweisen und anheizen muss, kauert hinter der vorderen rechten Ecke der Balkonbrüstung. Gar nicht so einfach, den Leuten klarzumachen, dass sie sich bitte gleichzeitig setzen sollen, und zwar wenn Priamos sich gesetzt hat. Das Gerüst, das langsam aber sicher auf Balkonlevel vom Erdboden hochgebaut wird, scheint niemand zu bemerken, bzw. unbesehen davon auszugehen, dass Nick sich darum kümmern wird, denn es ragt ins Bild. Später am Tag soll da einmal die Kamera drauf, für Close-ups von Priamos und Helena vorn an der Brüstung, die angstfüllt das Duell verfolgen. In den Drehpausen müssen die Gerüstbauer ganz schön reinhauen, damit das heute noch was wird.

Das nächste Set-up ist schon ausgelassener. Das Spiel ist weiter fortgeschritten, naja, Paris hat ein bisschen geschwächelt, dafür hat Hektor Menelaos nebst Ajax getötet, und die Heimmannschaft hat die Griechen in Reichweite ihrer Bogenschützen gelockt, die Troianer gewinnen! Jedenfalls erklärt Wolfgang so der versammelten Mannschaft die Situation und möchte Reaktionen darauf – erst verhalten und gebannt, dann auf Kommando jubelnd. Velior schlägt vor, Tooor! zu schreien. Nicht schlecht. Andromache beginnt, „Here we go, here we go, here we go!" zu singen und „Lineker!!" zu rufen. Priamos, Helena und Andromache klatschen sich ab. Ich hätte auch einen Vorschlag auf der Zunge, scheitere aber daran, das Ihr!-könnt!-nach!-Hausefaahn! sowohl semantisch als auch im Versmaß originalgetreu ins Englische zu übersetzen. – Sehr schön, die Stimmung stimmt, einige Crewmitglieder haben ihre Vereinslieder auf der Zunge. Trevor Eve berichtigt Saffron, dass Lineker seit bereits geraumer Zeit nicht mehr spiele. Na und? Hektor auch nicht. Da könne er mal sehen, wann sie zuletzt im Stadion war.

Zum ersten Take schließlich quetscht sich Wolfgang in die Ecke, wo Gerry saß, und kommentiert das Geschehen so gespannt-gehetzt wie ein Radioreporter. Präsident und Spielerfrauen gehen mit. Als er „Troia hat gewonnen!" keucht, springen alle auf, fallen sich in die Arme und rufen „Hektor! Hektor!", Velior sogar „Troy!!". Daraufhin stimmen alle die troianische Hymne „Blau und weiß, wie lieb ich dich!" an, während Hektor, besinnungslos vor Glück, am Schlachtfeldrand mit den Armen eine Wiegebewegung macht, seinen kleinen Sohn zu grüßen, um danach mit entblößter Brust, übers Gesicht gezogener Rüstung und ausgebreiteten Armen die Ehrentribüne entlangzulaufen. Na gut, den letzten Satz habe ich mir jetzt ausgedacht. Aber nur den!

Nach dem Mittagessen haben wir ein paar Close-ups derselben Sequenz und sehen uns genau die Einzelreaktionen an. Wieder steht Wolfgang neben der Kamera, kommentiert atemlos das Geschehen und wird besser und besser. Da nur der Platz auf dem Balkon nicht viel größer wird, lasse ich mich zwischendurch von Nigel in den Art-Department-Trailer einladen. -- Auf großen Tischen liegen Entwürfe der Bauten und ein Lageplan jenes neuen Tals herum, auf einem Computer zeigt mir

Nigel Fotos desselben. Ganz hübsch, sieht durchaus anders aus als hier, obwohl es nur zwanzig Minuten entfernt ist. An das schottische Ideal saftiger grüner Hügel reicht es selbstredend nicht heran, aber da ist ja immer noch Nick. Auf dem Plan sind zwei Punkte eingezeichnet, beschriftet mit „dead bulls". Was ist das denn? Das seien einfach dead bulls, meint Nigel, und klickt ein paar Fotos auf von toten Stieren, deren Beine waagerecht vom Körper abstehen, als seien sie tiefgefroren umgefallen. Sind die echt? Ja, die hätten sie da gefunden. Passt doch. Nur verwesen die da nicht so richtig, sie hatten gehofft, dass die von irgendwas bis auf die Knochen abgenagt würden. So müssten sie wohl etwas nachhelfen und Kalk drüberschütten. Das machten die hier gern, sagt Nigel, bei überfahrenen Tieren und so, oder einfach um ihre biologischen Abfälle loszuwerden. In einigen abgelegenen Dörfern liege der ganze Straßenrand voll mit Kalk.

Auf einem anderen Tisch steht ein Pappmodell einer Treppe mit Tor unten dran. Das sei eine kleine Location, die sie vielleicht noch bauen. Peter Honess, dem Cutter, sei aufgefallen, dass zwischen den Straßen, die die Griechen plündernd durchlaufen, und dem inneren Palastbereich irgendwie ein dramatisch-baulicher Sprung ist. Er könne noch gut ein Palasttor mit Treppenabsatz gebrauchen, das gestürmt wird. Mal sehen was das Studio sagt, seine Leute seien inzwischen so routiniert, meint Nigel, dass sie das für ein paar zehntausend Dollar hinkriegen würden. Und wo soll das hin? Naja, irgendwo hier hinten an die Mauer. Da müssten dann wohl ein paar Trailer verschoben werden. Oder, je nachdem, ein paar kleine Wohnwagen wie seiner. Das wäre einfacher.

Gegen Spätnachmittag ist das Gerüst tatsächlich keine Minute zu früh fertig geworden. Die Kamera und ein paar Leute stehen auf der Plattform und warten auf Priamos, der von seinem Thron aufstehen und vorne an die Brüstung wanken soll. Es ist, zum Abschluss, mal wieder eine Balkontotale par excellence: Alles zwängt sich im schmalen Gang dahinter, selbst die Treppenaufgänge links und rechts müssen leer sein, damit niemand von der Kamera verstrahlt werde. Dafür ist alles geschafft, selbst das Bonus-Close-up von Helena, und es ist immer noch ein knapper early wrap. Wie die ganzen Tage schon. Nach sowas wie 17 Sechstagewochen hat selbst Wolfgang keine Probleme mehr, früher aufzuhören.

Interludium
Der Samstagabend verlief glimpflich für den berühmten Reiseschriftsteller, kurz nach der Datumsgrenze landete er in einem Etablissement mit dem einfallsreichen Namen „Cabo Wabo", dem, wie es heißt, „Fuego" von Cabo, und gleich mit einem ebenso einfallsreichen Getränk namens Sea Breeze in der Hand, darin Wodka, Grapefruit plus irgendwas, das, man muss es sagen, lecker schmeckt und betrunken macht. Zum erfolgreichen Ausnüchtern stieg er nach zweien auf Corona um.

Am Sonntag, dem 17. August, schlief er aus, ließ Ben und die Jungs alleine um 8:15 ins Dorf fahren, in einer Sportkneipe das eröffnende Ligaspiel Liverpool gegen

Chelsea zu sehen. Am Vorabend hatte er sich belehren lassen, dass sie als Londoner alle für Chelsea seien, einen Stadtteilverein, nicht etwa für Arsenal. Diese redliche Einstellung kam dem Reiseschriftsteller bekannt vor. Nur dass St. Pauli heute nicht gegen Liverpool spielte, sondern gegen Dynamo Dresden. Das Spiel wurde in der Sportkneipe nicht übertragen.

Das gab dem berühmten Reiseschriftsteller Zeit, ausgiebig mit dem Vater zu frühstücken und am Nachmittag in erfrischendem Wind sich rüber nach Cabo aufzumachen. Der Stadtkern bestand eigentlich nur aus einer Straße, von Tacorestaurants, Klamottenläden, Burger King, Souvenirfachhandel mit dem wirklich herzergreifendsten Tinnef, Hard Rock Café, Juwelengeschäften und Absturzkneipen gesäumt, und von der hier und da ein paar Gässchen abzweigten, die dem Reisenden, als hätte er noch nicht genug, mehr Tacos, Mariscos, Miniaturmariachis, Juwelen und Sombrerofolklore boten. Hier wie in aller Welt wird um die Freundschaft des Westlers gerungen, und so schallte dem Reisenden alle naslang ein ¡Hola, Señor! ins Ohr, dessen Rufer grinsend mit dem Daumen auf seinen Laden zeigte, als hätte man noch nicht mitbekommen, dass es hier etwas zu kaufen gab. In einer der Seitenstraßen, zwischen Sombreros und bunten Taschen mit sommerlichem Cabo-San-Lucas-Aufdruck, fand sich dann etwas fürs Herz: ein hiesiges Kirchlein, ein flacher weißer Steinbau mit gewelltem Dach sowie häuschenförmigen und gelbverglasten Fensterchen in der Tür. Die so berühmten wie hübschen altkalifornischen Missionen, so um die 30 an der Zahl, die grenzübergreifend die pazifische Küste säumen, hatten es nicht bis an den untersten Zipfel geschafft. Wohl hatten die spanischen Missionare hier nichts vorgefunden, was sie zu missionieren wert gefunden hätten.

Gerührt, wand sich der Schriftsteller nach links durch Häuser hindurch zum alten Hafen, der alt hieß, weil er zeitlich vor dem neuen Hafen hochgezogen wurde. Dort hätte er Mariscos oder selbstgefangene Fische essen können – you hook it, we cook it –, ließ es aber und gelangte lieber, um ein kleines Kap und die unvermeidliche Riesenbauruine herum, zum neuen Hafen voller Yachten, Mariscos und dem ganz frischgebauten Freiluft-Einkaufszentrum. Dessen eigentümlich blitzendes Ensemble aus Johnny Rocket, Cineplex, Edelzwirn, Bars auf künstlicher Piazza mit Wasserfall und Brücke auf der einen Seite, direkt neben der höhlenstarrenden Unbehaustheit unvermieteter Ladenlöcher bzw. den gänzlich unbelebten bunten Passagenzweigen, einen treffenden architektonischen Kommentar zur Unfertigkeit irdischen Seins abgab. Die erste Sonne durchschien die noch jungfräulichen Gassen, die trotz aller verordneten Urbanität und Lustigkeit wenigen Passanten wirkten so verloren wie die frühen Menschen. Eher als die Wege einladend zu beleben, ließ, wieder mal wie bei De Chirico, die fertig wartende Leere der Bauten das keimende Leben wie unter einem Glassturz verstummen. Der Turbokapitalismus als Bauruine, Kinder haften für ihre Eltern. Der Reiseschriftsteller war entzückt und hörte dem fernen Donner der Geschichte eine Weile zu. Danach kaufte er sich eine große Kugel Häagen-Dazs-Eis für nur noch vier US-Dollar fünfzig. War wenigstens lecker. --

EXT. Griechisches Lager, Strand, Cabo San Lucas, Mexiko

Es ist mal wieder Nachtdreh, es galt am Vorabend lange durchzuhalten, um kräftig ausschlafen zu können. Die Hotelbar unten am Wasser schließt jedoch unverständlicherweise gegen elf ihren Kühlschrank. Also nichts mit lange durchhalten.

Den Tag verbringe ich auf dem Balkon, lesend, schreibend etc. Es ist bedeckt, nur ein paar wenige Unverrückbare liegen am Pool. Für uns nicht schlecht, solange es nicht regnet, aber Second Unit sollte eigentlich am Tage drehen, auf dem Schlachtfeld. Im Call Sheet steht dazu als Szenenbeschreibung nur: The Greek and Trojan armies fight. Klingt lecker nach viel von dem, was mir Joss Williams in London auf Video gezeigt hat. Als wir am Base Camp ankommen, sind die jedoch schon so gut wie fertig; gegen drei klarte es auf, und sie hatten noch Zeit, einige Soldaten umzubringen. Jedenfalls liegen sie jetzt schon zu Haufen aufeinandergestapelt herum, mit ihren blutig schreienden Gesichtern, und werden zum Abtransport auf Quadbike-Anhänger geworfen, wobei einem von ihnen das Bein durchbricht. Es ist aus gelblichem Schaum.

Crew Call ist um sieben, aber unten am Strand ist um zwanzig nach sieben noch nicht viel los. Wohl dauert es, die ganze Ausrüstung herbeizuschaffen, immerhin wird jedes Stückchen Zeug durch den Sand hierhergeschleppt: Wir drehen heute auf halber Höhe zwischen Strand und Tempel, wo die Scheiterhaufen für Menelaos, Ajax und noch ein paar andere aufgestellt warten.

Die erste Einstellung ist gleich schön aufwendig, denn die Hauptkamera schwenkt am Kran über den toten Ajax im Vordergrund, eröffnet unten im Hintergrund den ganzen Strand mit Schiffen, wuselnden Griechen und Pferden und Lagerfeuern, um dann Agamemnon einzufangen, der auf dem höheren Haufen den Tod des Bruders beklagt und ihm Münzen auf die Augen legt. Schon gut, im zweiten vorchristlichen Jahrtausend gabs noch keine Münzen, erst seit etwa dem siebten Jahrhundert, aus Elektron; passenderweise allerdings zuerst in Kleinasien. Wie dem auch sei, vor wenigen Jahren ist in Troia ein kleines rundes plattes Bronzesiegelchen ausgegraben worden, mit ungriechischen Schriftzeichen und groben Ritzzeichnungen darauf. Vielleicht haben sie die ja für sowas benutzt und sich irgendwann gesagt, hey, mit den Dingern könnten wir doch auch einkaufen gehen. Wer weiß. Was genau zwischen 1200 und 800 in der Gegend passiert ist, weiß ja sowieso niemand.

Die Vorbereitungen ziehen sich hin. Die im Call Sheet – übrigens nicht das erste Mal – vorgesehene Szene, worin Odysseus die Idee mit dem Holzpferd kommt, werden wir wohl auch heute nicht schaffen. Es ist eine dieser kurzen alleinstehenden Szenen, die man immer mal ins Call Sheet schreibt, um daran zu erinnern, dass wenn noch Zeit ist, man die hinterherschieben könnte. An jedem Tag also, an dem Sean Bean sowieso am Strand dreht, ob Tag oder Nacht, steht diese Szene drin. Zuletzt Donnerstag. – Jedenfalls werden unten den ganzen bewohnten Strand entlang Menschen und Tiere hingestellt sowie auf geregelten Bahnen in Trab gehalten, werden Lagerfeuer entzündet et cetera, und dann muss das Ganze noch in sinnvollem

Licht erscheinen. Ein paar flackernde Orangelampen unterstützen hier und da die glimmenden Feuerhaufen, dazu die Flutlichtanlagen, die überall auf den Hügeln, oder auch oben auf dem Tempeldach, verteilt stehen und einerseits genug Licht liefern, andererseits nicht den Eindruck erwecken sollen, als hätte es in der Bronzezeit noch fünf Vollmonde gegeben. Knifflig. Das Mittagessen wird pünktlich um zwölf im Beach Camp serviert, dem zweiten Lager am inländigen Fuße der Düne. Eins muss man den mexikanischen Caterern lassen, auch wenn das Essen ansonsten mehr oder weniger grüßt wie das Murmeltier: Es gibt jeden Tag verschiedene Sorten Eis.

Die Vorbereitungen befinden sich auf der Zielgeraden. Die meisten Komparsen sind verteilt, stehen mit Fackeln auf der Leiter zu Ajax' Füßen oder liegen bleichgeschminkt auf den anderen Gestellen herum. Einer der italienischen Make-up-Leute stürmt auf einen herumstehenden Komparsen mit gesunder Gesichtsfarbe zu und herrscht ihn an: „Morto?" Der Komparse schreckt zusammen, „Nonono!" – „Okay." Der Italiener strebt seines Weges, und der Komparse, morto oder nicht, könnte sich jetzt seiner Gesichtsfarbe gemäß genausogut zu den anderen legen.

Das nach ellenlangen Proben eigentliche Drehen, man ahnt es, geht dann relativ fix. Um zwanzig nach zwei (!) Take eins, nach zwanzig Minuten Take zwei, nach zehn Minuten Take drei, nach fünf Take vier etc. Tyler hat währenddessen selig geschlafen. Jetzt fehlt noch groß auf Agamemnon, d.h. von der anderen Seite. Etwa umbauen? Nö, da müsste der Kran noch hinreichen. Er wird ganz nach vorne geschoben, die Kamera gedreht und siehe da, Agamemnon. Er verabschiedet sich von seinem Brüderchen und hält die gereichte Fackel an dessen Bett aus Holz und Reisig. Lustig lodern die Flammen, Agamemnon entfernt sich. Daneben wird hurtig eine Leiter angestellt, ein Typ mit Feuerlöscher hochgeschickt, den Brand zu löschen. Es loderte wohl lustiger als gedacht, denn nach einer Begutachtung durch Daniel Parker ist klar, dass Menelaos „fucked" ist, will sagen, für einen zweiten Take zu dolle Brandschäden aufweist. Vorhin hatte ich doch drei stattliche Menelaosköpfe neben seinem zurechtgemachten Körper auf dem Boden stehen sehen? Ja, zwei davon seien aber aus Fiberglas, für etwas entferntere Aufnahmen, nur der eine, eben jetzt angekokelte, sei detailliert genug für Nahaufnahmen. Und nun? Naja, meint Wolfgang, einmal hätten wirs ja schön drin, dann drehen wir jetzt noch einen Take näher auf Agamemnon. Uff, sagt sich Daniel. Er habe schon Angst gehabt, Wolfgang würde ihn fragen, wie lange es dauere, bis Menelaos wieder fertig ist – Och, so 45 Tage …

Am Dienstagabend schließlich, zur Magic Hour, soll das Ganze abbrennen. Crew Call ist um 16 Uhr, damit das gegen halb acht auch alles fertig ist. Wer sich da fragt, wie das zusammenpassen soll, gestern im Stockdunklen die Vorbereitung, heute in der noch hellen Abenddämmerung die Fortsetzung, der ist nicht alleine. Im Team kursierte z.B. die Vermutung, dass es wohl umgekehrt sein bzw. die Abenddämmerung als Morgendämmerung durchgehen soll. Aber die Sonne geht doch ganz woanders auf..? Die Lösung: Roger wolle das irgendwie machen, dass man in den Einstellungen von gestern Nacht nicht genau sieht, dass es dunkel ist, vielleicht das Bild von Nick etwas aufhellen lassen. Ansonsten könne man das wohl alles so printen, dass sich beide Tageszeiten in Helligkeit und Farbgebung angleichen. Aha.

Wie auch immer, der Plan beschert uns einen wunderbaren Sonnnenuntergang mit zeitgleich abgebrannten heiligen Feuern. Alle stehen rum und starren gebannt auf die in den Ozean dippende Sonne, darunter den sich ins Endlose erstreckenden menschenleeren Strand, in dessen Abendlicht irgendwann tausend Schiffe liegen werden. Ben musste extra bitten, keine Fotos mit Blitz zu machen, denn die Kameras laufen die ganze Zeit; solange die Feuer brennen, schickt Gerry die Krankamera ohne Cut nach jedem Schwenk wieder zurück. Schon erstaunlich, in welch kurzer Zeit man auf einmal sechs, sieben, acht Takes abreißen kann: Von vor dem Sonnenuntergang über verschiedene Phasen des Angeschnittenseins bis zum Nachglimmen. Und Cut. Es glimmt die Frage nach, wie die das wohl hinkriegen, die Farben beizubehalten und gleichzeitig dem Publikum weiszumachen, dass das im Dunklen vorher stattfand. ... Hallo! CUT! Realitätsprüfung: Die nächste Szene spielt am Strand, d.h. das ganze Zeug muss von hier oben nach da runter.

Hier unten nämlich, während wir uns da oben amüsiert haben, sind einige üble Gesellen dabei, die arme Briseis hin und her zu schubsen und wer weiß was mit ihr anzustellen. Eine Einstellung lang tun sie das bereits, bis endlich Achilles kommt und, hm ... in der Szenenbeschreibung auf dem Call Sheet steht: „Achilles arrives, he takes them out." No doubt about that: Die Proben mit den Stuntleuten dauern nur kurz, dann kommt Brad, greift sich das Brandeisen, zischt es dem einen an den Hals, drischt es dem anderen volle Kanne ins Gesicht und wirft es den Übrigen vor die Füße. Ein paar Mal geht das gut, dann wirds noch besser. --

Als das vorbei ist, so gegen halb drei, könnten wir jetzt alle gut nach Hause gehen. Wolfgang aber will noch eine Einstellung drehen, die noch nicht mal auf dem Call Sheet steht: Briseis sitzt am Strand und starrt, um Hektor trauernd, aufs nächtliche Meer. Prima, können wir gleich hier machen. Zelt und Feuerstelle sind flugs weggeräumt, ein Holzkarren in den Hintergrund gestellt, Licht und Schienen installiert. Fehlt nur noch Briseis. Die sitzt in der Maske, bekommt ihre blauen Flecken und so weggeschminkt. Da fragt man sich, wo Sean Bean eigentlich gerade ist. Das Meer rauscht. In Agamemnons Zeltschiff, gleich nebenan, haben die Leute sich schon reihenweise zum Schlafen hingelegt.

Mittwochabend wird schließlich Patroklos verbrannt, als Letzter in einer ganzen Reihe. Aber war der nicht schon ...? Nein, sagt Nigel, die hätten nur seinen Scheiterhaufen schon einmal abbrennen müssen, weil er für einen Hintergrund gebraucht wurde. Für heute haben sie ihn wieder frisch wie am ersten Tag aufgebaut. Solange die sonst nichts zu tun haben. Diese Scheiterhaufenszenen dauern immer ewig aufzubauen, so auch heute. Der ganze Strand wird geräumt von Dingen und Leuten, die in der Bronzezeit nichts zu suchen haben, letztere schichten sich in der hinteren Ecke des Strandes am Felsen und stellen ein paar Kameras hin. Der Bereich um den

Haufen füllt sich mit Statisten, gegen halb zwölf sind auch die Schauspieler eingetroffen und stellen sich auf. Brad entzündet den Haufen, alles starrt schweigend in die Flammen, bis Gerry an die Statisten das Kommando gibt, sich langsam zu entfernen. Als nur noch Brad dort steht, ruft Gerry ein weiteres Kommando, woraufhin alle sich auf der Hacke umdrehen und auf ihre Ursprungspositionen zurückrennen; der mexikanische Regieassistent Miguel lässt eine Kanonade Spanisch ab für die, die selbst die allgemeine Laufbewegung nicht verstehen sollten. Solange der Haufen brennt, soll man das ruhig ausnutzen und einmal mehr gemessenen Schrittes von dannen ziehen. Alles sehr schön und sonor und sogar vor dem Lunch fertig.

Danach kommen nur noch Close-ups von den Trauernden. Das sagt sich immer so leicht; dazu wird z.B. erstmal ein kleiner Ersatzhaufen gebaut, damit die Kameras nicht so hoch hinaufmüssen. Nahaufnahme von Achilles, der dem toten Patroklos kleine runde Bronzesiegel (!) auf die Augen legt sowie dieses alberne Muschelkettchen vom Hals nimmt. Patroklos selber ist nur eine schockgefrorene Kopie frei nach Garrett, mit saftig durchgeschnittener Kehle. -- Nächstes. Achilles steht unten und schaut auf das Feuer hoch, bzw. in die flackernde Lampe mit orangener Folie, die Kamera davor. Nein, leicht schräg, sodass Brad rechts an ihr vorbeisieht. „Peter?" – „Ja?" – „Ist das vielleicht ein kleiner Achsensprung?" – „Naja, theoretisch ja." – „Theoretisch? Und praktisch, und auch künstlerisch. Was machen wir denn da?" Ganz einfach, es wird einfach die Lampe ein Stückchen auf die andere Seite der Kamera verschoben, sodass sie Brad jetzt mehr von seiner Rechten ins Gesicht leuchtet, und er links an der Kamera vorbeisieht. Geht doch. Aber was ist aus dem guten alten kleinen Achsensprung geworden, den man einst als eine Art Trankopfer in jeden Film einbaute, um die Götter gnädig zu stimmen?

Agamemnon, Nestor und Triopas sollen noch trauern, Odysseus und Briseis sogar alleine, dann ist es schon spät. So richtig fit ist sowieso keiner mehr. Und dazu wird es jetzt und hier, anders als im maltesischen Juni, nicht ab fünf hell, sondern erst so gegen halb sieben. -- Toll. Wenigstens haben wir jetzt endlich mal eine Gelegenheit für diese Odysseusszene; Altlasten nerven. Dazu werden, schnell schnell, ein paar Zelte und aller mögliche Campingkram herbeigetragen und – nicht lange umziehen – wo wir gerade stehen auf den Strand gestellt. Ums Lagerfeuer stehen ein paar Schemel, Wolfgang und Peter stehen davor und überlegen, wo wer sitzen könnte und was die Kamera damit machen sollte. – In der Tat mehr mit Peter und nicht mit Roger; Roger ist eher für das Licht bzw. die Gestaltung im Bild zuständig, Peter, als Operator, dagegen für Kamerapositionen bzw. -bewegungen. Odysseus also beobachtet einen seiner Kumpel, der aus Holz ein kleines Pferd schnitzt. Nun, erstmal könnten hier vorne Schienen hin, auf denen die Kamera entlangfährt, über die Köpfe hinweg, bis sie Odysseus einfängt. Der müsste dann da sitzen. Oder besser da, und der schnitzt da hinten. Oder doch besser direkt neben ihm? Usw.

Letztendlich fährt bzw. schwenkt die Kamera vom Hintergrund über die Leute zu Odysseus, der interessiert das Holzpferd betrachtet, zoomt dann, während er überlegt, an Odysseus ran, und senkt sich schließlich auf das Pferdchen im Close-up. Action. Klassisch schön. Und auch irgendwie langweilig: Nach dem ersten Take schlägt Wolfgang vor, statt erst nah auf den denkenden Odysseus und danach nah aufs Pferd zu gehen, umgekehrt erst runter auf das Pferd, dann auf ihn hochzuschwenken. D.h. statt dem nackten Ablauf des Dramas, Idee wird Holzpferd, eher dem Lauf des Gedankens zu folgen: Holzpferd wird Idee. --

Donnerstag haben wir die Szene, worin Achilles den Leichnam seines im Grunde Seelenverwandten Hektor in Lappen einpackt bzw. später den toten Helden dem gebrochenen Priamos nebst Briseis mit auf den Weg gibt. Es ist nicht heiß, es gibt keine Statisten, die großartig aufzustellen und herumzuschicken wären, und auch keinen ausgefeilten Kranschuss. Einfach nur einen Master Shot vom Ganzen sowie diverse Schlipp Schlopps auf Achilles, auf Briseis, auf Priamos. Und es gibt ein Priamos-Streitwagenfahrerdouble, das ganz zum Schluss der Szene den Kopf wegdreht und den Streitwagen davonfährt. Ruhige Szene, lautes Meeresrauschen. Es geht glatt wie's Brötchenbacken, alles Friede Freude Eierkuchen. Gegen halb vier wird die Kühlbox mit der Schokolade herbeigetragen, hinterdrein stapft bereits eine kleine Traube von Wartenden. Eine Viertelstunde – vor fünf – ist früher Schluss. Was soll ich dazu sagen? Ich kann ja schlecht selber eine Lampe umkippen, damit's lustiger wird.

Exkurs: Der Tag der Toten
Das gibt vielleicht Gelegenheit, aus traurigem Anlass und ganz nach mexikanischer Tradition einen Tag der Toten zu begehen. Vorgestern hatten wir die sage und schreibe vierte Schweigeminute am Set. -- Doch nun sollte, als integraler Teil des Tags der Toten, die fröhliche Musik wieder angehen, sollten die lustigen Jünglinge in Gruselmasken mit ihrem spackigen Tanz weitermachen, wie in Eisensteins Mexikofilm. --

EXT. Griechisches Lager, Strand, Cabo San Lucas, Mexiko
Am Freitag gehts früher los, es soll wieder ein Magic-Hour-Shot werden. Achilles steht in der Dämmerung vor dem abgebrannten Scheiterhaufen Patroklos'. Wie, immer noch? Das war doch stockdunkel vorgestern, und jetzt ist Sonnenuntergang? Hat der den ganzen Tag da gestanden? Nein, die Abenddämmerung solle als Morgengrauen herhalten. Danach wendet er sich ab, kuckt kurz auf die schlafende Briseis, stapft zu seinem Zelt und verlangt seine Rüstung. Jetzt gehts lo-os.

Am Zelt und bei Briseis' Schlafplatz auf dem Sand ist schon mal alles vorbereitet und eingeleuchtet; wenn die Sonne nachher gerade weg ist, muss es schnell gehen, um möglichst gleichbleibendes Licht zu behalten. Mit der Sonne noch draußen, werden zuerst die Close-ups abgehandelt von Brad und der schlafenden Rose. Wie sie den Schein der Sonne aus Brads Gesicht kriegen wollen, weiß ich gerade nicht, aber in der Farbkorrektur lässt sich ja einiges herumschummeln. Danach baut die ganze Crew sich wieder hinten am Strand auf, unterhalb des Tempels, und startt zusammen mit zwei Kameras, die seit gut zwei Stunden im Sand stecken und warten, in Richtung Westen. Bzw. offiziell Osten? Egal, auf jeden Fall dorthin, wo das schöne Licht wird. Brad steht da, wo wir ihn vorgestern verlassen haben, auf seinem Steg vor dem Haufen, und wartet auf die Sonne. Ein Sicherheitstake wird gedreht, solange die Sonne noch zu sehen ist, nach Sonnenuntergang die nächsten beiden. Sofort nach dem letzten Cut rennen alle wie die Bekloppten über den Sand zur nächsten Einstellung. Husch, husch, von hinten, genauer: aus einer in den Sand gegrabenen Kuhle heraus, kucken wir Achilles nach, wie er an Briseis vorbeigeht. Action, Cut, Action, Cut, weiter zum Zelt. Dort sitzt Eudoros und wartet auf Order. Der bereitgestellte Scheinwerfer wird angeknipst, Brad verlangt die Rüstung und verschwindet im Zelt. Zweimal, dreimal. Zuletzt fragt Roger, ob er noch einen Take ohne Lampe haben darf. Die wird schnell nach hinten gedreht, von Achilles und Eudoros sind nur noch Silhouetten zu sehen gegen den dunkelnden Himmel. Fertig, geschafft, alles durch. Das Licht hat sich nicht dermaßen geändert, dass man in der chronologischen Abfolge der Bilder erkennen sollte, dass, wg. Abenddämmerung statt Morgengrauen, die Sonnenbewegung rückwärts läuft. Und wenn doch, dann müssen die Nicks oder das Labor ran. Warum allerdings haben wir, wenn die Sonne schon rückwärts läuft, nicht auch die Einstellungen in umgekehrter Reihenfolge gedreht, um dazwischen ein bisschen Spiel zu behalten? Ich muss ja nicht alles verstehen. Die Sonne geht in der Bronzezeit ja auch im Westen auf.

In der zweiten von drei Szenen heute Nacht sitzen Achilles und Eudoros nebeneinander vor dem Zelt, wo jener sich bei diesem entschuldigt und ihn anweist, mit den Männern nach Hause zu fahren, damit sie kein Kinderblut vergießen müssen, wenn sie hinter Agamemnon her die Stadt stürmen. Er selber habe noch einen letzten Kampf zu leisten. Jedenfalls im Drehbuch. Wolfgang und Brad meinten aber, dass die Szene so nicht ganz funktioniere, dass z.B. Achilles nicht groß ausmalen müsse, was in Troia passieren wird, oder es zu viel verrate, wenn er sicher sei, noch einen Kampf in seinem Leben zu führen. Was tun? Man setzt sich zusammen mit Vincent während der Mittagspause in den Sand, malt mit den Fingern Muster hinein und überlegt zu dritt an der Szene herum. Minutenlang stillschweigend. Bis eine Lösung gefunden ist, einfacher sowie vielsagender. Und Brads Improvisation während eines Takes, „It's such a beautiful night", solle er mal beibehalten, das komme so schön unerwartet und beiläufig.

Die letzte Szene der Woche, die unmittelbar vorhergehende, ist kurz, aber knifflig. Brian und Sean mussten allein für diese ziemlich lange aufbleiben: Odysseus lässt sein Pferd bauen, Agamemnon gratuliert ihm zu seinem Plan. Soldaten schaffen tonnenweise verschmorte Schiffsplanken auf einen Haufen. Leider nur wird Take zwei so fast perfekt, mit dem Statisten im Vordergrund, der die ganze Zeit im Rhythmus vor der Kamera herläuft, dem ganzen Hintergrundgeschehen sowie dem Dialog, dass wir noch ein paar Runden länger aushalten müssen, bis ein Take annähernd wieder so perfekt wird. Genommen wird wohl trotzdem der zweite. Doch die

Glücksgöttin mit nur einem guten Print herauszufordern hat sich dann doch niemand getraut.

Interludium
Samstag gilt es ausgiebig auszuschlafen, um dann beim Frühstück auf dem Balkon in Wind und bedeckten Himmel zu schauen. Gestern Abend noch, beim Lunch, erhielt Colin die Nachricht, ein tropisches Tiefdruckgebiet sei zielgenau im Anmarsch auf Cabo. Heute nun hat dieses Tief sich bereits in einen tropischen Sturm verwandelt und kündet schon mal an, die Marke zu erreichen, jenseits deren er als Hurrikan definiert ist. Wenn man sich allerdings vergegenwärtigt, dass diese Stürme gemeinhin erst für würdig befunden werden, einen Namen zu tragen, sobald sie sich zu Hurrikanen auswachsen, ist durchaus verständlich, dass sie sich gleich nochmal so anstrengen. Genau wie Achilles. Also, please allow me to introduce myself, I'm a man of wealth and taste: Ignacio.

Und Ignacio bewegt sich noch immer direkt auf Cabo zu wie einst Godzilla auf Tokio. Um fünf Uhr heute Nacht soll er die Stadtgrenzen erreichen. Never a dull moment. Das bedeutet, dass Second Unit bis zum Mittag nur ein paar Inserts drehen konnte und dann aufhören musste, um alles einzupacken und festzuzurren. Die Kostüme, alle Kostüme, auch der Statisten, werden eingepackt und ins Lager in der Stadt verfrachtet, die Schiffe am Strand mit Bulldozern weiter oben auf die breiteste Stelle gezogen, ebenso die Zelte mitsamt dem ganzen Kleinkram. Da trifft es sich andererseits gut, dass Ignacio nicht schon früher sich auf den Weg gemacht, sondern freundlich gewartet hat, bis wir dort erstmal fertig waren, zumindest die First Unit. So bleibt zu hoffen, dass er uns außer den Schiffen und Zelten auch noch ein wenig Strand übriglässt. Und die Stadtmauer mit Base Camp, ganz zu schweigen vom Tempel oben auf seinem Felsen? Die müssen einfach halten. Die Götter werden doch wohl nicht ihre eigenen Häuser zerstören. Das neugebaute Editinghäuschen ist noch keinem von ihnen geweiht, daher hat Peter Honess die Festplatte seines Avid-Schnittcomputers mit ins Hotel genommen. Besser ist das.

Am Nachmittag gehen wir den Strand auf und ab an der Nordsee spazieren – habe ich extra bestellt, damit Wolfgang sich mal wieder zu Hause fühlt – und starren ein weiteres Mal ins Unerbittliche. Die Meerflut brüllt um den hohen Strand, dunkle Wolken ragen. Das Hotel verschwindet fast im Gischtnebel. Später kommt die Meldung, Ignacio werde doch erst um elf Uhr morgens eintreffen. Beim Abendessen im „French Riviera" können wir zwar nicht draußen sitzen, ansonsten geht alles seinen Gang. Wolfgang überlegt, die Szene von gestern, worin Odysseus sein Pferd bauen lässt, direkt nach jener folgen zu lassen, worin er das kleine Holzpferd entdeckt. Im Drehbuch steckt im Moment noch Hektors Beerdigung dazwischen, aber der Übergang von der Keimung bis zur Ausführung von Odysseus' List wirkt vielleicht glatter, wenn die Szenen in der Montage zusammenstehen. Mittlerweile ist Ignacio für drei Uhr nachmittags angekündigt. Er macht es spannend.

Morgens kommt dann die halbe Entwarnung: Gegen vier Uhr nachts hat Ignacio etwas abgedreht und wandert jetzt, statt direkt auf Cabo zu treffen, lieber den Golf von Kalifornien hoch. Apollo hat ein Einsehen mit den Erbauern seines Tempels gehabt. Das heißt nicht, dass wir kein schlechtes Wetter oder starken Wind abbekämen, aber es heißt, dass es nicht so heftig wird, mit Stromausfällen und was man hier so für Horrorgeschichten hört, und möglicherweise nicht so lange dauert. Jedes gute Zeichen ist ein gutes Zeichen.

Angesichts der Aussicht, nun doch nicht von der Straße geweht zu werden, machte der berühmte Reiseschriftsteller sich am Sonntag, dem 24. August, also auf ins Kino. Am alten Filmpalast Cabos angekommen, inmitten verlassener Sandstraßen und beiger Monumentalpfützen, war er allerdings gegen seinen Willen gezwungen festzustellen, dass der anvisierte Film nicht mehr lief. Nur noch Sachen wie *Todopoderoso* (*Bruce Almighty*). Daraufhin versuchte er sein Glück im brandneuen Multiplex Cabos, im obersten Stock des ebenso brandneuen Einkaufszentrums bzw. Promenadenwerks gelegen, über das er an anderer Stelle bereits berichtet hatte. Jedoch selbst dort wartete Ernüchterung: Ein kleiner untersetzter Mann kam ihm in der leeren Eingangshalle entgegen, grinste übers ganze Gesicht und erklärte, wg. Hurrikanwarnung bleibe der ganze Komplex heute geschlossen. In der Tat war die Anlage einigermaßen geisterhaft verlassen und leer, und damit ein Fall für den Reiseschriftsteller. Geistesgegenwärtig zückte er sein Moleskine-Notizbuch und ließ erwartungsvoll das Gummiband ein paar Mal auf- und zuschnappen. Der Rundgang erwuchs sich zu einer Art dramatischer Fortsetzung, zweiten Teils oder düsteren Doppelgängers des ersten Rundganges, denn alles, was an der sonnig-künstlichen Erlebniswelt so mühsam belebt gewesen sein mag, war in sich zusammengesackt. Der Vorplatz des Kinos menschenleer, die Rolltreppen vollgeweht mit Dreck und Blättern, die Türen verrammelt, Scheiben kreuzweise mit Klebeband verklebt als wären sie durchgestrichen, die Filmplakate flatterten zerrissen im Wind. Der Himmel verweigerte Sonne. Es mutete an wie im Film *Exterminio* (*28 Days Later*). Die gesamte Promenade entlang das gleiche Bild, ob hier oben auf der Galerieebene oder unten auf dem Piazzalevel. Die Ladenlöcher und auf ihren Innenausbau wartenden staubigen Riesensäle, von verschiedenen Seiten durch glaslose Türen betretbar, starrten noch düsterer als sonst, die farbenfrohen Geschäftsauslagen, Spielhallen, Bars unten auf der Piazza waren ausnahmslos geschlossen, dunkel und verklebt, wo nicht gar vernagelt, während an jeder Ecke aus vergessenen Lautsprechern spanische Schlager dudelten. In dem nun wolkenverhangenen postmodern-romanisierenden Ensemble aus bunten Bögen, weißen Säulen, dicken weißen Blumenkübeln und säulchendurchsetzten Brüstungen brach auf einmal, nach der surrealen Entleertheit De Chiricos von letzter Woche, die metaphysische Nüchternheit Antonionis durch, deren beider stilistisch prägende Heimatstadt, das neblige Ferrara, gleichsam am anderen Ende der Welt in einer endzeitlichen Zuspitzung kopiert erschien; damit Antonionianer sich wie Kris Kelvin in der Fremde ewig zu Hause fühlen konnten. Unten, in einer Gasse auf der Piazzaebene, war eine einsame Putzfrau in bewundernswerter Sisyphusarbeit dabei, den Dreck und die Blätter aufzufegen, während weitere in doppelter Anzahl heranwehten. Ein kurzer Schauer zog hinweg, doch niemand wurde nass. Der Reiseschriftsteller erschauerte ob der Geschwindigkeit des kulturellen Zellverfalls – wie ein Klonschaf schneller altert als seine Freilandkollegen, so beschleunigte sich die geschichtliche Entwicklung dieser geklonten Città ideale: Was letzten Sonntag noch im Entstehen und spärlichen Bevölkern begriffen war, ist heute schon wieder aufgegeben, verlassen, dem Verfall preisgegeben. Was wohl unter der Woche passiert war?

Ansonsten hören den ganzen Sonntag die Überlegungen nicht auf, was denn nun am Montag zu tun wäre. Relativ eindeutig ist, dass das geplante Battlefield wegen unpassenden Wetters ausfallen würde. Sonne ist laut keiner der Vorhersagen zu erwarten. Nun haben wir noch zwei Cover Sets bzw. Ausweichsets, die bei schlechtem Wetter einspringen könnten: einmal Achilles' Zelt, d.h. die große Szene mit Priamos und noch kleine Sachen, außerdem den Grandstand mit den Reaktionen auf Hektors Kampf, welcher natürlich nur diesiges Wetter oder bedeckten Himmel abdecken könnte; statt der Sonne würden dann Scheinwerfer strahlen. Bei Regen oder stärkerem Wind würde auch der Grandstand nichts ausrichten, im günstigsten Falle jedoch könnte man mit beiden Sets vier bis fünf Tage rumbringen.

Offenhalten will man sich beide Möglichkeiten. Wolfgang fragt Simon Crane, was er am Montag drehen wolle, weil er Brad vielleicht gebrauchen könne, alternativ werden Diane und Saffron schnell aus den USA eingeflogen – sobald der Flughafen wieder geöffnet ist. Doch Regen und Wind sind vorhergesagt; um sicherzugehen, bleibt am Ende des Tages nur eine Option übrig.

INT. Achilles' Zelt, griechisches Lager, Cabo San Lucas, Mexiko

Das Zelt ist es geworden, für alles andere wäre es zu stürmisch. Es wartet bereits aufgebaut – im Inneren eines Kubus aus schwarzem Filz, drumherum ein Hyperkubus aus Gerüst – in einer hinteren Abteilung dieses monumentalen Make-up/Kostümzelts, in dem u.a. die ganzen Statisten ausgerüstet werden. Dessen Kapazität darf man sich daher vorstellen. Auch sei es eine gute Gelegenheit auszuprobieren, wie sich dieses Riesenzelt überhaupt als Ersatzstudiohalle macht; für die lange und wichtige Szene mit Brad und Peter O'Toole brauche man schließlich eine Umgebung, die sich absolut ruhig sowie angemessen kühl halten lässt. Heute stehen einige kurze dialoglose Szenen und Pops an, Achilles sitzt auf dem Bett, betrachtet die schlafende Briseis, was er nebenbei öfter tut, Achilles legt seine Rüstung an, etc., während deren absolute Konzentration und Stille nicht dringend vonnöten sind.

Und das ist auch gut so, denn in diesem Zelt ließe sich wohl nur drehen, wenn es draußen windstill und sonnig wäre, wobei, wie man's dreht und wendet, das Innere dann wohl zu heiß würde. Heute jedenfalls quietscht und flattert das große Zelt an allen Ecken und Enden. Nicht zuletzt fängt es später ordentlich an zu schütten, unter anderem auf das Zeltdach, woraufhin Tony endgültig die Segel streichen und zugeben muss, bei Dialog aufgeschmissen zu sein. So wird sich Brad heute noch bis zuende seine Rüstung anziehen und ansonsten jeden Dialog vermeiden, bis eine bessere Studiosituation für das Zelt klargemacht ist. Höchstwahrscheinlich wird es nichts geringeres werden als der große Ballsaal des hiesigen Sheraton. Da ist es kühl, ruhig und abschirmbar. Und vermutlich sind sogar die Toiletten einigermaßen sauber.

Exkurs: Sprachen die alle Englisch?

Solange man nicht wie Mel Gibson die Passionsgeschichte auf Aramäisch und Lateinisch verfilmt, ja. Doch mit einem ausgefeilten System, wie Andrew und Roisin in einem eigens verfassten Papier darlegen, um eine ansonsten möglicherweise kuriose Sprachverwirrung zu verhindern. Zuallererst sollte natürlich jede Art von moderner, urbaner Ausdrucksweise vermieden werden, ebenso alle wiedererkennbare Intonation, die einer modernen Region zuzurechnen wäre. Die Schauspieler mögen unüberhörbar aus Yorkshire, Schottland, Irland, USA, Australien oder Kanada sein, ihre Charaktere sind es nicht.

In der späten Bronzezeit waren Städte bzw. lokale Königreiche weitgehend isoliert und entwickelten ihren je eigenen Stil, von der Handwerkskunst bis zur Sprache. Viele der troianischen Charaktere gehören sogar zur selben Familie (und Klasse) und sollten daher ein homogenes Idiom sprechen. Dazu bot sich das bereits genannte RP als Referenz an, Received Pronunciation, das beinahe künstliche, klare Hochenglisch der Wörterbücher, das einem jeden englischsprachigen Menschen unmittelbar verständlich ist, selbst wenn es niemand hundertprozentig spricht. Variationen dessen sind natürlich möglich und auch erwünscht; die jüngeren Charaktere in Troia z.B. sprechen RP in einer von der Redeweise Peter O'Tooles durchaus abweichenden Version, wie es für nachwachsende Generationen üblich ist. Die Griechen stammen von vielen unterschiedlichen Inseln bzw. Regionen des Festlandes. Einige von ihnen waren eroberte Völker, doch alle sprachen Griechisch; wenn auch z.T. nur als Lingua franca in jenen Gegenden, die von einem Agamemnon unterworfen wurden bzw. allgemein unter griechische Herrschaft gerieten. Daher war klar, dass die Griechen alle mit unterschiedlichem Akzent reden würden, doch keiner von ihnen wie ein Troianer klingen sollte. Dieser Aspekt der sprachlichen Abgrenzung von Griechen und Troianern war einer der wichtigsten bei der Gestaltung der Sprache.

Als wichtigster Laut in dieser Abgrenzung wurde das „O" gewählt. Das „O" der Griechen wird weiter hinten im Mund gebildet und klingt runder als in RP bzw. als das der Troianer. Auch wenn alle unsere Griechen auf dieses „O" getrimmt wurden, während andere lautliche Distinktionen verschwinden sollten, etwa der jeweils charakteristische „R"-Laut der Schotten, Iren und Amerikaner, ergaben sich auf linguistischer Ebene glückliche Familienbande. So sind Brad und Garrett, von denen als Cousins man erwarten sollte, dass sie in derselben Muttersprache groß geworden sind, gleichzeitig die beiden einzigen US-Amerikaner, die, trotz aller RP, immer noch ihre ureigene Sprechweise besitzen. Ebenso Brian Cox und Brendan Gleeson, die Brüder, die als Schotte bzw. Ire einen ähnlichen keltischen Unterton mitbringen.

Von Homer wissen wir, dass Helena im Alter von 16 Jahren nach Sparta geholt wurde, ihr Ursprungsland sei unbekannt (inzwischen überholt, s.o.). Daher würde ihre Sprache grund-

sätzlich wie die Spartaner sich anhören, aber mit subtilen Differenzen. Diane Krüger ist Deutsche und spricht ein Englisch mit einigen amerikanischen Lauten. Wie bei den anderen Schauspielern wurden diese identifizierbaren Laute vermieden, dagegen ein paar deutsche Vokal- und Konsonantlaute beibehalten, als Relikte ihrer unbekannten Vergangenheit.

Hinsichtlich der Aussprache der Namen von Menschen und Orten ist vor allem anzumerken, dass sich bemüht wurde, reine Vokale und logische Betonungen zu benutzen, nicht zuletzt deshalb, um das englischsprachige Publikum in eine neue, eigene Welt Troias einzuführen, die keine bösen Erinnerungen an frühere Schulstunden wachruft, mit ihren zum Teil haarsträubenden viktorianischen Verballhornungen der ursprünglichen altgriechischen Eigennamen. Es lohnt also auf jeden Fall, die Originalversion des Films sich anzusehen. Und wer darüber hinaus wissen möchte, wie er „Mycenaeans" englisch sinnvoll aussprechen könnte, der mag sich die komplette Fassung dieser Akzentkonzeption mitsamt einer ausführlichen Ausspracheanleitung ansehen unter www.andrewjack.com. Dort würde er u.a. auch die linguistischen Überlegungen zum „Herrn der Ringe" veröffentlicht finden. Elbisch in 30 Tagen.

(Dank an Andrew Jack, Roisin Carty und Paula Jack.)

INT. Achilles' Zelt, griechisches Lager, Cabo San Lucas, Mexiko

Ein paar Restpops von gestern, obwohl unklar ist, was wir überhaupt hier drin machen; draußen strahlt inzwischen, unterbrochen von ein paar Wolken, die Sonne als wär nichts gewesen. Ist auch besser so. In der hiesigen Zeitung stand ausführlich, was Ignacio mit dem zwei Stunden weiter nördlichen La Paz angestellt hat. --

EXT. Stadtmauer Troias, über dem Schlachtfeld, Cabo San Lucas, Mexiko

Bald nach zehn Uhr zieht alles rüber zum Grandstand. Ich hatte schon gedacht, dieser blöde Balkon sei bald mal abgedreht, aber nix. Rund zwei Tage haben wir den noch. Heute erwartet Hektor von dort oben den heranrasenden Achilles und verabschiedet sich von seinem Vater zum Kampfe. Man steht wieder nur im Weg rum, und wenn nicht, dann sieht man nichts. Es ist grässlich. Immer diese esoterischen Teerundenfilmer, die nicht an den Zuschauer denken. Wenn Hektor und alles nicht gerade mit einer großen Styroporplatte gegen den Wind abgeschirmt wird, ist die ganze Seite dieses Holzbaldachins mit einem weißen Segel abgespannt. Von dahinter hört man dann Sachen wie „Paul, mach mal dass Hektor gut aussieht, jetzt kommen seine letzten fünf Minuten" oder „Eric, streng dich an, in ein paar Minuten bist du tot und kannst nichts mehr retten" etc. Tuscheln, Gläserklirren, Lachen. Mann, müssen die einen Spaß haben. Wenigstens gibt es hier jetzt echtes grünes Gatorade in einem großen Spender, das man mit Pulver aus einem großen Gatorade-Eimer anrührt. Das kannte ich noch nicht.

EXT. Schlachtfeld, vor der Stadtmauer, Cabo San Lucas, Mexiko

Mittwoch wird es dagegen wieder um einiges saftiger. Nicht nur, weil Ignacio mühelos geschafft hat, was den Leuten, die ständig auf dem Battlefield rumstanden und es aus Gartenschläuchen sprengten, langsam aber sicher entglitt: Das Gras auf dem Platz ist an einigen Stellen derart gewuchert, dass es fast zum Golfspiel einlädt. Außerdem muss Menelaos noch umgelegt werden, dazu war man seinerzeit nicht mehr gekommen. So steht Hektor über Paris, der sich an seinem Bein festklammert, und legt seinen stahlharten Blick auf den spartanischen König. Der wiederum stapft geifernd heran und will den kleinen Prinzen endlich ausknipsen, doch dazu kommt es nicht mehr. Hektor zieht sein Schwert und rammt es Menelaos in den Bauch. Drei Kameras stehen bereit, eine auf Hektor, eine auf Menelaos, eine auf die Aktion. D.h. in keinem der Takes geht etwas verloren, deshalb, Brendan, „Schön Augen quellen lassen, sterben sterben sterben, dann umfallen! Das sieht man alles." Na ein Glück. An der Probe ist nichts auszusetzen, also los. Polster liegen bereit, Eric nimmt die Sonnenbrille ab, Brendan kriegt Blut in den Mund. Schwert raus und zack, so schnell geht das, Alder. Das Schwert ist wie immer nur ein Stumpf, aber man darf sich schon drauf freuen, wie es am Rücken austreten wird. Immer gesetzt den Fall, dass Hektor das Schwert aus der Scheide gezogen bekommt. Nicht wie im zweiten Take, da er vergeblich zerrt und dann ein „Fuck!" improvisiert. „Nee, nee, ‚Fuck' finde ich an der Stelle nicht so gut", wiegelt Wolfgang ab. Na gut, beim dritten Mal klappts auch mit dem Schwert wieder.

Bald darauf kann man sich das schon ansehen, denn Hektor zieht es wieder heraus. Menelaos ist derweil mit Blutreserven und einem Schlauch unter seiner Rüstung ausgestattet worden, ebenso mit einem Schwert, das einmal durch seinen Bauch durchsteckt und mit dem er dann da so rumgeht und plaudert. Natürlich einer der Lieblingsscherze der Drehberichterstattung, sieht aber jedes Mal wieder nicht unlustig aus. Im Take zieht Hektor den Stumpf raus, und mit einem von diesen Joss-Williams-Mechanismen zieht sich die Spitze unter die Rüstung zurück. Einfach, aber unmittelbar gutaussehend. Und wieder entgeht der Menelaos-Close-up-Kamera nichts, am Monitor sehe das so aus, „als hättest du ‚Schönen Dank auch!' gesagt."

Menelaos schwankt noch lange hin und her, bis er sich entschließt umzufallen – Brendan weiß diesen Augenblick, wie es so schön heißt, zu melken –, während Hektor seinen Bruder mit sich zerrt. Der aber reißt sich los und rennt mit schreckgeweiteten Augen auf die heranrasende Griechenarmee zu. Ja ist denn der bescheuert? O nein, denn auf dem Boden liegt noch das heilige Schwert von Troia, das ihm runtergefallen war. Paris greift es und hetzt zurück zu Hektor. Diesen Moment gilt es ebenso zu melken, d.h. erst spät soll das auf dem Boden liegende Schwert erklärend ins Bild kommen, z.B. indem der Bildausschnitt über dem Boden schwebt, Paris heranlaufen sieht, und quasi mit ihm auf das Schwert sich senkt. Wenn nun Paris dabei einigermaßen im Bild bleiben soll, und möglichst der Hintergrund auch, dann reicht es nicht, die Kamera einfach nach vorne zu kippen, dann bleibt nur eine Möglichkeit: Das Bild muss sich auf Bodenebene senken, gleichsam auf Over-Shoulder-Perspektive des Schwerts, und den Blickwinkel aufs Geschehen beibehalten. Und das heißt: Es muss ein Loch in den Boden, damit die Kamera am Kran so weit runterkommt. Die Grips also hacken pflichtschuldigst eine kleine Grube in die harte Erde. Während der Arbeiten steht Wolfgang mit Nick und Gerry herum und fragt, ob Second Unit auch genügend Bilder von den stürmenden Griechen habe. Ja schon, so Totalen mit Massenszenen, von oben auf der Mauer und so. Auch hier auf ebener Erde, wo man die Soldaten wirklich physisch nach vorne laufen und die Streitwagen verschlucken sieht? Wo man wirklich versteht, dass Hektor und Paris sich hier in einer haarsträubenden Situation befinden und sehr Gefahr laufen, einfach übergetrampelt zu werden? Ähm, nee. Dann müssen wir das nochmal irgendwann machen, da von der Seite des Schlachtfeldes quer auf die Reihen. Gut. Das Loch ist fertig, da holt Wolfgang Nick nochmal und fragt, ob die trojanischen Soldaten nicht viel zu nah an der Mauer stehen. Ja, stimmt. Die müssen um einiges nach vorne. Gesagt, getan. Und überlegen. Jetzt ist die Distanz zwischen den eigenen Reihen und der Position des Schwerts viel zu kurz, das muss vielleicht eine Kamerakranlänge nach hinten. Also mit stählernem Gleichmut Loch wieder zuschütten, neues Loch graben. Interessant ist auch hier die Aufgabenverzweigung zu beobachten: Die Grips, die für die Position der Kamera im weiten Sinne zuständig sind, hacken das Loch, die Props, die für die ordnungsgemäße Ausstattung der Filmwelt zuständig sind, schaufeln das andere Loch zu und fegen farblich passenden Staub drüber.

Als es weitergehen kann, wird der tote Menelaos herangeschleppt, eine mal wieder ziemlich lebensnah, ich korrigiere, realistisch wirkende Puppe in blutiger Rüstung, und auf dem Boden drapiert. (Da bin ich aber ganz knapp am *Hohlspiegel* vorbeigeschrammt!) Bei der Gelegenheit kommt heraus, dass Second Unit, als sie die unmittelbar darauffolgende Schlacht drehte, mit dem zentralen Kampf Hektor gegen Ajax, den toten Menelaos einfach vergessen hatte da hinzulegen. Sind nur ein paar Einstellungen betroffen, aber da müssen die Nicks nochmal ran. – Die Einstellung selber geht schön glatt; da Wolfgang sowieso nur den mittleren Teil mit Paris im Vordergrund benutzen will, ist es ihm vorerst egal, dass Hektor im Hintergrund schon lange auf dem Pferd sitzt, ohne dass es sich bewegen wollte. Zur Sicherheit und aus Gründlichkeit wird das Pferd dann doch nochmal ausgetauscht. Menelaos, nach getanem Tagwerk, wird zur Seite geschleift und hat selbstverständlich sofort eine Feierabendzigarette zwischen den erstarrten Lippen stecken. Die Wüste macht albern.

Des weiteren soll Paris heute noch auf das Pferd springen, das Hektor ihm hinhält. Das dauert seine Zeit, denn dieses Pferd will bekanntlich nicht ganz so wie sein Herr. Einmal sagt es zu Hektor, geh doch alleine, dann tritt es ein paar Schritte in der Gegend herum, sodass Paris sich nicht hinaufgehechtet bekommt und kläglich abrutscht – woraufhin die Statisten im Hintergrund höhnisch johlen, die Spaßvögel. Zuletzt hängt Paris darauf, Hektor ruft: Los, Paris!, und sein Pferd trabt auf und davon. Aber quer zu der Richtung, in der es soll. Naja, wird schon. Zuletzt haben wir noch ein paar Close-ups von dem heranreitenden Hektor. Die letzten drei Takes sind brauchbar, dann schwindet das Licht. Check the gate, it's a wrap, thank you.

Wir sind schon fast losgegangen, da wird Wolfgang von der Kameracrew zurückgerufen. Das Filmmaterial in dem jüngst aufgesetzten Magazin habe einen Kratzer. Einmal den Filmstreifen entlang. Wieviel? Och, so die letzten drei Takes. Morgen früh nochmal drehen. Damit einem ja nicht langweilig werde an einem langen Tag.

Apropos. Hinterher sehen wir Priamos' Double gen Ausgang schlurfen. Priamos? Der hat den lieben langen Tag mit den anderen Doubles oben auf dem Balkon gesessen und runtergekuckt. Nur für den unwahrscheinlichen Fall, dass dieser einmal aus Versehen ins Bild rutscht. Und so Nitpicker wie Ihr dann zu Hause sitzt, die DVD anhaltet, ganz oben in der Ecke auf den Bildschirm zeigt und sagt, ey Alder, da sitzt ja gar keiner, hiach hiach. Und das dann hämisch auf eurer Website in die Welt posaunt. Jetzt grinst bloß nicht so unschuldig.

Wolfgang hat eine Nacht drüber geschlafen und dabei entschieden, das nicht nochmal zu drehen. Aus dem anderen Material könne er mehr als das Nötige locker zusammenschneiden, und wenn er das Close-up doch brauche, könne man den Kratzer immer noch bearbeiten. Lieber jetzt weitermachen, wir hängen genug hinterher, selbst wenn wir, zumindest die Main Unit, durch Ignacio letztendlich nur den Bruchteil eines Tages verloren haben, dabei allerdings zwei Cover-Set-Tage verballert. Viel mehr schlechtes Wetter können wir uns also nicht leisten. Gleich als erstes also die direkte Fortsetzung. Glaukos vorweg, flüchten Hektor und Paris auf ihren Pferden in die Stadt. Wobei Eric und Orlando länger schlafen durften, denn in dieser Einstellung sitzen Doubles an ihrer Stelle; Glaukos dagegen muss selber reiten – entweder weil er reiten kann, oder weil sich nicht so schnell ein der Größe entsprechendes Double auftreiben ließ. Auf jeden Fall sprengen sie durch die Reihen der Soldaten hindurch auf das Tor zu, das vor ihrer Nase geöffnet wird. Und wenige Schritte dahinter, aber immer noch bedenklich vor ihrer Nase, ein Blue Screen enthüllt; genauer: eine von der Breitseite eines Lastwagens hängende Blue-Screen-Plane. Bemerkenswert, wie die in vollem Galopp immer noch bremsen können und nicht in den LKW rasseln.

Nach jedem Take dauert es, alles wieder auf Anfang zu stellen, die Pferde zurückzubitten, alle Statisten auf ihre Plätze zurückzurufen und ihnen klarzumachen, dass sie jetzt bitte mit dem Faxenmachen aufzuhören hätten. Erst kurz vor dem Mittagessen ist es ein Check the gate. Aber wenigstens das. --

Weiter geht es quasi mit dem Gegenschuss aus dem Tor heraus: Die drei kommen angeritten, die Reihen der Soldaten schließen sich hinter ihnen, Hektor weist Paris an, in die Stadt zu reiten, und ruft selber die Bogenschützen auf ihren Posten. Die Hauptkamera hängt am Kran und weicht vor Hektor zurück, bis er nah vor ihr sein Pferd rumreißt und „Archers!" ruft. Der Ablauf ist im einzelnen nicht unkompliziert, denn Wolfgang möchte erst reinschneiden, wenn die erste Reihe der Soldaten geschlossen ist, um es mit dem Schuss davor, worin dieses Zusammenrücken von der Kamera besonders ins Bild gesetzt wurde, schöner zusammenschneiden zu können. Hektor also darf erst anfangen zu reden, und die beiden anderen sollten nach

Möglichkeit noch im Bild sein, wenn die Reihe zu ist. Nicht einfach, wenn die Betroffenen selber gar nicht sehen können, was hinter ihnen passiert. Also ein paar Mal hin und her, „Gerry, die stehen da vorne gar nicht zusammen!" und sowas. --

Der erste Take gerät sogar sehr schön. Alles passt, alles drin, Hektor bleibt in Nahaufnahme stehen und ruft „Archers!". Von links nach rechts oben aus dem Bild. Darf der das? In unserem Insert haben die Bogenschützen doch ebenfalls die Blickrichtung links-rechts, oben von der Brüstung runter. Ach, die Mauer ist voll mit Bogenschützen, da ist egal wen er anspricht, das geht schon. Auf jeden Fall noch einen zweiten Take. Der aber gerät etwas aus dem Ruder. Der Kran verschwingt sich, Glaukos und Paris sind zu früh aus dem Bild, Hektor galoppiert so rasant, dass Peter an seinen Kurbeln Mühe hat, die Kamera so gut es geht nach oben wegzuziehen. Für Hektor wird es ganz knapp, ein sattes Close-up, und Roger ächzt perplex, er habe schon gedacht es macht klatsch. Der dritte wird dafür perfekt, alles sitzt, Hektor kuckt sogar links aus dem Bild, sein Auftritt ist beinahe so rasant wie eben und auf jeden Fall ein Close-up. Fein, check the gate. Beim Checken des Gates jedoch wieder Ernüchterung: ein Kratzer auf dem Film. Kommt das jetzt jeden Tag? Kann man digital wegmachen, ist höchstwahrscheinlich sowieso nicht zu sehen, aber wo wir schon mal dabei sind ... So entstehen noch drei weitere, die sogar beinahe an den legendären dritten rankommen.

Als dritte große Einstellung des Tages folgt, wieder ganz chronologisch, Hektors mehr rhetorische Jubelanfrage an seine Truppe, ob sie etwa für Agamemnon kämpfen wollten. Wie könnten wir das machen? Hektor inmitten seiner Leute? Auf jeden Fall. Dann vielleicht ein Schuss von oben drauf? Aber nicht als Master Shot. Wir könnten mit der Kamera am Kran über die Köpfe der Leute an ihn ranfahren? Genau, gute Idee. So werden die Soldaten mit der Mauer im Hintergrund aufgestellt, trichterförmig: vorne nur ein paar nebeneinander, nach hinten zahlreicher werdend. Gerade eben soviel, wie der Kamerablickwinkel braucht. Hektor feuert an, die Kamera fährt über Köpfe auf ihn zu, die Soldaten recken angefacht ihre Speere. Nicht gerade synchron und mit homogenem Elan, aber daran arbeiten wir noch. An der Kamerabewegung auch: Wäre es nicht schöner, von ihm wegzufahren? Im nächsten Take also fährt sie über die Köpfe von Hektor weg, hat dafür am Ende die vielen johlenden Gesichter im Bild. Statt Hektors anschwellender Autorität filmen wir jetzt die Strahlkraft seiner Worte. Sieht gut aus. Bleiben wir dabei? Jo. Sieht immer noch gut aus. Am Ende ist nur Roger noch unzufrieden. „Da ist ein Schatten eines Speers auf seinem Gesicht. Ich habe denen extra genau gezeigt, wie sie ihre Speere halten sollen, damit das nicht passiert." Ganz am Ende schaffen sie auch das.

Heute ist Wolfgangs Frau Maria aus LA wiedergekommen. Sehr schön. Ein bisschen mehr Normalität und Heimat in der Fremde. Zumindest für uns. Bei vielen ist die Grenze der Belastbarkeit erreicht, viele haben langsam genug. --

Freitag steht in der Lokalzeitung, dass die Dreharbeiten zu *Troja* wieder begonnen hätten, nachdem sie wegen des Hurrikans unterbrochen wurden. Herrgott, die

Leute wohnen doch hier und müssen nur aus dem Fenster kucken. Oder sind hier pensionierte Helden der Recherche von der *Bunten* untergekrochen? Es mag ja sein, dass Second Unit rund zwei Tage verloren hat, aber ich frage mich schon, was ich seit Montag mutterseelenallein auf einem dunklen Set getrieben habe.

Das Team derweil arbeitet schon wieder so routiniert vor sich hin, als sei nichts gewesen. Heute kriegen wir den Schuss, den die Herren sich neulich ausgedacht hatten: von der Seite des Schlachtfeldes auf die vorderen Reihen der griechischen Armeen, während sie gerade losstürmen. Im Call Sheet steht als Szenenbeschreibung nur: The Greek army charges. Das bedeutet nur wieder Die Vorbereitungen ziehen sich hin. Bis die Statisten alle auf ihrem Platz stehen und auf Kommando einigermaßen synchron ihre Speere in Kampfposition zu bringen fähig sind, bis die Streitwagen mit vorgeschnallten Pferden grob da stehen bleiben wo sie sollen, bis die vier Kameras ihre endgültige Position und Bewegung gefunden haben. Zur Probe halten die Soldaten ihre Speere erstmal so ein bisschen schräg nach vorne, laufen auf das Kommando von Agamemnons Double los, und hinterlassen auf dem geräumten Platz ein paar rollende Helme, Speere, ein Schild – wer immer die übrig hatte – sowie unzählige durchsichtige Plastikbecher, in denen diese Ghostbusters Gatorade ausschenken. Die Hauptkamera hat das nicht gesehen, die schwenkt mit dem Strom mit, der sich, laut Drehbuch, wie Lava über das Feld ergießt.

Schon mal nicht schlecht der ganze Ablauf, die Speere müssen viel synchroner sein, und da sind noch zu viele Lücken in den Reihen, und die Wagen sollen nicht so vorwegfahren, sondern von den Soldaten umschlossen und überholt werden. Vielleicht lassen wir die Kamera am Kran dort oben und schwenken einfach mit, die näheren Sachen holen sowieso die anderen Kameras.

Die Takes gehen vorüber, die Soldaten recken ihre Speere, rennen los und lassen wieder ein paar Helme liegen; außerdem einen Soldaten aus der letzten Reihe, der, auf dem Boden kniend, einfach dageblieben ist: „Der telefoniert ja!"

Besser, aber irgendwie noch nicht richtig. Die Speere müssen wirklich einrasten, die Soldaten dagegen stehen dicht genug. Irgendwie, meint Wolfgang, kommt das Epische hier zu kurz. Lasst uns doch wieder mit der Krankamera auf Augenhöhe anfangen und dann hochschwenken. Dann sieht man aber die Speere nicht mehr. Haben wir keine Kamera, die das mit den Speeren richtig einfängt? Nee. Flugs wird Rogers rübergetragen, auf die Höhe der ersten Reihen; die hatte sowieso keinen großartig anderen Bildausschnitt als Trevors Kamera. Roger fragt, wie es wäre, auf das Kommando etwas ranzuzoomen? Jo, mach mal. Es wird spät. Lunch ist stets eine psychologische Hürde; wenn man sich danach noch mal zum selben Set-up aufraffen muss, sinkt die Moral und alles dauert länger. – Kann weitergehen. Halt. Die beiden vorderen Pferde werden wieder unruhig und schließlich gegen die hinteren ausgetauscht. Emma gibt Agamemnon noch kurz persönlich eine Anweisung und rennt zurück aus dem Bild. Ein Walkie-Talkie krächzt „Run, Forrest!" Als sie durchs Ziel läuft, ist Action. Ein Militärberater holt von tief unten seine Kommissstimme raus und brüllt das Kommando für die Speere. Rangezoomt. Gerry ruft das Kommando zum Losrennen.

Und alles ist gut. Die Kamera schwebt episch nach oben und breitet die 50 000 Soldaten auf der Ebene aus, die Laufenden umschwemmen die Wagen, Rogers Kamera kriegt mit die besten Bilder von dem Wald aus Speeren und danach von den vorbeirasenden Helmen und Schilden. Nur zwei Nasen haben erneut geschlafen und ihre Speere aufrecht gelassen. Nick! – Früher waren die Visual Effects Artists wirklich hochangesehene Hi-tech-Fachleute und Bilderkünstler. Heutzutage müssen sie wohl erstmal aufwischen, was alles danebengeht.

Klassenziel erreicht, bis zum Lunch fertiggeworden. Und nebenbei habe ich von Rudi von Visual FX – ehemals Rüdiger und aus Hamburg – gehört, dass er gestern hinten im Base Camp war und auf einer Black-Screen-Bühne kleine Detail-Inserts wie in den Sand fahrende Pfeile, spritzendes Blut, blubbernde Wunden und kupierte Extremitäten gedreht hat. Black Screen? Das sei am besten, wenn der Vordergrund hell ist und kein Schwarz bzw. keine Schatten o.ä. enthält, denn vor schwarzem Hintergrund entstünden an den Rändern der Gegenstände keine Farbveränderungen. Im Gegensatz zu Blau oder Grün, da müsse man oft erst rosa Ränder und so loswerden. – Das Blut und die Wunden jedenfalls seien als eine Art Archiv der Kriegsgreuel gedacht, aus dem man sich in der Post-Production bedienen und hier und da nach Belieben welche ins Bild kleben kann. Wie früher Rubbelbilder. Praktisch.

Am Nachmittag sind wir mal wieder bei Hektor, Paris, dem Schwert und den Pferden: Es fehlt der *Jurassic-Park*-Shot, die Perspektive auf den zum Schwert zurückrennenden Paris mit den herantrampelnden Griechen im Hintergrund. Der ganze Zirkus hat sich unterhalb der Mauer versammelt, die lungernden Griechen liegen gegenüber neben ihren Schilden im Gras, Paris' Helm, sein Schwert und Menelaos sind bereitgelegt. Gerade Menelaos aber liegt deutlich näher am Tor als ich in Erinnerung habe – dort, wo letztes Mal noch die troianischen Truppen standen; da will wohl jemand schummeln und das Feld größer erscheinen lassen als es ist.

Erstmal geht soweit alles glatt, Paris humpelt im Angesicht der Übermacht ihr entgegen, Hektor kommt mit den Pferden ihn zu holen. Die Pferde sind heute ganz brav. „Mein Humpeln sieht aber irgendwie komisch aus", meint Orlando hinterher am Monitor. „Letztes Mal wars außerdem das linke Bein", gibt Eric ihm als Tip mit auf den Weg. Beim nächsten Take, angesichts der näheren Kamera, ist Orlando immer noch nicht zufrieden, „Oh Mann, kuck mal was ich für O-Beine habe." Wolfgang fragt den beistehenden Nick, ob er das geradebiegen könne. Kein Ding. Schwerwiegendere Probleme kommen nicht auf, höchstens eine Krähe, die in einem Take einmal quer durchs Bild fliegt. Was ist, wenn dieser Take genommen und mittendrin umgeschnitten wird, sodass die Krähe plötzlich verschwindet? Dann muss die hier raus. Nick.

Die letzte Einstellung des Tages ist eine Ranfahrt auf Hektor inmitten seiner Leute, der, kurz nach seiner Rede von gestern, Befehle ausstößt, Ajax erblickt und drauflosgaloppiert, womit, zumindest auf troianischer Seite, der Übergang zu der Schlachtensequenz, die Second Unit bereits gedreht hat, geschlossen sein dürfte. Die Ranfahrt jedoch, auf Schienen, ist Wolfgang dann doch zu langsam und auch zu langweilig, sowas hatten wir eben schon. Da wär doch ein richtiges Close-up besser, das sei immer ein schöner Kontrapunkt zur dramatischen Totale.

Und wo soll er hinkucken? Mehr links nach rechts aus dem Bild, denn Ajax hatten wir eher rechts-links. Obwohl, wie wir uns erinnern, Ajax eher auf der nordwestlichen bzw. von Troia aus rechten Hälfte des Schlachtfeldes heranrollte, also rechts von einer gedachten Achse, die, vom Tor ausgehend, das Schlachtfeld in der Mitte teilt. Trotzdem bleibt die Kamera, von vereinzelten Gegenschüssen abgesehen, perspektivisch auf dieser nordwestlichen Seite des Schlachtfeldes, selbst wenn auf der anderen Seite massig Platz wäre, in die Gegenrichtung zu schießen. Aber die einmal eingeführte Aufteilung: Die Griechen stürmen von rechts, die Troianer verteidigen von links, prägt für den Rest des Drehs die axiale Ökonomie des gesamten Schauplatzes. Schon merkwürdig, dass sich selbst bei einem quasi runden, eigentlich nach allen Seiten neutralen Schauplatz sofort ein vager Sinn für Zuschauerränge, Vorderbühne und Hintergrund ausbildet. Wann wurde diese Ausrichtung festgelegt? Spätestens natürlich mit den Positionen von Achilles' Aussichtshügel sowie des Grandstands auf der Mauer, den einzigen ausdrücklichen Asymmetrien des Schauplatzes; beide auf „dieser" Seite des Feldes bzw. des Tores, und beides Orte des Zuschauens. Und warum nicht beide auf der anderen Seite, und damit jene zu „dieser" machen? Wohl einfach wegen des Laufs der Sonne, die aus dieser Perspektive länger von hinten kommt, zumindest grob. Gut, wenn man solche Ausrichtungen stets im Hirn hat; bereits am letzten Tag in Malta, als Hektor mit seinen Leuten aus dem Tor ritt, mussten sie von links nach rechts herauskommen, um im Anschluss, am ersten Tag hier, der eingebauten Zuschauerorientierung entsprechend von links nach rechts aufs Feld zu galoppieren und sich vor ihre Gardisten zu stellen. Glücklicherweise war in Malta außerhalb der Kulisse auf der rechten Seite ausreichend Platz hindurchzureiten, links waren Sperrmüll und so eine Schuttgrube.

Wir werden weniger. Am heutigen Samstag sind einige der Crewmitglieder auf dem Weg zurück nach England, weil sie wie gesagt zu *Phantom of the Opera* müssen, der also wirklich wie angekündigt ab Mitte des Monats in Pinewood gedreht wird. Tony und Jaya Sound sind weg, Peter Camera Operator, Simon Focus Puller schon länger, David Grip und andere. Nicht einfach, für keinen.

-- Heute sind wieder die Griechen dran, diesmal auf Streitwagen. Zuerst Agamemnon, der wie ein Berserker nach vorne treibt und selber die Zügel an sich reißt, als sein Lenker einen Pfeil in den Kopf bekommt. Oder wohin auch immer, das könne man sich notfalls aussuchen, wenn die Visual FX dazukommen; ist doch einfacher so. Kameraschienen sind aufgebaut, sehr lange, neben denen Agamemnons Wagen fahren soll, umringt von rennenden Soldaten. Die Kamera vor ihm weg oder parallel? Lieber parallel, das sieht rasanter aus. Das erste Mal jedoch traben die

Pferde auf und davon, der Kamerawagen kommt nicht lange mit. Also doch frontaler anfangen, und dann paralleler werden. Beim zweiten Mal nun bleiben die Pferde mittendrin stehen, die Kamera hatte jedoch sowieso wieder Mühe mit der Geschwindigkeit. Also sollen die Pferde langsamer traben, die Leute etwas langsamer laufen, damit alle Schienenwagen mitkommen. Das klappt leidlich, sieht aber so langsam aus wie es war, d.h. eher langweilig für eine in die Schlacht stürmende Truppe, „Die fahren doch nicht zu einer Beerdigung! Das funktioniert so nicht."

Also anders. Man kann doch statt der Pferde ein Quadbike vor den Wagen spannen, um die Geschwindigkeit genau zu bestimmen, die Pferde sollen in dem Bildausschnitt sowieso nicht unbedingt zu sehen sein. Wade Stunts wiederum schlägt vor, dass die Kamera, statt neben den Griechen herzuhetzen, in einer Gegenbewegung auf sie zu und an ihnen vorbei fahren, d.h. auf diese Weise etwas Geschwindigkeit in die Angelegenheit bringen könnte. Gut, probieren wir. Dreimal geht das durch, Lunchzeit wäre schon angebrochen, aber so richtig will das nicht hinhauen. Roger, leicht gezeichnet, keucht, seine Kamera, die mit langer Brennweite frontal auf die Laufenden kuckt, sei beinahe umgerannt worden. Einmal fällt der Lenker zu spät, dann zu früh, dann wird er verdeckt. Etwas lahm sei es zudem immer noch, da laufen 20 Stuntmen mittendrin rum, die mit Pfeilen im Gesicht umfallen, und die sehe man alle gar nicht richtig; erst wenn sie zwischen Takes am Rand sitzen und sich nachschminken lassen, während ihnen blutige Pfeile schräg nach oben aus der Backe staken. Doch jetzt müssen wir erstmal zum Lunch blasen, es ist schon zwei. Selbst wenn es nicht so gut schmeckt, wenn man bisher nur höchstens ein paar brauchbare Inserts und andere Schnittstückchen hingekriegt hat. Das solle Second Unit irgendwann nachholen, die sind für solche Stuntsachen viel besser geeignet, wir müssten jetzt mit den Dialogszenen weitermachen, um überhaupt irgendwas zu schaffen. „Wir haben noch gar nichts gekriegt heute." Und dann gibt es auch noch nur so ein ekliges grünes Sorbet als Eis. Cut, cut, goin' again, den ganzen Tag auf Anfang!

Gegen Ende des Lunchs jedoch bringt Barbara einen Becher mit Wolfgangs Lieblingseis, Vanille. Das haben sie beim Catering neu hingestellt. Hinterher am Set sieht die Welt schon nicht mehr so düster aus: Wolfgang kuckt sich nochmal alle bisher gedrehten Takes aller vier Kameras an und kommt zu dem Schluss, dass man daraus schon etwas Sinnvolles und nicht Unrasantes zusammenschneiden könnte; worüber einzig die Tatsache hinwegtäuschte, dass kein im ganzen brauchbarer Master Shot gelungen ist. Also weiter, mit besserem Gewissen. Der Aufbau der Schienen und Kameras kann glücklicherweise den ganzen Tag so stehenbleiben, insofern alles Streitwagenfahrten sind, die vom Bildumfeld her an keine festen bzw. notwendig unterschiedlichen Locations gebunden sind: Niemanden wird es kümmern, dass sie stets dieselbe Strecke abfahren. Zunächst also brettert Agamemnon weiter wie von Sinnen durch den Pfeilhagel auf die Mörder seines Bruders zu, während um ihn herum die Soldaten fallen wie Fliegen, bis Odysseus zu ihm auf den Wagen springt, ihm die Aussichtslosigkeit seines Strebens darlegt und zum Rückzug bewegt. Also los. Agamemnon brettert, hinter seinem Wagen fallen die Stuntmen. Einzig auf dem Monitor ist davon nichts zu sehen, selbst wenn man sich die Pfeile dazudenkt: Als sie fielen, war die Kamera längst nah auf Agamemnon. Dann stellen wir die Stuntmen eben neben den Wagen, zwischen Agamemnon und Kamera. Zwei, drei Takes sind nötig, bis Wolfgang überzeugt wird, dass jetzt wirklich alles da ist. „Ich seh wieder keine Stuntmen." – „Die sind aber da." – „Wo denn?" – „Na da unten." Am unteren Bildrand ploppen auf Kommando sechs Köpfe weg, zum Teil sich fotogen windend. „Oh, okay. Alle auf einmal. Schön."

Langsam wird es später, in weniger als einer Stunde ist das Licht zu schwach. Laut Call Sheet fehlen noch zwei Pops auf Odysseus mit kurzem Text. Zwei? Das könne man doch problemlos in einer machen, einfach hintereinanderweg. Nur schnell muss es gehen. D.h. Odysseus draufgestellt, Kameras und Statisten in Position gebracht. Diesmal ohne Schienenfahrt, zu aufwendig, nur mit zwei stationären Kameras frontal auf Odysseus und die Soldaten. Der neben seinem Lenker im Wagen steht, welcher ein wenig an den Zügeln zuppelt, während zwei Jungs, plus Christian Sound, vorne an der Stange sitzen und am Wagen wackeln. Ganz ohne Pferde. Auf los stürmen die Statisten am Wagen vorbei, umspülen johlend -- das Podest mit der Kamera, was von mir aus nicht unhaarig aussieht. Geht aber alles gut. Drei Takes werden in ziemlicher Rekordzeit durchgedreht, danach sind alle erleichtert, bis auf die Statisten – denen hat es Spaß gemacht, und sie wollen eigentlich nochmal. Aber es muss doch mal Schluss sein, Kinder. Am Ende der Woche ist Wolfgang doch noch hochzufrieden. Auf irgendeine Weise haben wir alles geschafft was heute anlag, obwohl es zwischenzeitlich sehr düster aussah. Aber dann kam glücklicherweise das Vanilleeis.

Abends beim Essen freut sich Wolfgang auf nächste Woche, wenn Hektor zum Duell aus der Stadt raustritt und Achilles mit dem Wagen angefahren kommt. Das sei der Zeitpunkt für einen David-Lean-Shot, da wolle er den heranrasenden Achilles von ganz weit weg mit dem Teleobjektiv einfangen und näherkommen sehen, wie einst Omar Sharif in *Lawrence von Arabien*. Zu einem troianischen Kamel wollte er sich trotzdem nicht überreden lassen, das sei dann doch zu viel des Guten.

Interludium

Gegen seinen Willen wurde der berühmte Reiseschriftsteller kurz nach vier im Pulk aus einer Karaokekneipe geschoben, inmitten einer komplett wirkenden Filmcrew, die außer ihm nahezu ausschließlich den kleinen Raum bevölkert hatte. Wobei er doch nichts dagegen gehabt hätte, den drei Burschen, die, wie man ihm zuflüsterte, die nicht alltäglichen Namen Patroklos, Lysander und Haemon trugen, noch ein Stückchen weiter zuzuhören, wie sie vollbrustig Weisen aus ihren Landen vortrugen.

Den Rest des sonntäglichen 31. August verbrachte er im trauten Familienrund am Frühstückstisch auf dem raumgreifenden Balkon bei schönem Blick über das Meer Cortez' und die charakteristischen Felsen mit ihrem berühmten Felsbogen, weiterhin im brühenden Chlorwasser, im wellenwühlenden Ozean sowie am Pool, wo er auf einer Liege in einem Buch in zwei Stunden sieben Seiten las.

Gegen sieben Uhr dann das Highlight der Saison, das Fußballspiel First Unit gegen Second Unit, auf dem Sandplatz unten an der Straße; mit seinen gelinden Unebenheiten und Fallgruben dem Millerntorstadion nicht unähnlich, durchseufzt es den Autor. Die Jubelschreie schallen bis nach Troia, als die Teams auflaufen, und unsere Mannschaftsaufstellung liest sich illuster: u.a. Christian Sound, Alf Steadycam, Ben AD, Reg Editing, Jimmy Locations, Pat Grip, Birdman Video oder die berühmten Fußballbrüder Will und Sam Spark sind im Call Sheet angekündigt, dazu Colin als Super Sub, was, wie ich mich habe aufklären lassen, eine Art Joker meint. Nichtsdestotrotz wird fleißig herumausgewechselt, woraufhin selbst der Autor zu seinem Einsatz kommt, der als linker Verteidiger seinen Gegenspieler bis auf den kurzen Augenblick, da dieser aus abseitsverdächtiger Position das 0:1 schießt, absolut im Griff hat. Die zweite Halbzeit richtet die Verhältnisse wieder gerade, und die Partie endet, ebenfalls wie so gern am Millerntor, mit einem versöhnlichen 1:1. Das flugs anberaumte Rückspiel am nächsten Sonntag wird möglicherweise, trotz Hitze, bereits um halb sieben angesetzt, insofern die heutige Partie etwa eine Dreiviertelstunde nach Anpfiff wegen lichtloser Dunkelheit abgebrochen wurde.

EXT. Apollos Tempel, Strand, Cabo San Lucas, Mexiko
Der heutige Montag ist sorgfältig verplant, es sind vorerst nur zwei Einstellungen angesetzt, die allerdings zeitlich genau passen sollen. Es geht darum, dass Achilles, nach seinem Dialog mit Hektor, oben auf den Tempel steigt und seine Leute unten auf der Düne ihm zujubeln. Klänge nicht so kompliziert, wenn das Licht nicht wäre. Roger hat genaue Vorstellungen, wann was am besten aussieht: Ab eins bis ungefähr zwei könne man den Schuss von unten hoch machen, wenn die Sonne gerade rumkommt und die Tempelfassade noch schräg von der Seite beleuchtet, um vier bis etwa halb fünf sei dann das Licht ideal für den Gegenschuss von Achilles runter auf seine Leute. Das heißt, dass den ganzen Vormittag lang der erste Schuss vorbereitet wird: Mann und Maus auf die Mittelstation der Düne zu einem der zugewehten Wachttürme schaffen, Zelte aufbauen, Gerüst für die Kameras zusammenschrauben, Statisten plazieren etc. – was bekanntermaßen in dem tiefen Sand nicht das einfachste ist, besonders wenn die lebensnotwendigen Quadbikes und Transportfahrzeuge sich alle naslang festfahren –, dann um zwölf früh Mittag essen, um ab eins gleich loszulegen. Danach schnell alles zusammenraffen, oben auf die Düne zum Tempel tuckern, Kameras, Plattform, Schienen etc. aufs Dach schleppen, um bis vier schussbereit zu sein. Wenn danach noch Zeit ist, wogegen wenig spricht, kommt schließlich die vorherige Einstellung dran, worin Hektor sich umblickt und vom Tempel nach Hause reitet.

Also los, die Vorbereitungen erweisen sich als wie erwartet und im wahrsten Wortsinne schleppend, jede Schraube wird durch den Sand stapfend die Düne hinuntergetragen und dort in der prallen Sonne ins Gerüst geschraubt. Es ist nämlich außerdem ausgesprochen heiß heute, der Wind ist wohl vom Wochenende noch so schlapp wie die meisten anderen auch. Die Proben ziehen sich dann wirklich bis kurz vor zwölf, zum Teil weil die ebenso schlappen Statisten nur schwer zu wirklich physischer Begeisterung über das Erscheinen ihres Anführers zu bewegen sind, zum Teil weil man uneins ist, ob die Soldaten auf einmal wie aus einer Kehle losjubeln sollen oder ob sie nacheinander erst merken, dass Achilles dort steht. Kein Wunder, dass die in der Sonne stehenden Statisten nicht immer sofort die neuen Anweisungen mitbekommen, die ihnen auf Spanisch aus Miguels Megaphon entgegenplärren; ganz abgesehen von den Bulgaren, die auf diese Weise die englischen Anweisungen nicht großartig besser verstehen werden als die spanischen. Nach dem Lunch, pünktlich um kurz nach eins, kommen wir zurück zum Set, stehen dort aber erstmal ziemlich alleine rum. Nach und nach tröpfeln sie ein, sodass bis zwei nicht mehr ganz so viel Zeit bleibt; aber ganz ruhig, nach ein paar Takes und Korrekturen am Elan der Statisten sowie am Winkel des Schwertes, das Brad in die Luft hält, geht auch dies glatt und im Zeitplan vorbei.

Oben am Tempel erreichen wir ungefähr die heißeste Phase seit Wochen, denn entweder mag man sich hinterm Tempel in schattigen, dabei windlosen Ecken verkriechen und dabei stumm zerfließen, oder man klettert mit hoch aufs Tempeldach und steht dort in der drallen Sonne herum, die bei deutlich spärlicher werdender Brise erst ihren vollen Charme entfaltet. Das Dach ist zusätzlich zum großen Teil von der Plattform mit Schienen bzw. der zweiten Kamera besetzt, was den subjektiven Eindruck, der Sonne nicht entfliehen zu können, nicht eben zerstreut. Nun gut, ein kleiner Sonnenschirm über den Monitoren muss als Notmaßnahme reichen; Roger und Chuck, die im Schatten unter der Plattform Zuflucht gefunden haben, sehen da unten in absoluter Windstille auch nicht viel glücklicher aus. Zum Glück ist von meinem Versuch, unser zugeparktes Quadbike durch tiefen Sand zu befreien, mein T-Shirt noch so feucht, dass schon mit ein bisschen Wind Verdunstungskälte einsetzt.

Der Schuss selber geht problemlos über die Bühne, selbst zeitlich passt alles wunderbar, pünktlich um zehn vor vier kann es losgehen. Brad schreitet, angeleint an ein gespanntes Drahtseil, an den Rand des Daches und lupft sein Schwert. Jubel. Noch ein paar Mal, weils so schön aussieht, und fertig. Und was ist mit seinem Close-up? Das bräuchten wir gar nicht, meint Wolfgang. Wozu soll man aus diesem Schuss auch wegschneiden?

So bleibt noch wunderbar Zeit, den Hektorschuss vorzubereiten. Nur eine Einstellung, aber aufwendig mit Soldaten im Vordergrund und vor allem fliehenden Troianern weit im Hintergrund, die Hektor einholen will. Dann los, Schwenk von den toten Soldaten hoch, Hektor trippelt auf dem Pferd herum und galoppiert in die Ferne. Ganz schön, kommentiert Wolfgang hinten am Monitor, aber die Troianer seien ganz winzig, die müssten weiter nach vorne, besonders diese Pferdekarren mit

Gefallenen, die sehe man überhaupt nicht. Außerdem, wendet Trevor vorne an der Kamera ein, wandere eine Ecke von Chucks schwarzem Filz, an einem Ständer dicht neben der Kamera festgeschraubt, den Bildrand runter. Naja. Den zweiten Take können wir aber auch besser; abgesehen davon, dass Schleierwolken langsam die späte Sonne verdecken, stimmt das Timing von Hochschwenk und Hektors Umdrehen nicht: Als wir ihn ganz sehen, ist er schon fast weg. Im dritten Take passt es besser, doch jetzt bleibt Hektors Pferd stehen, weil andere Pferde den Weg versperren. Hm. Die Stimmung sinkt parallel zur Sonne. Da lässt sich Wolfgang die Takes nochmal zeigen und meint, der erste sei doch sehr schön, die Sonne sei sogar noch draußen. Aber da ist doch die Ecke von dem Filz im Bild. Ach, wo denn? Da, am Rand. Och, das könne man doch leicht wegmachen. Und mit einem Handstreich waren alle zufrieden.

Dienstag gehts gleich am Tempel weiter, mit der vorhergehenden Szene. Warum die das, wenn sie schon die ganze Zeit da oben sind, nicht chronologisch drehen? Ganz einfach: Keine Ahnung, aber einen Grund wird es geben. Der Schlüssel zu solcherlei Verwirrungen ist meist, dass sie sich die begrenzte Zahl der Statisten bzw. Stuntmen mit Second Unit teilen müssen. Jedenfalls sehen wir heute Achilles und Hektor aus dem Tempel heraustreten, auf meinen Lieblingsplatz, diese hübsche einsame Terrasse mit Blick auf den Okeanos, wo jener diesem sagt, er solle es mal gut sein lassen und nach Hause gehen, sie wollten nicht schon heute sich bekämpfen. Nicht zuletzt hätte Hektor schlechte Karten, denn er ist allein, und der ganze Tempel voller Myrmidonen.

Weil die Sonne noch hinter ihm steht, fangen wir auf Hektor an; im Hintergrund der alte Leuchtturm, die wohl einzige gebaute Sehenswürdigkeit Cabos, leider nicht alt genug, um nachher im Bild bleiben zu dürfen. Die Situation für Zuschauer ist, so schön die Location sein mag, nicht berauschend; ist die ganze Crew mit dabei, wird die kleine Plattform schnell voll. Da trifft es sich, dass die ganze Szene nicht sonderlich lang und kompliziert ist. Als sie umdrehen und auf Achilles gehen, also in die andere Richtung kucken, nutze ich die Gelegenheit des entschärften Terrains und mache ein bisschen Sightseeing zum Leuchtturm. Rundum verrammelt, etwas verfallen und höchstens ein paar Jahrzehnte alt. Langweilig. Kann ruhig raus. Die sollten lieber den Tempel stehen lassen und eine kleine Bar reinbauen. Das wäre eine echte Attraktion.

Während der Close Coverage, der Nahaufnahmen, tappen übrigens alle ein wenig im Dunkeln. Wie wir vielleicht gemerkt haben, wurde noch kein Master Shot gedreht, noch keine totale Einstellung, worin die allgemeinen Positionen und Bewegungen festgelegt würden, bevor man näher an die Dinge heranrückt. Der perfekte Sonnenstand für diesen Master ist nämlich wieder erst so gegen vier Uhr („vier o'clock"), wenn das Licht von schräger hinten über dem Meer kommt; aber auch nicht viel später, um direktes Gegenlicht sowie wachsende Schattenflächen zu vermeiden. So müssen sie die Schritte, Blicke und entsprechenden Kamerabewegungen speziell des hin- und hergehenden Achilles in den Nahaufnahmen aufeinander abstimmen und sich gut einprägen, um das im Master passend zu übernehmen, bevor es im Schnitt ins Auge geht. – Zeitlich kommt auch das wunderbar hin, und als der Anfang mit der hübschen Aussicht über Strand und Meer sowie zuletzt Hektors Abgang fertig sind, ist es gerade mal kurz nach fünf. Der früheste early wrap der Filmgeschichte, naja, zumindest unserer. Zehn Minuten später wäre die Sonne sowieso hinter Wolkenschleiern versteckt gewesen. Da war Apollo nochmal gnädig mit jenen, die seinen Tempel so schön in Szene setzen. Wer aber denkt, juhu, dann können wir schön früh nach Hause fahren, irrt. Wolfgang freut sich schon, dass die gesparte Zeit ihm einen längeren Besuch im Editing erlaubt.

INT. Trailer, City of Troy, Cabo San Lucas, Mexiko

Hochmut kommt vor dem Fall. Oder wir haben Apollos Tempel hinterher nicht gut genug aufgeräumt. Jedenfalls hat uns wieder ein tropisches Tiefdruckgebiet überfallen, bzw. wie es hier viel passender heißt, eine Tropical Depression, und beschert uns einen solchen Tag. Der Himmel hält sich in diversen Grautönen bedeckt, und gerade als man meint, dass die Sonne durchstoßen könnte, beginnt es wieder zu regnen. Hinten am Battlefield ist alles bereit und wartet. Den größten Teil des Tages hängen wir im Trailer rum, zusammen mit Sam und Lindsay aus Wolfgangs Radiant-Productions-Büro in LA, die sich nicht unbedingt den besten Tag zum Setbesuch herausgegriffen haben. Zum Zeitvertreib fahren wir runter zum Strand, Schiffe ankucken. Als es regnet, flüchten wir uns unter die breiten, bis an den Boden reichenden Zeltplanen von Agamemnons Schiff. Nigel hat wirklich an alles gedacht.

Wolfgang indes verbringt viel Zeit in seinem Editing oder mit Colin überlegend, wie weiter vorzugehen sei. Der Wetterbericht ist nicht sehr freundlich und prophezeit dieses Wetter bis Freitag. An Cover Sets hätten wir nur Achilles' Zelt, der Grandstand ist bei dem Wetter keine Alternative. Der Ballsaal des Sheraton wäre allerdings erst ab 11. September frei, weswegen sich hastig nach Ausweichhotels umgesehen wurde; das Make-up-Zirkuszelt ist bekanntlich für Dialogszenen eine no-go-Area. Bis morgen also wird das Zelt in den Festsaal des Melia Cabo Real Hotel transportiert, wo es dann auf Standby steht und wartet. Crew Call wird morgen auf neun Uhr angesetzt, damit, falls wider Erwarten die Sonne lachte, an der Hauptlocation die Statisten fertig wären und sofort losgedreht werden könnte; die Schienen usw. lägen dort von heute schon bereit. Im wahrscheinlicheren Fall dagegen könnte man flugs ins Hotel umziehen und noch zwei Stunden länger bis neun drehen. Das hört sich nach einem guten Plan an. Für morgen. Heute bleibt uns nur, nach dem Lunch eine zweite Portion Eis zu essen und ansonsten den Lauf der Welt zu beklagen.

INT. Achilles' Zelt, griechisches Lager, Hotel Melia Cabo Real, Mexiko

Also gut. Den Trip zum Base Camp hätten wir uns sparen können. Es sieht heller aus als gestern, das ist aber auch alles. Dafür kriegt Second Unit alle unsere Statisten noch dazu; die drehen am Strand am Battle of the Barricades herum, was frühmorgens stattfinden soll und vom Licht gerade passen könnte. Wir dagegen fahren zu jenem Hotel, wo die meisten bereits sind und aufbauen. Es ist eine schöne Fahrt an der Küste entlang in Richtung San José. Am Hotel Melia angekommen, betreten wir die Lobby und sehen uns um. Irgendwie niemand da, zumindest niemand von uns. Wir durchqueren die kalte Marmorimitathalle mit Springbrünnchen und kucken am anderen Ende aufs Meer. Nichts. Wolfgang fragt eine Angestellte, die ohne Reaktion an ihm vorbeigeht. Hm. Eine andere Angestellte sieht mich fragend an, als ich mich nach dem Ballsaal oder Warner Brothers erkundige, und verweist mich an die Rezeption. Wir tapern zurück zum Eingang, vielleicht sind alle in einem Nebengebäude. Auf dem raumgreifenden Fußabtreter steht Hotel Melia Los Cabos. Ah, ja.

Das Hotel Melia Cabo Real liegt keine zwei Autominuten weiter und ist außen vollgestellt mit unseren Lastwagen. Das sieht besser aus. Gleich links geht es durch zum Ballsaal, wo das Zelt unter ausladenden Kronleuchtern genügsam wartet. Es ist angenehm kühl und trocken, verglichen mit den gefühlten 98% Luftfeuchtigkeit draußen. Der Teppichboden im Saal und im Vorraum ist weiträumig mit dicht an dicht verklebten Spanplatten abgedeckt, weil die Leute vom Film ja immer alles schmutzig machen. An der Wand hängt ein übriggebliebenes Riesentransparent vom hiesigen Roten Kreuz.

Wohlan denn, en garde. Eine der wichtigsten Szenen des Films, die Szene derentwegen Peter die Rolle, sagen wir mal hauptsächlich, angenommen habe. Priamos stiehlt sich zu Achilles ins Zelt und wirbt um die Herausgabe seines toten Sohnes. Im ursprünglichen Drehplan war hierfür ein Tag angesetzt, aber Wolfgang hat schon lange geargwöhnt, dass es wohl eher zwei brauchen würde. Dazu kommt, dass wir heute trotz verschobener Arbeitszeit immer noch ein Stück vom ganzen Drehtag drangeben mussten. Die Frage, die Wolfgang und Colin nun umwühlt ist, ob es Sinn macht, von vornherein festzulegen, dass wir morgen hier weitermachen, weil das Wetter sowieso schwierig bleiben soll, oder möglicherweise, für den Sonnenfall, heute noch die ganze Ausrüstung zurückzuschleppen, die Kontinuität der Szene zu unterbrechen und erst bei Bedarf ins Hotel zurückzukehren. Schwierige Sache, die eigentlich niemand vor morgen früh beantworten kann – wenn wegen der Ausrüstung schon längst eine Entscheidung gefallen sein müsste.

Währenddessen kann man ja schon mal anfangen zu drehen: Master Shot mit zwei Kameras, Priamos' Auftritt im Zelt, wo er wie Obi Wan Kenobi seine Kapuze zurückschlägt; danach das Ende der Szene, beider Abgang. Das flutscht schon mal, nach jeweils wenigen Takes gehts voran, jetzt den ganzen Dialog im Two-Shot, mit einer nicht einfachen engen Kamerafahrt um Achilles herum, sobald Priamos sich zu ihm setzt. Auch alles gut, Lunch.

Bezüglich des Mittagessens könnte man es hier durchaus ein paar Tage aushalten. In einem abgeteilten Nebenraum des Saales ist an runden Tischen beinahe für ein

Galalunch gedeckt, dazu ein reichhaltiger als zu Hause zumindest aussehendes Buffet aufgefahren. Ist auch gut so, denn im Anschluss folgt das wohl wichtigste Set-up dieser Szene, Priamos' Close-up. Die ganze Dreieinhalbminutenszene hindurch das Bild nur vom eigenen Gesicht ausgefüllt, jede kleinste Muskelregung überlebensgroß zu sehen, das strapaziert jeden Schauspieler, selbst wenn zwischendurch der andere redet; und das in einer Situation, da ein großer alter König vor diesem jungspundig-launischen Großmaul geschlagen auf die Knie fallen und sein Innerstes auspacken soll. In den ersten Takes hält Peter wie vorher tapfer dagegen, baut seine erderschütternde Stimme als Barriere auf gegen die Demütigung. Wolfgang sagt ihm, er solle ruhig um einiges leiser und verletzter werden, in Priamos die vokalen Schleusen aufmachen. Er wird fühlbar stiller, und als sie alles haben, wünscht sich Wolfgang einen Bonustake, diesmal solle er mal fast bis an die Grenze der Hörbarkeit runtergehen. Und es wirkt, wie vorher schon angedeutet werden in der Zurückhaltung Details hörbar, die in der ehrverletzten Diktion übertönt waren.

Sowas dauert stets länger als geplant, genau wie der Umbau zum Gegenschuss auf Brad. Immerhin wird dazu die eine Seite des Zelts wieder eingesetzt, die andere ausgebaut und alles ganz neu eingeleuchtet. Was speziell in einem so kleinen Raum nicht einfach ist: Wie wir inzwischen mitbekommen haben, bedeutet das Setzen von Licht nicht nur das Hinstellen und Anknipsen der Scheinwerfer, sondern vor allem die gegensätzliche Bewegung, die Herstellung von Schatten. Kurz und gut, das wird heute nichts mehr. Es wird noch zuende eingeleuchtet und dann morgen früh um halb zehn frisch weitergemacht. Halb zehn? Übergeben wir uns etwa dem Lotterleben? -- Ich werde mich jedenfalls nicht groß über neun Stunden Schlaf beschweren.

Also gehen wir morgen, egal wie das Wetter wird, wieder ins Zelt und machen den Job zuende; danach, weil noch gut Zeit sein dürfte, ist nun die noch von Malta überfällige Szene mit Achilles und Briseis in seiner Schiffskabine angesetzt, worin er sie überzeugen will, mit ihm nach Hause zu kommen und eine Familie zu gründen. Irgendwann sollte die nicht mehr in der Kabine spielen sondern in seinem Zelt und wurde damit, wie das Zelt, herumtragbar. Dagegen stand bis zuletzt das schon gebaute Innere der Kabine in Malta hinten in der Studiohalle herum und verstaubte. Manchmal schlief jemand darin. --

Der morgendliche Blick aus dem Fenster verschafft Freude. Es ist bedeckt. So schnell können die Maßstäbe sich ändern; die gestrige Entscheidung war gut, und wir verpassen wohl keinen wichtigen Sonnentag im dunklen Zelt. Vormittags wird die Szene von gestern beschlossen, mit den Close-ups auf Brad, der in dieser Chiaroscuro-Beleuchtung durch bloße Kopfbewegungen die Lichtdramaturgie selber strukturieren kann. -- Alle raus, die nicht unbedingt dabeisein müssen. Seufz. Die große Langeweile lauert. Die Halle vor dem Saal ist ungemütlich und nur mit kargen Sitzgelegenheiten ausgestattet, draußen auf dem Rasen ist es so warm und feucht wie in einem türkischen Bad. Im Saal selber wäre angenehm gekühlt. Zum

Lesen bin ich fast zu müde, also wandere ich durch die Hotelanlage bis ganz nach vorne zum Wasser. Am Pool liegen ein paar Amerikaner unter bedecktem Himmel und nuckeln an Piña Coladas. Im Halbdunkel eines Restaurants unter einer riesigen Beton-Cabaña sitzen wenige Leute und bestellen. Am Strand ist niemand. Auf einer Tafel stehen, nach vollen Stunden sortiert, die heute geplanten Aktivitäten. Spanisch, Surfen, Spanisch, Gymnastik, Spanisch. Oder so. Ich gehe wieder zurück.

Eindeutig zu früh. Die Türen sind noch lange geschlossen. Einmal mehr bedaure ich zutiefst diejenigen ADs oder PAs, deren Job in der aufregenden Welt des Films ausschließlich darin besteht, den lieben langen Drehtag jeweils draußen herumzustehen und Quiet please, Rolling, Cut oder Goin' again zu rufen. – Gibts hier nicht wenigstens ein Kinderkino wie bei Ikea? Mitten in die Aufnahme im Saal: Knörz – der kleine Daniel möchte aus dem Kinderparadies abgeholt werden. Hähä. Sie hätten es so gewollt. Letztendlich begnüge ich mich doch nur mit einem Buch.

Alles hat ein Ende, in diesem Fall sogar noch vor halb acht. Die herauskommenden Damen – verdächtig viele, um genau zu sein – schwärmen mit feuchten Augen von der Szene, wie schön die sei, dazu mit der Kamerabewegung und so. Aber Obacht, geneigte Leserschaft, solchen wohlfeilen Beteuerungen sollte niemand Glauben schenken, bevor der unbestechliche Blick des Chronisten sie bestätigt. Und das dürfte jetzt erstmal dauern.

EXT. Mykenisches Lager, Thessalien, Cabo San Lucas, Mexiko

Der Blick aus dem morgendlichen Fenster bietet leider dasselbe Bild wie gestern. Bedeckt. Heute wäre die eine Szene im mykenischen Lager dran, ganz am Anfang des Films, wenn der Junge zu Achilles' Zelt reitet und ihn zum Zweikampf holt. Neue Location, ein Drehtag, gegessen. Wenn das Wetter mitspielt. Also fahren wir erstmal los und kucken, was bleibt uns übrig. Das Lager selber liegt am längeren der beiden Wege zum Strand runter, hinten zwischen den Dünen, dann rechts rein in ein kleines Tälchen, dessen eine, bildrechte Flanke zumindest zum Teil selbstaufgeschüttet ist. Dort ist bereits alles ausgestattet mit zahlreichen Zelten, brennenden Lagerfeuern, Waffen, trocknenden Tieren am Spieß etc., bis die eine Düne hoch. Ganz gut Aufwand für die eine bzw. höchstens zwei Totalen. Aber was soll man machen, das ist der Anfang des Films, und die meisten Filme haben nur einen.

Das denkt sich auch der Wettergott und klart langsam auf. Jedenfalls so weit, dass man guten Gewissens die Kameras aufbauen und proben kann. Der Loumakran steht am Eingang des Tälchens und senkt sich mit dem herangaloppierenden Jungen, der vor Achilles' Zelt abspringt und reinhüpft. Bis er schnell genug galoppiert, ist dann sogar die Sonne hervorgekrochen, wechselt sich mit dünnen Wolkenschleiern ab. Jetzt drei-, viermal durchdrehen, dann weiter ranhüpfen: Achilles und der Junge kommen aus dem Zelt, er rüstet sich ein, steigt aufs Pferd und reitet in den Kampf. Der Junge blickt seinem Helden sehnsüchtig nach. In der Umbauzeit frage ich Alex Visual FX, was er denn hier mache, bzw. was für visuelle Effekte hier rein sollen.

Och, nur ein paar mehr Zelte, und grüne Berge im Hintergrund, damit es etwas saftiger und nördlicher aussieht. Thessalien halt. Und wo er schon mal da ist, was war das noch für eine neue Software für die Massenszenen?

Exkurs: SimTroy
Ja, die schreiben sie gerade fertig, eine Software zum Herumschicken Zehntausender kleiner computergenerierter Männchen, aufbauend auf jenem Programm namens Massive, das bereits die Schlachten im Herrn der Ringe belebte. Grundlage ist, dass sie mehrere tausend spezifische Körperbewegungen bzw. -teilbewegungen gespeichert haben, wie gehen, laufen, sich bücken, zustechen, zuhacken etc., die je nach Position und Laune der Figuren zum Einsatz kommen. Zusätzlich haben sie die gesamte Topographie dieser Region hier aus dem Hubschrauber abgefilmt und digitalisiert, sodass die realen Unebenheiten des Bodens in die Reaktionsmatrix der Figuren hineinspielen: Gehen sie einen Hügel runter, gehen sie ihn im Bild wirklich runter, insofern die – gespeicherte – Körperhaltung eines Hinuntergehenden eine andere ist als die eines Hinaufgehenden. Ebenso bei komplizierteren Kombinationen: Die Haltung beim Schwertkampf bergan ist eine andere als die bergab.

Zurück in London, werden noch viele zusätzliche Körperhaltungen digitalisiert, hauptsächlich troiaspezifische wie bogenschießen, schildhochhalten etc., die in diesem Fall nun mal gebraucht werden. Dazu stellen sie quasi einen Menschendummy in ein Studio, an dessen Gelenken Bewegungssensoren befestigt sind, und lassen ihn die fraglichen Bewegungen ausführen. Der Computer erkennt nur die Bewegungen der jeweiligen Sensoren und überträgt sie auf seine Computermännchen. Zusammen mit den vorhandenen digitalen Bewegungselementen ließen sich nun Kombinationen erzeugen, deren Zahl weit in die Zehntausende geht – sodass sie sich bereits beschränken und gewisse Kombinationen aussortieren mussten, die eher unwahrscheinlich sind, es z.B. wenige Soldaten geben wird, die aus vollem Lauf bogenschießen.

So weit so gut, und wer in aller Welt setzt sich hin und erklärt jedem Computermännchen, was es jeweils tun soll? Das nämlich ist der Clou: Jede virtuelle Figur ist zusätzlich aus individuellen Parametern der Größen Angst, Wut, Hunger, Erschöpfung etc. zusammengesetzt, die sich quasi selbstreferentiell verändern, je nachdem, was den einzelnen Leuten zustößt bzw. was in ihrer Umgebung passiert. Werden sie wütend, rasen sie den Hügel hoch, werden sie müde, gehen sie langsamer, bekommen sie Angst, kehren sie um oder so. Gewissermaßen könnte der Programmierer sich zu Beginn der Schlacht hinsetzen, auf Start drücken und zusehen, welche Seite gewinnt. Wobei in einem solchen autopoietischen System die kleinste Veränderung der Startparameter bis hin zum Wetter das Ergebnis beeinflusst; wenn gar im Drehbuch steht, dass in dieser speziellen Schlacht die Troianer gewinnen, macht man diese einfach ein bisschen größer, d.h. tippt ihnen von vornherein eine höhere Durchschnittskörpergröße ein, und sie gewinnen wie geplant. Gemein, was. „Das Leben ist nun mal unfair", rechtfertigt Alex sein Tun. Ich muss ihn mal fragen, ob das auch beim Fußball funktioniert.

CONT. Mykenisches Lager
Die nächste Einstellung ist fertig eingerichtet, wir haben wieder zwei Kameras.

Brad setzt sich aufs Pferd, der Junge reicht ihm mit glänzenden Augen Helm und Schild mit Waffen und wird dafür mit einem arroganten Spruch abgeledert. Helden. Dann reitet Achilles davon in den Kampf. Beeilen sollte er sich allerdings, denn die Sonne ist langsam wieder verschleierter, dickere Wolken sind im Anmarsch. Am landeinwärtigen Horizont, wo es am dunkelsten ist, donnert es bereits. Einmal verhaspeln sich die beiden mit der Abfolge der Übergabe der Geräte, dann will das Pferd nicht losgehen. Es wird eng. Gerade mal so eben geschafft, Mittagszeit ist längst angebrochen, fehlt noch der Gegenschuss auf den Jungen. Dazu muss bereits ein Scheinwerfer zu Hilfe kommen – das Licht reicht noch, die Sonne wirft aber keine Schatten mehr. Der Junge spielt das hintereinanderweg als wär nichts. Fertig, alles was für diese Szene nötig war, ist im Sack, und der Himmel ist bedeckt. Falls nach dem Mittagessen das Wetter wieder klar sein sollte, könnte man noch eine Totale mit dem durchs Lager davonreitenden Achilles hinterherschieben, als Bonus. Wenn nicht, sei auch nicht schlimm.

Nun, es bleibt bedeckt. Kein Bonusschuss. Wäre als klassischer Shoeleather-Schuss wohl sowieso rausgeflogen: Damit bezeichnet die Fachterminologie jene vornehmlich unter Filmstudenten in den frühen Semestern bevorzugte Angewohnheit, keine Etappe einer Bewegung auszulassen – aus dem Haus, über die Straße ins Auto, im Auto, aus dem Auto, über die Straße ins Haus etc., wobei viel Schuhleder abgelaufen wird. Stattdessen beginnen wir gleich mit dem Restprogramm des Tages, das keine Sonne braucht, weil es in der Abenddämmerung stattfinde: Montageeinstellungen von Griechen bzw. Troianern, die ihre Toten auf Scheiterhaufen bestatten, ihnen bikonvexe Siegel auf die Augen legen, die Stirn küssen, weinen etc., oder ein Close-up von einem Troianer zu Pferde, alles vor der Mauer und zum Zukucken dermaßen langweilig, dass es von mir nicht mal ein eigenes Scene Heading bekommt.

Dabei wandert der freigesetzte Geist durch die Gegend, betrachtet den Pazifik am Horizont, das frischergrünte Battlefield oder die beiden niedlichen Hundegeschwister, die ständig auf dem Set rumlaufen und gern die Pferde der Apollonischen Garde anbellen, um mit ihnen zu spielen. Und bleibt dabei an Kuriositäten hängen: Die letzte Einstellung vor der Mittagspause, das Close-up von dem Jungen, trug die Slate-Nr. 665, die erste Einstellung der Klageweiber die Slate-Nr. 667. Habe ich dazwischen etwas verpasst? Nö, Nr. 666, die Zahl des Teufels, the Number of the Beast, ist, wie es heißt auf Rogers Anregung hin, schlichtweg übergangen worden, um Ihm kein Einfallstor in unsere Welt zu öffnen. Das fehlte jetzt gerade noch. Der Liste der abergläubischsten Wesen des Planeten muss unbedingt der Filmer bzw. Kameramann hinzugezählt werden. – Aber so simpel ist das? Einfach eine weiterzählen und alles wird gut? Naja, denkt es sich herum, Nr. 666 wäre ja wohl die Schlusstotale unten im Lager mit Achilles gewesen. Die beschlossenermaßen nicht gedreht wurde – aus, wie langsam dämmert, so vorgeschobenen irdischen Gründen wie Wetter, um die unterirdischen wahren Gründe zu verbergen. Das götterbesänftigende Trankopfer der Alten, in unserer Geschichte des öfteren präsent, hat es, verwandelt, in die Maschinerie seiner modernen Nacherzählung geschafft: als Einstellungsopfer.

Interludium

Geschichte wiederholt sich selbst im Leben des berühmten Reiseschriftstellers. Sein Samstagabend gestaltete sich exakt genauso wie jener der Vorwoche mit der Abfolge „Cabo Wabo" mit Livemusik, vollgepackte Karaokekneipe und Rausschmiss um vier. Leider nur waren es diesmal weniger vollbärtige Griechen, die das Publikum mit ihren Weisen beglückten, als vielmehr tremolierende Mexikaner, die vorführten, dass der lateinamerikanische Schlager in puncto Selbstähnlichkeit es mühelos mit Country & Western aufnehmen kann. Am Sonntagmittag, dem 7. 9., frühstückte er in derselben Familienzusammenstellung und hatte ursprünglich einmal ins Auge gefasst, am heutigen oder dem nächsten – möglicherweise letzten! – Sonntag eine Reise in das Nebenstädtchen Todos Santos zu machen, eine knappe Autostunde entfernt, wo, wie er vor Wochen erfahren hatte, das Original-Hotel California der Eagles stehen sollte. Wie geschaffen für einen Reiseschriftsteller, speziell für einen ebenso berühmten, der im Geiste bereits das Gummiband seines Notizbuches hungrig schnappen hörte. Also hängt er sich am Samstagabend noch einmal ins Netz, um ein paar weitere Informationen über das Monument zu ergoogeln, als der erste brauchbare Eintrag ihn darüber aufklärte, dass dies alles ein großer Schwindel sei, eine urbane Legende in der Wüste sozusagen, ersonnen Mitte der Achtziger von einem findigen Immobilienmakler der Gegend mit dem Ziel, sein Dörfchen am Arsch der Welt etwas attraktiver zu gestalten. Die Legende verselbständigte sich und schaffte es in den Neunzigern in unkritische Artikel großer US-amerikanischer Zeitungen. Mitglieder internationaler Filmcrews pilgerten in Scharen dorthin und kauften Souvenir-T-Shirts. Ein Reiseschriftstellerkollege jedoch fühlte sich vor wenigen Jahren herausgefordert, hakte vor Ort nach, und siehe da, spätestens ein promptes Rückfax von Don Henley himself klärte die Sache auf: Nichts verband die Mitglieder der Eagles oder das besagte Lied mit dem niederkalifornischen Hotel gleichen Namens. Und wie das auf der Platte sah es schon gar nicht aus. (Wer die Geschichte dieser lustigen Geschichte, die sich quasi von selbst erzählte, mal nachlesen möchte, dem sei der Link www.todossantos-baja.com/todos-santos/eagles/hotel-california.htm ans Herz gelegt.)

Also nichts mit Ausflug, auch gut. Statt sich aber sofort in den Pazifik zu legen, wanderte der Reiseschriftsteller einmal mehr nach Cabo und flanierte durch es hindurch, um diesem Städtchen verzweifelt noch ein Quentchen urbanen Sinnes abzupressen, doch vergebens. Die Übermacht der Tinnefläden, Luncherias, vermüllten Bauruinen, totgeborenen bunten Neubaupiazzen plapperte nur dasselbe Zeug wie vormals. Also kaufte er Mitbringsel für die unausdenkliche Zukunft, da diese Exkursion dereinst vorüber sein wird. Auf dem staubigen Rückweg warb ein Laden mit

Quadbiketouren zum alten Leuchtturm. Noch eine Touristenattraktion, die er sich sparen konnte.

Am späten Nachmittag steht das Rückspiel an. Noch bevor ich überhaupt einen Fuß auf den Platz gesetzt habe, steht es 0:1; Second Unit trägt aber auch, im Gegensatz zu uns, echte weinrote Trikots, wir dagegen haben nur irgendwas Helles an. Oder auch Schwarzes. Außerdem spielen bei denen die ganzen fitten Stuntmen. Ein völlig berechtigter Handelfmeter für uns, von Sam Spark kalt lächelnd versenkt, rückt die Dinge wieder gerade. Dann wird der Autor eingewechselt und muss ausgerechnet den Torschützen bewachen, dazu einen Kopf größer als er; was, für wer ihn nicht kennt, einiges bedeutet. Das rächt sich erneut. Der Torschütze, der offenbar wenig von zugewiesenen Positionen hält, nutzt die Gelegenheit der temporären Entferntheit des Autors, welcher wiederum reine Manndeckung für eine rettungslos veraltete Taktik hält und gerade anderweitig raumdeckend unterwegs ist, um aus stark abseitsverdächtiger Position den Ball unhaltbar an unserem wackeren Torwart Eudoros vorbeizuschieben. Leider hatte das Studio im Budget keinen Platz mehr für Linienrichter. Den folgenden völlig berechtigten Foulelfmeter verwandelt unsere Stuntwoman Eunice kalt lächelnd zum 2:2. Gerade noch gelingt es schließlich Second Unit, den versöhnlichen Einstand über den Sonnenuntergang zu retten. Dafür liegen wir nach Drehtagen in Führung, 107:80. Klingt mehr nach Handball.

EXT. Stadtmauer Troias, über dem Schlachtfeld, Cabo San Lucas, Mexiko

Grandstand und kein Ende. Heute und morgen noch, erst die Fortsetzung von Hektors Abschiedsworten an Glaukos und Paris, danach die Reaktionen der Zuschauer auf das Endspiel, den Zweikampf Hektor vs. Achilles; das Gerüst für den Kran haben sie diesmal schlauerweise schon gestern gebaut. Da oben ist trotzdem wieder kein Platz, der nicht irgendwann einmal mitten im Weg ist, außerdem sind heute zusätzlich so kleine nervige Fliegetierchen unterwegs, die einem in Mund, Ohren, Nase, Augen und so fliegen. Dreht doch was ihr wollt, sagt sich da der Chronist und empfiehlt sich.

Das tun sie dann auch. Als ich mich später wieder einmal dort hochdrängle und mich aus aller Weg auf dem seitlichen Wehrgang postiere, bekomme ich mit, wie Paris und Helena und ein paar andere vorne an der Brüstung stehen und mit weißen Fingerknöcheln Hektors Tod verfolgen, sowie das Wegschleppen der Leiche hinter Achilles' Streitwagen. Weil sie dazu einen einheitlichen Blickpunkt brauchen, wird Pierre von Gerry per Walkie-Talkie kreuz und quer über den Platz geschickt und genau dirigiert, wo er ein rotes Hütchen hinstellen soll. Dort stirbt Hektor. Weniger prosaisch ist dagegen die Aussicht, denn rundum ist es nach dem Gewitter viel klarer als jemals vorher. Weit im Westen schwingt die Sonne auf die Zielgerade ein und lässt Dünen, Kakteen, Berge, den blauen Pazifik im goldenen Licht erglühen. Der Grandstand ist doch nicht so langweilig, wenn nur die ganzen Leute mal verschwinden und nicht so einen Lärm machen würden. Wenigstens sehen sie dabei lustig aus: Der Tageszeit entsprechend wedeln sie jetzt alle paar Sekunden wie Insassen einer Geschlossenen mit den Händen um ihre Köpfe herum. --

Am nächsten Tag stehen die sich wieder in ihrem geliebten Grandstand auf den Füßen rum und drehen Reaktionen auf das Finale. Andromache kann nicht mehr hinsehen und sinkt zu Boden, Velior und Archie beißen sich vor Spannung auf die Lippen, Priamos klappt beim tödlichen Schlag ebenfalls zusammen, und Wolfgang kommentiert das Geschehen mit vollem Stimmvolumen wie ein Boxreporter aus dem Off. Für den Blickfang des davonfahrenden Achilles muss kein Reiter mehr auf dem Feld vor- und zurückreiten, heute zeigt Bernie die Position per Hand an, vom Gerüst aus, mit einer Styroporplatte auf einem Stab, auf die ein rotes X geklebt ist. Bitte fixieren Sie jetzt das Kreuz.

Am Ende des vorletzten Bildes, einer Totaleren mit allen drin, bekommen Diane und Saffron ihren Applaus, es war ihr letzter Drehtag; das Material von gestern dürfte ja bekanntlich in Ordnung sein. Morgen fliegen sie nach Hause. Langsam dünnt es sich aus. Die letzte Einstellung für heute ist Peters Close-up. Zwei Minuten nach dem ersten Take schiebt sich eine große Wolke vor die Sonne und beschließt den Tag. Na und? Ein Take reicht doch! --

EXT. Thessalisches Tal, Cabo San Lucas, Mexiko
Neue Location, neues Glück. Wie zu vermuten war, hat die Verhandlung mit den 50 Eigentümern geklappt, über rumpelige Staubstraßen wurde über Nacht ein provisorisches kleines Base Camp installiert, mit unseren Trailern, Cateringzelten usw. Ein paar hundert Meter weiter stehen wir in einem Tal in Thessalien und planen den Auftakt des Films. Auf der einen Seite eine hübsche ockerfarbene Steilwand mit Regenfurchen, auf den anderen ein sandiges Flussbett, eine mit Sträuchern und kleinen Bäumen bewachsene Ebene, im Hintergrund grünliche Berge. Paradoxerweise hat der Regen der letzten Wochen uns in diesem Tal einen Gefallen getan, denn auch hier ist es viel grüner und buschiger geworden, was der Illusion eines nördlichen grünen Berglandes zumindest ein wenig auf die Sprünge hilft; die Berge waren vor wenigen Wochen noch braun. Selbstverständlich müssen die Nicks damit noch ein wenig herumspielen, noch höhere Berge und Vegetation dazutun, aber erstmal reichts. Die beiden toten vertrockneten Kühe sind verschwunden, sahen wohl doch zu sehr nach sonnenverbranntem Mexiko aus. Auch sonst haben die Nigels noch etwas Hand angelegt, z.B. die Ebene von losem Gestrüpp befreit und so viele Kakteen wie möglich versteckt, indem sie braune Büsche davorsetzten bzw. auf ihre Arme banden. „Manchmal mehr, manchmal weniger erfolgreich" meint Nigel und zeigt auf einen doch recht kaktusförmigen Busch oben auf der Steilwand.

Wolfgang steht derweil im Kreise seiner Generäle auf dem flachen Flussbett und sie überlegen, wie kinematographischer Sinn in diese Urwelt zu bringen wäre, wer nun von wo kommen soll, wo wir stehen, etc. Eine neue Location schweigt einen zuerst immer überlegen an wie eine unberührte Felswand den Freikletterer. Also, da runter sieht der Hintergrund interessanter aus als da, deswegen lass uns die Mykener von da kommen lassen, von denen brauchen wir mehr Coverage, nachher mit Achilles und so. Von da kommen dann die Thessalier. Wieviele Statisten haben wir denn? – 500. – Für jede Seite? – Nee, aufgeteilt. – Naja, dann stellen wir die anderen 250 jeweils in den Hintergrund, wo man deren Rüstungen nicht sieht. Usw.

Danach spaziert Wolfgang mit Nigel herum und sucht ein Plätzchen für die – irgendwann später von einer Spezialcrew zu drehenden – allerersten Einstellungen des Films, worin ein Hund einen toten Soldaten aufschnüffelt, die den Zuschauer schon gleich mal etwas erschrecken sollen. Ein Graben bzw. Arroyo in einem kleinen Hain bietet sich an, nicht zuletzt, weil Nigel ihn extra dafür gegraben hat. Ansonsten ist er etwas im Stress. Bis drei Uhr nachmittags soll er den Strand für die Nachtarbeit von Second Unit hergerichtet haben, für den ersten Teil der Battle of the Barricades, deren Ausgang sie die letzten Tage gedreht haben. Also wie nach einer Strandfete aufräumen und alle verbrannten Schiffe, Zelte etc. wieder heil machen. Nigel klagt, dass in diesen Tagen der Strand im Prinzip drei Aggregatzustände zur selben Zeit haben müsste, bevölkert plus intakt, zerstört und ganz leer.

Bei uns werden mühsam Video Village durch den Sand getragen und aufgebaut, die Statisten auf ihre Plätze gestellt, die Kameras aufgerichtet. Wir springen mitten hinein und beginnen mit dem Dialog, drehen den Auftakt mit den aufeinander zumarschierenden Armeen an einem anderen Tag; dafür werden die Doubles ausreichen, denn Brian Cox muss dringend weg. Die Sonne knallt, und wie man sich vorstellen kann, weht in diesem Tal im Landesinneren keine so schöne Brise wie sonst am Meer. Es ist schweineheiß, und man kann sich aussuchen, ob man sich lieber im Schatten zu Tode schwitzt oder im leichten Lüftchen verbrennt: unterm windabschirmenden Zelt oder draußen. Ich gedenke der Worte jenes Kameramanns über Malta im Juni.

Zuerst ist es nur eine kleine Gleichgewichtsstörung und Orientierungsschwäche, wenn die Verankerungen des Hirns im Schädel sich auflösen und es, nun freischwebend in seiner Hirnflüssigkeit, bei jeder Kopfbewegung eine sachte Unwucht bewirkt. Im folgenden kann ein Becher kalten Gatorades nur kurz aufhalten, dass die äußeren Windungen ihre kristallklare Faltung aufgeben und versumpfen, ihre Hügelketten sich einebnen, die Täler fluten. Während die äußere Schicht bei unachtsamer Positionsveränderung in zähen Fäden aus Ohren und Nase schwappt, sackt das sämige Innere langsam nach unten und verbreitet sich auf der Schädelbasis, jede Begriffssicherheit und Urteilskraft verflüssigend. In einzelnen Fällen hält man *Matrix: Reloaded* für einen guten Film oder George Bush für einen fähigen Präsidenten. Der entstehende Hohlraum unter dem Skalp füllt sich mit siedender Gatorade, die Mundschleimhäute vertrocknen. Durch winzige Erosionslöcher im Knochen schließlich sickert die soßige Proteinmasse ins Gewebe und läuft in knotigen Rinnsalen das Rückgrat hinunter, bis es sich im Becken als wässrigweißlicher Teich sammelt. So steht man am Ende, wegen der physiologischen Gewichtsverlagerung gelinde schwankend, mit leerem Becher herum und gafft blöd auf das Panorama.

Denn schön ist es hier. Der ebene sandige Boden, drumherum die ein wenig zu grün Vegetation, die etwas zu gelbe Steilwand mit bewachsenem Hochplateau, hinten fahle Berge. Sieht aus wie eine ideale Computerlandschaft bei Lara Croft. Noch ist alles ruhig. Mal sehen, wann die Dinosaurier um die Ecke kommen.

Der lange Dialog zwischen Agamemnon und Triopas geht glatt runter, mit dem kleinen Bonus des unwirklichen Echos, wenn die Könige nach ihren Helden rufen. Das war nicht geplant, doch umso willkommener. Nach dem Lunch wird umgedreht und in die andere Richtung gesehen, weil die Sonne jetzt von dort kommt. Wir kucken auf Triopas, der nach Boagrius ruft.

-- Geworden ist es Nathan Jones, ein australischer Wrestler, der eine gute Mischung aus überdimensionaler Körpergröße und Muskelbepackung aufwirft. Sein Slogan lautet „Nathan Jones will break your bones." Er ist der mit Abstand gefragteste Fotopartner von allen, reihenweise zücken die Statisten, Stand-ins oder Crewmitglieder ihre Fotoapparate und lassen sich mit ihm fotografieren. Manche passen nicht ganz mit aufs Bild.

Das Wetter bleibt gnädig, auch wenn es bedeutet, die ganze Zeit im eigenen Saft zu stehen. Am Ende des Tages bekommt Boagrius seinen Auftritt in groß, worin er wie King Kong durch die Reihen der Thessalier stampft und vorne, zwei von ihnen wegstoßend, in die Arena tritt. Zwei Kameras von vorne, eine von der Seite, und Nathan hat sichtlich Spaß. Wolfgang wollte, dass diesmal kleinere Soldaten in den vorderen Reihen stehen, damit der Hüne umso mehr herausrage. Das hat geklappt, und endlich waren einmal die kleineren mexikanischen Statisten von Vorteil. Auf dem Rückweg zum Base Camp fahre ich mit dem Lara-Croft-Quadbike durch eine Lara-Croft-Landschaft der goldenen Sonne entgegen – und ertappe mich dabei, wie ich in der Steilwand nach Höhlen mit Geheimnissen Ausschau halte.

Am folgenden Tag ist Donnerstag, der 11. September 2003. Ein großes Datum: Den 100. Geburtstag Theodor W. Adornos begehe ich mit einem feierlichen Frühstück im Trailer mit Kaffee, frischgepresstem Orangensaft vom Catering und Kellog's All-Bran, während ich an meinem wunderbaren Computer sitze, übrigens ein formschönes iBook, und ein paar am Vorabend heruntergeladene Artikel aus meiner Lieblingstageszeitung lese; heute alles über 9/11 und den alten Teddy. Nicht dass ich nicht jeden Tag so beginnen würde, aber es ist schön, mein Frühstück einmal einem guten Zweck zu widmen. Hat eigentlich schon mal jemand angemerkt, dass 911 die US-amerikanische Notrufnummer ist?

Im Laufe des Vormittags hat Achilles, nach seinem ersten Erscheinen, seinen ersten Auftritt. Aus dem mykenischen Lager von letzter Woche reitet er heran, sprengt durch die Soldaten hindurch und steigt herausfordernd vom Pferd. Verschiedene Hürden werden ihm dabei in den Weg gelegt; einmal fährt ausgerechnet Wolfgangs Auto über so eine Kabelbox und verursacht einen Stromausfall, dann müssen wir zwischendurch immer wieder auf Wolken bzw. Sonne warten. Heiß ist es trotzdem.

Wenn es dann mal soweit ist, reitet Brad heran, und die Statisten juckeln mit ihren Speeren in der Luft herum; sie jubeln stumm, um die Pferde nicht zu verstören. Dann wieder warten. Zwischenzeitlich bekommt Brad am Monitor schon mal Boagrius zu sehen, „Oh Mann, da brauche ich ja ein Trampolin." Nach drei Takes wird es langsam Essenszeit, aber gerade jetzt schiebt sich eine dicke dunkle Wolkenbank heran. Wolfgang sieht sich alle drei Kameras aller drei Takes noch einmal durch und entscheidet einfach, dass sich daraus bereits etwas Vernünftiges zusammenschneiden lässt. Gleichsam aus dem Schneideraum ruft er Check the gate.

Während unseres Mittagessens plätschert es heimelig aufs Trailerdach. Der Himmel ist nun ganz bedeckt und changiert zwischen Hell- und Dunkelgrau. Spätestens damit ist es ganz offiziell, dass wir nicht nur drei, sondern – mindestens – vier Tage, bis Samstag, hierbleiben. -- Zurück am Set verbreitet sich ein seltsames Ineinander von Aktionismus und Ratlosigkeit. Dann regnet es wieder, und alles, was Beine oder auch kleine Flügelchen hat, flüchtet sich unter ein Zelt. Neben mir stehen Pferde.

Als es aufgehört hat, wird stoisch die nächste Szene vorbereitet und auch schon mal geprobt: Achilles stampft Boagrius entgegen, Agamemnon weist ihn zurecht, Achilles dreht sich stehenden Fußes um und stampft zurück, Nestor fängt ihn ab und beschwichtigt ihn, Achilles dreht wieder um, steckt seinen Speer Agamemnon vor die Füße und stampft dem Gegner entgegen, Nestor und Agamemnon verfolgen den Kampf und freuen sich, als Achilles den Dicken erledigt. Klingt nach einer langen, nicht unkomplizierten Mise-en-scène, und ist es auch. Normalerweise, in der besten aller Welten mit stundenlang stahlblauem Himmel, würde man so etwas in kleinere Stückchen unterteilen, vielleicht jedes extra einleuchten und aus verschiedenen Perspektiven drehen. Heute dagegen ist klar, dass, wenn wir überhaupt nochmal Sonne kriegen, alles schnell und in einem Rutsch passieren sollte, um Anschlussfehler durch ziehende Wolken o.Ä. zu vermeiden. Daher wird beschlossen, die Szene durchzublocken und zu -spielen sowie mit drei Kameras so zu covern, dass wir selbst dann alles bekommen würden, wenn wir nur einen Schuss frei hätten.

Also fährt Trevor immer neben Brad her; Alf Steadicam und ehemals dritte, jetzt zweite Kamera, deckt schräg nach hinten fahrend die Frontalperspektive ab; Roger, der jetzt öfter an der dritten Kamera sitzt, steht dort, wo beide Gleise fast aneinanderstoßen, und behält die beiden Könige in der Nahaufnahme. Jede Kamera hat gleichsam ihr Zeitfenster – außerhalb dessen z.B. Chris mit dem Galgen durchs Bild geht – und wechselt sich darin mit der nächsten gleitend ab. Den Akteuren selber bleibt daher nur ein enges Bewegungsmuster, dessen Bahnen sie ohne große Abweichung abschreiten müssen.

Doch das hilft alles nichts, solange keine Sonne kommt. Oder? Wir drehen schon mal einen Take oder zwei, zum Üben und damit wir überhaupt etwas hätten. Es werden so um die sieben Takes, bis das erste Mal der Himmel sich lichtet und so etwas wie Reflexion sich auf der Rüstung zeigt. Hinten, auf der anderen Seite, ist schon blauer Himmel, der müsste eigentlich bald hier sein.

Ist er aber nicht. Stattdessen regnet es wieder. Wie ziehen denn die Wolken? Eher von da nach da, und da kommt es dunkel. Obwohl es da immer blauer wird. Es herrscht eine lähmende Gespanntheit wie beim Fußball, wenn die eigene Mannschaft zurückliegt. Wir haben noch Zeit, es muss aber auch etwas passieren. – Gegen sechs plötzlich kündigen sich ein paar dünne Wolkenstellen an, und halb in Panik wird alles fertig gemacht. Die Statisten werden aufgescheucht und nachgeschminkt, die Pferde in Position gestellt, die Schauspieler so höflich als möglich vor die Kamera gedrängt. Dann reißt der Himmel auf, und der achte Take geht im hellen Sonnenschein über die Bühne, bevor die Sonne wieder verschwindet. Das reicht zwar noch nicht zur Zufriedenheit; bei einer so wichtigen Szene, schließlich der ersten des Films, darf man nicht auf nur einen Take setzen. Aber es steht eins zu eins.

Jedoch bleibt es erstmal dunkel, jedenfalls da, wo die Sonne wäre. Auf der anderen Seite haben wir strahlendes Blau. Dann erneut, quasi aus dem Nichts, ein Sonnenloch. Alles in Panik, doch als es gerade losgehen kann, ist es wieder zu, so unvermittelt wie es gekommen ist. Ein Gefühl wie ein verschossener Elfer, wie gewonnen so zerronnen. Sosehr man sich bemüht, ihn zum Sprechen zu bringen, der Wolkenhimmel schweigt zurück wie ein Ozeanplanet. Ich habe schon vor längerer Zeit aufgegeben, die Logik des hiesigen Zugs der Wolken bzw. deren Entstehen und Vergehen zu rationalisieren, und mich auf ein buddhistisch-norddeutsches Abwarten eingelassen. Colin sagt nun, dieses Tal habe ein Mikroklima, worin stets ein komplett anderes Wetter herrschen kann als für die Region vorhergesagt. Das glaube ich unbesehen. Die Naturgesetze der Meteorologie sind hier offensichtlich ausgesetzt. Ich würde mich auch nicht mehr von die Steilwand hochstürzenden Wasserfällen oder levitierenden Kühen überraschen lassen.

Langsam rennt uns die Zeit davon. Gegen halb sieben wieder Sonne, auch wenn sie schon merklich tiefer steht. Die Szene ist halb durch, da ist sie weg. Einer der letzten Angriffe abgewehrt. Wir befinden uns bereits in der Nachspielzeit, die Sonne nähert sich langsam der Kante der Steilwand. Und es kündigt sich ein freier Fleck an! Schnell alles fertig machen, die letzten Kräfte werden mobilisiert. Da, es kommt wirklich die Sonne durch. Ein Take geschafft, aber mit Flugzeug drin, alles auf Anfang, schnell noch einen. Der geht auch glatt, doch hinterher sagt Trevor, dass die ganze Zeit im Hintergrund ein Typ im T-Shirt ein Pferd gehalten habe. Scheiße. Schnell nochmal, Sonne ist noch da, vielleicht der letzte Angriff. Mittendrin wirft Brad seinen Speer hoch, ihn vor Agamemnon in den Boden zu pflanzen, und lässt ihn fallen. Freistehend verschossen. Arrgh. Doch da kommt Nick vom Monitor gelaufen, ruft heiser, Wolfgang, den Typen kriegen wir weg, kein Problem. Und der Große Schiedsrichter lässt weiterspielen, noch eine Minute wird angezeigt. Viertel vor sieben. Der letzte Angriff. Glatt und zügig gespielt, das wird etwas, Nestor flankt von links, und da kommt Achilles, jaa, Tooor Tooor Tooor! 2:1! Mit dem Cut ertönt der Schlusspfiff. Wolken schieben sich vor die Sonne, die Akteure sinken erschöpft auf den Rasen. Check the gate.

Doch dann folgt das bange Warten auf die Ergebnisse aus den anderen Stadien. Wolfgang und Roger stehen am Monitor und sehen die brauchbaren Takes durch, entscheiden ob das reicht, oder ob wir das morgen früh nochmal machen, d.h., ob wir wohl – wenigstens bis jetzt – noch einen halben Tag dranhängen. Die Spannung auf den Rängen steigt ins Unerträgliche. Der Teil ist schön, da kann ich da rüberschneiden, was ist das denn da für ein Schatten auf Brads Brust? Ein Helm, nicht der Galgen, in Ordnung. Kann ich nochmal Take acht sehen? Da geht Brad ja am Schluss in den Schatten. Meinetwegen, aber ist das für dich okay, Roger? Klar, solange das nicht der von der Kamera ist. Ist es nicht. Okay ... Am Ende verkündet der Stadionsprecher die frohe Botschaft: Ja, das reicht, ich denke wir haben alles. Morgen früh gehts mit der nächsten Einstellung weiter. Jubel, wildfremde Leute liegen sich in den Armen.

Freitag früh scheint die Sonne als wär nichts gewesen. Dutzende Griechen stehen neben blauen Reisebussen und kramen routiniert ihre Schilde, Helme und Waffen aus den seitlichen Stauräumen, wie gut 3000 Jahre später und nicht weit entfernt, ebenso verstaubte Mittzwanziger ihre Rucksäcke. Schnell wird der letzte Pop auf Agamemnon abgehandelt, der neben Nestor und Triopas den Kampf beobachtet. Triopas? Nun, sie sehen den Kampf Achilles vs. Hektor, nicht gegen Boagrius. Deren Reaktionen fehlten noch, und vor Soldaten und blauem Himmel kann das überall sein. Dann ist Brian Cox abgedreht und kann wie erhofft am Nachmittag wegen einer dringenden Familienangelegenheit abreisen. Auch der wird froh gewesen sein, dass wir heute Morgen nicht nochmal extra den ganzen Apparat von gestern Nachmittag aufbauen und abhandeln mussten.

Danach geht es weiter mit Boagrius, der wild auf Achilles zurennt – Alf mit der Steadicam immer hinterher –, seine beiden Speere auf unseren Helden wirft und letztendlich seinen Todesstoß gesetzt bekommt. Kein Problem, auch wenn Alf immer die Speere an seinen Bildschirm gehauen bekommt, bevor Boagrius sie hinter sich fallen lässt. Beim dritten Mal gibt er ihm mehr Platz.

Als nächstes möchte Alf mit der Steadicam vor dem immer schneller rennenden Achilles herlaufen. Könne er ruhig, meint Wolfgang, wenn er es nicht schafft, sei er raus, in LA gebe es ne Menge gute Steadicamleute. In der Probe mit einem Brad vertretenden Stuntman haute das noch hin, beim Drehen selber rennt Brad der Kamera davon, bzw. überholt sie notwendig früher oder später und läuft aus dem Bild. Das allein wäre nicht weiter schlimm, wenn nicht langsam aber sicher die Wolken sich wieder heranschleichen würden. Die Steadicamfahrt ist indes auf ein Quadbike umgestiegen, und das geht ganz prima: Alf sitzt mit seiner Kamera auf dem Gepäckträger, der Fahrer kann seine Geschwindigkeit der Brads angleichen. Tip für zu Hause: Gegen aufgewirbelten Staub hilft, Wasser über die Räder zu gießen.

Nach der Mittagspause das gleiche Bild wie gestern. Der Himmel bezieht sich und lässt nur hier und da etwas Sonne durch. Eigentlich wollte Wade Stunts nur noch schnell den extra-Pop auf Achilles drehen, wenn er an dem Hünen vorbeifliegt und ihm sein Schwert in den Nacken steckt, aber ohne Sonne geht das nicht. So haben sie wenigstens Zeit zum Proben und nebenbei Wolfgang zu unterbreiten, warum der Schuss wichtig sei; der wiederum findet, dass wir Sprung und Stich bereits zur Genüge in Boagrius' Steadicamlauf bekommen hätten. Dort jedoch sehe man nicht richtig, wie er wirklich mit angehobenen Beinen am Gegner vorbeifliegt, und man könne Achilles' coolen Abgang verfolgen. So wird geprobt und gedreht, aus verschiedenen Perspektiven ausprobiert. Wolfgang sortiert aus, „Also, das hatten wir aber wirklich schon", „Das ist ja von ganz woanders", und würde wohl lieber schon mal die nächste Szene einrichten, um gerade heute beim nächsten kurzen Sonnenschein bereit zu sein. Der allerdings kündigt sich früher als erwartet an, direkt über unseren Nasen lässt sich beobachten, wie die Wolken ganz nach eigenem Gefallen sich bilden und wieder auflösen. Das heißt, wir können den Pop noch einmal mit Sonne drehen, was solls. Also schnell los, Brad springt, sticht zu, Alf fängt ihn mit der Steadicam auf und geht vor ihm her, während Nathan Jones im Hintergrund umfällt. Als wir zum Monitor gehen, ist die Sonne schon fast wieder weg, aber Nick kommt mit breitem Grinsen auf uns zu. Genau das war es. Klasse Sprung, klasse Stich, klasse Landung, klasse Abgang: Chapeau. Und als Bonus sehen wir Rogers Kamera, der von der Seite Boagrius' Fall verfolgt hat: Schön groß sieht man den Hünen wieder der Länge nach auf den Boden klatschen, jedes Mal wie ein Brett, ohne sich irgendwie abzustützen. Faszinierend. Sein Gesicht muss am Ende furchtbar aussehen; doch nein, nicht viel mehr Kratzer als vorher. Kurz darauf gewährt uns der Himmel ein weiteres kleines Sonnenloch für einen nächsten Take, aber wohl nur um uns zu zeigen, dass wir mit gutem Gewissen fortfahren dürfen, weil dieser Schuss sich nicht mehr steigern lässt.

Wenn die Sonne mal durchkommen sollte, käme sie jetzt wieder von da hinten, also umdrehen. Alles, von Statisten und Kamerawagen bis zu den Zelten und Quadbikes, auf die andere Seite! Wir kucken auf Triopas während des Schlussdialogs mit Achilles. Der Rest ist aufbauen, proben und warten. Es heißt, ein paar hundert Meter weiter vorne in unserem Base Camp regne es. Hier nicht. Da hinten über dem Hügel ist seit Stunden blauer Himmel. Ein Stückchen Steilhang, keine zweihundert Meter hinter den Mykenern, ist dauernd in Sonnenschein getaucht. Warum nicht hier? Wahrscheinlich gehört es zum Mikroklima, dass sich die Wetterzonen ebenso verkleinern. Genausogut könnten die Mykener in der Sonne und die Thessalier im Schatten stehen. Voilà, keine Anschlussprobleme mehr. Aber sowas glaubt ja wieder keiner.

Doch auch heute hat der Wettergott ein Einsehen und schenkt uns, weil wir so brav ausgeharrt haben, kurz vor dem Ende zweimal zehn Minuten Sonne. Wer unsere Dreharbeiten kennt, wäre verblüfft, in welcher Geschwindigkeit man vier, fünf Takes abrollen kann, wenn man nur will. Zu guter Letzt kommt von hinten aus dem Tal eine neugierige Kuhherde angetrabt, eine Art mit lustigen Schlappohren, und muht einen Take voll. Scharenweise rennen die Leute hin, um sie zu fotografieren.

Das ist schön, reicht aber alles noch nicht. Offiziell sind wir nun noch bis morgen hier, und auch das wird knapp. Für die Monumentalschüsse am Anfang der Szene, worin die Armeen aufeinander zumarschieren, hatte Wolfgang eigentlich einen ganzen Tag eingeplant, den Samstag. Nun fehlen zusätzlich noch der Gegenschuss auf Brad aus der Szene von gestern Abend, sowie die langen Gegenschüsse auf Boagrius, während beide aufeinander zustürmen. Wir fangen extra eine halbe Stunde früher an, um den jetzt erfahrungsgemäß klaren Vormittagshimmel auszunutzen, aber das ist erstmal ein Schlag ins Wasser. Eine aufgelockerte Wolkendecke zieht bald über uns auf. Trotzdem dreht Wolfgang den Pop auf Brad; gegen den Himmel falle das nicht so auf. Danach der Lauf hinter Achilles her, bis er springt und Boagrius richtet. Dreimal, sehr schön, war sogar ein etwas Sonne. Wie zügig so etwas gehen kann. --

Dann Proben mit Boagrius, wieder bedeckt. Er dreht sich zu seinen Leuten, lässt sich bejubeln, brüllt dabei ganz erderschütternd und rennt los, speerwerfend, Alf mit der Steadicam vorweg. Cut. Die Menge der Statisten spendet frenetischen Beifall. Wolfgang und die anderen brechen in ein anerkennendes breites Grinsen aus. Und jetzt auf die Sonne warten?

Naja, wir könnten es mal drehen, im Hintergrund ist ja blauer Himmel, da falle die fehlende Sonne nicht so auf. Es wird ganz entzückend, Nathan hat offensichtlich einen Heidenspaß, die Menge johlt. Besonders, als zusätzlich Brad in den Schuss hüpft und Boagrius ebenso erderschütternd zu Boden geht. Fehlt nur noch mal ohne Wolken. Oder? Nö, meint Wolfgang, das gehe schon so, und mit diesem letzten Schuss lasse die Szene sich schön zusammenschneiden. Er wolle lieber anfangen, den großen Schuss aufzubauen, den mit dem Tal, den zwei Armeen und den sechs Kameras.

Damit wird gleich begonnen, um noch vor der Mittagspause alles soweit eingerichtet zu haben. Wolfgang fährt mit einigen Kameraleuten schon mal oben auf den Steilhang, um eine Position für die dortige Kamera auszusuchen. Da sie schon mal dabei sind, drehen sie auch gleich eine Landschaftstotale über die Ebene, mit einem hübschen Querschnitt durch unser leicht surreales Wetter, denn in jenem Moment ist die eine Seite des Himmels klar und strahlend blau, die andere düster wolkenverhangen. Denn merke: Nicht alles ist Visual Effect, selbst wenn es danach aussieht.

Bald nach dem Lunch sind dann wirklich alle Kameras hingestellt und gebrieft. Die Statistenarmeen stehen auf beiden Seiten bereit. Heute haben wir mehr als die üblichen 500, jede Seite für sich hat bereits einigermaßen geprobt; das Gehen im Gleichschritt muss dem Menschen erst mühsam anerzogen werden. Der britische Militärberater brüllt sich die Seele aus dem Leib. Es könnte also losgehen, allein es fehlt die Sonne; wir bräuchten ja nur ein bisschen, zwischendurch, und wir hätten das Pensum des Tages und damit des Tales im Sack. Umgekehrt bedeutet jede Verspätung, alles, was wir heute nicht schaffen, einen weiteren ganzen Tag hier. Es scheint fast so, als wollte ein Wettergott uns zeigen, dass zumindest vor ihm alle gleich sind, ob Hollywood-Großproduktion oder No-Budget-Kurzfilm im verregneten Norddeutschland: Letzten Endes stehen auch hier alle rum, kucken zum Himmel und erflehen Sonne.

Ich überlege, zu wem man hierzulande sinnvollerweise flehen könnte, ob es vielleicht wert wäre, noch eine Einstellung oder Kameraposition zu opfern. Hatten die Thessalier zu dem Zeitpunkt schon griechische Götter? Da kündet sich eine Lücke in den Wolken an, die Sonne beginnt hindurchzulachen. Wolfgang ruft, schnell los jetzt. Gerry wendet ein, man sei noch nicht fertig, da rennen noch Wasserträger und Make-up-Leute zwischen den Soldaten rum, außerdem stehen noch nicht alle Pferde auf ihrem Platz, Nestor geht gerade erst zu seinem Wagen. Agamemnon steht schon bereit, aber Doubles mag man länger warten lassen als die Schauspieler. Brian musste ja weg, und allen Nerds, die am liebsten DVDs anhalten und hämisch giggeln, sei der Spaß verdorben: Nein, das da auf Agamemnons Wagen ist nicht Brian Cox, sondern Fermin, der Archäologieprofessor aus La Paz. — Wir haben also strahlenden Sonnenschein und sind noch nicht fertig. Aber dann. Und Action. Die beiden Armeen bewegen sich aufeinander zu, die Thessalier gehen, die Mykener rennen, die Sonne ist schon wieder weg, egal.

Das könne alles besser werden, die Mykener liefen zu ungeordnet und hielten alle irgendwo an, aber nicht wo sie sollten, zwischen den Pferden und der ersten Reihe sei zu viel Platz etc., Kinderkrankheiten einer Massenszene. Beim nächsten Mal wirds alles knapper, kompakter, gleichmäßiger. Momentan haben wir fast rundum blauen Himmel am Horizont, nur über uns einen riesigen dunklen Wolkenfladen, der nicht aussieht, als würde er sich so bald verziehen. Und die Zeit rennt uns langsam davon, so lange wie in den letzten Tagen können wir nicht warten, denn wenn die Sonne niedriger steht, wächst der Schatten auf dem Feld.

Ich weiß nicht, welcher der Götter uns erhört hat, aber gegen fünf ist die Wolkendecke größtenteils verschwunden, der Himmel verheißt uns längere Zeit Sonnenschein, immerhin bis er sich ebenso überraschend wieder zuzieht. Na denn los. Armeen laufen, halten an, zwei Streitwagen rollen aufeinander zu. Schon besser, immer noch zu viele Löcher. Nach dem zweiten Take – noch haben wirs nicht – kurze Aufregung: Die Bulgaren haben sich kollektiv hingesetzt, ihnen sei das zu viel Gerenne. Colin verzweifelt in aller Ruhe und sieht aus, als möchte er jemanden würgen. Kurz darauf geht es weiter als wär nichts gewesen, an Launigkeit stehen die Bulgaren dem Wetter in nichts nach. Im ganzen werden es vier Takes, und mit dem letzten, der an einigen Ecken bereits arg im Schatten spielt, bekommen wir den Rest von dem was wir wollten. Check the gates. Das Tal ist fertig, durch, wir können es kaum glauben. An vier Tagen, von denen drei fast zur Hälfte bedeckt waren. Die vielleicht schönste Location war gleichzeitig die nervenaufreibendste, und wer die Szene dereinst im Kino sieht oder auf DVD anhält, der sollte nicht vergessen, wie viel Angstschweiß und Glückstränen darin stecken. Im nachhinein erst höre ich das Urteil eines Einheimischen: „In den Bergen da hinten habt ihr gedreht? Seid ihr bescheuert? Da regnet's doch ständig!"

Die ganze Zeit überlege ich, welches Opfer wir wohl gebracht haben mögen, das den Himmel gnädig stimmte. Und obwohl ich es insgeheim schon geahnt und befürchtet habe, schafft ein Anruf Klarheit: Es war, was sonst, ein Fußballopfer. Am anderen Ende der Welt hatte St. Pauli am Nachmittag MESZ zu Hause gegen Rot-Weiß Essen verloren. Exakt 2:1. Die wohl erste Niederlage, von der ich mir einrede, einen Grund wird's gehabt haben. --

Interludium

Sonntag, 14. 9. Der berühmte Reiseschriftsteller schlief aus, und das war auch gut so. Nach dem Frühstück begann er zu tun, was Reiseschriftsteller sonntags manchmal so tun: Er wusch die Wäsche eines ebenso berühmten Filmregisseurs, der noch nie in seinem Leben eine Waschmaschine bedient hat. Den Rest des Tages hatte er ungeplant frei, seitdem er die Woche vorher in einer Wiederbelebung des klassischen investigativen Journalismus herausbekommen hatte, dass er nicht dringend nach Todos Santos fahren musste. Er las daher ein wenig am Pool herum, mied vorerst das heute gefährlich wellige Meer und entschied, endlich ins Kino zu gehen. Es kam wie es kommen musste: Der Film, wie ihn der höflich bzw. hämisch grinsende kleine Kassierer belehrte, lief schon gar nicht mehr. Andere Filme verschmähte der Reiseschriftsteller und blieb gezwungenermaßen bei seinen Leisten. Diesmal schlug er sich von der Hauptstraße quer in die landeinwärts führenden Straßen und war plötzlich in Mexiko. Billige Klamottenläden, dunkle Schuhläden, Videotheken mit spanischen Postern, meterweise Fax- und Kopierläden, unfertige Hotels an huppeligen Staubstraßen, Supermärkte mit spanischen Sonderangeboten; der Laden zwischen ihnen jeweils mit Brettern vernagelt. Dazu Tacos und Mariscos, weil Mexikaner das auch essen. Aber keine Sombreros. Auf gewundenen Pfaden, die ihn zurück zur Hauptstraße mit Sombreros führten, stieß er zum wiederholten Male auf die das Hafenbecken dominierende riesige Bauruine. Aus zwei unterschiedlichen Quellen hatte er erfahren, dass das Gebäude seit rund zwölf Jahren unverändert dort herumstand, weil der Bauherr einst wegen Drogenhandels im Knast gelandet war. Auf dem Weg zurück zählte der Schriftsteller im Geiste durch und kam auf mindestens drei Restaurants mit dem erklärtermaßen Best Seafood in Town; also etwa ähnlich viele wie es weltweit Köpfe Johannes' des Täufers gibt.

Trotz halbbedeckten Himmels gut durchgeschwitzt und ohne Wasserflasche, tapere ich auf dem Rückweg doch nochmal zum Strand runter und werfe mich in die Bucht; an dieser Stelle ist es weniger wild. Dann kraule ich einen vier Monate alten Hund, was stets die Seele füllt. Weiter vorne an der Ecke wartet das Tabasco, eine Strandkneipe sowie die letzte Tankstelle vor der freien Strandfläche bis zum Hotel. Ich bestelle ein Cisk, das jetzt Corona heißt, und sehe den Barkeeper einen Bogen in die ferne maltesische Vergangenheit schlagen: Es sei Happy Hour und er gibt mir gleich zwei. Schon okay. Das Meer rauscht jetzt wilder, zwei Touristen auf einem Jetbike schaffen es gerade eben zwischen zwei Riesenwellen an den Strand. Während des Verzehrs überlege ich, dass in der Frühzeit die ersten Siedlungen, Städte und später Zivilisationen sich bestimmt vorwiegend am Wasser angesiedelt haben, um erstmal eine Strandkneipe zu bauen. Von beiden Seiten leicht angebraten, stapfe ich durch den Sand weiter zum Hotel. Muss der Rehydrierungsschock sein.

EXT. Strand, Cabo San Lucas, Mexiko

Noch fünf Tage. Das Wetter ist vorerst wieder nur halb sonnig, ein paar helle Wolken dämpfen das Licht. Glücklicherweise passt das, denn die morgendliche Entdeckung des Holzpferdes am Strand muss nicht im vollen Sonnenschein stattfinden. Nochmal drei Kreuze, dass wir mit dem Tal der Tränen durch sind; drüben am Horizont, über den Bergen, hängt es dunkel und dräuend.

Diese Szene steht mit einem Tag im Drehplan. Wolfgang hatte dagegen stets vermutet, dass es eher zwei würden. Aus verschiedenen Gründen ist dagegen angeraten, in dieser Woche abzudrehen. -- Und außerdem, weil bei allen Beteiligten langsam das Hirn auf Reserve läuft.

Nach einem sonntäglichen Besuch am Strand meinte Wolfgang nun, dass es vielleicht wirklich an einem Tag ginge, wenn man die Vorgaben des Drehbuchs etwas konzentriert. Wegfallen würde schon mal die Riesentotale vom leeren Strand mit dem Pferd drauf, aus der Perspektive der Wachen auf der Stadtmauer, nicht zuletzt weil man den Strand von unserer Mauer aus gar nicht sehen kann. Die Benachrichtigung über den vermeintlichen Abmarsch der Griechen kann man auch einfach der Einstellung eines Reiters überlassen, der wie ein Verrückter vom Strand auf Troia zugaloppiert.

Weiterhin wäre es eine gelinde Wiederholung, die zur Inspektion anrückenden Troianer erst auf dem Weg von der Düne staunend von ihren Pferden steigen zu lassen, um sie dann unten wieder aufzunehmen, wenn sie nah ans Holzpferd herantreten und ihren Dialog sagen. Wir lassen einfach den zeitraubenden Dreh auf der Düne weg und empfangen sie stattdessen gleich unten am Strand. Damit ersparen wir uns den zweiten Drehtag und nebenbei ganz ökonomisch ein Stück Film, das am Ende wg. zu viel abgetretenen Schuhleders möglicherweise sowieso rausgeflogen wäre. Ist außerdem effektiver, gleichzeitig mit den staunenden Köpfen in einer einzigen fließenden Einstellung das Pferd zu präsentieren. Demnach liefe die Sequenz so ab, dass nach dem nächtlichen Dialog Achilles' mit Eudoros wir den rasenden Reiter sehen, der anscheinend irgendwas Dringendes zu berichten hat, und gleich danach die Obertroianer, die sich so ratlos und vorsichtig an das rußgeschwärzte Pferd heranwagen wie die Affen in 2001 an den Monolithen. Reicht doch.

Soweit die Theorie. Auch dieses reduzierte Pensum will erstmal geschafft sein. Die Location selber sieht schon mal klasse aus: Das Pferd ist sowieso unschlagbar, und dann noch in seinem mythischen Bild, einsam herrschend über den verlassenen Strand, dazu der ewig rauschende Pazifik, die ausgebrannten Zeltreste, verrenkten Leichen und verschmorten Schiffsgräten, die einen postapokalyptischen Schauer über die Szenerie legen. Weiter hinten am Strand, in Richtung Tempel, kann man derweil betrachten, was Nigel so schwitzen lässt. Ziemlich zusammengedrängt stehen da die restlichen heilen Schiffe und Zelte mit allerlei Gerät, schließlich dreht Second Unit des Nachts immer noch am Battle of the Barricades herum. Als Sichtschutz für den heutigen Tag haben seine Bulldozer einen breiten Sandhaufen quer über den Strand aufgeschüttet und das ganze Zeug dahinter versteckt, das, wenn wir fertig sind, für heute Nacht wieder ausgebreitet wird. Die Schiffsmasten, die trotzdem über alles hinausragen, müssen halt per VFX raus.

Bei dem Aufwand, den es bedeutet, alle Ausrüstung da runter, über den kleinen Wall mit den Spikes und dann hier rüber zu schleppen, gehen die Aufnahmen verhältnismäßig rasch von der Hand. Ein paar Kameras mit Schienen aufbauen, Stand-ins aus dem Gespräch reißen, Licht setzen, Stand-ins entlassen, Schauspieler holen, mit offenem Mund auf das Pferd zugehen. Dem Sonnenstand entsprechend kucken wir zuerst in Richtung des Tempels und der versteckten Schiffe – mal DVD anhalten und ganz genau den Hintergrund untersuchen, liebe Filmfehlernerds! Ihr findet trotzdem nichts, bätsch.

Als nächstes der Dialog, der gleich nach dem Lunch losgeht. Die fünf Leute stehen direkt vor dem Pferd und beraten das weitere Vorgehen. Nicht einfach, zumal die Sonne momentan so ungünstig fällt, dass mit dem Schwenk über die Toten, über den Boden bis nach oben auf die Lebenden nicht viel Platz für den Galgen bleibt, bzw. für den Galgenschatten. -- Jedenfalls hat sein lokaler Ersatz zuerst Schwierigkeiten, den Lichteinfall zu ermessen und hängt den Schatten des öfteren satt in die Kamera oder Peter O'Toole auf die Brust, der lauthals verzweifelt, als hätte er das letzte Mal in Arabien einen Mikroschatten gesehen.

Gegenschuss bedeutet hier, dass alles, Kameras, Video Village, Make-up-Taschen, Catering-Kühlboxen etc., zehn Meter weitergetragen wird, weil jetzt die andere Seite des Strands dran ist: zuerst fix ein weiterer Einführungsschwenk auf das Pferd in der Totale, damit das auf jeden Fall im Sack ist, dann der Dialog von dieser Seite. Alles in wenigen Takes und mit einem Feingefühl für Zügigkeit; was man sowieso nicht verwenden wird, braucht man gar nicht erst zu drehen. Mit soviel gesparter Zeit darf man sich am Ende nochwas kaufen, den Bonus-Schuss: die Totale von vorhin ein zweites Mal, aber diesmal in schönerem Licht, mit der späten Sonne hinter dem Pferd. Am Ende des Tages wird mit Applaus verabschiedet; Priamos, Paris, Velior und Archie hatten ihren letzten Drehtag. Wir werden immer weniger. Die einen haben ihre Arbeit getan, die anderen müssen wg. Krankheit oder äußerer Verpflichtungen nach Hause, so zuletzt u.a. Roisin (letzte Synchronarbeiten am *Herrn der Ringe*), oder auch Alf Steadicam und Ben AD. Wenn niemand mehr aufgefüllt wird, ist Land in Sicht. Es wird Zeit.

EXT. Schlachtfeld, Cabo San Lucas, Mexiko
Noch vier Tage. Morgens am Set hält Wolfgang diversen Leuten vier gestreckte

Finger vor die Nase. Einige von ihnen, im morgendlichen Dusel, denken wahrscheinlich das sei eine deutsche Beleidigung, andere können es noch gar nicht glauben. Nach gestern, der letzten Wackelszene, die als im Drehplan womöglich zu knapp kalkuliert gehandelt wurde, kommt nichts mehr, das bei geregeltem Lauf der Dinge und normalem Wetter länger dauern sollte als gedacht. Heute liegen zwar gleich zwei Locations an, hier und der Rest im Zelt, aber alles schaffbar, zumal das erste Pensum sich, nach Ansicht der Aktionsszenen, die Second Unit bereits drumherum mit Doubles gedreht hat, wieder zum Eindampfen eignet: Ein kurzes Dialogstück reicht. Am Ende des Battle of the Arrows, wenn die Griechen sich Hals über Kopf taktisch zurückgezogen haben, befiehlt Hektor seinen Mannen den Rückzug und erlaubt den Griechen, ihre Toten einzusammeln. Für den Dialog inmitten des Schlachtgetümmels braucht es die echten Schauspieler, Eric und Owain – ohne Helm, weswegen Letzterer ihn extra abnimmt, damit man ihn erkennt. Das geht zügig in einer Einstellung und mit vier Kameras von der Hand; den Aufbau der Schienen für den Kran sowie die anderen Kamerapositionen kannten ja schon alle, es ist die Szene, auf die wir jenen ganzen Mittwoch lang im Regen warteten. Und dafür haben sie ihren ganzen Wanderzirkus aufgebaut.

Ansonsten geben uns die Götter am frühen Vormittag, nicht lange nachdem Wolfgang offiziell die vier Tage ausgerufen hat, einen kleinen Schuss vor den Bug; womöglich weil wir uns damit in ihr Geschäft der Zukunftsvorhersage über Gebühr eingemischt haben. --

Kurz vor dem Lunch Entwarnung: Das Negativ ist wieder perfekt sauber.

INT. Achilles' Zelt, mykenisches Lager, Cabo San Lucas, Mexiko

In der zweiten Tageshälfte verballern wir bei Sonnenschein unser letztes, kleines Weather Coverchen: Der Junge, der hergeritten war, schleicht sich ins Zelt, um Achilles zu wecken. Wir befinden uns mit dem Zelt wieder im großen Make-up/Kostümzelt und schmelzen. Gute Entscheidung das, die Priamosszene im Hotel zu drehen. Hier wagt sich erstmal der Junge durch die Lederstreifen ins dunkle Innere, draußen ist alles hell. Halt so hellweiß wie ein angestrahltes Laken. Gegencheck mit dem Material von vor einer guten Woche: Vor dem Eingang stand eigentlich dick und fett das schwarze Pferd des Jungen. Müsste man das nicht von innen sehen, zumindest als vage Silhouette? So schlau wie Ihr, liebe Filmfehlersucher, sind wir nämlich schon lange. Roger dagegen wiegelt ab, bei der Belichtung, die wir im Zelt haben, würde draußen alles überstrahlen, selbst das Pferd. Diese Ansicht sei immer noch realistischer als irgendein hingestellter Scherenschnitt. Ein Glück. --

EXT. Schlachtfeld über den Barrikaden, Cabo San Lucas, Mexiko

Noch drei Tage. Eigentlich. Es ist bedeckt. Klasse. Och, macht nichts, sagt Wolfgang, die Sachen von heute spielen am Ende der Battle of the Barricades, also frühmorgens, wo es sowieso gut diesig sein kann. Außerdem mit dem ganzen Rauch und so. Was fehlt denn da noch? Ein Bck auf das Call Sheet belehrt, dass Patroklos noch am Leben ist. Den hätten wir ja fast vergessen umzubringen. Second Unit hat den Battle of the Barricades bis an den Rand von Sterbeszene und Dialog gedreht, d.h. bis zu dem Zeitpunkt, wo Main Unit ranmuss. Garrett bekommt eins von Daniel Parkers Meisterwerken der Haut- und Gewebetransplantation auf Hals und Brust geklebt, mit heraushängenden Schläuchen. Vielversprechend. Zu Beginn aber darf man das nicht sehen, da stehen Patroklos und Hektor sich noch kämpfend gegenüber, während wie auf dem Schulhof die anderen Soldaten in trauter Eintracht drumherumstehen und johlen. Über deren Köpfen zieht tiefschwarzer Rauch, zumindest während der Takes, wenn die Feuerstellen am Strand angeworfen werden. Und eng zusammen müssen sie bleiben: Hinten am Strand steht noch, als böses Omen für die Troianer, das Holzpferd von vorgestern. Darf man nicht sehen, muss man sich dazudenken.

Also, einmal hin und her, es ist sehr eng zwischen Soldaten, Crew und Kameras, dann schlägt Hektor die tödliche Wunde, mit abgeschnittener Schwertspitze; der Kopf des verkleideten Patroklos fliegt nach hinten, er fällt um. Das spritzende Blut, um das wir hier betrogen werden, kommt aber bald nach. Rudi hat vor dem Black Screen für sowas gesorgt. Patroklos also liegt auf dem Boden mit klaffendem Hals, Blut sickert in Strömen aus dem Spalt. Hektor nimmt den Helm ab und erschrickt ob der Tatsache, dass es nicht Achilles ist, gibt ihm dann den Gnadenstoß. Zwei Kameras, spart schön Zeit, eine auf Garrett, eine auf Eric. D.h. was wir später im Schnitt sehen, passiert in Echtzeit. Wo sticht er dann hin? In den Boden, Garrett wird jedes Mal im letzten Moment am Arm weggezogen. Zuletzt ein Take ohne blubberndes Blut. Falls man das brauche, fürs Flugzeug oder Fernsehen oder so. Wer also den Film dereinst im Fernsehen sieht, ist selber schuld.

Folgend die Dialogstelle, über die am Vortag noch ordentlich nachgedacht wurde. Roger kam nämlich mit dem Einwand, dass Hektor, wenn er dem sterbenden Patroklos den Helm abstreift, gar nicht wissen kann wer das ist, und daher ebensowenig, dass mit diesem Coup sein eigenes Schicksal gleichsam besiegelt ist. Er sähe nur einen dahergelaufenen Halbstarken, der Achilles' Rüstung geklaut hat. Vielleicht sollte dazu noch irgendjemand was Klärendes sagen, so etwas wie, Alter, das ist Achilles' Cousin, you're fucked. Am Abend kuckte Wolfgang in sein Drehbuch, in dem er übrigens jeden Abend noch eine Weile schmökert, und fand eine von eigener Hand eingefügte Dialogzeile. Ha. Glücklicherweise steht nämlich laut Drehbuch Odysseus daneben. Der kriegt jetzt noch einen Satz. Wolfgang trägt vor Ort die Angelegenheit den Schauspielern vor. Eric meint, er selber wolle auch mehr Text, er könne ja z.B. fragen, Wer is 'n der Kerl? Wird aber überstimmt, es bleibt bei Seans „That was his cousin".

EXT. Schlachtfeld, Cabo San Lucas, Mexiko
Noch zwei Tage. Gleich am Morgen wird die Einstellung eingeschoben, die Wolf-

gang sich neulich schnell ausgedacht hat, der Reiter, der wie ein Wilder zur Stadt galoppiert. Mit dem Quadbike fahren wir weiter hinten mitten auf das Feld und kucken rum, wo das denn sein könnte. Nun, wo wohl, es gibt da diese schon freigetretene Straße vom Tor zu den Dünen. Seit dem Regen ist es wirklich viel grüner geworden, das Gras sprießt überall, das Gebüsch umher bekommt Blätter, der künstliche Hügel mit der Turmruine und den in den Boden gesteckten toten Zweigen und Bäumchen sticht jetzt ziemlich heraus. Das Battlefield ist nun ungefähr jene Grasebene, die es von vornherein hätte sein sollen. Paradoxerweise muss dieses ersehnte Gras, wegen der Anschlüsse, wohl jetzt digital etwas entgrünt werden.

Der Rest für heute und morgen werden Auffüllszenen sein, um den Kampf Hektor vs. Achilles herum. Den Kampf selber dreht Second Unit nächste Woche, wenn wir schon längst fertig sind; was jetzt noch fehlt, sind Achilles' Anfahrt auf dem Feld, sein Dialog mit Hektor zur Einstimmung und schließlich seine Abfahrt vom Feld mit der Leiche hintendran. Das andere ist schon da, seine Fahrt über den Strand, oder Hektors Austritt durch das Stadttor, vor Äonen in Malta gedreht. Langsam füllen sich auch die letzten Lücken im vorgestellten Film.

Zuerst, endlich, das Dessert: Der Omar-Sharif-Schuss aus *Lawrence von Arabien*, auf den Wolfgang sich so gefreut hat. Achilles kommt am Horizont auf seinem Streitwagen angerollt, in überlanger Brennweite und flirrender Luft. Das Close-up von Priamos, der dies bang verfolgt, ist letztens auf dem Grandstand entstanden; allerdings ohne dass Wolfgang Peter O'Toole, ausgerechnet, erzählt hätte, worauf genau er da starrt. Diese Überraschung wird er erst im Kino bekommen. – Also, erst kommt er ganz hinten über die Dünen, dann weiter vorne über diesen Hügel bis hierher. Kann man überhaupt über die Dünen da fahren? Hm, die seien nicht unsteil, und der Sand nicht untief. Vielleicht sollte man da erst einen Bulldozer rüberschicken und das gleich morgen früh drehen, als POV vom Grandstand aus. Dann erstmal nur den zweiten Teil der Anfahrt: Die Torflügel stehen offen, zwei Kameras darunter. Die eine, die mit dem massiven Teleskopobjektiv, mit dem man wunderbare Paparazzifotos machen könnte, bekommt extra ein kleines halbes Kabinchen aus Holzbrettern zusammengenagelt, mit Loch drin zum Rauskucken, um den Wind abzuhalten. Ein so langes Objektiv ist sehr empfindlich, und Gewackel wollen wir dabei nun wirklich nicht riskieren. Ein Take, und auf Sonne warten. Chuck legt sich sein schwarzes Monokel aufs Auge und beobachtet den Wolkenzug vor der Sonne. Wie lange? Ich würde sagen, noch sieben Minuten, Gov! – Zu den Kuriositäten einer britischen Crew gehört, dass alle Beteiligten den Regisseur gern Governor nennen. Nach in der Tat dann ca. siebeneinhalb Minuten verziehen sich die Wolken, und los. Leider sind das Battlefield groß und die Dünen weit weg: Brad rattert durch einen dunklen Fleck, während am Horizont die Dünen im Schatten liegen. Wäre ja nicht weiter schlimm, wenn sie nicht im Vordergrund, knapp unterhalb des Bildausschnitts, extra ein der Länge nach gelochtes Heißluftrohr auf einem Ständer installiert hätten, um Hitzeschlieren vors Bild zu pusten. Im Schatten ist irgendwie nicht gut flirren. Ein drittes Mal schließlich haben wir wieder Sonnenschein allüberall, und besser machen kann man's auch nicht.

Und weiter. Das Ziel ist klar: Samstag frei. Zumal anderenfalls das Studio sehr erfreut wäre, für ein paar übriggebliebene Pops einen ganzen Tag First Unit zu bezahlen. Deswegen schnell noch vor dem Lunch den Schuss von der Seite, die Riesentotale von dem kleinen Achilles, der mit seinem Wagen auf die enorme Stadtmauer zufährt und anhält. Der erste Take geht trotzdem erst kurz vor zwei los, d.h. ziemlich spät. Brad bremst, hält an, steigt vom Wagen, und bevor er überhaupt etwas sagen kann, gehen die Pferde schon mal wieder los, um plötzlich wie die Besengten zurück in Richtung nach Hause davonzurasen, der Wagen hinterherholpernd. Ups. Leute rennen, reiten, fahren hinterher, um sie wieder einzufangen und langsam zu beruhigen. Aber das war es dann mit diesem Schuss, von dem wir wenigstens einen halben Take haben …

Mit zwei anderen dunklen Pferden gehts weiter, die beiden von eben sind erstmal nicht einsatzfähig. Deren Köpfe sind auch nicht im Bild, können also problemlos festgehalten werden. Nah auf Brad, der vom Wagen steigt und nach Hektor ruft. Das geht alles glatt. Zwischendurch, völlig außer der Reihe, Paris' POV von unten hoch auf den Grandstand mit Helena; bzw., bitte genau hinkucken, ihrem Double. Auf den letzten Metern nehmen wir alles mit was wir kriegen können.

Aber dann, endlich, der ultimative Sergio Leone. Hektor schreitet auf Achilles zu, die Steadicam über die Schulter hinter ihm her. Zuerst schreitet Eric ganz normal, wobei seine Schulter arg hoch- und runterhopst und immer mal Brad verdeckt. Das darf nicht sein. Im dritten geht er gleichmäßiger, in stark abfederndem Gang; gut, dass im Film niemand sieht, um wie viel alberner das aussieht. Schließlich stehen sie sich gegenüber und werfen sich verbal die Fehdehandschuhe vor die Füße. Zuerst mit zwei Kameras auf Brad. Ich hatte mir extra eine italienische Einstellung gewünscht, in Cinemascope kann man schließlich nur Schlangen, Beerdigungen und blinzelnde Augenpaare filmen, wurde aber nicht erhört. Das Close-up muss reichen.

Zwar lässt Brad zweimal seinen Speer fallen, wenn er ihn hochwirft und in den Boden rammt, aber wir liegen danach noch ganz gut in der Zeit. Es ist sechs, ab inzwischen Viertel vor sieben, wir haben Mitte September, wird das Licht rapide unbrauchbar. Wolfgang verkündet, okay Leute, wir haben 40 Minuten, um diese Szene und damit das Pensum für heute zu schaffen, und wir brauchen noch den Gegenschuss auf Hektor. Fertig, los. In Windeseile werden Kameras und Großreflektorsegel auf die andere Seite geschafft, und 35 Minuten später heißt es Check the gate, it's a wrap, thank you. Auf einmal geht sowas dann doch erstaunlich schnell.

Am späteren Abend, beim täglichen Bier unten an der Meerbar mit den Jungs, sickert es erst langsam durch. Morgen ist Schluss … uups, morgen könnte Schluss sein, wenn das Wetter etc. Aber bisher hatten wir ja richtig Glück mit dem … uups, nichts heraufbeschwören. Wolfgang hat erst gestern seinen Flug Samstag nach LA festmachen lassen. Für ein paar Tage fliegt er nach Hause, um Mitte der Woche nochmal zu Second Unit zu stoßen und den Dreh des langerwarteten Zweikampfes zu begutachten; inszeniert haben Simon Crane und seine Leute ihn schon lange und mit den Schauspielern bis zur Erschöpfung geprobt. Ist also fertig, muss nur noch gefilmt werden. Ich dagegen werde Sonntag fliegen, und dann für gut. Wird Zeit, dass meine Sprache sich langsam wieder ebnet, außerdem ist meine Aufgabe mit Ende der Main Unit beendet. Man wechselt in keinem Roman im letzten Kapitel die Hauptpersonen.

Freitag. Noch ein Tag, Gott sei's gebenedeit. Zu Anfang wird nachgeholt, ein POV oben vom Grandstand auf die Ebene mit dem ganz klein anrollenden Achilles. Der Trip über die Dünen ist gecancelt, Sand zu tief etc. Danach der Schuss von der Seite, in dem die Pferde gestern abgehauen sind. Heute bleiben sie, sodass Brad in Ruhe absteigen und Hektor, Hektor rufen kann. Gegen Ende des ersten Takes schiebt sich eine Wolke vor die Sonne. Nicht riesig, aber dick. Chuck, wie lange? Och, das dauert noch ein bisschen, fürchte ich. Okay, dann eben check the gate! Oh Mann, sagt Chuck, da will aber jemand seinen Flug morgen kriegen.

Zeitsprung. Achilles hat Hektor mittlerweile fertiggemacht und bindet ihn an den Wagen, um ihn durch den Dreck zum Lager zu schleifen. Es ist immer noch bedeckt, diesmal mit einer größeren und dunkleren Wolke. Ein paar Tropfen regnet es auch. Als wär nichts, wird eingerichtet, was soll man auch anderes tun. Wenigstens hetzt jetzt keiner. Nicht lange nachdem das langsam fertig ist, kommt die Sonne wieder und brennt. Bzw. die Wolke zieht nicht einfach von dannen, nein, sie löst sich einfach in Luft auf. Wolken tun sowas. Na denn, Schweiß auf die Muskeln gesprüht, Double bereitgelegt, drei Kameras, ein paar Takes durch, zipp zapp. Lunch. Vielleicht war die Wolke als Abkühlung gedacht.

Nach dem Mittagessen sitze ich im Trailer und kucke durch die Lamellen vor dem Fenster. Blauer Himmel, ungehinderte Sonne. Ja, ja, kurz davor, schaffen wir. 1:0 und nur noch wenige Minuten zu spielen. Pfeif ab du Arsch.

Dann die Fortsetzung: Achilles fährt los, macht mit dem hinterherschleifenden Hektor eine Ehrenrunde vor dem Grandstand, und rollt davon in Richtung Strand. Mehrere Kameras kucken zu. -- Während der Proben ist ein Profi mit drauf, die Hektorpuppe zuckelt hinterher. Aber das soll Hektor sein? Es ist eine dieser Schaumstoffpuppen, die sie zu Dutzenden auf den Schlachtfeldern liegen haben, mit einem Arm hochgereckt und einem unten; das sieht vielleicht bescheuert aus, als könnte die größte Demütigung ihn nicht davon abhalten, seine Stadionlieder zu singen. Kurz darauf Entwarnung: Es ist nur eine Probenpuppe, die kostbare echte wird erst zum Drehen drangehängt. Und die ist wirklich echt, fast wie der arme Eric sieht sie aus, hat dazu eine ähnlich wabbelig-feste Konsistenz wie ein menschlicher Körper und ist sogar künstlich auf Körpergewicht beschwert. Ich habe einen Arm angehoben, das ist relativ eklig.

Der Himmel ist immer noch fast wolkenlos blau, und Wolfgang sagt, wenn diese Szene im Sack ist, seien für ihn die Hauptdreharbeiten, die sog. Principal Photography, offiziell vorbei. Die beiden Einstellungen, die für heute noch geplant sind, seien Bonusschüsse, die man auch anders hinkriegen bzw. notfalls weglassen könne; dafür würde er keinen weiteren Drehtag Main Unit ansetzen. – Im letzten Moment Dialog am Monitor. Was sei denn mit dem Speerstumpf in Hektors Brust? Ist der ein bisschen zu lang? Im chronologisch folgenden Schuss unten am Strand, worin Achilles den Leichnam zu seinem Zelt zerrt, war er bedeutend kürzer. Nein, den hatten sie damals extra kurz gemacht mit der Überlegung, dass der Körper über Stock und Stein geholpert ist und der Stumpf weiter abgebrochen. Hier liegt die Leiche aber sichtbar flach auf dem Boden, vielleicht sollten wir den zwischendurch mal umkippen, um das klarzumachen? Och, nö, das kann man sich schon denken, dass der auf dem Weg abbricht. – Also, liebe Freunde, auch kein Filmfehler! Wohlan denn. Brad reitet los, allein auf dem Wagen, der Pferdeaufseher schwitzt sich zu Tode. Doch keine Panik, alles läuft wie es soll. Beim zweiten Mal zuckeln die Pferde sogar so lahm, dass abgebrochen wird, wie sehr Brad auch mit den Zügeln knallen mag. Beim dritten Take lassen sie sich dann doch überreden, einen Zahn zuzulegen. Cut, check the gate. Heute ist endgültig unser letzter Drehtag.

Da sieht man dem Rest viel gelassener entgegen. Hinten auf dem Battlefield treten die Griechen vorsichtig heran, um dem Kampf zuzuschauen. Und wenn die Statisten auch auf mehrmaligen Zuruf partout nicht stehenbleiben wollen, machen wirs halt nochmal. Danach ist es schon recht spät, aber wir kucken halt mal. Wissu n KitKat? Den Kran lassen wir gleich stehen wo er ist, drehen nun den Abschluss dieser Szene, worin Achilles mit dem Wagen und seiner Trophäe hintendran durch die Reihen der Griechen strebt und Haemon, Agamemnons Scherge, seinen einzigen Satz sagt. Auf den er übrigens lange hat warten müssen; als diese Einstellung das letzte Mal dran war, hat es den einen Tag geregnet und der Drehplan war wieder umgeworfen. Da kann man in Ruhe nachrechnen, wie viele Tage der zusätzlich am Pool liegen musste. --

Ganz locker drehen wir drei Takes durch, bis die Sonne fast zu niedrig steht, und denken an den Schweiß, der geflossen wäre, hätten diese beiden Einstellungen noch zum Pflichtprogramm gehört. Natürlich werden wir fertig, haben sogar noch eine hübsche Einstellung geschafft, die nicht zu haben schade gewesen wäre. Gerry ruft, „It's a wrap for Main Unit, thank you everyone!" Prosaisch knapp für so einen Moment. Es ist der 19. September, und wer hätte das gedacht. Wie sonst auch tapern wir über das Battlefield zurück als wär nichts. Zu Hause sitzen wir auf dem Balkon, kucken auf den Sonnenuntergang und trinken vor dem Essen ein Bier. Und schnell noch eins, was solls. Nie war er so erleichtert wie heute.

Natürlich wars das noch nicht ganz, Second Unit hat etwa zehn weitere Tage zu drehen. Ein bisschen Nachdreh und, auch nicht unwichtig, etwa eine Woche lang den langersehnten Kampf Achilles vs. Hektor, den Wolfgang sich noch ansehen bzw. „supervisen" will, was immer das heißen kann. Der Kampf mag ziemlich zentral sein, doch haben Simon Crane und seine Stuntleute ihn eigenständig inszeniert und so ausführlich mit Brad und Eric geprobt, dass die ihn auch abfilmen können, mit kleinem Stab und ohne Statisten, d.h. ohne den großen Main-Unit-Zirkus noch weitere Tage zu beanspruchen. Also nichts, was uns heute davon abhalten sollte zu feiern, mit der halben Belegschaft im „French Riviera".

Postludium

Es war Samstag, der 20. September, als der berühmte Reiseschriftsteller beschloss, es gut sein zu lassen. Am Vorabend hatte er ausführlich gefeiert, nun stand er auf, frühstückte ausführlich mit seinem Vater und packte ausführlich seine Sachen. Es gab nichts mehr zu reisen, nichts mehr zu schriftstellen, keine pointierten Umsichten mehr, kein visuelles Festsaugen am exotisch Vorbeihuschenden, kein entgrenzendes Einkreisen ethnologischer Panoramen, keine schiefen Metaphern. Höchstens die Tatsache, dass die gegenüber werkenden Bauarbeiter, die, als er anreiste, noch beim Fundament waren, es mittlerweile bis zum vierten Stock geschafft hatten. Mit diesem faszinierenden Bild der unerbittlich verrinnenden Zeit lehnte er sich zufrieden zurück. Er überschrieb seine erhellenden Ausführungen mit dem Titel „In Paphlagonien", den er sich selber ausgedacht hatte, klappte sein formidables iBook zu und ließ das Gummiband ein letztes Mal um es herumschnappen. Das Faszinierende am Reisen, sinnierte er in den Abend hinaus, ist doch, dass man bei seiner Rückkehr stets dort wieder anlangt, von wo man einst gestartet war.

Am Nachmittag fliegt Wolfgang schon mal nach LA; er hat nicht viel zu packen, denn er kommt ja in ein paar Tagen zurück zur Second Unit. Ich dagegen fliege erst morgen, um in Ruhe meinen hiesigen Hausstand aufzulösen und am Abend noch ausgiebig zu feiern. Wegen irgendeines fernen tropischen Sturms ist es bedeckt, und ich mache drei Kreuze, dass das erst heute passiert und nicht schon gestern. Mit gepackten Reisetaschen in der Hinterhand spaziere ich in aller Gemütsruhe ein letztes Mal am Strand herum, vorbei am menschenleeren Pool, vorbei an wühlender Brandung. Abends essen Barbara und ich unten in der Bar einen Burger mit Aussicht, den ersten seit der Pizza am letzten Tag in Malta. Die Visual FX sitzen an einem Nebentisch, Nick kolportiert, der Sturm solle morgen Abend langsam in unsere Gegend kommen. Komisches Gefühl, das wird zumindest mich schon nicht mehr tangieren. Später betrinke ich mich mit den ganzen Leuten bei der inoffiziellen Wrap Party. Nachts regnet es wie Hölle, aber das ist auch egal. Perfekt macht alles die Aussicht, ausschlafen zu dürfen, denn mein Flug geht erst gegen drei.

Der fünfte Akt

Man sollte es schon lange aus dem Kino kennen: Da läuft ein Drama vor den Augen ab, das sich zur Zufriedenheit der Sympathieträger sowie des Publikums am Ende zum Guten wendet. Dann geht es noch ein Stück weiter, die paar offenen

Enden werden verschnürt, z.B. schnalzt der Held seine Peitsche um die Hüften seiner Dramenpartnerin und zieht sie in seine Arme. Oder auch: Das Haus ist gereinigt von allen Dämonen, die gebeutelten Protagonisten holen die Kinder nach Hause, räumen alles auf und räkeln sich gemütlich auf dem Bett. Zum Teil haarige Dreharbeiten sind nach langer Zeit zu Ende, in aller Seelenruhe packen die Protagonisten ihre Taschen und gehen ausgelassen feiern. Aber irgendetwas dauert zu lange in diesem narrativen Chill Out, dem finalen Wiedereinmünden in die zu Anfang des Dramas gestörte Harmonie des Alltags. Und angesichts des immer länger mit zufriedenem Alltag herausgezögerten Endes dämmert es: Da ist etwas noch nicht vorbei, der wahre Knall kommt erst noch! Schließlich sind wir hier beim Film.

In der Nacht hat der Sturm, der eigentlich an uns vorbeischlurfen sollte, kurz vorher seine Richtung geändert und bewegt sich jetzt wirklich direkt auf uns zu. Und er hat einen Namen bekommen: Marty. Pleased to meet you, hope you guess my name! Am Sonntagmorgen stürmt es wie Hölle, der Himmel ist grau bis schwärzlich, der Regen fällt diagonal, die grünen Palmenkronen beugen sich. Das Telefon klingelt: Der Flughafen sei offen, aber es sei Sache der Fluggesellschaften, ob sie fliegen. Roger usw. seien heute Morgen noch rausgekommen, doch jetzt wisse niemand etwas. Fahrer Jorge sagt, wir sollten sicherheitshalber eine Stunde früher losfahren, falls die Straßen überschwemmt sind. Wohlan.

Am Alaska-Airlines-Schalter steht eine lange Schlange. Es geht ein wenig voran, doch auffallend viele Leute schieben mit ihrem ganzen Gepäck zurück. Jorge bleibt besser da. Vorne angelangt, grinst der kleine Angestellte mich dreckig an: Ich bräuchte meine Taschen nicht auf die Waage zu stellen, denn alle Alaska-Flüge für heute seien gecancelt. Allein weil kein Flugzeug überhaupt mehr reinkomme, das später mit mir drin abfliegen könnte. Die Passagiere würden erstmal auf einen Flug übermorgen gebucht, und gibt mir eine Telefonnummer, um das beizeiten zu doppelchecken. Meine Stimmung sinkt.

Naja, das wollen wir doch mal sehen. Uneinsichtig bleibe ich mit meinen Sachen einfach in der Halle stehen. Da flattert ein Engel heran, Boo aus dem Produktionsbüro, die ich gestern Abend noch beruhigte, sie müsse nicht extra meinetwegen am Flughafen bleiben, ich schaffte das Einchecken schon alleine. Hochmut kommt vor dem Fall. Mit ihrem Handy am Ohr klebend, fahren wir zwischen den Terminals hin und her. Ein American-Airlines-Flug gehe noch raus nach LA, aber der sei restlos voll. Wieder zurück. Einen Alaska-Flug nach San Francisco gebe es trotz allem auch noch, allerdings ziemlich bald. Mit Helen im Produktionsbüro, dem heutigen Angel in Residence, bucht sie mich in Windeseile auf den ungefähr letzten freien Platz, dazu einen Anschlussflug nach LA. Mit dem buchstäblich letzten Flugzeug nach Norden, das Flugfeld ist sonst verwaist, verlasse ich Cabo. Nur eine gute Stunde später als geplant sitze ich am väterlichen Tisch. Alles gut.

Ach ja? Am nächsten Morgen, im Halbschlaf, hätte das wiederholte Telefonklingeln mich warnen sollen. Kurz vor dem Frühstück hören wir Colin nüchtern aus dem Anrufbeantworter: The wall is down. Wie bitte? Leere Blicke treffen sich. Und wirklich: Die Zurückgebliebenen haben sich über die völlig fortgespülte Straße zum Base Camp durchgearbeitet und standen vor einer apokalyptischen Szenerie. Die City of Troy ist verwüstet, das Leben imitiert die Kunst: abgedeckte bzw. davongewehte Zelte, ausgespülter Boden, umgekippte Trailer. Und, nun ja, das gesamte Tor mit einer gehörigen Portion der Mauern hat es zerrissen und aufs Battlefield geweht, überall Fetzen verbogenen Gerüsts. Die Pisten zum Strand seien vorerst unbefahrbar. Später, nachdem man sich auch dorthin durchgekämpft hat, die Bilanz vom Strand: alles ziemlich verquirlt, die meisten Schiffe zerdeppert bzw. durchgebrochen, deren Einzelteile ins Meer gespült. Allein und ausgerechnet der Tempel steht noch auf seinem Felsen; wenigstens Apollo hat sich für uns ins Zeug gelegt.

Never ever a dull moment. Das Unerbittliche schlägt zurück. Heftiges Hin- und Hertelefonieren zwischen Wolfgang, Colin in Cabo, Nigel in LA und Nick, der gerade noch Sonntagmorgen nach London geflogen ist. Was tun? Der Flughafen sei erstmal für ein paar Tage geschlossen, dort unten haben sie weiterhin Regenfälle, Stürme, unterspülte Straßen und Stromausfälle, und selbst wenn Second Unit in ein paar Tagen drehen könnte, ist an den Zweikampf nicht zu denken. Der findet nun mal auf dem Battlefield statt, wo momentan außer Müll nichts zu sehen ist. Also auf unbestimmt verschieben und erstmal die Mauer wieder aufbauen. Die Schiffe, den ganzen Strand brauchen wir glücklicherweise nicht mehr, abgesehen von den Nachdreh-Close-ups, selbst die Mauer würde ja nur noch als Kulisse im Hintergrund benötigt. Aber wie hoch? Alles oder nur bis halbe Höhe und den Rest, wie bei *Gladiator*, digital draufsetzen? Bei Colin ist gerade wieder die Verbindung tot, aber Nick meint das ginge. Und alles wiederaufzubauen, wie lange würde das dauern? Und, auch nicht zu vergessen, was wäre billiger?

Wolfgang hängt geschlagene zwei Tage am Telefon, fliegt dann am Mittwoch runter, um sich die Bescherung selber anzusehen und weiterzuentscheiden. Wenigstens funktionieren bis dahin auch die Kühlschränke wieder. Nebenbei erfahren wir, dass möglicherweise die Hurrikanversicherung am 31. 8. auslief – weil jenes Datum früher mal als offizieller Drehschluss galt. Und sie sich nicht etwa verlängerte, als sich abzeichnete, dass wir noch mitten in die Hurrikansaison hinein drehen würden. Vielleicht hat sich irgendein wg. Missachtung beleidigter Wettergott gesagt, dass so viel Doofheit bestraft werden müsse.

Ich derweil halte mich an meine übliche Santa-Monica-Routine, was hätte ich auch tun sollen, flaniere an meinem Lieblingsplatz, dem Pärkchen vorne an der Steilküste über dem Pacific Coast Highway, und starre übers Meer in die gelbsinkende Sonne. Was haben die nur alle? Ist doch alles in schönster Ordnung. Man muss einfach die Proportionen wahren und sich vorstellen, was gewesen wäre, wenn anstelle von Marty bereits Ignacio sich so grimmig gezeigt hätte. Dann hätten wir zumindest im nächsten Sommer keinen Film. Aber noch tollere Sachen zu erzählen. Worauf allerdings ich persönlich gerne verzichte.

Exkurs: Flash Forward

Letztendlich ist ca. vier Wochen später die Mauer wieder ganz, nicht so perfekt wie vorher, aber hey, und der Zweikampf, für Ende Oktober angesetzt, könnte losgehen. Wenn Brad sich nicht seinerzeit beim Sprung auf Boagrius' Schulter das Bein doch etwas stärker verknackst hätte als anfangs gedacht – oder genauer: seine Achillessehne. Das ist so absurd, dass es selbst für einen PR-Gag zu plump wäre. Oder für ein etwas übertriebenes Method Acting. Wie dem auch sei, die beiden Schauspieler reisen an, Brads Bein schmerzt weiterhin zu sehr, die beiden reisen wieder ab. Kurz vor Weihnachten wird der Kampf schließlich gedreht, eine Woche lang. Man stelle sich vor, diese Szene wäre nicht die so ungefähr wichtigste des Films.

Epilog: Freitag, 26. September 2003

Barmbek-Süd. Der Eilbekkanal dümpelt in sich setzender Herbstruhe, die Angler bestarren, dick eingepackt, mit Bier in der Hand ihre Ruten, beim Griechen leeren die letzten Harten in Daunenjacken ihre Getränke draußen an den Plastiktischen. Gelbe Blätter hängen an bald nackten Ästen. Wie Kris Kelvin nach der Rückkehr von Solaris spaziere ich nach langer Zeit wieder durch das heimatliche Grün. Die ersten Exkursionen auf dem Fahrrad schmerzen: Wie in einer Raumstation ohne künstliche Schwerkraft haben sich meine Muskeln durch das monatelange Imwegstehen zurückgebildet. Am Flughafen hat mich mein Hund als erster begrüßt.

Hat man nun etwas fürs Leben gelernt, etwas Paradigmatisches, wie es sich für eine anständige Welt-Reise gehört? Nun, zum einen vielleicht, dass wer lernen will, wie das Kino funktioniert, auf ästhetischer wie auf dramatischer Ebene, weiterhin Filme sehen und Bücher lesen sollte. Wer nicht direkt in der Entscheidungssphäre sitzt, sondern letzten Endes dem Entschiedenen zukuckt oder es ausführt, den schweigt ein Filmset an wie ein planetarer Ozean. Hier und da mögen sich aus ihm intelligible Formen erheben, die jedoch gleich darauf wieder in der Oberfläche versinken; allzuoft sitzt man nur auf der dunklen Seite der Kulisse, sperrt ab und ruft „Rolling!". Ausführliche ästhetische Erwägungen entstehen in den Köpfen der Beteiligten, wo sie bleiben, sosehr sie auch ins Öffentliche auswirken, sie entstehen im Zwiegespräch in abhörsicheren Trailern, in globalen Telefonkonferenzen, in esoterischen Runden am nächtlichen Strand, oder abends, beim einsamen Bier und Fernsehen, mit dem tausendmal durchgegniedelten Drehbuch auf dem Schoß. Wer etwas über Film lernen will, der muss es letztendlich selber machen. Oder ausgiebig Leuten zuhören, die es getan haben. Wer hingegen viele Stunden mit vielen lustigen Leuten abhängen, oder wer gar etwas über die Gesellschaft als solche lernen will, der sollte bei großen Filmproduktionen anheuern. Oder nicht zuletzt über mediale Gerüchteküchen, etwa anhand der Schote mit Brad Pitts Beindouble, das dem Vernehmen nach herangezogen wurde, weil Wolfgang seine Beine für zu dünn hielt. Es wurde die Ente des Jahres, der man über die Zeit fast dabei zuschauen konnte, wie sie die Skribenten weltweit ihre gute Erziehung vergessen und dominoweise unhinterfragt voneinander abschreiben ließ. Nochmal in Reinschrift: Nein, keine Body Doubles, keine aufgeklebten Muskelpakete (sic!), nirgends. Brad ist nun mal wohlgeformt, da hilft kein Neid.

Allerdings sollte man sich darauf einstellen, von seiner Unternehmung wie von Aliens entführt und subjektiv unbestimmte Zeit später vor der Haustür wieder ausgespuckt zu werden, nur um festzustellen, Monate, Jahreszeiten, manchmal Jahre übersprungen zu haben, die die gefühlte Lebensuhr nicht mitgezählt hat. Man kuckt, wie Dorian Gray, am Morgen danach in den Spiegel und erschrickt angesichts eines anstelle seiner selbst gealterten Abbilds. Wer hingegen trotz alledem mit Haut und Haaren sich darauf einlässt, in den Parallelwelten des Films dauerhaft herumzuwerken, der erfährt, wenn er seltenes Glück hat, seine fortwährende Arbeit an ihnen als jene Labour of Love, die auch Hypogäen, wächserne Krippenpanoramen, handgefertigte Türme oder Fußmärsche nach Paris am Laufen hält. Es wäre die glückliche Variante der Solarisstation: „Ich nehme an, die naheliegendste Möglichkeit wäre, abzureisen, aber das will keiner von uns."

Im Prinzip, egal was war und was kommt, steht man am Ende doch wieder am Kanal und kuckt den stumm treibenden Anglern und Enten zu, die sich mit der Zeit in ihr Winterlager zurückziehen. Eigentlich. Doch die Erfahrung hat Spuren hinterlassen. Von einem Moment auf den anderen habe ich Schiss, dass dieses ruhig welkende Idyll, mit stehendem Wasser, Trauerweiden und Hund, vor meinen Augen platzen könnte, mitten im Take meine Wasserflasche auf den Boden knallt, ich hochschrecke, Köpfe herumwirbeln und mich mit Blicken würgen. Oder, eben letzten Endes genau wie Kris & Chris Kelvin, ich endlich wieder am vertrauten Tisch im vertrauten Wohnzimmer sitze, lese, fernsehe, schreibe oder Lara Croft spiele, oder alles zusammen. Wie immer. Bis jemand wie Ben nebenan aus dem Flur „Cut there!" in sein Walkie-Talkie spricht, und draußen, jenseits des Zimmers, jenseits des Balkons, jenseits der illuminierten Plane mit dem herbstlich güldenen Baum und der Kirche drauf, in einem dunklen Studio am anderen Ende der Galaxis jemand wie Emma ausruft: „Goin' again!"

Nachspiel im Himmel

▼

Dezember 2005

Und was bleibt? Also, erstmal die nackten Daten. „Troja" startete Mitte Mai 2004 gleichzeitig in der ganzen Welt, wo er gut bis sehr gut lief. In den USA spielte er am ersten Wochenende $46 865 412 ein und hatte am folgenden einen Drop von 48,9%. Also okay. Weltweit holte er $ 497 378 256 und landete damit auf momentan Platz 41 der nichtinflationsbereinigten Allzeitbestenliste (Infos siehe **www.box officemojo.com**). Und 73% dieses Umsatzes hat er außerhalb der USA eingespielt, was außergewöhnlich viel ist.

Oscarnominierungen gab es eine, und das für Kostüme, ausgerechnet. Die Kritiken waren durchwachsen, aber weitaus besser als der Volksmund es will: Zumindest in den USA liegt der Zustimmungsgrad der namhaften Kritiker bei derzeit 66% positiv (d.h. „fresh", siehe **www. rottentomatoes.com/m/troy/**). Allerdings habe auch ich über den Film hier wie dort viel dummes Zeug gelesen. Ich will keine alten Lappen aufwärmen, daher nur dies: Leute, der Film heißt „Troja" und nicht

▼

„Die Ilias" und ist von Warner Bros. und nicht von der Landesbildstelle. Und kein Hund, außer meinem, wird 20 Jahre alt. Okay? Was sonst? Nun, mein Vater hat die Zeit genutzt, ein Haus gebaut und einen weiteren Film gedreht. Ausschließlich im klimatisierten Studio in LA, eine halbe Autostunde von zu Hause. Aus Strapazen wird man klug. Ich habe die Zeit genutzt und Sachen betrieben, aus denen bisher wenig geworden ist. Naja, zum Teil dann doch, wie man sieht. Und ich habe, wie Hektor, einen Sohn gezeugt. Ist doch was.

Und der FC St. Pauli? Schlägt sich gerade wacker in Richtung Aufstieg in die zweite Liga. Eric Bana, ungelogen Fan der Saints, des Rotlichtstadtteilvereins von Melbourne, habe ich bei der Premiere einen Fanschal geschenkt. Kürzlich warf sein neuer deutscher Lieblingsverein Marcelinho und seine Berliner Myrmidonen nach zweimaligem Rückstand aus dem DFB-Pokal. Das kann nur eins bedeuten: Die Zeit ist reif für „Troy II: The Revenge".

▶ **Dramatis Personae**

2. pers. Ass. des Regisseurs

Anna & Natalie Script Supervisor

Andrew Dialogue Coach

Der Gaul von Troia plus Kulisse

Anna, Nick Visual Effects, Colin Wilson   Nigel Phelps   Daniel Parker Special Make-up   Chuck Gaffer
                       Gerry First AD   Pierre AD

Ben & Emma AD

Rob Harris

▶ **Dramatis Personae**

Schiffe

Simon Crane

Tony Sound

Simon Atherton   Roger Pratt (mit Hut)
                  Steve Video

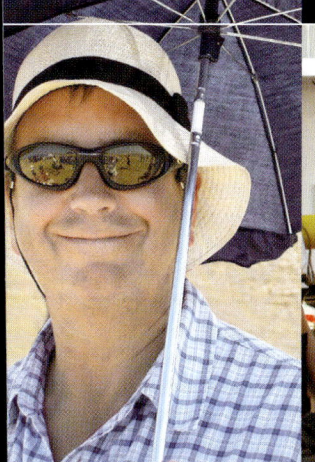

:ter Camera Operator (© B. Huber)

Alles auf Anfang

Besetzungspinwand

Die Feuer von Troia

Wartende Stand-ins

Ägäischer Sonnenuntergang

Tony Sounds Arbeitsplatz

Gerry AD agitiert die Myrmidonen

▶ **In See stechen**

Blaue Lagune mit versteckten Paparazzi

Berlin ist nichts dagegen: Troiabaustelle

Derweil: Anna, du bist jetzt mal Thetis

Nochmal aufs Klo
Da bin ich

Zugereiste Zypressen

Dixieland in Mexiko

244

Troianisches Truman-Erlebnis 2

▸ **In der Großstadt**

Achilles ist tot, Garten kann weg ...

... voilà, der Palastaufgang

245

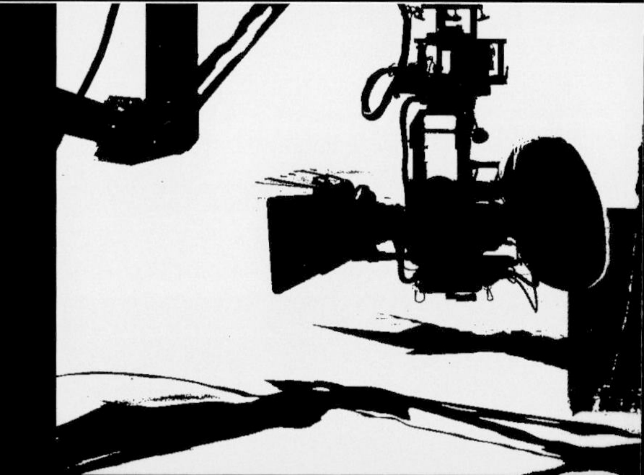

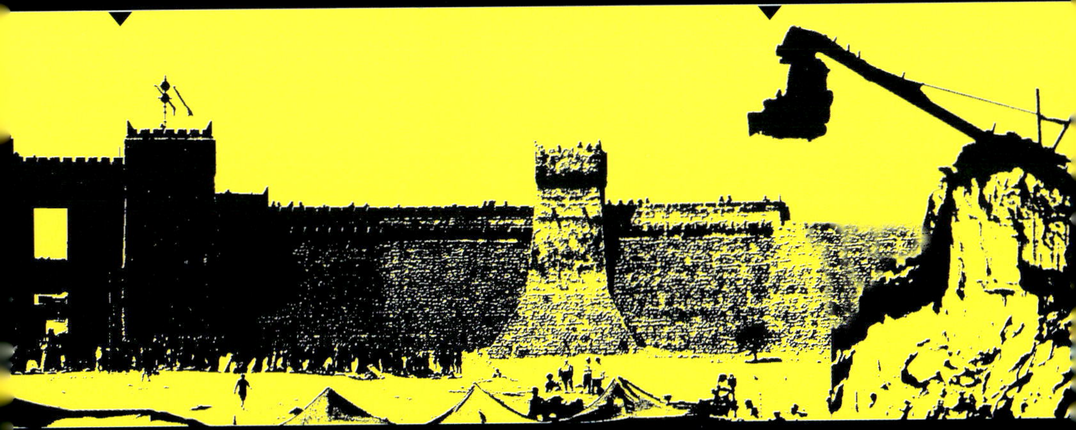

Tausend Schiffe? (vorn Agamemnons)

▶ Sand und Sand und Sand ... und Meer

Vorher/nachher

City of Troy (l. o. Kostüm- /Make-up-Zelt, r. o. pers. Trailer)

Kulissen fertig, nur die Felsen sind echt

True nature's children (vorn Roger Pratt)

Blood – die Füllhöhe sagt alles

Wann kommt Gatorade?

249

Video Village im Aufbau

Dorfzentrum mit Steve & Rory

▶ Krieg in der Totalen

50 000 Griechen, minus Verschläfer

Großkampftag

Und wenn er kommt ...

Der Großkönig fährt schon mal vor ...

... die Infanterie hinterher

▶ Voller Dreheinsatz

Duldsame Troianer in Erwartung der Griechen

Wenig Schatten am Strand

Hektor ist tot
Die anderen auch

Wenigstens schön: Aussicht vom Grandstand

Und nicht mal die Duldsamen sind gefeit

Wie lange noch?

Zurück über Golgatha

▶ **Zielgerade**

Troia nach dem Regen

- Bis zum Ende des Tages
- Dem Regissör ist nichts zu schwör
- Nochmal für Oma
- Zufrieden in den Sonnenuntergang ...?
- September in Cabo San Lucas: Die Frisur hält
- Ein Opfer zu wenig für den Wettergott (© B. Huber)